Data Science with Python and Dask

파이썬과 대스크를 활용한 고성능 데이터 분석

대규모 데이터셋 분석, 시각화, 모델링부터
분산 앱 패키징과 배포까지

파이썬과 대스크를 활용한 고성능 데이터 분석

대규모 데이터셋 분석, 시각화, 모델링부터 분산 앱 패키징과 배포까지

초판 1쇄 발행 2020년 10월 5일

지은이 제시 대니얼 / **옮긴이** 이준용 / **펴낸이** 김태헌

펴낸곳 한빛미디어(주) / **주소** 서울시 서대문구 연희로2길 62 한빛미디어(주) IT출판부

전화 02-325-5544 / **팩스** 02-336-7124

등록 1999년 6월 24일 제25100-2017-000058호 / **ISBN** 979-11-6224-330-5 93000

총괄 전정아 / **책임편집** 박지영 / **기획 · 편집** 박지영

디자인 표지 최연희 내지 김연정 조판 백지선

영업 김형진, 김진불, 조유미 / **마케팅** 박상용, 송경석, 조수현, 이행은, 고광일 / **제작** 박성우, 김정우

이 책에 대한 의견이나 오탈자 및 잘못된 내용에 대한 수정 정보는 한빛미디어(주)의 홈페이지나 다음 이메일로 알려주십시오. 잘못된 책은 구입하신 서점에서 교환해드립니다. 책값은 뒤표지에 표시되어 있습니다.

한빛미디어 홈페이지 www.hanbit.co.kr / 이메일 ask@hanbit.co.kr

Published by Hanbit Media, Inc. Printed in Korea

DATA SCIENCE WITH PYTHON AND DASK

Original English language edition published by Manning Publications. USA.

Data Science with Python and Dask

파이썬과 대스크를 활용한 고성능 데이터 분석

대규모 데이터셋 분석, 시각화, 모델링부터
분산 앱 패키징과 배포까지

제시 대니얼 지음
이준용 옮김

MANNING 한빛미디어 Hanbit Media, Inc.

지은이 · 옮긴이 소개

지은이 **제시 대니얼** Jesse C. Daniel

경험이 풍부한 파이썬 개발자. 지난 3년간은 특별히 PyData 스택(팬더스, 넘파이, 사이파이, 사이킷런)과 함께 했다. 2016년 덴버 대학교의 비즈니스 정보 및 분석학과 부교수로 '데이터 과학을 위한 파이썬' 과목을 개설하고 가르쳤다. 현재는 덴버 지역의 미디어 기술 관련 업체에서 데이터 과학팀을 이끌고 있다.

옮긴이 **이준용** junyoni@gmail.com

인공지능과 빅데이터 기술에 관심이 많은 연구원. 한국과학기술원(KAIST)에서 전자공학 박사학위를 받았다. 일본 ATR IRC 연구소에서 인간-로봇 상호작용 연구에 참여했으며 미국 아이오와 주립 대학교에서 대사회로 관련 연구를 했다. 현재 미국 퍼시픽 노스웨스트 국립연구소에서 연구원으로 일한다. 다양한 프로그래밍 언어로 데이터 과학 실무 경력을 쌓고 있다. 역서로 『데이터 과학을 위한 통계』(2018), 『손에 잡히는 R 프로그래밍』(이상 한빛미디어, 2015), 『R 교과서』(2020, 길벗)가 있다.

옮긴이의 말

파이썬을 이용한 데이터 작업을 경험해본 사람이라면 한 번쯤 팬더스와 넘파이 패키지를 접해 봤을 것이다. 하지만 대스크라는 패키지는 조금 낯설 수 있다. 원서 내용을 하나씩 살펴볼수록 정말 유용한 도구라는 생각이 많이 들었다. 특히 '대용량 데이터의 병렬 처리'라는 주제를 이해하기 쉬운 비유와 상세한 설명을 통해 쉽게 풀어놓았다. 기존에 팬더스와 넘파이를 이용하여 데이터 처리를 하던 사람이라면 코드 예제를 따라가는 것만으로도 금방 대스크의 기본 원리와 새로운 기능을 쉽게 파악할 수 있을 것이다. 데이터 과학이나 파이썬을 처음 접해본 독자도 기본 내용을 따라가는 데 큰 어려움은 없을 것이다. 이 책이 대스크라는 새로운 '강력한 무기'를 하나 더 장착할 좋은 기회가 되기를 바란다.

이준용

지은이의 말

데이터 과학 분야는 정말 재미있고 역동적이며 빠르게 변화하는 곳이다. 필자의 데이터 과학 자로서의 여정은 5년 정도밖에 되지 않지만 이미 여러 도구나 기술, 그리고 유행이 등장했다가 사라지는 것을 목격했다. 한 가지 변함없는 사실은 데이터 과학을 더 쉽게 만들려는 노력이 이어진다는 점이다. 진입 장벽을 낮추고 더 나은 라이브러리를 개발하려는 노력에 힘입어 데이터 과학에 대한 접근성이 그 어느 때보다 높아지고 있다. 모두를 위해 데이터 과학을 개선하고자 끊임없이 노력하는 밝고 다양하고 헌신적인 소프트웨어 설계자와 개발자들의 커뮤니티가 존재한다는 사실은 (이 책을 내가 쓰기는 했지만) 때로는 겁이 날 정도로 필자를 정말 겸손하게 한다. 그런데도 대스크Dask 프로젝트의 관리와 개발에 참여한 모든 팀 전체가 만들어 낸, 이 훌륭한 일을 소개함으로써 활력 넘치는 이 커뮤니티에 기여하게 된 것을 큰 영광으로 생각한다.

2016년 초 처음으로 다루기 난감할 정도의 대규모 데이터셋이 주어졌을 때 대스크를 우연히 발견했다. 하둡Hadoop, 스파크Spark, 암바리Ambari, 주키퍼Zookeeper 그리고 아파치 '빅데이터' 기술들을 며칠 동안 만지작거리며 고생하다가 화가 나서 그냥 'big data library python'이라고 검색했다. 결과 페이지를 이리저리 둘러보니 결국 두 가지 옵션이 남았다. 파이스파크PySpark에 대해 계속해서 머리를 쥐어뜯든지, 아니면 팬더스Pandas에서 청크를 사용하는 방법을 알아내는 것이었다.

구글링도 부질없다는 결론을 내릴 즈음 필자는 대스크라는 라이브러리를 언급한 스택 오버플로 질문 하나를 발견했다. 깃허브에서 대스크를 호스팅하는 곳을 찾은 후 참고 문서를 보면서 작업을 시작했다. 빅데이터를 위한 데이터 프레임? 팬더스와 유사한 API? pip를 사용해 설치 가능? 그래서 너무 좋았냐고? 그렇지 않았다. 오히려 짜증이 났다. 왜 이 라이브러리에 대해 지금껏 들어보지 못했을까? 빅데이터 열풍이 극에 다다랐을 때 왜 이 강력하고 사용하기 쉬운 것이 나의 레이더망에 걸리지 않았을까?

필자는 담당 프로젝트에서 대스크를 사용해 큰 성공을 거둔 후로 대스크 전도자가 되기로 결심했다. 당시 덴버 대학교에서 '데이터 과학을 위한 파이썬'이라는 수업을 가르치고 있었기에 대스크를 커리큘럼에 추가할 방법을 찾기 시작했다. 또한 덴버에서 열린 PyData 챕터 모임에서 여러 강연과 워크숍을 진행했다. 결국 매닝 출판사에서 대스크 책을 쓰자고 제안했을 때 지체 없이 동의했다. 이 책을 읽는 여러분 모두 대스크가 데이터 과학 분야에서 얼마나 훌륭하고 유용한 도구인지 알게 되기를 바란다.

이 책은 대스크를 활용한 데이터 정리에서 배포에 이르는 일반적인 데이터 과학의 워크플로를 따라가는 여행으로 우리를 안내한다. 확장 가능한scaling 컴퓨팅의 기본 지식 소개를 시작으로 대스크가 어떤 방식으로 이러한 개념을 활용해 크고 작은 데이터셋에서 동작하는지 설명한다. 그리고 다양한 실제 데이터셋의 준비부터 분석, 시각화, 모델링까지 초점을 맞추고 대스크를 사용해 일반적인 데이터 과학 작업을 수행하는 방법의 실질적 예를 제공한다. 마지막으로 분석 코드를 확장하기 위해 AWS에 자신만의 대스크 클러스터를 배포하는 과정을 단계별로 소개한다.

책의 구성

이 책은 총 3개 부, 11개 장으로 구성되며 크게 세 부분으로 이루어진다.

1부 확장 가능한 컴퓨팅의 빌딩 블록: 스케일링 컴퓨팅의 기초 내용을 다룬다. 워크로드를 스케일링하는 이러한 개념들을 대스크에서는 어떤 식으로 활용하는지 몇 가지 예제로 설명한다.

- **1장**: 대스크를 소개하고 데이터 과학에서 왜 중요한 도구인지 예를 들어 설명한다. 대스크 구조의 중심이라고 할 수 있는 스케일링 컴퓨팅의 핵심 개념인 **유향 비순환 그래프**directed acyclic graph(DAG)를 소개하고 자세히 설명한다.
- **2장**: DAG에 대해 1장에서 개념적으로 배운 내용을 확장해 여러 CPU 코어와 물리적 장비에 작업을 분산시킬 때 DAG를 사용하는 방법을 설명한다. 작업 스케줄러에 의해 자동으로 만들어진 DAG를 시각화하는 방법과 작업 스케줄러가 데이터를 효율적으로 처리하기 위해 리소스를 분배하는 방법을 설명한다.

2부 대스크 데이터 프레임을 이용하여 정형 데이터 작업하기: 대스크 데이터 프레임 구조를 이용해 정형 데이터를 정제, 분석, 시각화하는 일반적인 내용을 다룬다.

- **3장**: 대스크 데이터 프레임의 디자인 컨셉을 설명하고 어떤 식으로 팬더스 데이터 프레임을 추상화하고 병렬 처리하는지 알아본다.
- **4장**: 텍스트 파일, 데이터베이스, S3, 파케이 파일과 같은 다양한 형식의 데이터 소스로부터 대스크 데이터 프레임을 만드는 방법을 소개한다.
- **5장**: 데이터셋을 정제하고 변형하기 위해 데이터 프레임을 사용하는 방법을 더 자세히 알아본다. 데이터 정렬, 필터링, 결측치 처리, 데이터셋 조인join, 다양한 파일 포맷으로 데이터 프레임 저장하기 등을 다룬다.
- **6장**: sum, mean 등의 기본 내장된 집계aggregate 함수들을 살펴보고, 사용자가 집계 함수와 윈도우 함수를 직접 작성하는 방법을 다룬다. 기본적인 기술 통계를 생성하는 방법도 살펴본다.
- **7장**: 페어플롯pairplot과 히트맵heatmap 등의 기본 시각화 그림을 하나씩 만들어본다.
- **8장**: 7장을 기반으로 상호 작용할 수 있고 지리적 특징을 갖춘 고급 시각화를 소개한다.

3부 대스크의 확장과 배포: 비정형 데이터, 머신러닝, 확장 가능한 워크로드 빌드하기 등 대스크에서 더 난도 높은 주제들을 다룬다.

- **9장**: 대스크 Bag과 배열을 사용해 비정형 데이터를 파싱, 정제, 분석하는 방법을 보여준다.
- **10장**: 대스크 데이터 소스에서 머신러닝 모델을 구축하고 훈련된 모델을 테스트하고 유지하는 방법을 보여준다.
- **11장**: 도커를 사용해 AWS에서 대스크 클러스터를 설정하는 방법을 따라 할 수 있도록 소개하며 이 책을 마무리한다.

만약 단계별로 차근차근 설명해주길 바란다면 책을 처음부터 순서대로 읽고, 특정 작업을 수행하는 방법을 찾고 싶다면 바로 그 부분으로 건너뛰면 된다. 다만 1장과 2장은 먼저 읽고 대스크가 어떤 식으로 여러 CPU 코어에서 여러 대의 머신으로 워크로드를 확장하는지 이해해야 한다. 대스크나 본문에서 사용하는 다른 패키지들의 설치 관련 정보는 부록을 참조하기 바란다.

대상 독자

초중급 데이터 과학자나 데이터 엔지니어 혹은 분석가들을 염두에 두고 이 책을 집필했다. 특히 단일 머신의 한계를 벗어나는 크기의 데이터 작업을 아직 경험해보지 못한 사람들을 대상으로 한다. 만약 파이스파크 등 다른 분산 프레임워크의 사전 경험이 있다면 대스크만의 기능과 효율성을 비교하는 것만으로도 이 책이 유익할 수 있다. 온라인으로 제공되는 다양한 글과 문서들이 있지만 이 책처럼 종합적으로 데이터 과학을 위해 대스크를 활용하는 방법에 특별히 초점을 맞추고 설명한 책은 아직 없다.

예제와 소스 코드

이 책은 실제 데이터셋의 실습 예제를 함께 제공한다. 따라서 본문에 번호가 매겨진 코드 목록이 많이 나온다. 어떤 코드들은 본문에는 없지만, 번호가 매겨진 코드 목록에 보이는 변수나 메서드명을 설명을 위해 참조하는 경우가 있다. 참조할 때마다 구분 가능한 텍스트 스타일을 사용해 차별화한다. 많은 코드 목록이 의미를 추가로 설명하기 위한 주석을 포함한다..

모든 코드는 주피터 노트북으로 제공하며 원서 코드는 매닝 홈페이지(*https://www.manning.com/books/data-science-with-python-and-dask*)에서 내려받을 수 있다. 또는 역자가 운영하는 깃허브(*github.com/coldfire79/data-science-with-python-and-dask*)에서도 내려받을 수 있다. 각 노트북의 셀은 번호가 매겨진 코드 목록 중 하나와 관련이 있으며 이 목록은 책에 표시되는 순서대로 표시된다.

CONTENTS

CONTENTS

CHAPTER 5 데이터 프레임의 정리와 변환

CHAPTER 6 데이터 프레임 요약과 분석

CHAPTER 8 데이터 셰이더로 위치 데이터 시각화하기

Part III 대스크의 확장과 배포

CHAPTER 9 백(Bags)과 배열 활용하기

CONTENTS

APPENDIX A 소프트웨어 설치

Part I

확장 가능한 컴퓨팅의 빌딩 블록

1부에서는 대스크Dask가 어떤 점에서 특별한지 그리고 내부적으로 어떤 원리로 동작하는지를 이해하는 데 필요한 확장 가능한scalable 컴퓨팅의 몇 가지 기본적인 개념을 다룬다.

1장에서는 **유향 비순환 그래프**directed acyclic graph(DAG)가 무엇인지 그리고 여러 개의 서로 다른 작업자로 워크로드workload를 확장하는 것이 왜 유용한지를 설명한다. 2장에서는 대스크가 추상화를 위해 DAG를 어떻게 활용하는지 설명한다. 이를 통해 대용량의 데이터를 분석할 수 있고, 코드를 실행할 때 개인용 노트북 한 대에서 실행하든 수천 대의 컴퓨터로 이뤄진 클러스터에서 하든 상관없이 확장성scalability과 병렬성parallelism 기법을 활용할 수 있다.

1부를 마칠 때면 대스크의 내부 상황을 기본적으로 이해할 수 있고 실제 데이터셋을 경험할 준비가 될 것이다.

Part I

확장 가능한 컴퓨팅의 빌딩 블록

CHAPTER 1

왜 확장 가능한 컴퓨팅이 중요한가?

이 장의 핵심 내용

- 대스크가 왜 확장 가능한 컴퓨팅을 위한 뛰어난 프레임워크인지 설명하기
- 파스타 레시피를 사용해 유향 비순환 그래프(DAG)를 읽고 해석하는 방법 보여주기
- DAG가 분산 워크로드에 유용한 이유 알아보기
- 대스크의 작업 스케줄러가 DAG를 사용해 연산들을 작성, 제어, 모니터링하는 방법 살펴보기
- 컴패니언 데이터셋 소개하기

파이썬과 대스크를 활용한 데이터 분석의 세계에 온 것을 환영한다! 이 책을 선택하기로 한 여러분은 분명 데이터 과학과 머신러닝에 관심이 있을 것이다. 실제 데이터 과학자이거나 데이터 분석가, 혹은 머신러닝 엔지니어일지도 모르겠다.

아마 여러분은 현재 정말 중요한 어려운 문제에 직면했거나 이미 그러한 상황을 경험했을 것이다. 물론 대규모 데이터셋으로 작업할 때 벌어지는 악명 높은 문제를 말한다. 그 증상은 누구나 쉽게 파악할 수 있다. 대표적인 증상으로는 정말 단순한 연산인데도 끔찍하게 긴 실행 시간이라든가 불안정한 코드, 또는 정말 다루기 어려운 워크플로 등이 있겠다.

그래도 너무 절망하지는 말자! 엄청난 양의 데이터를 수집하고 저장하는 데 드는 비용과 노력이 크게 줄어드는 과정에서 이러한 문제는 흔히 발생한다. 컴퓨터 과학 커뮤니티는 이러한 대용량 데이터셋 작업의 복잡성을 줄이기 위해 더 낫고 접근하기 쉬운 프로그래밍 프레임워크를 만들고자 많은 노력을 기울였다. 실제로 많은 다른 기술과 프레임워크가 이러한 문제를 해결하려 했지만, 그중 대스크만큼 강력하고 유연한 기술은 아주 드물다.

이 책은 대스크로 대규모 데이터셋을 분석하고 모델링하는 데 필요한 도구와 기술들을 제공한다. 이를 통해 데이터 과학 기술을 한 단계 끌어올리는 것이 목표다.

NOTE_ 이 책은 어떤 독자에게 적합할까? 대스크는 정형 데이터 분석, 과학 연산에 사용되는 대규모 시뮬레이션, 그리고 범용 분산 컴퓨팅을 포함한 다양한 문제를 해결하는 데 매우 적합하다. 또한 다양한 종류의 문제를 일반화하는 독특한 능력이 있다. 하지만 대스크를 활용할 수 있는 모든 응용 분야를 이 책에서 다룬다면 지나치게 두꺼워질 것이다. 대신 이 책 전반에 걸쳐 데이터 분석과 머신러닝을 위한 대스크 사용 방법을 집중적으로 다룬다. 대스크의 범용적인 측면, 예를 들면 Bag 및 Delayed API 등도 살짝 다루겠지만 핵심 내용은 아니다.

이 책은 초중급 데이터 과학자, 데이터 엔지니어, 데이터 분석가들을 위해 썼다. 특히 단일 머신의 한계를 벗어나는 빅데이터 작업을 아직 경험해보지 못한 독자가 주요 대상이다. 이 책은 데이터 준비부터 분석, 대스크의 애플리케이션을 사용한 모델 구축에 이르기까지 데이터 과학 프로젝트의 모든 영역을 광범위하게 다루고 분산 컴퓨팅의 기본기를 자세히 다룬다.

스파크Spark와 같은 다른 분산 컴퓨팅 프레임워크를 사용해본 경험이 있거나 넘파이NumPy, 사이파이SciPy, 팬더스Pandas 스택을 이미 마스터한 독자 역시 이 책에서 뭔가를 얻을 수 있을 것이다. 다만 대스크는 넘파이와 팬더스를 최대한 간단하고 쉽게 확장하도록 설계되었으므로 이 책보다는 해당 API 문서와 같은 다른 리소스들로부터 더 좋은 정보를 얻을 것이다.

이 책은 데이터 과학자나 데이터 엔지니어가 대부분의 프로젝트에서 겪을 수 있는 일반적인 작업에 관한 실습 예제를 주로 다룬다. 다만 1장에서는 예외적으로 대스크가 어떻게 동작하는지 이해하는 데 필요한 몇 가지 기본 지식을 다룬다.

먼저 대스크와 같은 도구가 데이터 과학 툴킷에 필요한 이유와 그 특징들을 살펴본다. 그리고 대스크가 코드의 병렬 실행을 제어할 때 광범위하게 사용하는 개념인 유향 비순환 그래프를 다룬다. 이러한 지식이 있으면 큰 데이터셋을 다룰 때 대스크의 동작 원리를 더 잘 이해할 수 있으며, 앞으로 함께 떠날 대스크 여행에도 도움이 될 것이다. 클라우드에서 고유한 클러스터를 구축하는 방법은 1장의 뒷부분에서 다시 짚고 넘어가겠다. 이러한 점을 염두에 두고 대스크를 독특하게 만드는 특징들과 대스크가 데이터 과학을 위한 유용한 도구인 이유에 다시 초점을 맞춰보자.

1.1 왜 대스크인가?

최근 데이터 과학의 혁신적인 가능성에 대해 업계에서는 주로 매력적이라고 평가하는 분위기다. 이러한 긍정적인 평가에는 합당한 이유가 있다.

성공적인 데이터 과학팀일수록 단순한 1과 0의 정보를 진짜 경쟁력 있는 장점으로 바꿀 수 있다. 더 나은 의사 결정, 비즈니스 프로세스 최적화, 전략적 사각지대 탐지는 모두 데이터 과학 기술에 대한 투자로 얻을 수 있는 장점이다. 그러나 오늘날 우리가 '데이터 과학'이라고 부르는 것은 그렇게 새로운 아이디어가 아니다.

지난 수십 년 동안 전 세계의 조직들은 전략적이고 전술적인 결정을 내릴 수 있는 더 나은 방법을 찾고자 했다. **의사 결정 지원**, **비즈니스 인텔리전스**, **분석** 또는 단순히 기존의 **운영 연구**와 같은 이름을 사용하며 현재 상황을 파악하고 더 나은 의사 결정을 내린다는 동일한 목표를 지향한다. 그러나 최근 몇 년간 달라진 부분은 데이터 과학을 배우고 적용하는 과정에서 장벽이 상당히 낮아졌다는 점이다. 이제 데이터 과학은 운영 연구 저널이나 대규모 컨설팅 그룹의 학술적 연구 개발 부서에서만 담당하지 않는다.

대중에게 데이터 과학을 널리 도입할 수 있었던 핵심 요인은 바로 파이썬 프로그래밍 언어의 인기와 파이썬 오픈 데이터 과학 스택이라는 강력한 라이브러리 모음이다. 넘파이, 사이파이, 팬더스, 사이킷런을 포함한 이들 라이브러리는 많은 개발자 커뮤니티와 다양한 학습 자료를 자랑하는 산업계 표준 도구가 되었다. 그동안 관련 작업 종사자들이 선호했던 포트란Fortran, 매트랩MATLAB, 옥타브Octave 등의 언어들은 배우기가 더 어려운 데다가 커뮤니티 지원 측면에서도 사실상 거의 비교가 되지 않는다. 이러한 이유로 파이썬과 오픈 데이터 과학 스택은 데이터 과학을 공부하는 사람과 현업 실무자 모두에게 인기 있는 플랫폼 중 하나가 되었다.

이러한 데이터 과학에 대한 접근성 향상과 함께 컴퓨터는 지속해서 강력해졌다. 따라서 이전보다 낮은 비용으로 훨씬 많은 데이터를 쉽게 생산, 수집, 저장, 처리할 수 있게 되었다. 그러나 많은 조직에서는 이처럼 급증하는 모든 데이터를 수집하고 저장하는 데 과연 그만한 가치가 있는지 의문을 품게 되었다.

원시 데이터 자체는 고유한 가치가 없다. 실행 가능한 정보를 추출하려면 데이터를 정리하고, 정밀하게 조사하고 해석하는 과정이 필요하다. 분명히 이것은 데이터 과학자인 여러분이 다뤄야 할 부분이다. 데이터 과학자라면 파이썬 오픈 데이터 과학 스택을 사용해 데이터 정리와 탐색적 데이터 분석에 필요한 팬더스와 같은 도구를 자주 사용하고, 사이파이와 넘파이를 사용해 데이터에 대한 통계 테스트를 실행하며 사이킷런을 사용해 예측 모델을 구축한다. 이 모든 것은 컴퓨터 메모리 RAM에 문제없이 저장되는 비교적 작은 크기의 데이터셋에 적합하다.

그러나 데이터 수집과 저장 비용이 낮아지면서 데이터 과학자들은 막대한 크기의 데이터셋을 분석하는 문제에 더 자주 접하게 되었다. 앞에서 소개한 도구들은 특정 크기를 초과하는 데이터셋으로 작업할 때 실행 가능한 크기에 제한이 있다. 이러한 최대 크기를 초과하면 1장의 초반에 설명했던 문제가 나타나기 시작한다. 그러나 그 임계치는 어디까지일까?

이 책에서는 잘못 정의되기 쉽고 자주 남용되는 **빅데이터**라는 용어를 피하고자 전반에 걸쳐 세 가지 단계의 정의를 사용해 다양한 크기의 데이터셋과 각각의 문제점을 설명한다. 다음 [표 1-1]은 작은 데이터셋, 중간 데이터셋, 큰 데이터셋이라는 용어를 정의할 때 사용할 다양한 기준을 설명한다.

표 1-1 데이터 크기의 단계별 정의

데이터셋 종류	크기 범위	RAM에 적당한가?	하드디스크에 적당한가?
작은 데이터셋	2GB – 4GB	네	네
중간 데이터셋	2TB 이하	아니오	네
큰 데이터셋	2TB 이상	아니오	아니오

작은 데이터셋이란 RAM의 크기를 넘지 않는 데이터셋으로, 데이터 조작과 변환을 위해 메모리 여분을 남길 수 있다. 크기는 보통 2~4GB를 넘지 않으며 페이징paging 없이 정렬이나 집계와 같은 복잡한 작업을 수행할 수 있다. 페이징이나 디스크 스필링은 데이터 처리를 하는 동안 중간 결과를 저장하기 위해 추가로 (하드 디스크나 솔리드 스테이트 드라이브 등과 같은) 컴퓨터의 영구 저장소를 사용한다. 영구 저장소는 빠른 데이터 액세스라는 측면에서 RAM보다 효율성이 떨어지므로 처리 속도가 크게 느려질 수 있다. 이런 작은 데이터셋은 데이터 과학을 배우다보면 자주 발생하며 작업을 위해 팬더스, 넘파이, 사이킷런과 같은 도구가 가장 적합하다. 이러한 문제들을 해결하려고 더 복잡한 도구를 도입하는 것은 과할 뿐만 아니라 불필요한 복잡성과 관리를 위한 추가적인 오버헤드를 초래하므로 오히려 성능을 저하하는 역효과를 낳을 수 있다.

중간 데이터셋이란 RAM에 모든 데이터를 한번에 보관할 수는 없지만 단일 컴퓨터의 영구 저장소에 저장 할 수 있는 크기의 데이터셋을 말한다. 이러한 데이터셋의 크기는 일반적으로 10GB에서 2TB 사이이다. 아까와 같은 도구들을 사용해 작은 데이터셋과 중간 데이터셋을 모두 분석할 수는 있지만 메모리 부족 오류를 방지하기 위해 페이징을 사용해야 하므로 이들 도구는 성능 저하를 피할 수 없다. 한편 이러한 데이터셋은 처리 시간을 단축하기 위해 병렬 처리를 도입하는 것이 합리적일 수 있다. 실행을 단일 CPU 코어로 제한하는 대신 사용할 수 있는 모든 CPU 코어에서 작업을 나눈다면 연산 속도를 크게 높일 수 있다. 그러나 파이썬은 멀티 코어 시스템의 프로세스 간에 작업을 쉽게 공유하도록 설계되지 않았다. 결국 팬더스 내에서 병렬 처리를 활용하기 어려울 수 있다.

큰 데이터셋이란 RAM이나 단일 컴퓨터의 영구 저장소 어디에도 들어가지 않는 크기의 데이터 집합을 말한다. 이러한 데이터셋의 크기는 보통 2테라바이트(TB) 이상이며 문제에 따라 페타바이트(PB) 이상이 될 수도 있다. 팬더스, 넘파이, 사이킷런은 기본적으로 분산 데이터셋에서 작동하도록 설계되지 않았으므로 이 정도 크기의 데이터셋에는 전혀 적합하지 않다.

이러한 식으로 구분한다면 그 사이의 경계가 모호하므로 결국 컴퓨터의 성능에 따라 결과가 달라진다. 중요한 것은 하드 디스크의 크기보다 그 규모의 정도다. 예를 들어, 아주 성능이 좋은 컴퓨터에서 작은 데이터는 10 기가바이트(GB) 단위일 수 있지만 TB 단위까지는 아닐 수 있다. 중간 데이터는 10TB 정도이며 PB까지는 아닐 것이다. 여기서 가장 중요한 점은 작은 데이터라고 부를 수 있는 크기의 한계를 벗어날 때 해당 데이터를 분석할 대체 방법을 미리 갖춘다면 엄청난 장점(혹은 필수)이 될 수 있다는 것이다. 다만 작업에 적합한 도구를 선택하는 일 역시 어려운 건 마찬가지다. 그러다 보면 종종 데이터 과학자는 본인이 익숙하지 않은 기술들을 시도하고 기존 코드를 다른 언어로 다시 작성하다보면 보통은 작업중인 프로젝트의 속도를 늦추는 경험을 하게 된다.

대스크는 파이썬 오픈 데이터 과학 스택에 본질적인 확장성을 부여하고 단일 머신의 한계를 뛰어넘는 것을 목표로 매튜 록린Matthew Rocklin이 2014년 말 처음 개발했다. 시간이 지나면서 이 프로젝트는 파이썬 개발자들에게 활용 가능한 최고의 확장 연산 프레임워크로 성장했다. 대스크는 여러 개의 서로 다른 컴포넌트와 API들로 이루어진다. 이들은 크게 스케줄러와 로우 레벨 API, 하이 레벨 API라는 세 개 계층으로 분류할 수 있다. 다음 [그림 1-1]에서는 이 컴포넌트들의 대략적인 구성을 보여준다.

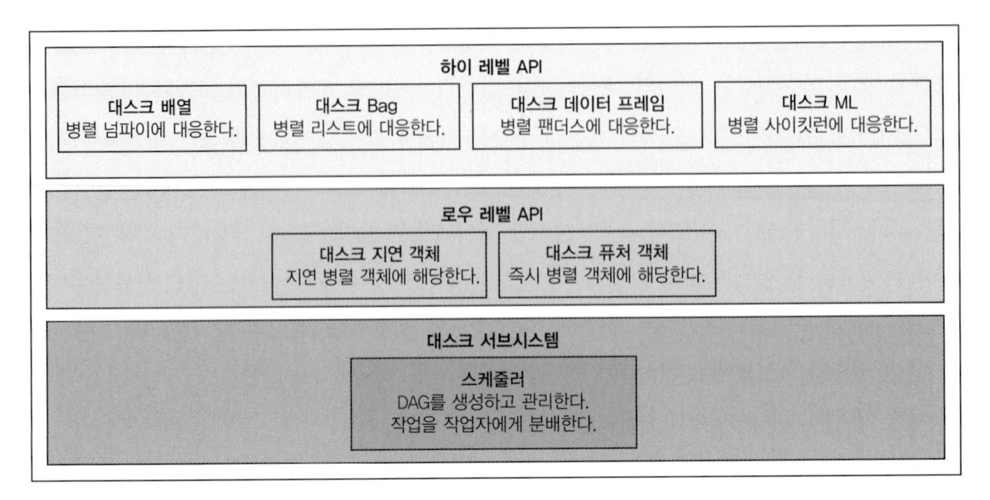

그림 1-1 대스크를 구성하는 컴포넌트와 계층들

[그림 1-1]의 컴포넌트와 계층들이 서로를 기반으로 구축되는 방식 덕분에 대스크는 강력해진다. 그 중심에는 작업 스케줄러가 있다. 작업 스케줄러는 CPU 코어와 머신에서 연산 실행을 조직하고 모니터링한다. 이러한 연산은 코드에서 대스크 지연delayed 객체 또는 대스크 퓨처futures 객체로 표시한다(주된 차이는, 전자는 **지연 평가**를 한다는 점이다. 즉, 값이 필요할 때 바로 평가가 이뤄진다. 반면 후자는 **빠른 평가**를 한다. 값이 즉시 필요한지 여부에 관계없이 실시간으로 평가가 이뤄진다). 대스크의 하이 레벨 API는 지연 혹은 퓨처 객체에 대한 추상화 계층을 제공한다. 이러한 하이 레벨 객체에 대한 작업을 수행하면 결과적으로 작업 스케줄러가 관리하는 여러 개의 병렬 로우 레벨 작업들이 발생하며 이는 사용자에게 원활한 환경을 제공한다. 이러한 디자인 덕분에 대스크는 다음과 같은 네 가지 주요 장점을 갖는다.

- 파이썬으로 완벽하게 구현되었으며 기본적으로 넘파이, 팬더스, 사이킷런을 확장한다.
- 단일 머신의 중간 데이터셋과 클러스터의 큰 데이터셋 모두에서 효과적으로 작업할 수 있다.
- 대부분의 파이썬 객체를 병렬화하기 위한 일반적인 프레임워크로 사용될 수 있다.
- 설정과 유지 관리에 드는 기본 비용이 매우 낮다.

대스크를 경쟁자들과 차별화하는 첫 번째 요소는 파이썬으로 완전히 작성되고 구현되며 컬렉션 API는 기본적으로 넘파이, 팬더스, 사이킷런을 확장한다는 점이다. 그렇다고 대스크가 단순히 넘파이와 팬더스 사용자에게 익숙한 일반적인 작업과 패턴만을 반영한다는 의미는 아니다. 그보다는 대스크가 사용하는 기본 객체가 각 라이브러리의 해당 객체라는 의미다. 하나의 대스크 데이터 프레임data frame은 여러 개의 작은 팬더스 데이터 프레임으로 구성되며 대스크 배열dask array은 여러 개의 작은 넘파이 배열로 이뤄진다. 청크chunk 또는 파티션이라고 부르는 더 작은 기본 객체들은 한 클러스터 안의 컴퓨터에서 다른 컴퓨터로 전달되거나 대기열에 저장되어 한 번에 하나씩 로컬에서 작업할 수 있다. 나중에 이 프로세스에 대해 좀 더 자세히 다루겠지만 중간 데이터셋이나 큰 데이터셋을 더 작은 조각으로 나누고 해당 조각에 대한 병렬 함수 실행을 관리하는 방식은 다른 방법으로는 도저히 다루기 어려울 만큼 큰 데이터셋을 정상적으로 처리할 수 있는 대스크만의 방법이다.

대스크의 분산된 컬렉션들을 지원하기 위해 이러한 객체들을 사용하는 실질적인 효과는 팬더스와 넘파이 사용자에게 이미 익숙한 많은 함수와 속성, 그리고 메서드들이 대스크에서도 구문적으로 동일하다는 데 있다. 이 디자인을 채택해 팬더스, 넘파이, 사이킷런에 이미 익숙한 사용자들이 작은 데이터셋 작업에서 중간 규모 혹은 대규모 데이터셋으로 쉽게 전환할 수 있다. 이러한 전환을 위해 새로운 구문과 문법을 배우기보다는, 확장 가능한 연산 학습의 가장 중요한 측면, 즉 병렬 처리에 강하고 성능이 우수하며 최적화된 코드를 작성하는 과정에 집중할 수 있다. 다행히 대스크는 일반적인 사용 예제와 관련해 상당한 노력을 기울이고 있다. 다만 이 책 전반에서는 대스크를 최대한 활용할 수 있는 몇 가지 대표적인 사례와 어려운 문제들을 중점적으로 살펴본다.

다음으로 대스크는 단일 컴퓨터에서는 중간 규모 데이터셋을 작업할 때, 그리고 클러스터에서는 큰 데이터셋을 작업할 때 유용하다. 대스크를 확장하거나 다시 줄이는 일은 전혀 복잡하지 않다. 이를 통해 사용자는 로컬 컴퓨터에서 작업을 쉽게 프로토타이핑하고 필요할 때 해당 작업을 클러스터에서 원활하게 등록해 실행할 수 있다. 리소스 관리, 복구, 데이터 이동과 같은 클러스터 관련 문제를 처리하기 위해 기존 코드를 리팩터링하거나 추가로 코드를 작성하지 않고도 이 모든 작업을 수행할 수 있다. 또한 코드를 배포하고 실행할 때 가장 좋은 방법을 사용자가 선택할 수 있는 유연성을 제공한다. 간혹 중간 규모의 데이터셋 작업을 위해 클러스터를 사용하는 것은 전적으로 불필요하며, 오히려 여러 시스템이 함께 작동하도록 구성하는 기본 비용 때문에 느려질 수도 있다. 대스크는 메모리 사용량을 최소화하도록 최적화되어 있으므로 비교적 저전력 기기에서도 중간 데이터셋을 여유 있게 처리할 수 있다. 이러한 투명한 확장성은 대스크의 잘 설계된 내장 작업 스케줄러 덕분이다. 로컬 작업 스케줄러는 대스크가 단일 시스템에서 실행될 때 쓸 수 있으며 분산 작업 스케줄러는 로컬 실행이나 클러스터 전체 실행에 모두 쓸 수 있다.

또한 대스크는 얀YARN, 메소스Mesos, 쿠버네티스Kubernetes와 같이 널리 쓰이는 클러스터 리소스 관리자와의 인터페이스를 지원하므로 분산 작업 스케줄러와 함께 기존 클러스터를 사용할 수 있다. 작업 스케줄러를 구성하고 리소스 관리자를 사용해 여러 시스템에 대스크를 배포하려면 최소한의 노력이 필요하다. 이 책에서는 로컬 작업 스케줄러를 사용해 로컬에서 대스크를 실행하거나, 도커와 아마존 ECSElastic Container Service와 함께 분산 작업 스케줄러를 사용해 클라우드에서 실행하는 서로 다른 설정 방법들을 알아보겠다.

대스크의 특이한 점 중 하나는 대부분의 파이썬 객체들을 확장할 수 있는 고유한 능력이다. 대스크의 로우 레벨 API인 대스크 지연 객체와 대스크 퓨처 객체는 대스크 배열에 쓰이는 넘파이 배열, 대스크 데이터 프레임에 쓰이는 팬더스 데이터 프레임, 그리고 대스크 Bag에 쓰이는 파이썬 리스트를 확장하는 공통적인 기본 요소이다. 아무것도 없이 처음부터 분산 애플리케이션을 구축하는 대신 대스크의 로우 레벨 API를 사용하면 대스크의 확장성, 결함 허용성, 원격 실행 가능성을 모든 문제에 그대로 적용할 수 있다.

마지막으로 대스크는 매우 가볍고 설치, 제거, 유지 관리가 용이하다. `pip` 또는 `conda` 패키지 관리자를 사용해 모든 종속 패키지들을 설치할 수 있다. 나중에 이 책에서도 다루겠지만 도커를 사용하면 클러스터 작업자 이미지를 쉽게 빌드하고 배포할 수 있다. 대스크는 기본적으로 설정이 거의 필요 없다. 따라서 대스크는 반복 작업을 처리하는 데 도움을 줄 뿐만 아니라 개념을 증명하고 임시 데이터 분석을 수행하는 훌륭한 도구이기도 하다.

대스크를 처음 발견한 데이터 과학자들이 보통 던지는 질문은 아파치 스파크 등 겉보기에 비슷한 다른 기술들과 비교했을 때의 차이점이다. 스파크는 큰 데이터셋을 분석할 때 널리 사용되는 프레임워크로 해당 영역에서 상당히 잘 통한다. 다만 스파크가 파이썬을 포함해 여러 언어를 지원하기는 해도 자바 라이브러리라는 측면에서 자바 전문 지식이 없는 사용자에게는 조금 어려울 수 있다. 스파크는 아파치 하둡용 맵리듀스 처리 엔진에 대한 인메모리 대안으로 2010년 시작되었으며 핵심 기능을 위해 자바 가상 머신(JVM)에 크게 의존한다. 파이썬에 대한 지원은 릴리스가 좀 늦게 따라오긴 하지만 파이스파크PySpark라는 API를 통해 이뤄진다. 이 API를 사용하면 파이썬으로 스파크 클러스터와 상호작용할 수 있다. 스파크에 제출된 모든 파이썬 코드는 Py4J 라이브러리를 사용해 JVM을 반드시 통과한다. 일부 실행은 파이썬 컨텍스트 외부에서 발생하므로 파이스파크 코드를 미세하게 조정하거나 디버깅하기가 매우 어려울 수 있다.

파이스파크 사용자는 결국 스파크를 최대한 활용하려면 코드를 스칼라나 자바로 전환해야 한다고 결정할 수 있다. 스파크의 새로운 기능과 강화된 기능들은 자바나 스칼라 API에 먼저 추가되며, 해당 기능이 파이스파크에 반영되기까지는 보통 몇 번의 릴리스 주기가 지나야 한다. 또한 파이스파크를 새로 배우기란 결코 만만치 않다. 데이터 프레임 API는 개념적으로 팬더스와 비슷하지만 구문과 구조에 상당한 차이가 있다. 즉, 파이스파크를 처음 접하는 새로운 사용자는 기존의 팬더스나 사이킷런 작업 경험과 지식을 바탕으로 하지 않고 '스파크 방식'으로 수행하는 방법을 다시 학습해야 한다.

스파크는 예를 들어 배열의 각 항목에 상수를 더하거나 배열의 합을 계산하는 것처럼 컬렉션 객체에 대해 연산을 적용하도록 최적화되었다. 그러나 이 최적화는 유연성을 대가로 얻은 것이다. 스파크는 어떤 컬렉션에 대해 맵이나 리듀스 형태로 표현할 수 없는 코드를 처리할 수 없다. 따라서 스파크를 사용해 사용자가 정의한 알고리즘을 대스크와 동일한 수준으로 확장하기란 불가능하다. 스파크는 설치와 설정이 까다롭기로 유명하며 아파치 주키퍼Apache ZooKeeper 와 아파치 암바리Apache Ambari와 같은 여러 종속 서비스들이 요구된다. 이들 자체도 설치와 구성이 어려울 수 있다. 스파크와 하둡을 사용하는 조직에서는 보통 클러스터를 구성, 모니터링, 그리고 유지 관리를 전담하는 IT 자원을 따로 둔다.

이러한 비교가 스파크에 지나치게 불리해보이도록 의도하지는 않았다. 스파크는 그 자체로 상당히 훌륭한 툴이며 대용량 데이터셋을 분석하고 처리하기 위한 실질적인 솔루션이다. 그러나 대스크의 짧은 학습 곡선, 유연성, 그리고 친숙한 API 덕분에 대스크는 파이썬 오픈 데이터 과학 스택의 배경지식을 지닌 데이터 과학자들에게는 더 매력적인 솔루션이다.

대스크가 그토록 강력하고 다재다능한 이유를 지금부터 살펴보겠다. 그리고 이전에 필자가 했던 추측이 맞다면 (즉, 여러분이 현재 큰 데이터셋으로 어려움을 겪고 있기에 이 책을 선택했다면) 대스크를 사용해보고 대스크로 실제 데이터셋을 분석하는 과정을 더 공부해보길 바란다. 이때 대스크 코드를 살펴보기에 앞서 대스크의 작업 스케줄러가 계산을 '분할 정복'하는 방법을 이해하는 데 도움이 될 몇 가지 핵심 개념을 복습하기를 추천한다. 작업 스케줄의 메커니즘을 이해하면 연산을 수행할 때 발생하는 병목 현상과 잠재적 병목 현상이 발생할 수 있는 위치에 대해 깊게 이해할 수 있으므로 분산 컴퓨팅 개념에 익숙하지 않다면 특히 도움이 될 것이다.

1.2 DAG 요리하기

대스크의 작업 스케줄러는 연산의 구성, 제어, 그리고 표현을 위해 유향 비순환 그래프(DAG) 개념을 사용한다. DAG는 수학에서 큰 비중을 차지하는 **그래프 이론**graph theory이라는 분야에서 나온 개념이다. 이름에서 기대한 바와는 달리 그래프 이론은 원형 차트나 막대그래프와는 관계가 없다. 대신 그래프 이론은 서로 관련 있는 일련의 객체들을 표현하기 위해 그래프를 사용한다. 이러한 정의는 매우 모호하고 추상적이지만 그래프는 정말 다양한 정보를 표현할 때 유용하다. 유향 비순환 그래프에는 이 정의를 약간 더 좁혀주는 몇 가지 특수한 특성이 있다. 그래프에 대한 추상적인 이야기를 계속하는 대신 DAG를 사용해 실제 프로세스를 모델링하는 예를 알아보자.

글을 쓰거나 가르치거나 데이터를 분석하는 일로 바쁘지 않을 때면 필자는 요리를 즐긴다. 특히 가장 좋아하는 파스타 요리는 '부카티니 알 아마트리치아나'다. 이탈리아 요리를 즐기는 사람이라면 두꺼운 부카티니 면의 식감, 페코리노 로마노 치즈의 짠맛, 그리고 구안찰레와 양파로 만든 토마토소스의 풍미를 좋아할 것이다. 여기서 잠깐 주제에서 벗어나, 필자가 이 이야기를 꺼낸 의도는 여러분이 책을 버리고 부엌으로 달려가기를 원해서가 아니다. 그보다는 유향 비순환 그래프를 사용해 맛있는 부카티니 알 아마트리치아나를 요리하는 방법을 설명하려는 것이다.

먼저 다음 [그림 1-2]의 레시피에 대한 간단한 개요를 살펴보자.

부카티니 알 아마트리치아나

재료(4인분 기준)
올리브유 2 큰술
잘게 썬 양파 3/4 컵
다진 마늘 2 개
잘게 썬 구안찰레 4 온스
으깬 산 마르자노 토마토 1 캔
코셔 소금
레드 칠리 플레이크 1/2 작은술
갓 갈은 후추 1/2 작은술
말린 부카티니 1 파운드
페코리노 로마노 치즈 1oz

요리법

1. 적당한 크기의 프라이팬에 오일을 두르고 중간 불로 가열한다. 구안찰레를 넣고 바삭해질 때까지 튀긴다(약 4분). 칠리 플레이크, 후추, 양파, 마늘을 추가한다. 양파가 익어서 부드러워질 때까지 볶는다(약 8분). 타지 않도록 자주 저어준다. 토마토를 넣고 소스가 걸쭉해질 때까지 약한 불에서 끓인다(약 15~20분).
2. 소스가 끓는 동안 큰 냄비에 소금물을 끓인다. 파스타를 넣고 포장지에 나온 요리 시간보다 1-2분 정도 덜 익힌다. 다 되면 파스타 물 1컵 정도를 따로 빼놓고 파스타를 체에 밭쳐 물기를 뺀다.
3. 소스가 걸쭉해지면 익힌 파스타를 넣고 소스와 섞는다. 따로 빼놨던 파스타 물을 절반 정도 추가하고 파스타가 식감이 느껴지는 '알 덴테' 상태가 될 때까지 요리한다(약 2분). 강판에 간 치즈를 위에 뿌린 후 내놓는다. 많이 드세요!

그림 1-2 알 아마트리치아나 파스타 레시피

레시피대로 요리한다는 것은 모든 재료가 하나의 요리로 완성될 때까지 재료들을 중간 상태로 변형시키는 일련의 순차적인 단계를 따른다는 뜻이다. 예를 들어 양파를 썰 때는 먼저 잘게 채 썬 뒤에 한쪽으로 모아둔다. 소프트웨어 엔지니어링 용어로는 양파를 써는 과정을 일종의 **함수**function라 할 수 있다.

양파 써는 과정이 중요하긴 하지만 전체 레시피에서는 아주 작은 일부분일 뿐이다. 전체 레시피를 완료하려면 더 많은 단계(또는 함수)를 정의해야 한다. 이러한 함수들을 그래프에서는 **노드**node라고 한다. 레시피에서 대부분의 과정은 논리적인 순서를 따르므로 (예를 들어 면을 요리하기도 전에 먼저 접시에 담지 않는다) 각 노드는 종속성을 갖는다. 즉, 다음 노드의 작업을 시작하기 전에 이전 과정들이 먼저 완료되어야 한다. 레시피의 다음 단계는 올리브 오일로 잘게 썬 양파를 볶는 것이다. 물론, 양파를 미리 썰어 놓지 않았다면 당연히 양파 볶는 것 자체가 불가능하다! 양파를 볶는 과정은 양파를 써는 과정에 의해 직접 종속되고 서로 연관되어 있으므로 이 두 노드는 **선**으로 연결된다.

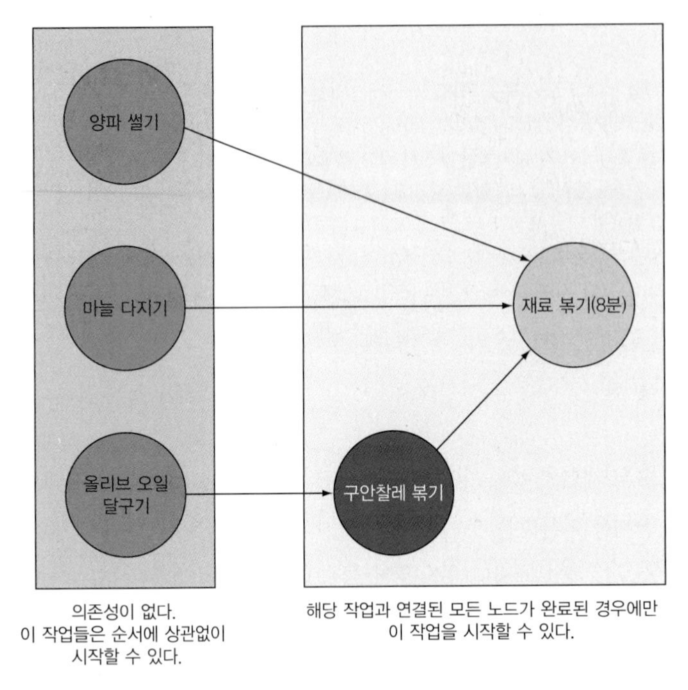
양파 썰기
마늘 다지기
올리브 오일 달구기
재료 볶기(8분)
구안찰레 볶기
의존성이 없다.
이 작업들은 순서에 상관없이
시작할 수 있다.
해당 작업과 연결된 모든 노드가 완료된 경우에만
이 작업을 시작할 수 있다.

그림 1-3 종속성이 있는 노드들을 표현한 그래프

[그림 1-3]은 지금까지 설명한 과정들을 그래프로 나타낸 것이다. '재료 볶기' 노드에는 세 가지 직접적인 의존성이 있다. 양파와 마늘을 썰고 구안찰레를 볶아야만 세 가지 재료를 함께 볶을 수 있다. 반대로 양파 썰기, 마늘 다지기, 그리고 올리브 오일 달구기 노드에는 종속성이 없다. 이 단계들을 완료하는 순서는 중요하지 않지만, 마지막 볶는 과정을 진행하기 전에 모든 단계를 완료해야 한다.

또한 노드를 연결하는 선 끝에는 화살표가 있는데, 그래프를 따라 이동할 방법이 한 가지뿐이라는 것을 의미한다. 양파를 썰기 전에는 볶을 수 없으며 뜨거운 기름을 달군 팬이 준비되지 않았다면 양파를 볶으려고 시도하지 않는 편이 좋다. 이것이 바로 유향 비순환 그래프가 의미하는 바다. 종속성이 없는 노드에서부터 하나의 종료 노드에 이르기까지 그래프를 통한 논리적인 한 방향 통로가 존재한다.

[그림 1-3]에서 그래프에 대해 알 수 있는 또 다른 사실은 다음 노드에서 이전 노드로 다시 연결하는 선이 없다는 것이다. 한 노드가 완료되면 절대 반복되거나 재검토되지 않는다. 이러한 점이 그래프를 **비순환 그래프**로 만든다. 만약 그래프에 피드백(재귀) 루프 또는 연속적인 프로

세스가 포함되면 그것은 **순환 그래프**가 된다. 물론 레시피에는 정해진 단계들이 있고 (완료 또는 미완성의) 어떤 상태가 존재하며 부엌에 특별한 문제가 없다면 결국 어떻게든 완성된 상태로 결론이 날 것이므로, 요리를 표현하기에 순환 그래프는 적절하지 않다. 다음 [그림 1-4]는 주기적 그래프의 모습을 보여준다.

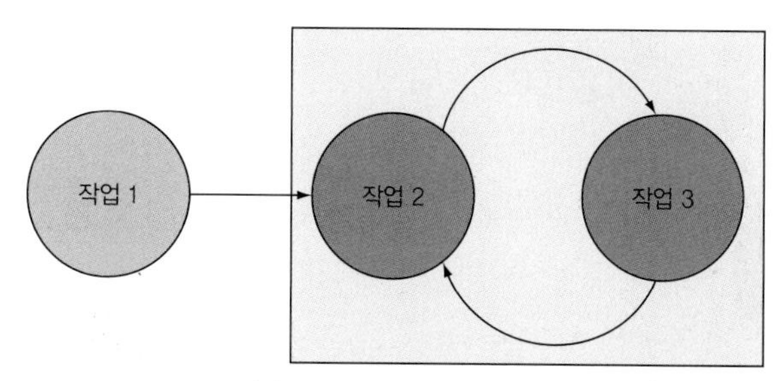

작업 2와 작업 3은 무한 피드백 루프로 서로 연결되어 있다.
이 그래프에는 논리 종료점이 없다.

그림 1-4 무제한 피드백 루프를 갖는 순환 그래프 예

프로그래밍 관점에서 유향 비순환 그래프는 마치 반복 작업을 허용하지 않는 듯 보일 수 있다. 그러나 반드시 그렇지는 않다. 유향 비순환 그래프는 반복할 노드를 복사해서 순서대로 연결해 (for 루프와 같은) 결정적 루프 형태로 구성할 수 있다. [그림 1-3]에서 구안찰레를 볶는 과정은 두 가지 단계로, 처음에는 하나만 볶다가 나중에 양파와 함께 볶는다. 만약 재료를 볶는 과정이 비결정적인 횟수로 이루어진다면 이 과정은 비순환 그래프로 표현할 수 없다.

[그림 1-3]의 그래프에서 마지막으로 주목할 점은 이 그래프가 **이행성 감소**transitive reduction라는 특수한 형태라는 점이다. 다시 말해서 **전이 의존성**transitive dependency을 나타내는 모든 선이 제거된 형태라는 것을 의미한다. 전이 의존성이란 다른 노드의 완료를 통해 간접적으로 충족되는 의존성을 의미한다. 다음 [그림 1-5]는 이행성 감소 없이 [그림 1-3]을 다시 그린 것이다.

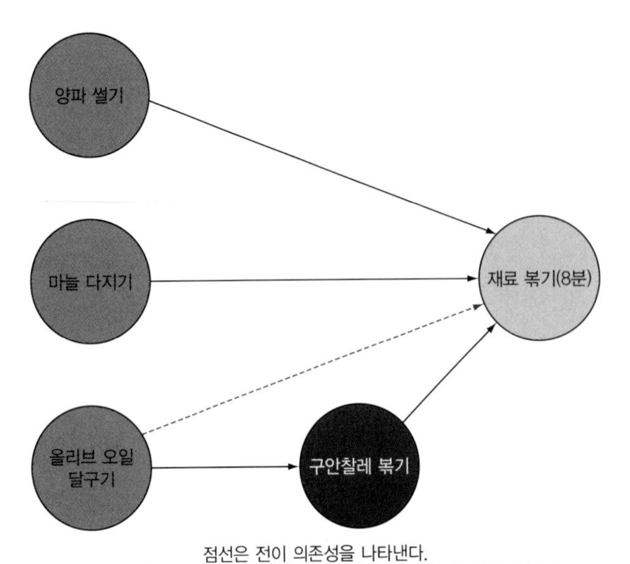
양파 썰기
마늘 다지기
재료 볶기(8분)
올리브 오일
달구기
구안찰레 볶기
점선은 전이 의존성을 나타낸다.
'재료 볶기' 노드는 '올리브 오일 달구기' 노드에 간접적으로 종속된다.
왜냐하면 '재료 볶기' 노드는 '구안찰레 볶기' 노드에 직접 종속되고
'구안찰레 볶기' 노드는 다시 '올리브 오일 달구기' 노드에 직접 종속되기 때문이다.

그림 1-5 이행성 감소가 사라진 형태로 [그림 1-3]을 다시 그린 그래프

'올리브 오일 달구기'와 '재료 볶기(8분)'를 포함하는 노드 사이에 선이 그려져 있다. 양파와 마늘을 추가하기 전에 구안찰레를 먼저 단독으로 볶아야 하기 때문에 올리브 오일을 달구는 일은 양파, 마늘, 그리고 구안찰레를 볶는 작업에 대해 전이 의존적이다. 구안찰레를 볶으려면 먼저 팬에 올리브 오일을 두르고 열을 가해야 한다. 따라서 세 가지 재료를 모두 볶을 준비가 되었다면 이미 오일이 달궈진 팬이 존재하고 따라서 이미 종속성을 충족한다.

다음 [그림 1-6]은 전체 레시피에 대한 유향 비순환 그래프를 나타낸다. 보다시피 그래프는 전체 프로세스를 처음부터 끝까지 완벽하게 나타낸다.

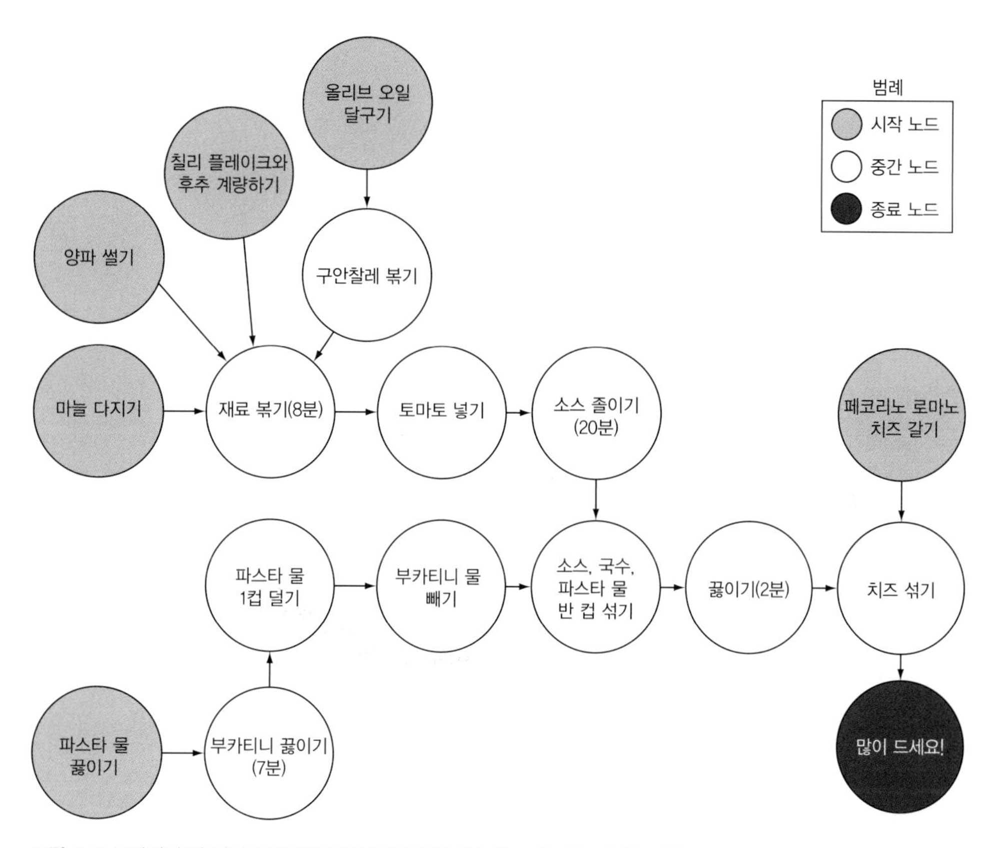

그림 1-6 부카티니 알 아마트리치아나 레시피를 유향 비순환 그래프로 표현한 **그림**

종속성이 없는 가장 바깥쪽의 시작 노드에서 시작해 마지막 '많이 드세요!'라고 표시된 종료 노드에 도달할 것이다. 이 그래프를 보면서 병목 현상의 발생 위치를 쉽게 발견하고, 요리를 준비하는 보다 최적의 또는 효율적인 방법을 개발하고자 잠재적으로 일부 노드를 재배치할 수도 있겠다. 예를 들어 파스타 물이 끓기까지 20분이 걸린다면 끓인 물 준비를 단일 시작 노드로 삼아 그래프를 그릴 수 있다. 그러면 요리의 다른 부분을 다 준비해놓고도 물이 끓을 때까지 기다릴 필요가 없다. 이러한 방식은 지능적인 작업 스케줄러 혹은 워크로드의 설계자 본인이 할 수 있는 최적화의 좋은 예이다. 이제 유향 비순환 그래프가 어떻게 동작하는지에 대한 기본적인 이해를 갖추었으니, 파스타 요리부터 빅데이터셋에 대한 기술 통계 연산에 이르기까지 임의의 그래프를 읽고 이해할 수 있어야 한다. 그럼 지금부터 DAG가 확장 가능한 컴퓨팅에 유용한 이유를 살펴보자.

1.3 확장성, 동시성과 복구

지금까지 예로 들었던 부카티니 알 아마트리치아나 요리는 부엌에 요리사가 한 명이라는 가정에서 설명했다. 하지만 가족을 위해 저녁 식사를 준비하거나 친구들과 작은 모임을 할 경우라면 몰라도, 맨해튼 중심가에서 바쁜 저녁 식사 서비스를 위해 수백 가지 요리를 서빙해야 하는 상황이라면 금세 능력의 한계에 도달할 것이다. 이제 도움을 구할 차례이다!

먼저 자원 문제를 어떻게 처리할지 결정해야 한다. 주방에서 더 효율적으로 작업할 수 있도록 장비를 업그레이드해야 할까, 아니면 작업량을 공유하기 위해 더 많은 요리사를 고용해야 할까? 컴퓨팅 세계에서는 이 두 가지 접근법을 각각 **스케일 업**scale-up과 **스케일 아웃**scale-out이라고 한다. 다만 어떤 방법도 가상의 주방에서는 말처럼 간단하지 않다.

1.3.1절에서는 스케일 업 솔루션의 한계와 스케일 아웃 솔루션이 어떻게 이러한 한계를 극복하는지 설명한다. 대스크의 주요 사용 사례는 복잡한 문제를 해결하는 것이므로, 가상 주방에서 가장 좋은 방법은 더 많은 직원을 고용하고 스케일 아웃하는 것이라고 가정한다. 이러한 가정을 감안하면 여러 다른 작업자가 복잡한 작업을 조율하는 데 따르는 몇 가지 과제들을 이해하는 것이 중요하다. 뒤이어 1.3.2절에서는 작업자가 자원을 공유하는 방법을, 1.3.3절에서는 작업자의 실패를 처리하는 방법을 설명한다.

1.3.1 스케일 업과 스케일 아웃

다시 가상의 주방으로 돌아가자. 저녁 식사 시간에 배고픈 손님들에게 음식을 제공해야 하는 상황에서 무엇을 먼저 해야 하는가라는 질문에 직면했다. 가장 먼저 고려할 점은 파스타의 양이 증가함에 따라 각 단계에 걸리는 시간도 늘어난다는 사실이다. 예를 들어 원래 레시피대로라면 4인분 기준으로 잘게 썬 양파가 3/4 컵만큼 필요하다. 이 양은 대략 중간 크기의 양파 하나와 같다. 만약 400인분을 만들어야 한다면 양파 100개를 썰어야 한다는 뜻이다. 즉, 양파 하나를 약 2분 안에 썰 수 있고 도마를 비우고 다른 양파를 잡는 데 30초가 걸린다고 가정하면 양파를 약 5시간 동안 썰어야 한다! 결국 양파만 썰다가 나머지 레시피를 준비하는 데 걸리는 시간을 모두 소모할 것이고 화가 난 손님들은 다른 식당으로 가버릴 것이다. 그것으로도 모자라 5시간 동안 양파를 자르면서 눈이 매워 고생할 게 틀림없다.

이 문제에 대한 두 가지 가능한 해결책은 기존 주방 장비를 더 빠르고 효율적인 장비로 교체하거나(스케일 업), 더 많은 직원을 고용해 배치하는 것이다(스케일 아웃). 다음 [그림 1-7]은 이 두 가지 방법을 도식화해서 보여준다.

스케일 업

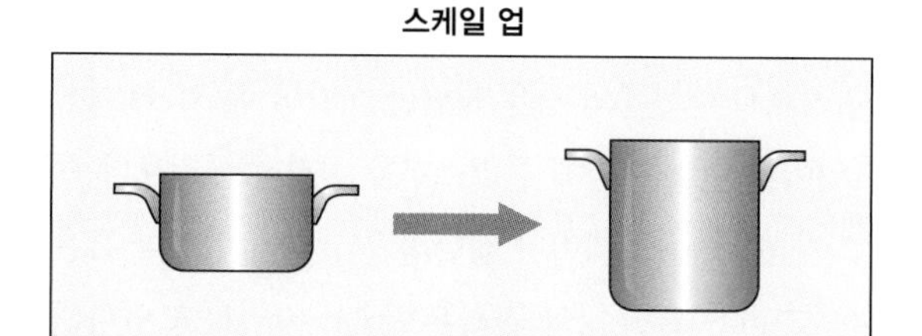

스케일 아웃

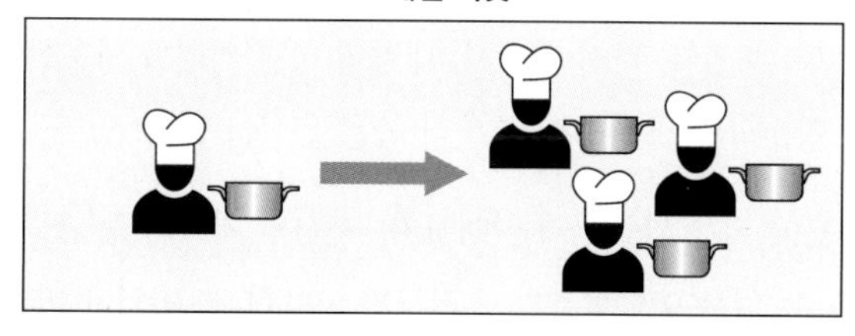

그림 1-7 스케일 업은 기존 장비를 더 크고 빠르고 효율적인 장비로 교체한다. 반면 스케일 아웃은 여러 직원이 일을 병렬 분담한다.

이 두 가지 방법 모두 장단점이 있으므로 스케일 업할지 아니면 스케일 아웃할지 결정하는 일은 쉽지 않다. 만약 처음부터 끝까지 전체 과정을 모두 감독하고자 한다면 스케일 업을 더 선호할 수도 있겠다. 그러면 새로 고용하는 직원의 능력에 대한 불확실성이나 변동을 신경 쓸 필요도 없고 주방에서 여러 사람에 치일 걱정을 할 필요도 없다. 믿고 사용하던 칼과 도마 대신, 양파를 일일이 손수 썰 때 걸리던 시간을 10분의 1로 줄여줄 만능 조리 기구로 교체할 수 있다. 아마 추가 확장이 필요해질 때까지는 어느 정도 버틸 수 있을 것이다.

하지만 사업이 더 잘 풀려 하루에 파스타 800그릇, 1,600그릇, 3,200그릇까지 판매량이 증가한다면 전에 겪었던 확장성 문제를 똑같이 겪을 것이다. 결국 현재 주방 기술의 한계에 다다르고 만능 조리 기구도 더 이상 소용없게 되는 순간이 오면 새롭고 더 빠른 기계를 장만하기 위해 시간과 비용을 더 들여야 할 것이다. 해당 주방 기구는 방대한 양의 양파를 써는 작업에 매우 특화될 것이고 이것을 개발하고 유지 보수하기 위한 엔지니어링에 믿을 수 없을 정도의 엄청난 노력이 들어갈 것이다. 실제로 그렇게까지 노력한다 해도, 언젠가는 더 이상 개발을 지속할 수 없는 수준에 도달할 것이다(양파가 죽이 될 정도로 칼날을 회전 속도를 높여야 할 시점이 올

수도 있다).

여기서 잠시 흥분을 가라앉히자. 대부분의 주방장은 도시 한복판에 작은 식당 하나를 연다고 해서 꼭 세계적인 파스타 거물이 되겠다든가 주방 기구 연구 개발을 위한 유수의 연구 기관을 세우겠다는 등의 계획을 세우지는 않는다. 즉, 단순히 주방 기구 하나를 장만하는 스케일 업이 최선의 선택이 될 수도 있다는 뜻이다. 마찬가지로 대부분의 경우 저렴한 저가형 워크스테이션을 고급 서버로 업그레이드하는 것이 하드웨어를 대량 구입해 클러스터를 설정하는 것보다 쉽고 저렴할 것이다. 이는 직면한 문제의 크기가 중간 규모 데이터 집합의 최상위에 있거나 혹은 큰 데이터 집합의 최하위에 있는 경우 특히 그렇다. 특히 만약 클라우드에서 작업하고 있다면 필요에 맞지 않는 하드웨어를 구입하는 대신 한 인스턴스 유형에서 다른 유형으로 프로세스를 스케일 업 하는 편이 훨씬 더 쉬운 선택이 될 수 있다. 다시 말해서, 대량의 병렬 처리를 활용할 수 있거나 대규모 데이터셋으로 작업하는 경우라면 스케일 아웃이 더 나은 옵션이 될 수 있다.

그럼, 이번에는 부엌에서 어떤 스케일 아웃이 적용 가능한지 살펴보자. 자신의 기술과 능력을 높이고자 노력하는 대신 작업량을 공유할 수 있는 9명의 추가 요리사를 고용한다. 만약 10명 모두 양파를 자르는 작업에 시간을 100% 집중하고 주의를 기울인다면, 기술 수준이 같다고 가정할 때 5시간의 작업 시간은 30분으로 줄어든다. 물론 칼, 도마, 그리고 기타 도구들을 더 구입해야 하고 추가로 고용한 요리사들에게 적절한 시설을 제공하고 비용을 지불해야 한다. 하지만 다른 대안이 특수 장비를 개발하는 데에 돈을 쏟아붓는 것이라면 장기적으로 봤을 때 더 저렴한 방안이 될 것이다. 새로 온 요리사들은 양파를 준비하는 데 걸리는 시간을 줄여줄 뿐만 아니라 한 가지 일만을 위해 고용된 사람들이 아니기 때문에 필요한 모든 다른 작업을 수행하도록 훈련 받을 수 있다. 반면 아무리 노력해도 파스타 면을 끓이도록 주방 기구를 훈련시킬 수는 없다! 단점이라면 요리사가 아플 수도 있고, 실수를 하거나, 예상하지 못한 일을 저질러서 작업을 방해하는 일이 생길 수도 있다는 점이다. 요리사들이 한 팀으로 하나의 목표를 향해 함께 일하는 현장은 쉽게 구현할 수 없다. 초반에 부엌에 3~4명 정도의 요리사들만 있다면 직접 관리 감독할 수 있지만 주방이 커지면 부주방장을 선임해야 할 수도 있다. 마찬가지로 실제 비용은 클러스터를 유지 관리하는 것과 관련이 있으므로, 스케일 업 혹은 스케일 아웃 여부를 고려할 때 이 점을 정직하게 평가해야 한다.

새로운 요리사 팀과 대화를 나눌 때는 각 요리사에게 지시사항을 전달하고 레시피가 의도한 대로 나오는지 확인해야 한다. 유향 비순환 그래프는 여러 작업자 간에 복잡한 작업을 계획하고 조정하는 데 유용한 도구이다. 가장 중요한 것은 노드 간 종속성을 통해 작업들이 특정 순서를 따르도록 할 수 있지만(모든 종속 노드가 완료될 때까지 노드의 작업을 시작할 수 없다는 것을 명심하자), 단일 개체에 의한 것이든 아니면 여러 개체의 병렬 작업을 통한 것이든 개별 노드의 완료에 관해서는 제한이 없다는 점이다. 노드 자체가 독립적인 작업 단위이므로 작업을 세분화해 많은 작업자가 공유할 수 있다. 즉, 양파를 자르기 위해 요리사 4명을 할당할 수 있고, 다른 요리사 4명은 구안찰레를 볶고 나머지 2명은 마늘을 다질 수 있다는 뜻이다. 부엌에서 작업을 나누고 감독하는 것은 대스크에서 작업 스케줄러를 의미하는 부주방장이 할 일이다. 각 요리사가 작업을 완료하면 부주방장이 다음 사용 가능한 작업을 할당할 수 있다.

이때 주방에서 더 효율적으로 요리하려면 부주방장은 필요한 작업을 계속해 평가하고 가능한 빨리 종료 노드에 가장 가까운 작업들을 시작해야 한다. 예를 들어 100개의 양파를 전부 썰 때까지 기다리는 대신, 소스를 만들기에 충분한 양의 양파, 마늘, 구안찰레가 준비되었다면 부주방장은 다음으로 이용 가능한 요리사에게 소스 준비를 시작하도록 지시해야 한다. 이 전략을 통해 모든 고객이 동시에 요리를 받을 수 있을 때까지 고객들을 기다리게 하지 않고 대신 일부 고객들에게 더 빨리 요리를 제공할 수 있다. 또한 모든 양파를 썰어서 한번에 도마 위에 놓으면 둘 공간이 없을 수 있으므로 모든 양파를 썰어 놓은 상태로 쌓이지 않도록 하는 편이 효율적이다. 마찬가지로 대스크의 작업 스케줄러는 메모리 로드를 줄이고 완성된 결과를 신속하게 산출하기 위해 여러 작업 간에 작업자를 순환시킨다. 효율적인 방식으로 작업 단위를 장비에 분배하고 작업자 전체의 유휴 시간을 최소화하는 것을 목표로 한다. 작업자 간 그래프 실행을 구성하고 각 작업에 적절한 수의 작업자를 할당하는 일은 그래프를 완료하는 데 걸리는 시간을 최소화하는 데 중요하다. 다음 [그림 1-8]은 원본 그래프를 여러 작업자에게 배포할 수 있는 방법을 보여준다.

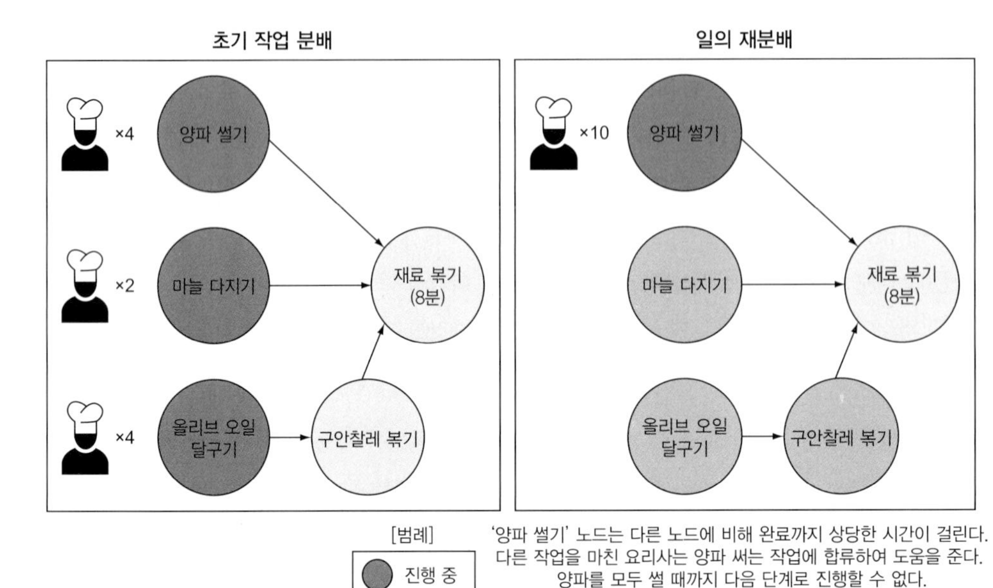

그림 1-8 많은 작업자에게 분배된 노드를 갖는 그래프로, 다른 시점에 작업들이 완료되면서 작업을 동적으로 재분배함을 보여준다.

1.3.2 동시성과 자원 관리

때로는 활용 가능한 작업자의 수보다 더 많은 제약 조건을 고려해야 한다. 스케일링 컴퓨팅에서는 이를 **동시성**concurrency 문제라고 부른다. 예를 들어 양파를 썰기 위해 더 많은 요리사를 고용했지만 막상 주방에 칼이 5개밖에 없다면 칼이 필요한 작업은 동시에 5명만 수행할 수 있다. 마늘 다지기와 같은 다른 작업들 역시 해당 자원을 공유해야 진행할 수 있다. 따라서 만약 요리사들이 양파를 썰기 위해 5개의 칼을 모두 사용한다면 최소 하나 이상의 칼을 사용할 수 있을 때까지는 마늘을 다질 수 없다. 나머지 5명의 요리사가 다른 모든 가능한 과정을 완료했다고 하더라도 **공유 자원 고갈**로 인해 마늘 다지기 단계가 지연될 수밖에 없다.

다음 [그림 1-9]는 가상의 주방에서 자원 부족의 예를 보여준다.

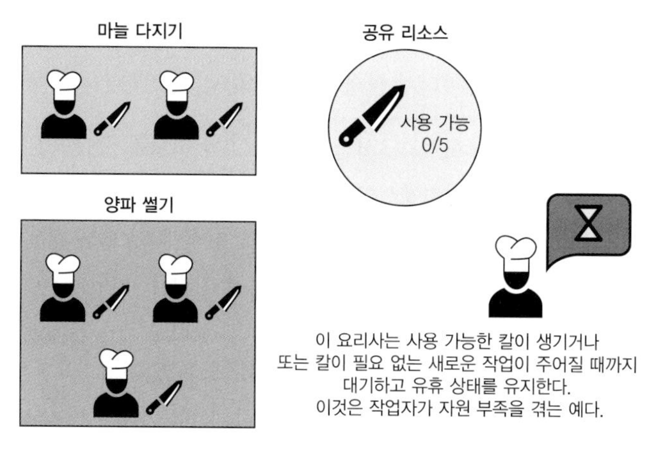
마늘 다지기
공유 리소스
사용 가능
0/5
양파 썰기
이 요리사는 사용 가능한 칼이 생기거나
또는 칼이 필요 없는 새로운 작업이 주어질 때까지
대기하고 유휴 상태를 유지한다.
이것은 작업자가 자원 부족을 겪는 예다.

그림 1-9 리소스 고갈의 예

양파를 자르는 단계가 모두 완료될 때까지 다른 요리사는 유휴 상태를 유지한다. 누군가 공유 자원을 쓰고 있다면 **리소스 잠금**이 설정되어 리소스를 잠근 작업자가 리소스 사용을 완료할 때까지 다른 작업자가 이 리소스를 '훔쳐갈' 수 없다. 요리사 중 한 명이 다른 요리사의 손에서 칼을 뺏으려 하는 것은 무례하고 위험한 일이다. 요리사들이 다음에 누가 칼을 사용할지에 대해 끊임없이 다툰다면 이 논쟁으로 인해 레시피를 완성하기까지 더 많은 시간이 소요될 것이다.

부주방장은 누가 특정 리소스를 사용할 수 있는지 그리고 리소스가 사용 가능할 때 어떻게 할지에 대한 기본 규칙을 마련해 이러한 대립을 해소할 책임이 있다. 마찬가지로, 스케일링 컴퓨팅 프레임워크에서 작업 스케줄러는 리소스 경합과 잠금 처리 방법을 결정해야 한다. 제대로 처리하지 않으면 리소스 경합으로 인해 성능이 매우 저하될 수 있다.

다행히 대스크를 포함한 대부분의 프레임워크는 효율적인 작업 스케줄링을 제공하며, 보통은 이를 수동으로 조정할 필요가 없다.

1.3.3 장애 복구

마지막으로, 복구 전략을 언급하지 않고는 확장 가능한 컴퓨팅에 대한 모든 논의를 끝냈다고 볼 수 없다. 부주방장이 모든 요리사를 한번에 면밀히 감독하기 어렵듯, 클러스터의 기기 수가 증가함에 따라 처리 작업의 분배를 조정하는 일은 점점 어려워지고 있다. 최종 결과는 결국 모든 개별 작업의 집합으로 구성되므로 모든 부분이 원하는 방향으로 가고 있는지 확인하는 것이 중요하다. 그러나 사람과 마찬가지로 기계 역시 불완전하며 때로는 실패를 겪는다. 이때 고려해야 할 두 가지 유형의 장애로 '작업자 장애'와 '데이터 손실'을 꼽을 수 있다.

예를 들어 요리사 중 한 명에게 양파 자르는 일을 시키고 3시간 동안 이 일만 하도록 한다면 아마 그는 더 이상 이 단순 작업을 계속할 수 없다고 결정하고 칼을 내려놓은 뒤 작업복을 벗어 던지고 문밖으로 걸어나갈 것이다. 당신이 지금 작업자 하나를 다운시킨 것이다! 양파 써는 일을 끝내려면 다른 요리사 중 한 명이 그 자리를 메워야 한다. 그래도 다행히 이전 요리사가 남겨둔 양파는 여전히 사용할 수 있다. 이것은 데이터 손실이 없는 작업자 장애이다. 실패한 작업자가 이미 완료한 작업을 다시 할 필요는 없으므로 성능에 미치는 영향은 그리 크지 않다.

한편, 데이터 손실이 발생하면 성능에 큰 영향을 줄 수 있다. 예를 들어 주방 직원이 모든 초반 준비 단계를 완료했으며 소스가 오븐에서 서서히 끓어오르는 상황이라고 가정하자. 이때 냄비가 실수로 넘어져 바닥에 소스가 쏟아졌다. 쏟아진 소스를 긁어내 다시 쓰는 일이 이 책의 모든 건강 코드에 위배된다는 점을 안다면 소스를 다시 만들어야 한다. 이것은 더 많은 양파를 자르고 더 많은 구안찰레을 볶는 작업으로 다시 돌아간다는 뜻이다. 소스 끓이기 노드에 대한 종속성이 더 이상 충족되지 않으므로, 종속성이 없는 첫 번째 노드로 다시 돌아가서 재작업을 해야 한다.

상당히 치명적인 예제지만, 기억해야 할 중요한 점은 그래프의 어느 곳에서든 장애 발생시 특정 노드에 이르기 위한 전체 작업 계보를 '재생'할 수 있다는 점이다. 작업 스케줄러는 궁극적으로 작업을 중단하고 재생할 작업들을 다시 분배하는 일을 담당한다. 또한 작업 스케줄러가 실패한 작업자들의 작업을 동적으로 재분배할 수 있으므로 이전에 작업을 이미 완료한 특정 작업자들은 자기 작업을 다시 수행할 필요가 없다. 예를 들어 앞에서 그만두기로 결정한 요리사가 나가면서 약간의 양파를 가져갔다고 해서 주방 일 전체를 멈추고 처음부터 모든 것을 다시 할 필요는 없다. 추가로 썰어야 할 양파의 개수를 결정하고 해당 작업을 수행할 새 요리사만 할당하면 된다.

드문 일이지만 작업 스케줄러에 문제가 발생해 실패할 수 있다. 주방에 비유하자면 주방장 모자를 걸어 놓고 문밖으로 걸어 나가기로 결정한 부주방장과 같다. 이러한 종류의 오류를 복구할 수는 있지만 작업 스케줄러만이 전체 DAG와 완료된 분량을 알고 있으므로 완전히 새로운 작업 그래프에서 1단계부터 다시 시작하는 것만이 유일한 옵션이다. 주방 비유는 이 부분에서 약간 거리가 있다. 실제 요리사들의 경우 조리법을 미세하게 관리하지 않더라도 요리 서비스를 마칠 수 있을 만큼 레시피를 잘 알고 있지만 대스크는 그렇지 않다. 이 작업자들은 단순히 자신에게 맡겨진 일을 할 뿐이며, 할 일을 할당해주는 작업 스케줄러가 없다면 스스로 결정할 수 없다.

이제 DAG의 장점이 무엇이며 이것이 확장 가능한 컴퓨팅 프레임워크와 어떤 관련이 있는지 잘 이해했으리라 믿는다. 대스크의 모든 작업 스케줄은 여기에 제시한 DAG 개념에 기반을 두며 이러한 개념은 이 책을 읽다 보면 다시 나올 것이다.

그럼, 1장을 마치기 전에 책 전반에 걸쳐 대스크의 사용법이나 기능을 배울 때 사용할 데이터셋에 관해 간략하게 살펴보자.

1.4 예제 데이터셋 소개

이 책의 목적은 대스크를 사용해 데이터 분석의 실무 경험을 제공하는 것이므로 각 장의 예제와 더불어 작업할 수 있는 데이터셋을 마련해야 한다. 이때 다양한 목적을 위해 만들어진 '장난감' 예제로 이 책을 진행하기보다는 새로 배운 기술을 실제로 지저분한 데이터셋에 적용해보는 편이 훨씬 값질 것이다. 또 적당히 큰 데이터셋을 사용해 경험을 쌓는 일도 중요하다. 배운 내용을 실제 존재하는 중간 규모나 큰 규모의 데이터셋에 더 잘 적용할 수 있기 때문이다. 따라서 다음 장에서는 대스크 사용 방법을 배우기 위한 배경으로 NYC OpenData(*https://opendata.cityofnewyork.us*)에서 제공하는 훌륭한 공용 도메인 데이터셋을 활용하겠다.

뉴욕시 재무부는 매월 셋째 주마다 지금까지의 회계 연도 동안 발행한 모든 주차 위반 소환장 데이터를 기록하고 게시한다. 뉴욕에서 수집된 데이터는 흥미로운 지리적 특징들을 포함해 상당히 많은 정보들을 포함한다. 이때 인기 머신러닝 웹사이트인 캐글[Kaggle]은 데이터 접근성을 높이기 위해 NYC OpenData의 4년치 데이터를 아카이브에 수집해 게시한다. 해당 데이터셋은 2013년부터 2017년 6월까지의 정보이며 압축하지 않으면 8GB가 넘는 크기이다. 성능이 최고급인 컴퓨터를 사용한다면 이 데이터셋을 작은 데이터라고 볼 수도 있겠지만 대부분의 사람에게는 적당한 크기의 중간 데이터셋이 될 것이다. 물론 더 큰 데이터셋도 있지만 2TB의 데이터를 내려받지 않아도 된다는 사실에 고마워하길 바란다. 데이터는 `www.kaggle.com/new-york-city/nyc-parking-tickets`에서 직접 받을 수 있다. 데이터를 내려받은 후 소매를 걷어붙이고 2장부터 본격적으로 대스크를 알아볼 준비를 하자!

1.5 마치며

- 대스크는 팬더스나 넘파이처럼 널리 쓰이는 데이터 분석 라이브러리를 확장할 때 사용할 수 있으며 중간이나 큰 규모의 데이터셋을 쉽게 분석할 수 있다.
- 대스크는 유향 비순환 그래프(DAG)를 사용해 다중의 CPU 코어와 머신에서 병렬화된 코드 실행을 조정한다.
- DAG는 노드들로 구성되며, 명확하게 정의된 시작 노드와 끝 노드, 그리고 반복이 없는 단일 순회 경로가 존재한다.
- 종속된 다운 스트림 노드의 작업을 시작하기 전에 업 스트림 노드를 완료해야 한다.
- 스케일 아웃은 보통 복잡한 워크로드의 성능을 향상시킬 수 있지만 이러한 성능 향상에 큰 손해가 될 수 있는 추가 오버헤드가 발생한다.
- 장애가 발생하면 나머지 프로세스들을 방해하지 않고 해당 노드에 도달하기 위한 단계들을 처음부터 반복할 수 있다.

CHAPTER 2

대스크 시작하기

이 장의 핵심 내용

- 대스크 데이터 프레임을 사용한 간단한 데이터 클리닝 예제로 워밍업하기
- Graphviz를 사용해 대스크 워크로드에서 만든 DAG 시각화하기
- 대스크 작업 스케줄러가 코드 실행을 조정할 때 DAG 개념을 적용하는 방법 알아보기

DAG 동작 방식의 기본 내용을 이해했으니 이제 대스크가 DAG를 어떻게 활용해 강력하고 확장 가능한 워크로드를 만드는지 알아보자. 1장 마지막 부분에서 내려받은 NYC 주차 티켓 데이터를 사용하면 한 번에 다음 두 가지를 실현할 수 있다. 먼저 대스크의 데이터 프레임 API를 사용해 정형화된 데이터 집합을 분석한 경험을 얻을 수 있고, 앞으로 계속 다룰 데이터 집합의 몇 가지 특징에 익숙해질 수 있다. 이어서 유용한 진단 도구 몇 가지를 살펴보고 하위 수준 지연 API를 사용해 간단한 사용자 지정 작업 그래프를 만들어보자.

본격적으로 대스크 코드를 살펴보기 전에 필요한 도구들을 아직 설치하지 않았다면 이 책의 예제 코드에 필요한 대스크 및 모든 패키지를 설치하는 방법을 부록에서 확인하자. 매닝 홈페이지(`https://www.manning.com/books/data-science-with-python-and-dask`)에서 전체 코드와 노트북 파일들을 찾을 수 있다. 또는 역자가 운영하는 깃허브(`github.com/coldfire79/data-science-with-python-and-dask`)에서도 내려받을 수 있다. 각 노트북의 셀은 번호가 매겨진 코드 목록 중 하나와 관련이 있으며 이 목록은 책에 표시되는 순서대로 표시된다.

이 책의 모든 예제는 (다른 특별한 설명이 없는 한) 주피터 노트북을 사용하기를 추천한다. 주피터 노트북을 쓰면 코드를 체계적으로 정리할 수 있고 필요에 따라 쉽게 시각화를 시도할 수

있다. 예제 코드는 번역 시점 기준으로 파이썬 3.6 환경에서 테스트했으며 버전에 상관없이 사용할 수 있다. 대스크는 두 가지 주요 버전의 파이썬에서 모두 사용할 수 있지만 파이썬 2에 대한 지원이 2020년 4월 출시된 2.7.18 버전을 끝으로 종료되었으니 모든 프로젝트에 파이썬 3를 사용하기를 추천한다.

마지막으로, 시작하기 전에 앞으로 몇 장에 걸쳐 진행할 내용을 도표로 정리해보겠다. 이미 언급했듯이 이 책의 목적은 일반적인 데이터 과학 관련 작업을 할 때 대스크를 어떻게 사용할지에 중점을 둔 실용적인 방법으로 대스크의 기본 사항을 가르치는 것이다. [그림 2-1]은 데이터 과학 문제에 접근하는 상당히 표준화된 방법을 나타내며, 대스크를 각 부분에 적용하는 방법을 보여주고자 이 워크플로를 기본으로 사용할 것이다.

2장에서는 데이터 수집, 데이터 정리, 그리고 탐색적 분석의 영역에 속하는 몇 가지 대스크 코드들을 살펴본 뒤 4장과 5장, 6장에서 이러한 주제들을 한층 더 깊이 다뤄보겠다. 여기서 중요한 사실은 대스크 구문이 어떻게 생겼는지를 처음으로 살짝 보여준다는 점이다. 또한 대스크에 제공하는 상위 레벨의 명령들이 기본 스케줄러에서 만들어진 DAG와 어떤 관련을 갖는지에 초점을 맞출 것이다. 자, 이제 시작해보자!

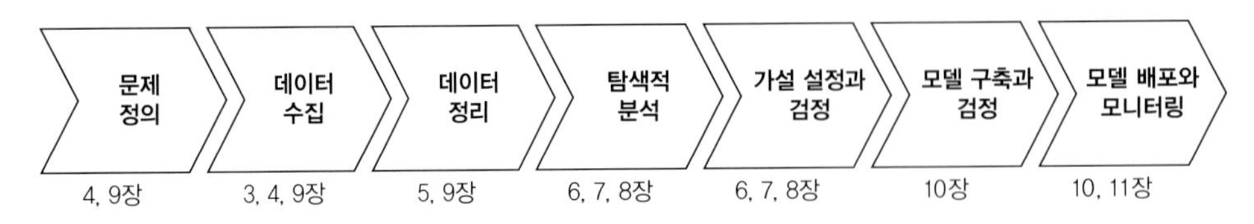

그림 2-1 이 책의 워크플로

2.1 데이터 프레임 API와의 첫 만남

모든 데이터 과학 프로젝트에서 빼놓을 수 없는 단계는 데이터셋에 대한 탐색적 분석을 수행하는 것이다. 탐색적 분석을 통해 결측값, 특잇값, 기타 데이터 품질 문제 등을 확인한다. 이처럼 데이터셋을 정제하는 과정을 통해, 잘못되었거나 비정상적인 데이터가 사용자가 수행한 분석이나 데이터에 대해 내려진 결론에 영향을 미치지 않도록 한다. 대스크 데이터 프레임 사용에 대해서는 먼저 데이터 파일을 읽고, 결측값이 있는지 데이터를 스캔해 확인하고, 데이터가 지나치게 누락되었거나 분석에 유용하지 않은 열들을 삭제하는 과정을 하나씩 살펴보겠다.

2.1.1 대스크 객체의 메타 데이터 검사하기

이번 예제에서는 일단 2017년에 수집된 데이터만 살펴보겠다. 먼저 대스크 모듈을 가져온 다음 데이터를 읽어야 한다.

코드 2-1 관련 라이브러리와 데이터 가져오기

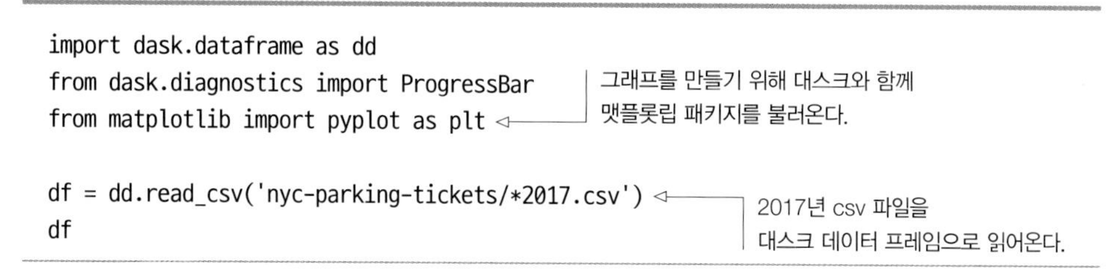

```
import dask.dataframe as dd
from dask.diagnostics import ProgressBar
from matplotlib import pyplot as plt

df = dd.read_csv('nyc-parking-tickets/*2017.csv')
df
```


숙련된 팬더스 사용자에게 [코드 2-1]은 매우 익숙할 것이다. 실제 구문상으로도 팬더스 구문와 동일하다! 편의를 위해 작업 중인 파이썬 노트북과 같은 폴더에 데이터 압축을 풀었다. 다른 곳에 데이터를 저장할 경우 사용을 위한 올바른 경로를 찾거나 작업 디렉터리를 os.chdir을 사용해 데이터를 포함하는 폴더로 변경해야 한다. 방금 만든 데이터 프레임을 검사하면 [그림 2-2]와 같은 결과가 나타난다.

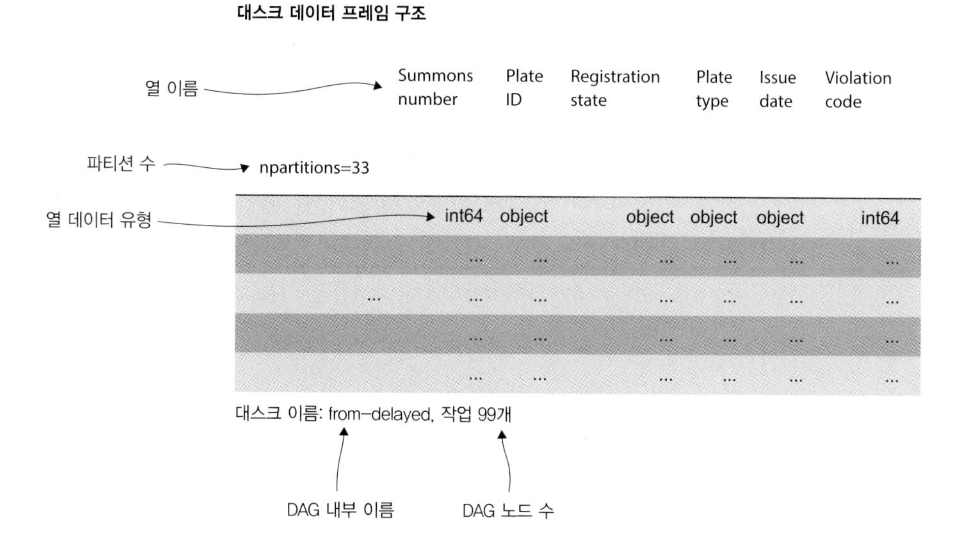

그림 2-2 대스크 데이터 프레임 검사하기

[코드 2-1]의 결과가 예상과 다를 수 있다. 팬더스는 데이터 중 일부를 표시하는 반면, 대스크 데이터 프레임은 메타 데이터를 표시한다. 열 이름이 맨 위에 나오고 그 아래에는 각 열의 데이터 타입이 표시된다. 대스크는 팬더스와 마찬가지로 데이터에서 데이터 타입을 지능적으로 유추하려고 노력한다. 그러나 대스크는 컴퓨터 메모리에 한꺼번에 저장할 수 없을 만큼 큰 규모의 데이터셋을 처리하도록 설계되었으므로 데이터 타입을 정확히 유추하는 기능에 제한을 받는다. 팬더스는 메모리에서 모든 작업을 수행할 수 있으므로 전체 데이터 프레임을 빠르고 쉽게 스캔해 각 열에 가장 적합한 데이터 타입을 찾을 수 있다. 반면 대스크는 로컬 데이터셋에서든 분산 파일 시스템의 여러 물리적 시스템에 분산된 대규모 데이터셋에서든 잘 동작할 수 있어야 한다. 따라서 대스크 데이터 프레임은 랜덤 샘플링 방법을 사용해 일부 데이터 샘플에서 데이터 타입을 프로파일링하고 추론한다. 숫자 열에 문자가 포함된 것과 같은 데이터 이상data anomaly이 널리 퍼져있는 경우에는 이 방법이 잘 작동한다. 하지만 수백만 혹은 수십억 개의 행들 사이에 하나 이상의 행이 포함된 경우 이 행이 랜덤 샘플링으로 선택되기란 불가능하다. 이로 인해 대스크가 호환되지 않는 데이터 타입을 선택하면 나중에 연산을 수행할 때 오류가 발생한다.

이러한 상황을 피하는 가장 좋은 방법은 대스크의 추론 프로세스에 의존하기보다 데이터 타입을 명시적으로 설정하는 것이다. 또한 파케이Parquet와 같은 명시적 데이터 타입을 지원하는 이진 파일 형태로 데이터를 저장하면 이 문제를 완전히 피해갈 수 있을 뿐 아니라 테이블 성능도 향상된다. 나중에 이 문제를 다시 다루겠지만 지금은 대스크가 유추한 데이터 타입을 사용한다.

데이터 프레임의 메타 데이터에서 또 하나 흥미로운 사실은 이 정보를 통해 대스크의 스케줄러가 파일 처리를 위해 어떤 식으로 작업을 분할하고 있는지 엿볼 수 있다는 점이다. `npartitions` 값은 현재 데이터 프레임이 몇 개의 파티션으로 이루어졌는지를 알려준다. 2017년 파일의 크기가 2GB를 살짝 넘어가므로 33개의 파티션으로 나눌 경우 각 파티션은 약 64MB 정도의 크기를 갖는다. 즉 전체 파일을 한꺼번에 메모리에 불러오는 대신, 각 대스크 작업자 스레드는 한번에 64MB 크기의 청크로 파일을 처리한다.

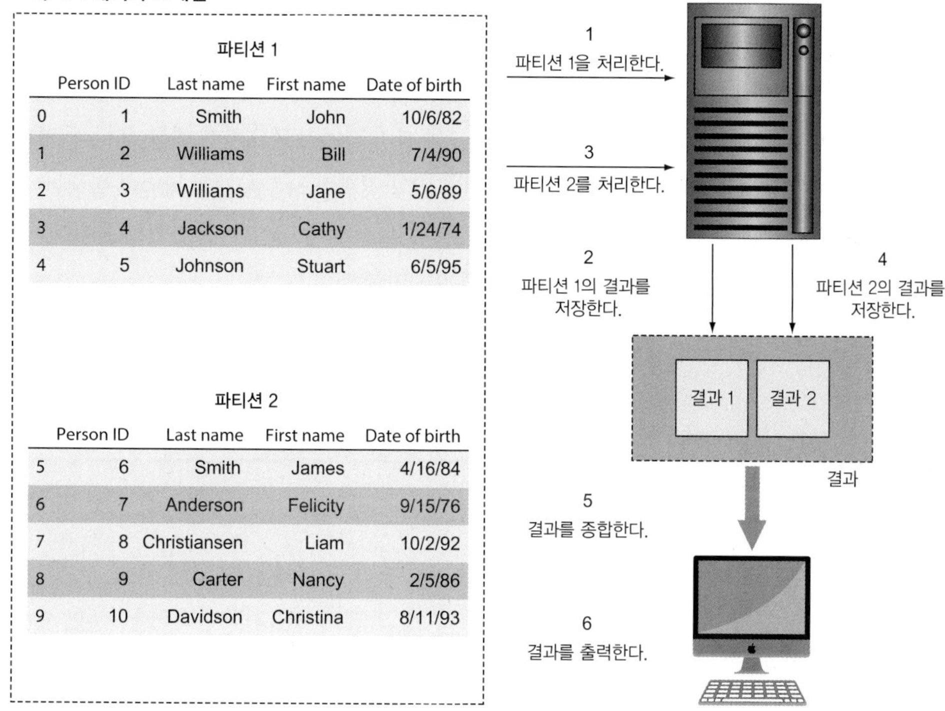

대스크 데이터 프레임
파티션 1
Person ID
Last name
First name
Date of birth
0 1 Smith John 10/6/82
1 2 Williams Bill 7/4/90
2 3 Williams Jane 5/6/89
3 4 Jackson Cathy 1/24/74
4 5 Johnson Stuart 6/5/95
파티션 2
Person ID
Last name
First name
Date of birth
5 6 Smith James 4/16/84
6 7 Anderson Felicity 9/15/76
7 8 Christiansen Liam 10/2/92
8 9 Carter Nancy 2/5/86
9 10 Davidson Christina 8/11/93
1
파티션 1을 처리한다.
3
파티션 2를 처리한다.
2
파티션 1의 결과를 저장한다.
4
파티션 2의 결과를 저장한다.
결과 1
결과 2
결과
5
결과를 종합한다.
6
결과를 출력한다.

그림 2-3 대스크는 큰 데이터 파일을 여러 개의 파티션으로 분할하고 한 번에 하나씩 파티션을 처리한다.

[그림 2-3]은 이러한 과정을 잘 보여준다. 대스크는 전체 데이터 프레임을 무리해서 메모리에 올리기보다는 서로 독립적으로 작업할 수 있는 작은 청크들로 파일을 분할한다. 이러한 청크들을 **파티션**이라고 한다. 대스크 데이터 프레임의 경우 각 파티션은 상대적으로 작은 팬더스 데이터 프레임이다.

[그림 2-3] 예제에서 데이터 프레임은 2개의 파티션으로 구성된다. 따라서 하나의 대스크 데이터 프레임은 두 개의 작은 팬더스 데이터 프레임으로 이뤄진다. 각 파티션은 한 번에 하나씩 혹은 병렬로 메모리에 올라가며 작업이 진행된다. 이 경우 작업자 노드는 먼저 파티션 1을 잡아서 처리한다. 그리고 그 결과를 임시 공간에 저장한다. 다음으로 파티션 2를 잡아서 처리한 후 마찬가지로 그 결과를 임시 공간에 저장한다. 마지막으로 이 결과들을 결합해 작업을 요청한 클라이언트에게 결과를 전달한다. 작업자 노드는 매번 데이터의 일부만을 가지고 작업하므로, 작업을 여러 대의 컴퓨터로 분산할 수 있다. 혹은 로컬 클러스터를 이용할 경우 메모리 부족 오류에 대한 걱정 없이 매우 큰 규모의 데이터셋들을 처리할 수 있다.

우리가 다룰 데이터 프레임에서 얻은 메타 데이터는 99개의 작업으로 구성된다. 이것은 대스크가 데이터 처리를 위해 99개의 노드로 구성된 DAG를 생성했다는 의미다. 이 그래프는 99개의 노드로 이루어진다. 왜냐하면 각 파티션은 원형 데이터를 읽어오고, 데이터를 적당한 크기로 분할하며, 데이터 프레임 객체를 초기화하는 세 가지 작업이 필요하기 때문이다. 각 파티션마다 3개의 작업으로 이뤄진 총 33개의 파티션이 있고 결과적으로 99개의 작업이 발생한다. 만약 작업자 풀에 33개의 작업자가 있었다면 전체 파일을 동시에 작업할 수 있었을 것이다. 작업자가 하나라면 대스크는 한 번에 하나씩 파티션을 처리할 것이다.

이제 전체 파일의 각 열에 존재하는 결측치의 개수를 분석해보자.

코드 2-2 데이터 프레임에서 결측치 개수 세기

```
missing_values = df.isnull().sum()
missing_values

Dask Series Structure:
npartitions=1
Date First Observed    int64
Violation Time           ...
dtype: int64
Dask Name: dataframe-sum-agg, 166 tasks
```

null 값의 개수를 확인하기 위한 구문 자체는 팬더스와 매우 유사하다. 하지만 이전에도 그랬듯 막상 결과 시리즈를 살펴보면 기대와는 다르다는 것을 알 수 있다. 결측치의 개수를 돌려주는 대신 대스크는 예측한 결과에 대한 메타 데이터 정보를 돌려준다. `missing_values` 객체는 `int64`로 이뤄진 시리즈 객체처럼 보인다. 하지만 실제 데이터는 어디에 있는 걸까? 사실 대스크는 **지연 연산**을 사용하므로 실제로는 아직 아무런 작업도 실행하지 않았다. 이는 실제로 대스크가 `missing_values` 변수에 저장할 또 다른 DAG를 준비하고 있었다는 뜻이다. 작업 그래프를 명시적으로 실행하기 전까지 데이터 연산은 이뤄지지 않는다. 이러한 특징은 중간 과정이 끝날 때까지 기다리지 않고 빠르게 복잡한 작업 그래프를 생성할 수 있도록 한다. 작업의 개수가 166개까지 증가한 것을 볼 수 있을 것이다. 이는 데이터 파일을 읽고 `df`라는 데이터 프레임을 생성하기 위해 대스크가 처음 만든 DAG의 99개 작업에, null을 찾아 개수를 확인하기 위한 66개 작업(파티션당 2개), 그리고 마지막으로 모든 결과를 하나의 시리즈 객체에 종합해 출력을 반환하기 위한 마지막 단계 하나가 추가되었기 때문이다.

코드 2-3 데이터 프레임에서 결측치의 비율 계산하기

```
missing_count = ((missing_values / df.index.size) * 100)
missing_count

Dask Series Structure:
npartitions=1
Date First Observed    float64
Violation Time             ...
dtype: float64
Dask Name: mul, 235 tasks
```

실제 연산을 수행하기 전에, 대스크에게 결측치 개수(`missing_values`)를 데이터 프레임의 전체 행의 개수(`df.index.size`)로 나누고 100을 곱해 이 숫자들을 퍼센트 비율로 변환하는 작업을 요청할 것이다. 작업의 수는 다시 한번 증가할 것이고 결과 시리즈의 데이터 타입 또한 `int64`에서 `float64`로 바뀔 것이다! 이유는 나누기 연산자의 결과가 더 이상 정숫값이 아니기 때문이다. 대스크는 결과를 부동 소수점(소수) 형태로 자동 변형한다. 대스크가 파일로부터 데이터 타입을 유추하듯이 이러한 연산들이 출력의 데이터 타입에 어떤 영향을 주는지를 유추할 것이다. DAG에 두 숫자를 서로 나누는 단계를 하나 더 추가했으므로 대스크는 우리가 결과를 정수에서 소수로 변환하고 여기에 맞게 결과의 메타 데이터를 변경할 것을 유추한다.

2.1.2 compute 메서드로 연산 수행하기

이제 연산을 수행해 그 결과를 출력해보자.

코드 2-4 DAG 계산하기

```
with ProgressBar():
    missing_count_pct = missing_count.compute()
missing_count_pct

Summons Number                     0.000000
Plate ID                           0.006739
Registration State                 0.000000
Plate Type                         0.000000
Issue Date                         0.000000
Violation Code                     0.000000
```

```
Vehicle Body Type                      0.395361
Vehicle Make                           0.676199
Issuing Agency                         0.000000
Street Code1                           0.000000
Street Code2                           0.000000
Street Code3                           0.000000
Vehicle Expiration Date                0.000000
Violation Location                    19.183510
Violation Precinct                     0.000000
Issuer Precinct                        0.000000
Issuer Code                            0.000000
Issuer Command                        19.093212
Issuer Squad                          19.101506
Violation Time                         0.000583
Time First Observed                   92.217488
Violation County                       0.366073
Violation In Front Of Or Opposite     20.005826
House Number                          21.184968
Street Name                            0.037110
Intersecting Street                   68.827675
Date First Observed                    0.000000
Law Section                            0.000000
Sub Division                           0.007155
Violation Legal Code                  80.906214
Days Parking In Effect                25.107923
From Hours In Effect                  50.457575
To Hours In Effect                    50.457548
Vehicle Color                          1.410179
Unregistered Vehicle?                 89.562223
Vehicle Year                           0.000000
Meter Number                          83.472476
Feet From Curb                         0.000000
Violation Post Code                   29.530489
Violation Description                 10.436611
No Standing or Stopping Violation    100.000000
Hydrant Violation                    100.000000
Double Parking Violation             100.000000
dtype: float64
```

이 작업의 결과를 계산하려면 항상 데이터 프레임의 compute 메서드를 호출해야 한다. 이를 통해 대스크로 하여금 계속해서 연산을 수행하고 그 결과를 표시하도록 한다. 대스크가 연산을 수행하고자 만드는 DAG는 이 결과에 대한 논리적 표현일 뿐, 명시적으로 결과를 계산하기 전까지는 실제 이 결과가 계산된(즉 구체화된) 것이 아니므로 이러한 결과를 구체화된materializing 결과라고도 한다. 또한 ProgressBar 컨텍스트 내에서 compute 호출을 래핑하고 있음을 알 수 있다. 이는 현재 수행 중인 작업을 대스크가 추적할 수 있도록 하는 여러 진단 컨텍스트 중 하나이며, 특히 로컬 작업 스케줄러를 사용할 때 아주 유용하다. ProgressBar 컨텍스트는 간단히 텍스트 형태로 진행률을 표시해 계산을 위한 예상 완료율과 경과 시간을 표시한다.

결측값에 대한 연산의 출력을 통해 다음과 같은 열들은 즉시 버릴 수도 있을 것이다. 주정차 위반, 소화전 위반, 이중 주차 위반은 완전히 비어있으며 계속 보관하고 있을 이유가 없다. 값의 60% 이상이 누락된 열은 삭제할 것이다(참고로, 60%는 예제를 위해 선택된 임의의 값이다. 결측 데이터가 있는 열을 제거하고자 사용하는 임곗값은 현재 해결하고자 하는 문제에 따라 달라진다며 보통 사용자의 판단에 달려있다).

코드 2-5 희소 열 필터링하기

```
columns_to_drop = missing_count_pct[missing_count_pct > 60].index
with ProgressBar():
    df_dropped = df.drop(columns_to_drop, axis=1).persist()
```

여기가 흥미로운 부분이다. [코드 2-5]에서 이 데이터를 구체화했으므로 missing_count_pct는 팬더스 시리즈 객체가 되고 또한 대스크 데이터 프레임의 drop 메서드와 함께 사용할 수 있다. 앞의 [코드 2-4]에서 만든 시리즈를 먼저 가져와서 결측값이 60% 이상인 열을 찾아 필터링했다. 그런 다음 필터링한 시리즈의 인덱스를 가져왔다. 이 인덱스는 열 이름이 들어있는 리스트 객체이다. 그런 다음 해당 인덱스를 사용해 대스크 데이터 프레임에서 같은 이름의 열들을 삭제했다. 대스크 데이터 프레임의 각 파티션은 팬더스 데이터 프레임이므로 일반적으로 팬더스 객체와 대스크 객체를 섞어서 사용할 수 있다. 이 경우 모든 스레드에서 이 팬더스 시리즈 객체를 사용할 수 있게 했으므로 각자의 연산에 이것을 사용할 수 있다. 클러스터에서 실행할 경우에는 이 팬더스 시리즈 객체를 직렬화해 모든 작업자 노드에 브로드캐스트한다.

2.1.3 persist 메서드를 활용해 복잡한 연산을 더 효율적으로

일단 삭제한 열들에 더 신경 쓰지 않기로 했다면, 추가로 연산을 할 때마다 이 삭제 과정을 반복하려고 메모리에 해당 열들을 다시 불러오는 일은 정말 비효율적일 것이다. 방금 우리가 만든 필터링된 데이터의 서브셋 분석에만 관심이 있다고 하자. 활성화된 작업 그래프에서 어떤 노드가 결과를 생성하는 순간 메모리 사용을 최소화하기 위해 이 중간 작업들은 모두 삭제된다는 점을 기억하자. 이 말은 만약 필터링 된 데이터에서 추가로 뭔가를 하려면(예를 들어 데이터 프레임의 처음 다섯 개 행을 생각해보자), 이 데이터 변형을 위한 전 과정을 다시 돌려야 하는 어려움을 겪어야 할 수도 있다.

이때 같은 연산을 여러 번 반복하는 것을 피하고자 대스크에서는 연산의 중간 결과물들을 저장했다가 다시 사용할 수 있다. 대스크 데이터 프레임의 `persist` 메서드를 사용하면 대스크는 가능한 많은 중간 결과들을 메모리에 유지하려고 한다. 대스크가 데이터 프레임을 유지하는 데 쓸 메모리가 필요한 경우 메모리에서 제거할 여러 파티션들을 선택한다. 이렇게 삭제된 파티션은 필요할 때 즉석에서 다시 계산되며, 이런 파티션들을 다시 계산하는 데 약간의 시간이 걸릴 수는 있지만 여전히 전체 데이터 프레임을 다시 계산하는 것보다 훨씬 빠를 가능성이 높다. 여러 번 재사용해야 할 매우 크고 복잡한 DAG가 있다면 `persist` 메서드를 적절하게 사용하면 계산 속도를 높이는 데 매우 유용 할 수 있다.

이것으로 대스크 데이터 프레임에 대한 첫 소개를 마무리한다. 몇 줄의 코드만으로 어떻게 데이터셋을 읽고 탐색적 분석을 준비하는지 알 수 있었다. 이 코드의 장점은 대스크를 한 컴퓨터에서든 아니면 수천 대의 컴퓨터에서든 어디서 실행하는지 관계없이, 그리고 몇 GB 또는 PB의 데이터를 분석하는지에 관계없이 동일하게 동작한다는 것이다. 또한 팬더스와 구문상 매우 유사하므로 최소한의 코드 리팩터링(대부분 대스크 `import`와 `compute` 호출 추가)으로 워크로드를 팬더스에서 대스크로 쉽게 전환할 수 있다. 다음 3장에서는 분석에 대해 조금 더 자세히 살펴보겠다. 지금은 방금 살펴본 코드를 뒷받침하는 작업 분산을 관리하기 위해 대스크가 어떻게 DAG를 사용하는지를 더 자세히 살펴본다.

2.2 DAG 시각화하기

지금까지 DAG의 동작 방식에 대해 살펴보고 대스크가 DAG를 사용해 데이터 프레임의 분산 연산을 조정한다는 것을 배웠다. 그러나 사실 아직 '속'을 제대로 들여다보지는 않았으며, 스케줄러가 생성하는 실제 DAG를 본 적이 없다. 대스크는 graphviz 라이브러리를 사용해 작업 스케줄러가 만든 DAG를 시각화한다. 부록에 소개한 내용에 따라 graphviz를 설치하면 대스크 지연 객체 뒤에 있는 DAG를 조사할 수 있다. 객체에 `visualize` 메서드를 호출하면 데이터 프레임, 시리즈, bag, 그리고 배열들의 DAG를 검사할 수 있다.

2.2.1 대스크 지연 객체로 간단한 DAG 시각화하기

이번 예제에서는 앞에서 살펴보았던 대스크 데이터 프레임 객체에서 대스크 지연 객체로 추상화 수준을 한 단계 낮추기 위해 한 단계 뒤로 갈 것이다. 지연된 객체로 이동하는 이유는 대스크가 간단한 데이터 프레임 작업을 위해 형성하는 DAG조차도 상당히 커져서 시각화하기 어려울 수 있기 때문이다. 따라서 편의를 위해 이번 예제에서는 대스크 지연 객체를 사용해 DAG 구성을 더욱 잘 제어할 수 있도록 한다.

코드 2-6 간단한 함수 만들기

```
import dask.delayed as delayed
from dask.diagnostics import ProgressBar

def inc(i):
return i + 1

def add(x, y):
return x + y

x = delayed(inc)(1)
y = delayed(inc)(2)
z = delayed(add)(x, y)

z.visualize()
```

[코드 2-6]은 먼저 이 예제에 필요한 패키지를 임포트한다. 이 경우 `delayed` 패키지와 이전에 사용한 `ProgressBar diagnostic` 패키지를 불러온다. 다음으로 몇 가지 간단한 파이썬 함수를 정의한다. 첫 번째는 주어진 입력에 1을 더하고 두 번째는 주어진 두 입력을 서로 더한다. 다음 세 줄은 지연 생성자를 소개한다. 함수 주위를 `delayed`로 둘러싸면서 함수의 대스크 지연 표현이 만들어진다. 지연 객체는 DAG에서 하나의 노드와 같다. 본래 함수의 인수는 두 번째 괄호를 통해 전달된다. 예를 들어 객체 `x`는 `i`의 값으로 1을 전달하는 `inc` 함수의 지연 평가를 나타낸다. 지연 객체는 다른 지연 객체를 참조할 수 있으며 이는 객체 `z`를 정의하는 과정에

서 엿볼 수 있다. 이러한 지연 객체를 연결하면 궁극적으로 그래프가 만들어진다. 객체 z를 평가하려면 먼저 객체 x와 y를 모두 평가해야 한다. 만약 x나 y를 평가하기 위해 먼저 충족되어야 하는 다른 지연 종속성이 있는 경우 해당 종속성을 먼저 평가해야 한다. 이처럼 종속성에 따라 z 객체를 평가하는 일은 너무나 완벽히 하나의 DAG로 들린다. 객체 z를 평가하기 위한 이 DAG는 이미 정해진 순서에 따라 평가해야 하는 잘 알려진 의존성 체인을 가지고 있으며 시작과 끝 부분이 잘 정의되어 있다. 실제로 예제에서 만든 종속 객체들은 매우 간단한 DAG를 코드로 표현한 것이다. visualize 메서드를 사용해 z 객체가 어떤 형태인지 알아볼 수 있다.

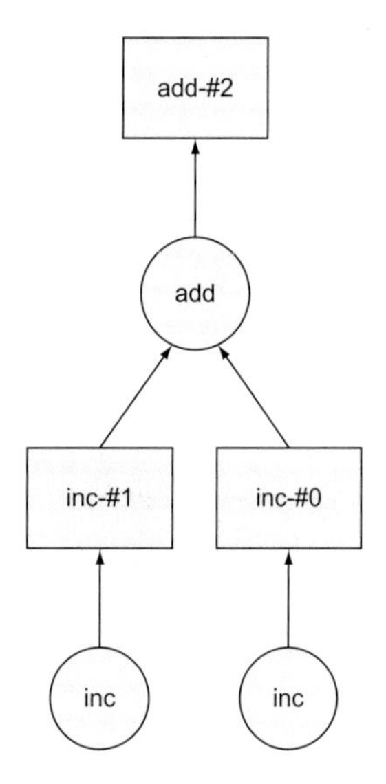

그림 2-4 [코드 2-6]에서 생성된 DAG를 시각화

[그림 2-4]에서 볼 수 있듯이 객체 z는 DAG로 표현된다. 그래프 하단에서 inc 함수에 대한 두 개의 호출을 볼 수 있다. 이 함수 자체에는 지연 종속성이 없으므로 inc 노드를 가리키는 화살표가 있는 선이 존재하지 않는다. 그러나 add 노드에는 화살표가 가리키는 두 개의 선이 있다. 이것은 두 값을 합산하기 전에 x와 y를 처음 계산하는 종속성을 나타낸다. 각 inc 노드에는 종속성이 없으므로 고유한 작업자가 각 작업을 독립적으로 수행할 수 있다. inc 함수를 평가하는 데 시간이 오래 걸린다면 이와 같은 병렬 처리를 이용하는 편이 꽤 유리할 수 있다.

2.2.2 루프와 컬렉션을 포함하는 더 복잡한 DAG 시각화하기

더 복잡한 예를 살펴보자.

코드 2-7 add_two 함수 실행하기

```
def add_two(x):
return x + 2

def sum_two_numbers(x,y):
return x + y

def multiply_four(x):
return x * 4

data = [1, 5, 8, 10]

step1 = [delayed(add_two)(i) for i in data]
total = delayed(sum)(step1)
total.visualize()
```

점점 재미있어진다. 무슨 일이 벌어졌는지 하나씩 살펴보자. 몇 가지 간단한 함수들을 정의한 뒤에는 사용할 정수 리스트를 정의했다. 이때 단일 함수를 호출해 지연 객체를 만드는 대신, 숫자 리스트를 반복자로 하는 리스트 컴프리헨션list comprehension 안에 지연 생성자를 배치한다. 결과적으로 `step1`은 정수 리스트가 아닌 지연 객체들의 리스트가 된다.

코드에서 그 다음 줄은 내장 `sum` 함수를 사용해 리스트의 모든 숫자를 더한다. `sum` 함수는 일반적으로 `iterable`을 인수로 사용하지만, 지연 생성자로 감싸여 있으므로 지연 객체 리스트에 전달될 수 있다. 이전과 마찬가지로 이 코드 역시 궁극적으로는 어떤 그래프를 표시한다. 그래프가 어떻게 생겼는지 살펴보자.

이제 변수 `total`은 지연 객체다. 즉, 대스크에 이 답을 계산하도록 요청할 때 대스크가 사용할 DAG를 시각화하고자 `visualize` 메서드를 사용할 수 있다! 다음 [그림 2-5]는 `visualize`의 출력을 보여준다. 주목할 점은 대스크가 DAG를 아래쪽에서 위쪽으로 그린다는 것이다. `data`라는 리스트에서 4개의 숫자로 시작했는데, 이는 DAG의 맨 아래에 있는 4개의 노드에 해당한다. 대스크 DAG의 원은 함수 호출을 나타낸다. 우리는 4개의 숫자가 있고 `add_two` 함수를 각 숫자에 적용해 4번 호출해야만 했다. 마찬가지로 전체 리스트를 전달하므로 `sum` 함수는 한 번만 호출한다. DAG의 사각형은 중간 결과를 나타낸다. 예를 들어 숫자 리스트를 반복해 `add_two` 함수를 원래 숫자에 적용한 결과는 2를 더한 4개의 변환된 숫자이다. 이전과의 데이터 프레임과 마찬가지로 대스크는 총 객체에 대해 `compute` 메서드를 호출할 때까지 실제로 답을 계산하지 않는다.

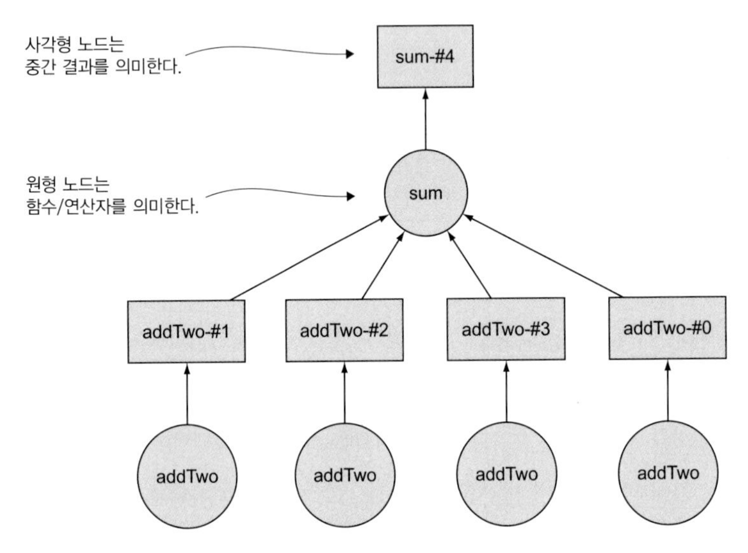

그림 2-5 [코드 2-7]의 계산을 나타내는 DAG

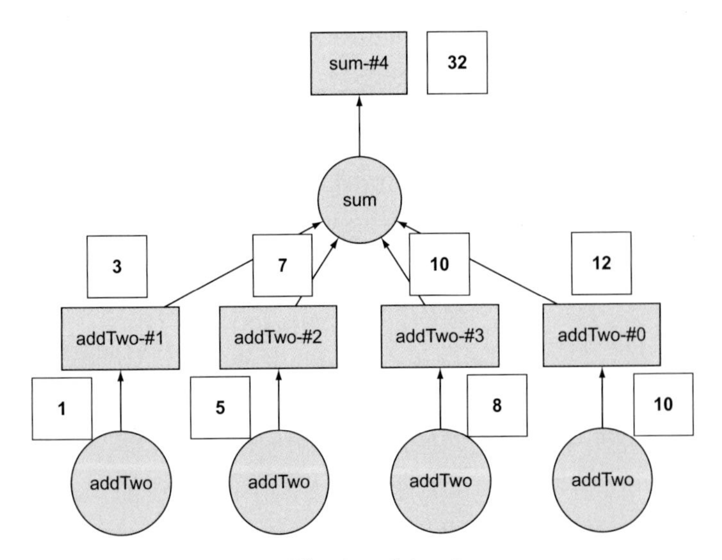

그림 2-6 중간 계산 값들을 표시한 [그림 2-5]의 DAG

[그림 2-6]에서는 data 리스트에 있는 4개의 숫자를 DAG 위에 겹쳐서 표시해 각 함수 호출의 결과를 확인할 수 있다. 32라는 결괏값은 본래의 4개 숫자를 취해 각각 addTwo 변환을 적용한 다음 그 결과들을 합산해 계산된다.

이제 결과들을 더하기 전에 모든 숫자에 4를 곱해 DAG의 복잡도를 추가하겠다.

코드 2-8 값마다 4 곱하기

```
def add_two(x):
    return x + 2

def sum_two_numbers(x,y):
    return x + y

def multiply_four(x):
    return x * 4

data = [1, 5, 8, 10]

step1 = [delayed(add_two)(i) for i in data]
step2 = [delayed(multiply_four)(j) for j in step1]
total = delayed(sum)(step2)
total.visualize()
```

이전 코드와 굉장히 비슷하지만 한 가지 중요한 차이점이 있다. 두 번째 코드줄에서 step1에 multiply_four 함수를 적용한다. step1은 원래 숫자 리스트에 2를 더해 만들어진 지연 객체 리스트다. 데이터 프레임 예제에서 본 것처럼 중간 결과를 즉시 계산하지 않고 모든 계산들을 하나로 연결할 수 있다.

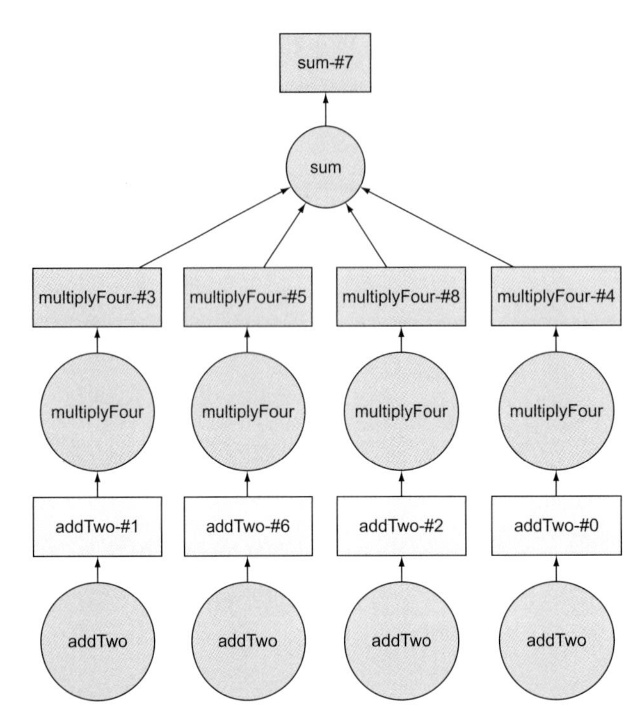

그림 2-7 multiplyFour 단계를 포함하는 DAG

[그림 2-7]은 [코드 2-8]의 계산 결과를 보여준다. DAG를 자세히 보면 `addTwo` 노드와 합계 노드 사이에 다른 계층이 추가되었음을 확인할 수 있다. 이는 대스크에게 리스트에서 각 숫자를 가져와서 2를 더한 다음 4를 곱하고 그 후에 결과를 합산하도록 지시했기 때문이다.

2.2.3 persist 메서드로 DAG의 복잡도 줄이기

한 걸음 더 나가보자. 이 `sum`을 가져와서 각각의 원래 숫자에 더한 다음 모두 더해보자. 이 예제에서는 마지막에 만든 전체 DAG를 가져와 `total` 변수에 저장하고, 새로운 지연 객체 리스트를 만들 때 이 변수를 사용한다.

코드 2-9 DAG에 다른 계층 추가하기

```
data2 = [delayed(sum_two_numbers)(k, total) for k in data]
total2 = delayed(sum)(data2)
total2.visualize()
```

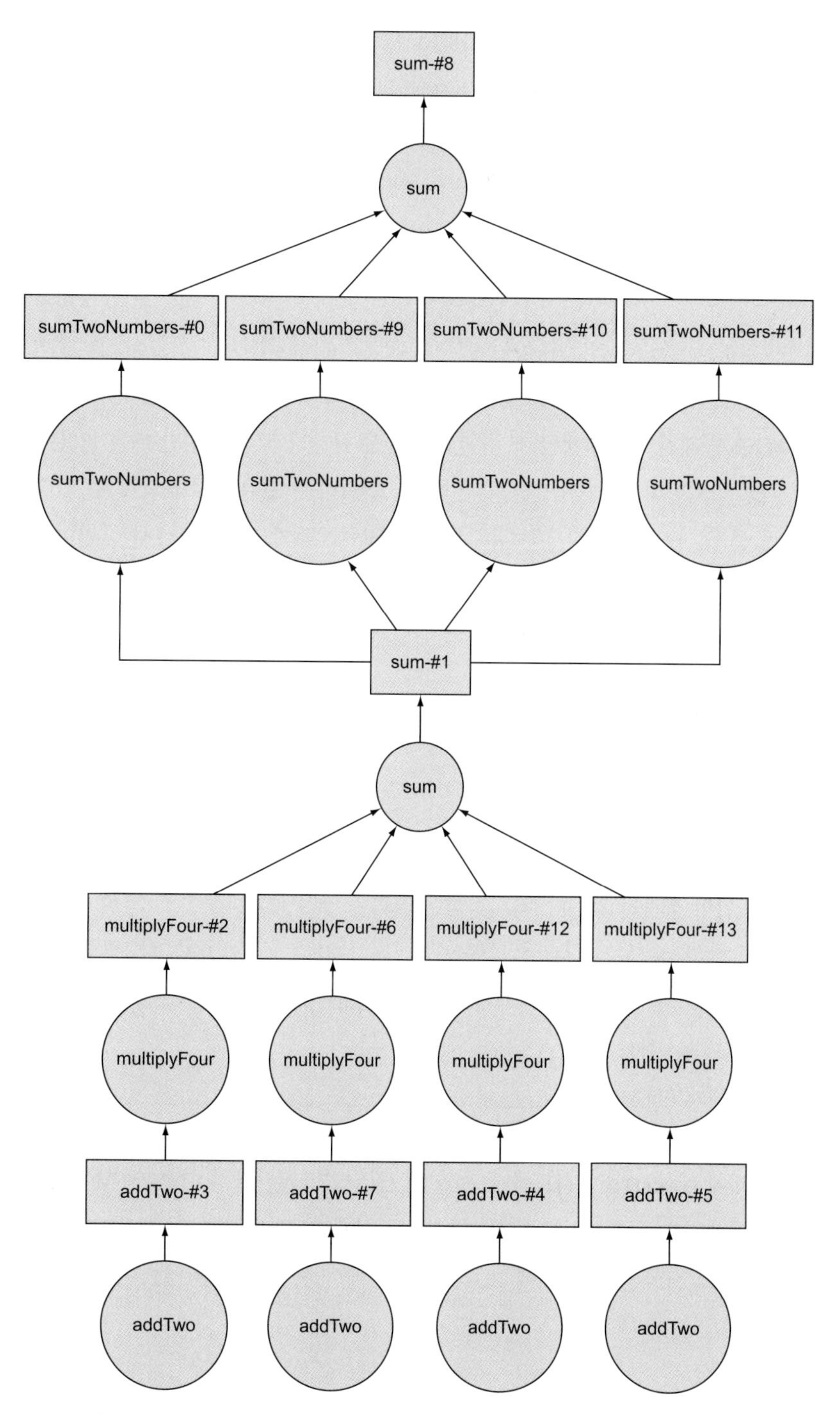

그림 2-8 [코드 2-9]에서 생성된 DAG

[그림 2-8]의 DAG는 [코드 2-9]의 DAG를 복사해서 가져온 후 그 위에 또 다른 DAG를 합친 듯하다. 바로 우리가 원했던 결과다! 먼저 대스크는 첫 번째 변환 셋의 합을 계산하고 원래 숫자에 각각 더한 뒤에 그 중간 단계의 합을 계산한다. 이런 주기를 몇 번 더 반복한다면 당연히 DAG가 너무 커져서 시각화하기 어려워질 것이다. 마찬가지로 원래 리스트에 4개가 아닌 100개의 숫자가 있다면 DAG 다이어그램 역시 굉장히 커질 것이다(데이터 리스트를 `range[100]`로 바꾸고 코드를 다시 한번 실행해보라). 그러나 앞에서 이미 큰 DAG를 다루는 일이 왜 어려운지에 관해 더 중요한 이유인 지속성을 살짝 언급한 바 있다.

이전에 언급했듯이 지연 객체에서 `compute` 메서드를 호출할 때마다 결과를 만들어내기 위해 대스크는 전체 DAG를 단계적으로 실행한다. 간단한 연산은 문제가 되지 않지만 매우 큰 분산 데이터 집합을 가지고 작업한다면 해당 연산을 계속해서 반복하는 일은 비효율적일 수 있다. 이를 해결하는 방법 중 하나가 바로 재사용하는 중간 결과들을 유지(`persist`)하는 것이다. 그렇다면 DAG에는 어떤 영향을 미칠까?

코드 2-10 연산 지속하기

```
total_persisted = total.persist()
total_persisted.visualize()
```

이 예제에서는 [코드 2-9]에서 만든 DAG를 가지고 그것을 유지했다. 다음 [그림 2-9]에서 보듯이 전체 DAG 대신 단일 결과를 얻는다(직사각형은 결과를 나타낸다).

sum-#0

그림 2-9 [코드 2-10]에서 만든 DAG

이 결과는 `total` 객체에 `compute` 메서드를 호출할 때 대스크가 계산하는 값을 의미한다. 이 값이 필요할 때마다 이것을 다시 계산하는 대신, 대스크는 이제 한 번 계산하고 그 결과를 메모리에 저장한다. 우리는 그 저장된 결과 위에 또 다른 지연 계산을 연결할 수 있으며 흥미로운 결과들을 얻을 수 있다.

코드 2-11 유지(persist)한 DAG에 또 다른 DAG 연결하기

```
data2 = [delayed(sum_two_numbers)(l, total_persisted) for l in data]
total2 = delayed(sum)(data2)
total2.visualize()
```

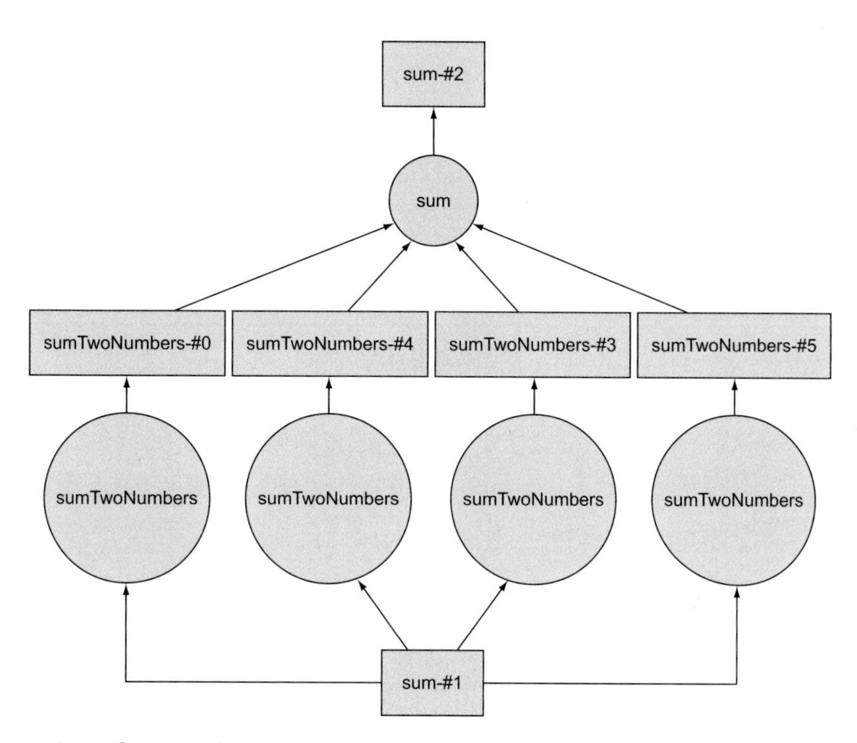

그림 2-10 [코드 2-11]에서 만든 DAG

[그림 2-10]의 결과 DAG는 훨씬 작다. 실제로 [코드 2-9]에서 만든 DAG의 중간 윗부분과 일치한다. `sum-#1` 결과는 미리 계산되어 유지되기 때문이다. 따라서 [코드 2-11]에서 대스크는 전체 DAG를 계산하는 대신 지속된 데이터를 사용해 결과를 생성하는 데 필요한 계산 수를 줄일 수 있다.

다음 절로 넘어가기 전에 [코드 2-12]를 시도해보길 바란다! 대스크는 매우 큰 DAG를 생성할 수 있다. 해당 다이어그램을 한 페이지에 다 표시할 수는 없겠지만 대스크가 매우 우아하게 처리할 수 있는 복잡성의 진가를 알 수 있을 것이다.

코드 2-12 NYC 데이터의 마지막 DAG 시각화하기

```
missing_count.visualize()
```

2.3 작업 스케줄링

앞에서 이미 몇 번 언급했듯 대스크는 API 전체에 걸쳐 **지연 연산**lazy computations 개념을 사용한다. 그 효과에 대해서도 알아보았는데, 대스크 지연 객체에 대해 어떤 종류의 작업을 수행할 때마다 `compute` 메서드를 호출해야만 실제로 어떤 일이 발생한다. PB 단위의 데이터를 다루기 위해 걸리는 시간을 고려해야 할 때 이 지연 연산은 매우 유리하다. 실제로 결과를 요청할 때까지 계산을 수행하지 않으므로 다음 계산을 정의하기 위해 지금의 계산이 끝날 때까지 기다릴 필요 없이 대스크는 데이터에서 수행해야 하는 완전한 일련의 변환들을 정의할 수 있다. 그 완벽한 결과를 계산하는 동안 다른 일을 할 수 있도록 우리를 놓아준다!

2.3.1 지연 연산

또한 지연 연산을 통해 대스크는 작업을 더 작은 논리적 부분들로 분할할 수 있으므로 작업 중인 전체 데이터 구조를 메모리에 로드하지 않아도 된다. 2.1절의 데이터 프레임에서 봤듯이 대스크는 2GB 파일을 33개의 64MB 청크로 나누고 한 번에 8개의 청크들을 가지고 작업했다. 이는 전체 작업에 대한 메모리 소비가 최대 512MB를 초과하지 않도록 했다는 의미다. 하지만 여전히 전체 2GB 파일을 한 번에 처리할 수도 있었다. 작업하는 데이터셋의 크기가 TB 혹은 PB 범위로 확장될수록 이 개념은 점점 더 중요해진다.

그러나 실제로 대스크에 결과를 요청하면 어떤 일이 일어날까? 정의한 연산은 원하는 결과를 계산하기 위한 단계별 계획이라고 할 수 있는 DAG로 표현된다. 다만 이 단계별 계획은 연산을 수행하는 데 어떤 물리적 리소스를 사용할지 정의하지는 않는다. 여전히 다음 두 가지 중요한 사항을 고려해야 한다. 어디에서 이 연산을 수행할 것인지, 그리고 필요한 경우 각 연산의 결과를 어디로 전달해야 하는지를 고려해야 하는 것이다.

관계형 데이터베이스 시스템과 달리 대스크는 작업을 시작하기 전에 각 작업의 정확한 런타임 위치를 미리 정하지 않는다. 그 대신 작업 스케줄러는 어떤 작업이 이미 완료됐는지, 어떤 작

업이 남았는지, 그리고 실시간으로 추가 작업이 가능한 리소스가 어떤 것이 있는지를 동적으로 평가한다. 이를 통해 대스크는 작업자 오류 복구, 네트워크 불안정, 작업자의 작업 속도 차이 등 분산 컴퓨팅에서 발생할 수 있는 수많은 문제를 정상적으로 처리할 수 있다. 또한 작업 스케줄러는 중간 결과가 저장된 위치를 추적해 네트워크를 통해 이 데이터를 불필요하게 전송하는 대신 후속 작업을 이곳으로 전송할 수 있다. 이는 클러스터에서 대스크를 운영할 때 훨씬 더 큰 효율성을 가져온다.

2.3.2 데이터 지역성

대스크를 사용하면 개인용 노트북에서 수백, 수천 개의 물리적 서버로 코드를 쉽게 확장할 수 있다. 이를 위해 작업 스케줄러는 반드시 일부 특정 연산이 어떤 물리적 시스템에서 실행돼야 하는지를 지능적으로 결정해야 한다. 대스크는 중앙 집중식 작업 스케줄러를 사용해 이 모든 작업을 조정한다. 이를 위해 각 대스크 작업자 노드는 어떤 데이터가 사용 가능한지 그리고 작업 스케줄러에 얼마나 많은 양이 로드되는지를 보고한다. 작업 스케줄러는 클러스터 상태를 지속해 평가하고 사용자가 제출한 연산에 대해 공정하고 효율적인 실행 계획을 제시한다. 예를 들어 2.1절의 (NYC 주차 위반 데이터를 읽어오는) 작업을 두 컴퓨터(서버 A와 서버 B) 사이에 분할하면, 작업 스케줄러는 파티션 26의 작업이 서버 A에 의해 수행되고 동시에 같은 작업이 파티션 8에 대해 서버 B에서 이뤄져야 한다는 식으로 명시할 수 있다. 대부분의 경우 작업 스케줄러가 클러스터에 있는 머신들에 가능한 한 균등하게 작업을 분할할수록 전체 연산이 빠르고 효율적으로 이뤄진다.

그러나 이러한 규칙이 여러 상황에 항상 적용되지는 않는다. 예를 들어 한 서버가 다른 서버보다 더 많은 부하를 받거나 다른 서버보다 하드웨어의 성능이 떨어지거나 데이터에 빠르게 액세스하지 못하는 경우가 있을 수 있다. 이러한 조건에 하나라도 해당하면 현재 처리할 일이 많고 성능이 좋지 않은 서버가 다른 서버들보다 뒤처지므로 병목 현상이 발생하지 않도록 상대적으로 적은 양의 작업을 수행해야 한다. 만약 이러한 상황을 피할 수 없는 경우라도 작업 스케줄러의 동적인 특성을 통해 상황에 맞게 대응할 수 있다.

최상의 성능을 위해 대스크 클러스터는 데이터 스토리지를 백업하고자 S3이나 HDFS와 같은 분산 파일 시스템을 사용해야 한다. 이것이 중요한 이유를 설명하기 위해 어떤 파일이 하나의 시스템에만 저장되는 다음 반례를 생각해보자. 먼저 데이터를 서버 A에 저장한다. 서버 A가 파티션 26에 대해 작업하도록 지시하면 하드 디스크에서 직접 파티션을 읽을 수 있다. 그러나 이는 서버 B에서 문제가 된다. 서버 B가 파티션 8에 대해 작업하려면 서버 A가 파티션 8을 서버 B로 보내야 한다. 서버 B가 작업할 추가 파티션들도 이 서버로 전송돼야 비로소 이 작업을 시작할 수 있다. (10Gb 광케이블이라고 해도) 네트워킹 관련 작업은 로컬에 연결된 디스크를 직접 읽는 것보다 속도가 느리므로 연산이 크게 느려질 수 있다.

[그림 2-11]은 이 문제를 보여준다. 노드 1에서 파티션 1의 작업을 수행하고자 할 때 만약 로컬 디스크에서 파티션 1을 사용할 수 있다면 훨씬 빨리 수행할 수 있다. 그러나 이것이 가능한 옵션이 아닐 경우 노드 2에서 네트워크를 통해 데이터를 읽을 수 있지만 속도는 훨씬 느려질 것이다.

이 문제의 해결책은 파일을 미리 분할해 일부 파티션을 서버 A에 저장하고 일부는 서버 B에 저장하는 것이다. 이것이 바로 분산 파일 시스템이 하는 일이다. 논리 파일들은 실제 머신들 사이에 분할한다. 서버의 하드 디스크들 중 하나에 장애가 발생할 경우, 데이터의 중복성이 확보되면 이들 중 한 곳에 장애가 발생하더라도 다른 곳의 중복 데이터를 통해 복구할 수 있다. 이처럼 중복성이라는 명백한 장점 외에도 많은 물리적 시스템에 데이터를 분산하면 워크로드가 고르게 분산된다. 연산을 위해 데이터를 가져오기보다 데이터가 있는 곳으로 연산을 가져오는 편이 훨씬 빠르다!

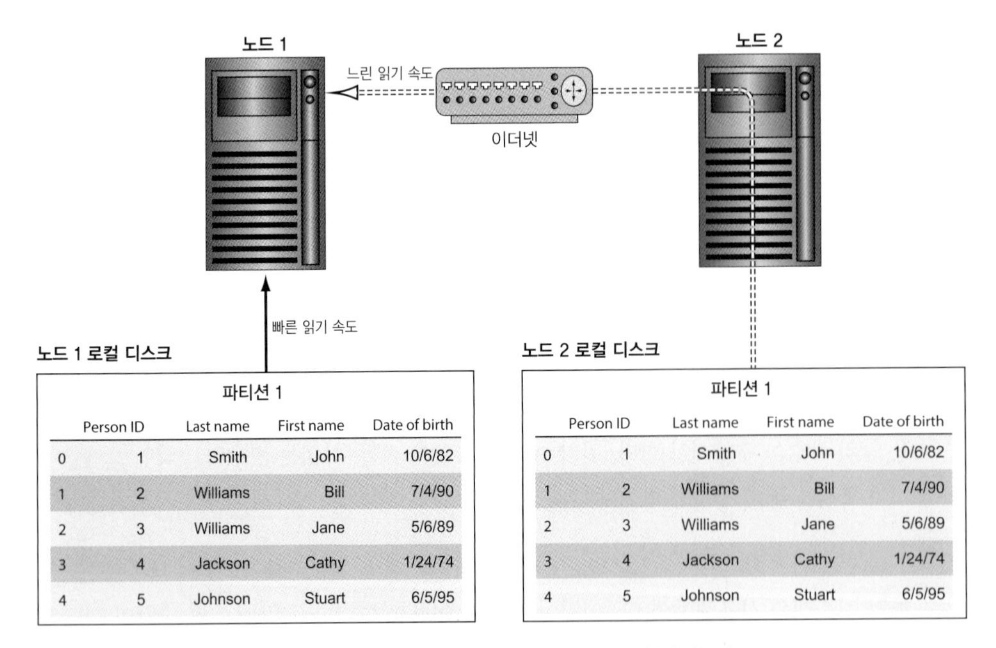

그림 2-11 로컬 디스크에서 데이터 읽기가 원격으로 저장된 데이터 읽기보다 훨씬 빠르다.

대스크의 작업 스케줄러는 계산이 수행되는 위치를 고려할 때 **데이터 지역성**data locality, 즉 데이터의 실제 위치를 고려한다. 일부 데이터를 클러스터의 모든 시스템에 브로드캐스트 해야 하는 인스턴스처럼 한 작업자에서 다른 작업자로 데이터가 이동하는 것을 완전히 피할 수 없을 때도 있지만, 작업 스케줄러는 실제 서버 간에 이동하는 데이터의 양을 최소화하기 위해 최선을 다한다. 데이터셋이 작을 때는 큰 차이가 없겠지만 데이터셋이 매우 크다면 네트워크를 통해 데이터를 이동하는 효과가 훨씬 분명히 나타난다. 따라서 데이터 이동을 최소화하면 일반적으로 더 좋은 성능을 가져온다.

대스크가 많은 양의 작업을 관리하기 더 쉬운 부분들로 나누려 할 때 DAG가 차지하는 역할의 중요성을 이제 더 잘 이해했으리라 믿는다. 이후 장부터는 Delayed API로 다시 돌아가겠다. 다만 이 책에서 다루는 대스크의 모든 부분은 지연 객체로 지원되며 언제든지 이 DAG를 시각화할 수 있다는 점을 기억하자. 실무에서 연산 문제를 세부적으로 자주 해결할 필요는 없겠지만 대스크의 기본 메커니즘을 이해하면 워크로드에서 발생할 수 있는 잠재적인 문제와 병목 현상을 더 잘 식별하는 데 도움이 된다. 다음 3장에서는 데이터 프레임 API에 대해 자세히 살펴보자.

2.4 마치며

- DAG를 사용하는 작업 스케줄러가 대스크 데이터 프레임의 연산을 구성한다.
- 연산을 구성할 때 지연 연산이 적용되며 계산을 실행하고 결과를 검색할 때 `compute` 메서드를 호출한다.
- 기본 DAG를 시각화할 때 대스크 객체에 `visualize` 메서드를 호출할 수 있다.
- 복잡한 계산의 중간 결과를 저장하고 재사용할 때 `persist` 메서드를 사용해 계산을 능률적으로 할 수 있다.
- 데이터 지역성은 네트워크와 IO 대기 시간을 최소화하고자 데이터가 있는 곳으로 계산을 가져온다.

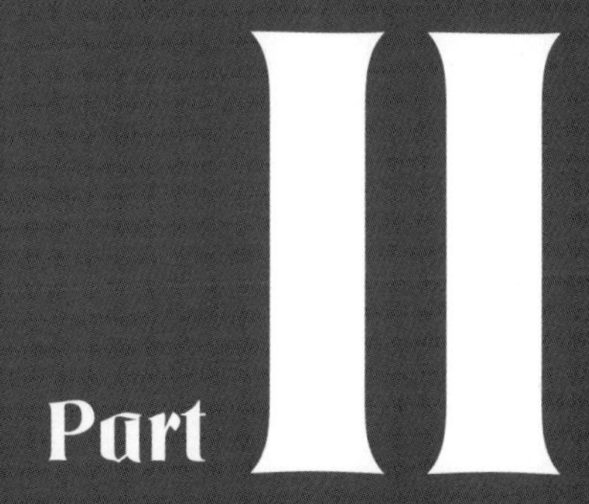

대스크 데이터 프레임을 이용해 정형 데이터 작업하기

지금까지 대스크가 어떻게 대규모 데이터를 다루고 병렬 연산을 활용할 수 있는지에 대한 기초 지식을 살펴보았다. 이제 대스크를 활용해 일반적인 데이터 과학 문제들을 해결하는 방법을 배우기 위해 실제 데이터셋을 가지고 직접 경험해 볼 준비가 되었다. 2부에서는 가장 유명한 팬더스 데이터 프레임의 병렬 구현체인 대스크 데이터 프레임과 이를 사용해 대규모 정형 데이터셋을 정리, 분석, 시각화하는 방법에 초점을 둔다.

3장에서는 대스크가 팬더스 데이터 프레임을 병렬화하는 방법을 설명하고 대스크 데이터 프레임 API 중 일부가 팬더스의 경우와 다른 이유에 대해 설명하는 것으로 2부의 문을 연다. 4장에서는 다양한 데이터 소스에서 데이터를 데이터 프레임으로 읽어오는 방법을 설명하며 데이터 과학 워크플로의 첫 번째 부분으로 넘어간다. 5장에서는 정렬, 필터링, 레코딩, 그리고 결측 데이터 채우기와 같은 일반적인 데이터 조작과 정리 작업에 대해 자세히 설명하며 워크플로를 계속 이어간다. 6장에서는 일부 내장 함수를 사용해 기술 통계를 생성하는 방법과 사용자가 직접 집계 함수와 윈도우 함수를 정의해 작성하는 방법을 보여준다. 7장과 8장에서는 기본적인 시각화 기법부터 고급 기법, 인터랙티브 시각화, 그리고 지도에 위치 기반 데이터를 표시하는 방법까지 다루면서 2부를 마무리한다.

2부까지 끝내고 나면 데이터 과학 프로젝트에 공통적으로 자주 등장하는 데이터 준비와 분석 작업을 처리하는 방법을 잘 알게 될 것이다. 그리고 더 어려운 주제로 넘어가기 위한 좋은 위치에 서 있을 것이다!

Part II

대스크 데이터 프레임을 이용해 정형 데이터 작업하기

CHAPTER 3

대스크 데이터 프레임 소개하기

이 장의 핵심 내용

- 정형 데이터를 정의하고 대스크 데이터 프레임의 사용 여부 결정하기
- 대스크 데이터 프레임의 내부 구조 탐색하기
- 데이터 프레임 내부의 분할 방법 조사하기
- 데이터 프레임의 한계 다루기

지금까지 대스크가 DAG를 사용해 여러 머신에서 복잡한 작업들을 조정하고 관리하는 방법을 알아보았다. 다만 대스크 코드가 DAG의 요소들과 어떤 관련이 있는지를 보여주기 위해 Delayed API를 사용해 간단한 예제들만 살펴보았다. 3장에서는 데이터 프레임 API에 대해 더 자세히 살펴본다. 또한 아주 일반적인 데이터 과학 워크플로에 따라 NYC 주차 단속 데이터를 이용한 작업을 시작하겠다. [그림 3-1]에서 이 워크플로와 각 부분에 해당하는 장 번호를 확인할 수 있다.

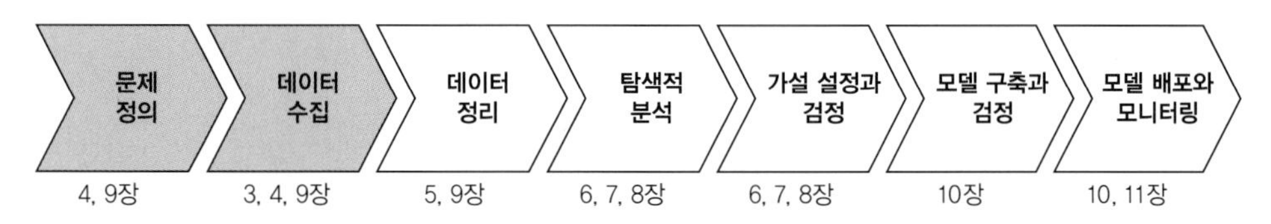

그림 3-1 이 책의 워크플로

대스크 데이터 프레임은 팬더스 데이터 프레임 주위에 지연 객체를 래핑해 보다 정교한 데이터 구조에서 작업할 수 있다. 데이터 프레임 API는 일반적인 데이터 조작 작업에 유용한 데카르트 곱, 조인, 그룹화 작업 등과 같은 복잡한 변환 메서드들을 포함하고 있으므로 복잡하게 얽힌 함수들을 직접 작성할 필요가 없다. 3장에서는 5장에서 더 깊이 있는 내용을 다루기에 앞서 데이터 수집에 필요한 배경 지식을 살펴보는 것을 시작으로 대스크에 대해 좀 더 알아보겠다. 구체적으로는 대스크 데이터 프레임이 행과 열로 구성된 **정형 데이터**structured data를 조작하는 데 적합한 이유를 살펴본다. 또한 대스크가 어떻게 병렬 처리를 지원하고 데이터를 **파티션**partition이라고 하는 작은 조각으로 분할해 큰 데이터셋을 처리하는지 알아본다. 나아가 3장 전체에 걸쳐 성능을 높이는 몇 가지 모범 사례를 짚어보겠다.

3.1 왜 데이터 프레임을 사용하는가?

실제 주변에서 볼 수 있는 데이터는 보통 정형 혹은 비정형의 두 가지 유형 중 하나로 볼 수 있다. 정형 데이터는 행과 열로 구성된다. 소박한 스프레드시트에서 복잡한 관계형 데이터베이스 시스템에 이르기까지 정형 데이터는 정보를 저장하기 위한 직관적인 방법이다. 다음 [그림 3-2]는 행과 열이 있는 정형 데이터 집합의 예를 보여준다.

← 행 →

Person ID	Last name	First name	Date of birth
1	Smith	John	10/6/82
2	Williams	Bill	7/4/90
3	Williams	Jane	5/6/89

열 ↓

그림 3-2 정형 데이터 예제

데이터를 생각할 때 이러한 형식에 끌리는 것이 당연하다. 이 구조는 관련 있는 정보를 같은 시각적 공간에 함께 유지하도록 도움을 주기 때문이다. 행은 일종의 논리 개체를 나타낸다. 이 스프레드시트에서 각 행은 한 사람을 의미한다. 행은 하나 이상의 열로 구성되며 열은 각 개체에 대해 알고 있는 내용을 나타낸다. 이 스프레드시트에는 각 사람의 성(Last name), 이름(First name), 생년월일(Date of birth), 그리고 고유 식별자(Person ID)가 들어 있다. 판매 관리point-of-sale(POS) 시스템의 거래 데이터, 마케팅 조사 결과, 클릭 스트림 데이터, 특수하게 인코딩된 이미지 데이터까지 다양한 종류의 데이터를 이러한 형태로 맞출 수 있다.

정형 데이터의 구조와 저장 방식 덕분에, 데이터를 조작하는 다양한 방법을 쉽게 떠올릴 수 있다. 예를 들면 이 데이터셋에서 가장 빠른 생년월일을 찾거나 특정 패턴과 일치하지 않는 사람들을 걸러낼 수 있고, 사람들의 성을 기준으로 그룹화하거나 이름을 기준으로 사람들을 정렬할 수도 있다. 이러한 데이터를 여러 리스트 객체에 저장할 경우 데이터가 어떻게 보이는지 비교해보자.

코드 3-1 [그림 3-2]의 리스트 표현

```
person_IDs = [1,2,3]
person_last_names = ['Smith', 'Williams', 'Williams']
person_first_names = ['John', 'Bill', 'Jane']
person_DOBs = ['1982-10-06', '1990-07-04', '1989-05-06']
```

[코드 3-1]에서는 이 열들을 별도의 리스트로 저장한다. 앞서 언급했던 모든 변환들을 여전히 수행할 수는 있지만 네 개의 리스트가 서로 연결되고 하나의 완전한 데이터 집합을 형성한다는 사실을 즉시 발견하기란 쉽지 않다. 또한 이 데이터의 그룹화나 정렬과 같은 작업에 필요한 코드는 매우 복잡하며, 효율적으로 수행되는 코드를 작성하려면 데이터 구조와 알고리즘을 잘 이해하고 있어야 한다. 파이썬은 이 데이터를 표현하는 데 사용할 수 있는 다양한 데이터 구조를 제공하지만, 데이터 프레임만큼 정형 데이터를 직관적으로 저장하는 것은 없다.

스프레드시트나 데이터베이스의 테이블과 마찬가지로 데이터 프레임도 행과 열로 구성된다. 데이터 프레임을 이용하려면 알아둬야 할 몇 가지 추가 용어가 있다. 바로 인덱스indexes와 축axes이다. 다음 [그림 3-3]은 데이터 프레임의 구조를 나타낸다.

[그림 3-3]은 [그림 3-2]의 정형 데이터를 데이터 프레임으로 표현한 예시다. 다이어그램에 있는 추가 라벨들을 확인하자. 행은 '축 0', 열은 '축 1'이라고 한다. 이는 데이터를 재구성reshape하는 데이터 프레임 작업을 수행할 때 기억해둬야 한다. 데이터 프레임 작업은 기본적으로 축 0을 따라 이뤄지므로 따로 명시하지 않으면 대스크는 작업을 행 단위로 수행한다.

축 1 열방향

	Person ID	Last name	First name	Date of birth
0	1	Smith	John	10/6/82
1	2	Williams	Bill	7/4/90
2	3	Williams	Jane	5/6/89

축 0 행방향

데이터 프레임 연산에서
기본 축이다.

인덱스
- 각 행에 대한 식별자를 제공한다.
- 기본적으로 순차적인 정숫값이 주어진다.
- 그룹화와 조인 작업에 사용한다.

그림 3-3 [그림 3-2]의 정형 데이터 예제의 대스크식 표현

[그림 3-3]에서 강조하는 또 다른 부분은 인덱스이다. 인덱스는 각 행에 대한 식별자를 제공한다. 특히 다른 데이터 프레임과 조인하기 위해 인덱스를 키로 사용하려는 경우 이러한 식별자는 원칙적으로 고유한 값을 가져야 한다. 그러나 대스크는 고유성을 강제하지 않으므로 필요하다면 중복 인덱스를 가질 수 있다. 기본적으로 데이터 프레임은 [그림 3-3]과 같이 연속적인 정수 인덱스로 이뤄진다. 만약 사용자가 원하는 대로 인덱스를 지정하고 싶다면 데이터 프레임의 열 중 하나를 그대로 인덱스로 사용하도록 설정하거나 자신만의 인덱스 개체를 새로 만든 다음 데이터 프레임의 인덱스로 지정할 수 있다.

대스크에서 인덱스의 중요성은 아무리 강조해도 지나치지 않는다. 머신 클러스터에 데이터 프레임 워크로드를 분산시키는 열쇠를 쥐고 있다. 이를 염두에 두고 이제 인덱스를 사용해 파티션을 구성하는 방법을 알아보자(일반적인 인덱싱 기능에 대한 상세한 내용은 5장에서 다루겠다).

3.2 대스크와 팬더스

앞에서도 몇 번 언급했지만 팬더스는 정형 데이터를 분석하기 위한 매우 대중적이고 강력한 프레임워크이다. 하지만 확장성을 고려하여 설계되지 않았다는 면에서 한계가 있다. 팬더스는 소규모 정형 데이터셋을 처리하는 데 매우 적합하며 메모리에 저장된 데이터에 대해 빠르고 효율적인 작업을 수행하도록 최적화되었다. 그러나 1장의 가상 주방 시나리오를 통해 알 수 있듯이 작업량이 크게 증가할수록 추가 인력을 고용하고 여러 근로자에게 작업을 분산시키는 편이 더 나은 선택이 될 수 있다.

이것이 대스크의 데이터 프레임 API가 등장한 배경이다. 대용량 데이터 프레임을 작은 조각으로 효율적으로 분할해 작업자 클러스터에 분산시키기 위한 팬더스를 감싸는 래퍼를 제공함으로써 대규모 데이터셋 관련 작업을 훨씬 빠르고 강력하게 완수할 수 있다.

대스크가 감독하는 데이터 프레임의 다른 부분들을 파티션이라고 부른다. 각 파티션은 작업자에게 디스패치 할 수 있는 비교적 작은 크기의 데이터 프레임이며 복원해야 할 경우를 대비해 전체 계보를 유지한다. [그림 3-4]는 대스크가 병렬 처리를 위해 어떻게 파티셔닝을 사용하는지 보여준다.

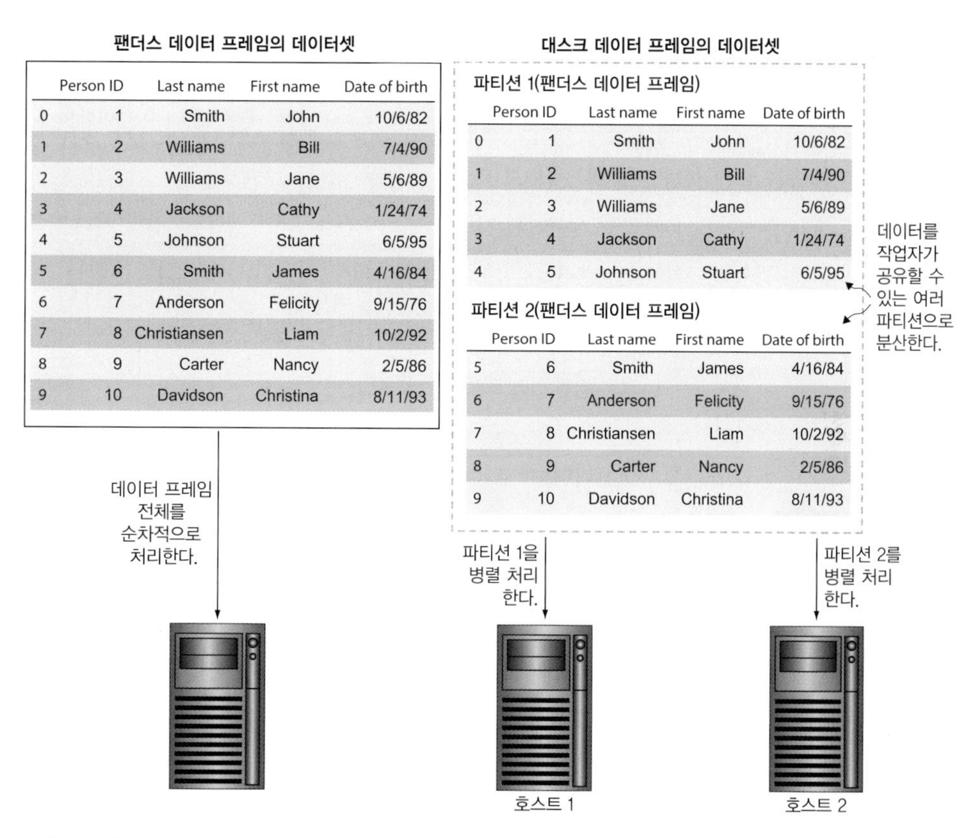

그림 3-4 대스크를 사용하면 단일 팬더스 데이터 프레임을 여러 호스트에서 병렬로 작업할 수 있다.

[그림 3-4]에서 팬더스가 데이터셋을 처리하는 방법과 대스크가 데이터셋을 처리하는 방법의 차이를 확인할 수 있다. 팬더스를 사용하면 데이터셋이 메모리에 로드되고 한 번에 한 행씩 순

차적으로 처리된다. 반면 대스크는 데이터를 여러 파티션으로 분할해 작업 부하를 병렬화할 수 있다. 즉, 데이터 프레임에 적용할 함수가 시간이 오래 걸릴 경우 대스크는 작업을 여러 시스템에 분산해 보다 효율적으로 전체 작업을 완료할 수 있다.

그러나 [그림 3-4]의 데이터 프레임은 예를 보여주기 위한 용도일 뿐이다. 앞에서 언급했듯이 작업 스케줄러는 프로세스에 약간의 오버 헤드를 발생시키므로 10개 행으로 이루어진 데이터 프레임을 대스크로 처리하는 게 가장 빠른 해답은 아닐 것이다. [그림 3-5]는 두 개의 호스트가 이 분할된 데이터셋에 대한 작업을 어떻게 조정하는지 더 자세히 보여준다.

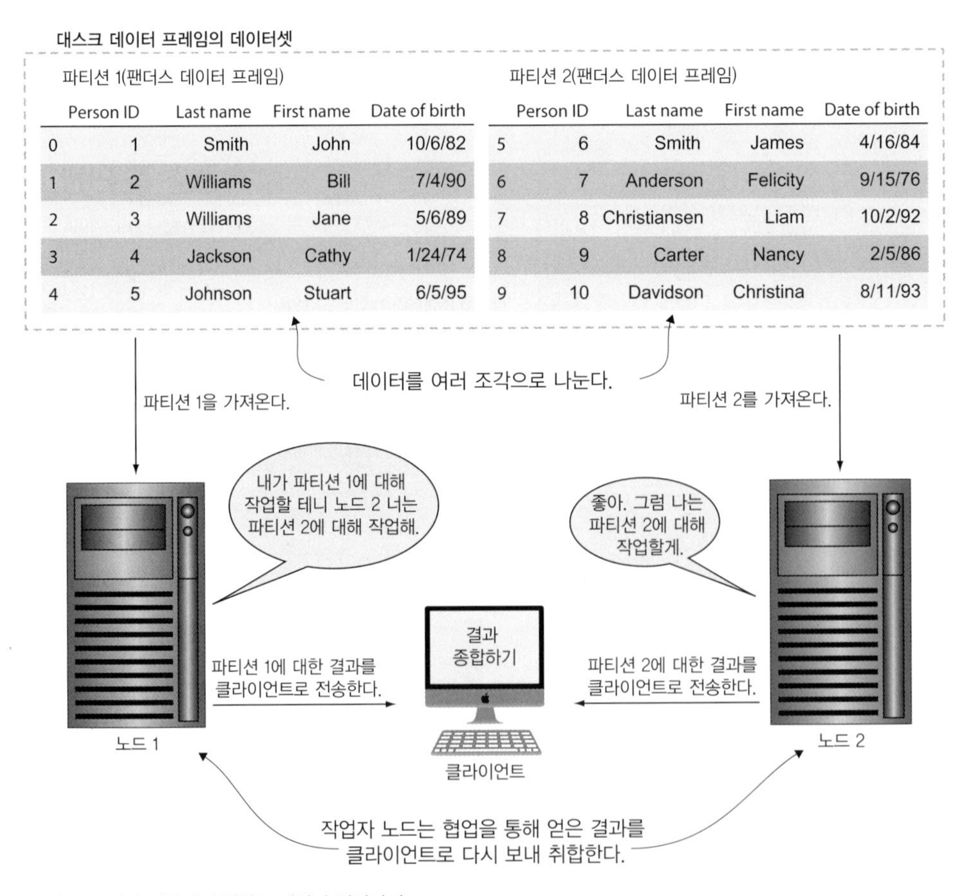

그림 3-5 여러 머신에서 병렬로 데이터 처리하기

노드 1이 계산을 진행하고 노드 2에게 수행할 작업을 지시함에 따라 현재 작업 스케줄러의 역할을 하고 있다. 노드 1은 노드 2가 파티션 2에 대해 작업하도록 하는 반면 노드 1은 파티션 1에 대해 작업한다. 각 노드는 처리한 작업을 마치고 각자의 결과를 클라이언트로 다시 보낸다. 그런 다음 클라이언트는 결과들을 조합해 출력을 표시한다.

3.2.1 데이터 프레임 파티셔닝 관리하기

파티셔닝은 성능에 상당히 큰 영향을 미칠 수 있는 만큼 대스크 워크로드 구성에서 파티셔닝 관리가 어렵고 지루한 부분일 거라고 지레짐작할 수도 있겠다. 하지만 걱정할 필요는 없다. 대스크는 파티션을 만들고 관리하기 위한 합리적인 기본값과 휴리스틱heuristics을 포함해 수동 튜닝 없이도 가능한 한 좋은 성능을 얻도록 도와준다.

예를 들어 대스크 데이터 프레임의 `read_csv` 메서드를 사용해 데이터를 읽을 때 기본 파티션 크기(기본 블록 크기)는 64MB이다. 최신 서버들의 RAM이 수십 GB이다 보니 상대적으로 64MB는 매우 작게 느껴질 수도 있다. 하지만 이 크기는 필요에 따라 네트워크를 통해 신속하게 전송될 수 있을 만큼 작으면서도, 다음 파티션이 도착하기를 기다리는 동안 수행할 작업이 모자라는 일을 최소화할 수 있을 만큼 충분히 큰 데이터의 양이다.

기본이든 아니면 사용자가 지정한 크기이든 일단 블록 크기가 정해지면 각 파티션의 크기가 블록 크기보다 크지 않도록 데이터를 필요한 개수만큼의 파티션들로 분할한다. 대신 데이터 프레임을 특정 개수의 파티션으로 나누고 싶다면 `npartitions` 인수를 전달하여 데이터 프레임을 만들 때 특정 개수의 파티션을 지정할 수 있다.

코드 3-2 특정 개수의 파티션으로 데이터 프레임 만들기

```
import pandas
import dask.dataframe as daskDataFrame

person_IDs = [1,2,3,4,5,6,7,8,9,10]
person_last_names = ['Smith', 'Williams',  'Williams', 'Jackson', 'Johnson', 'Smith',
     'Anderson', 'Christiansen', 'Carter','Davidson']
person_first_names = ['John', 'Bill', 'Jane', 'Cathy', 'Stuart', 'James', 'Felicity',
     'Liam', 'Nancy', 'Christina']
```

```
person_DOBs = ['1982-10-06', '1990-07-04', '1989-05-06', '1974-01-24',
     '1995-06-05', '1984-04-16', '1976-09-15', '1992-10-02', '1986-02-05',
     '1993-08-11']  ◁ 모든 데이터를 리스트로 만든다.

peoplePandasDataFrame = pandas.DataFrame({'Person ID':personIDs,
             'Last Name': personLastNames,
             'First Name': personFirstName,
            'Date of Birth': personDOBs},
           columns=['Person ID', 'Last Name', 'First Name', 'Date of Birth'])  ◁ 데이터를 팬더스 데이터 프레임에 저장한다.

peopleDaskDataFrame = daskDataFrame.from_pandas(peoplePandasDataFrame,
     npartitions=2)  ◁ 팬더스 데이터 프레임을 대스크 데이터 프레임으로 변환한다.
```

[코드 3-2]에서 대스크 데이터 프레임을 만들고 **npartitions** 인수를 사용해 명시적으로 두 개의 파티션으로 분할했다. 보통은 이 데이터셋이 너무 작으므로 대스크에서는 이들을 모두 단일 파티션에 넣는다.

코드 3-3 대스크 데이터 프레임의 파티셔닝 조사하기

```
print(people_dask_df.divisions)  ◁ 파티셔닝 구성의 경계를 보여주며 그 결과를 출력한다. (0, 5, 9)
print(people_dask_df.npartitions)  ◁ 데이터 프레임에 존재하는 파티션 수를 나타내며 그 결과(2)를 출력한다. 파티션 1은 0~4행을 보유하며 파티션 2는 5~9행을 보유한다.
```

[코드 3-3]은 데이터 프레임이 어떻게 분할되는지 검사하는 데 사용할 수 있는 대스크 데이터 프레임의 몇 가지 유용한 속성을 보여준다.

첫 번째 속성인 **divisions** (0, 5, 9)는 파티셔닝 구성의 경계를 보여준다(파티션이 인덱스를 기반으로 만들어진다는 점을 기억하자). 파티션은 두 개인데 경계가 세 개라서 이상하다고 느낄 수 있다. 각 파티션의 경계는 **divisions** 리스트에서 숫자의 쌍들로 구성된다. 첫 번째 파티션의 경계는 '0에서 5까지(5는 불포함)'로 0, 1, 2, 3, 4 행을 포함한다. 두 번째 파티션의 경계는 '5에서 9까지(9 포함)'로 5, 6, 7, 8, 9 행을 포함한다. 마지막 파티션은 항상 상한값을 포함하며 나머지 다른 파티션들은 상한값을 포함하지 않는다. 그리고 두 번째 속성인 **npartitions**는 단순히 데이터 프레임에 존재하는 파티션의 개수를 알려준다.

다음 [코드 3-4]는 map_partitions 메서드를 사용해 각 파티션의 행 수를 계산하는 방법을 보여준다. map_partitions는 일반적으로 각 파티션에 지정된 함수를 적용한다. 이는 map_partitions 호출의 결과가 현재 데이터 프레임에 있는 파티션 수와 동일한 크기의 시리즈를 반환한다는 의미다. 이 데이터 프레임에는 현재 두 개의 파티션이 있으므로 호출 결과로 두 개의 항목을 다시 받는다. 결과는 각 파티션에 5개의 행이 포함되어 있음을 보여준다. 즉, 대스크는 데이터 프레임을 같은 크기의 두 부분으로 나눈다.

코드 3-4 데이터 프레임에서 행 조사하기

```
people_dask_df.map_partitions(len).compute()  ◁ 각 파티션의 행 수를 센다.

''' Produces the output:
 0    5
 1    5
 dtype: int64 '''
```

가끔 대스크 데이터 프레임에서 파티션 수를 변경해야 할 수도 있다. 특히 연산 중에 상당한 양의 필터링이 포함되면 각 파티션 크기 간의 불균형이 커지면서 이후 계산 성능에 부정적 영향을 초래할 수 있다. 갑자기 대부분의 데이터가 하나의 파티션에 포함될 경우 병렬 처리의 모든 장점이 사실상 사라지기 때문이다.

이에 관해서는 다음 예를 살펴보겠다. 먼저 원래 데이터 프레임에 필터를 적용하여 성이 Williams인 모든 사람을 제거한 새 데이터 프레임을 정의한다. 그런 다음 파티션당 행 수를 계산하기 위해 동일한 map_partitions 호출을 사용해 새 데이터 프레임의 구성을 조사해보자.

코드 3-5 데이터 프레임 다시 파티셔닝하기

```
성이 Williams인 사람을 걸러내고
행 수를 다시 계산한다.

people_filtered = people_dask_df[people_dask_df['Last Name'] != 'Williams']
print(people_filtered.map_partitions(len).compute())

people_filtered_reduced = people_filtered.repartition(npartitions=1)
print(people_filtered_reduced.map_partitions(len).compute())  ◁ 두 개의 파티션을 하나로 모은다.
```

무슨 일이 생기는지 살펴보자. 첫 번째 파티션에는 이제 세 개의 행만 남고 두 번째 파티션에는 원래 다섯 개의 행이 모두 그대로다. Williams라는 성을 가진 사람들이 첫 번째 파티션에만 있었기 때문에 새로운 데이터 프레임의 불균형이 다소 심해졌다.

예제 코드 두 번째 문단의 두 줄은 필터링된 데이터 프레임에서 `repartition` 메서드를 사용해 이러한 불균형을 바로잡는 것이 목표다. 여기서 `npartitions` 인수는 초기 데이터 프레임을 만들기 위해 앞서 사용한 `npartitions` 인수와 같은 방식으로 동작한다. 원하는 파티션 수를 지정하면 대스크는 이를 위해 수행해야 할 작업들을 파악한다. 현재 파티션 수보다 적은 수를 지정하면 대스크는 기존 파티션들을 연결해 결합한다. 현재 파티션 수보다 많은 수를 지정하면 대스크는 기존 파티션을 더 작은 조각으로 나눈다. 프로그램에서 언제든지 `repartition`을 호출해 이 프로세스를 시작할 수 있다. 그러나 다른 모든 대스크 작업과 마찬가지로 지연 연산이다. `Compute`나 `head` 등과 같은 호출을 수행하기 전까지는 실제로 데이터가 움직이지 않는다. 새로운 데이터 프레임에서 `map_partitions` 함수를 다시 호출하면 파티션 수가 하나로 줄고 여기에 8개의 행이 모두 포함되는 것을 볼 수 있다. 만약 이번에는 파티션의 개수를 증가시켜 파티션을 다시 나누면 이전 `divisions` (0, 5, 9)가 그대로 유지된다. 파티션을 균등하게 분할하려면 데이터에 맞도록 `divisions`를 수동으로 업데이트해줘야 한다.

3.2.2 셔플

지금까지 파티셔닝이 얼마나 중요한지, 대스크가 파티셔닝을 어떻게 처리하는지 살펴보았다. 여기에 영향을 줄 수 있는 요소가 무엇인지도 배웠다. 이제는 분산 컴퓨팅에서 빈번하게 발생하는 문제인 **셔플**shuffle에 대해 배우고 파티셔닝에 대한 논의를 마무리하려 한다.

분산 컴퓨팅에서 셔플이란 모든 파티션을 모든 작업자에게 브로드캐스트 하는 프로세스를 말한다. 정렬, 그룹화, 인덱싱 작업을 수행할 때는 데이터를 섞어야 한다. 왜냐하면 각 행을 전체 데이터 프레임에서 다른 모든 행들과 비교하여 정확한 상대 위치를 결정해야 하기 때문이다. 네트워크를 통해 많은 양의 데이터를 전송해야 하므로 시간이 많이 걸리는 작업이다. 구체적으로 어떤 것인지 살펴보자.

다음 [그림 3-6]은 데이터를 같은 성끼리 그룹화하려는 경우 데이터 프레임에서 어떤 일이 발생하는지 보여준다. 예를 들면, 성을 기준으로 가장 나이가 많은 사람을 찾으려 할 수 있다. 이 데이터에서는 대부분 문제될 것이 없다. 이 데이터셋에서 성의 대부분은 고유한 값을 갖는다.

[그림 3-6]의 데이터에서 볼 수 있듯이 성이 같은 사람이 여러 명인 경우는 Williams와 Smith 딱 두 가지뿐이다. Williams라는 성을 갖는 두 사람은 동일한 파티션에 있으므로 서버 1에는 가장 나이 많은 Williams가 태어난 해가 1989년이라는 것을 확인하기 위해 필요한 모든 정보가 이미 로컬에 있다. 그러나 Smith라는 사람들의 경우 한 명은 파티션 1에 있고 또 다른 한 명은 파티션 2에 있다. 비교를 위해 서버 1에서 Smith를 서버 2로 보내거나, 아니면 서버 2에서 서버 1로 보내야 한다. 결국 이 두 경우 모두 대스크가 각 Smith의 생년월일을 비교하려면 네트워크를 통해 둘 중 하나를 전송해야 한다.

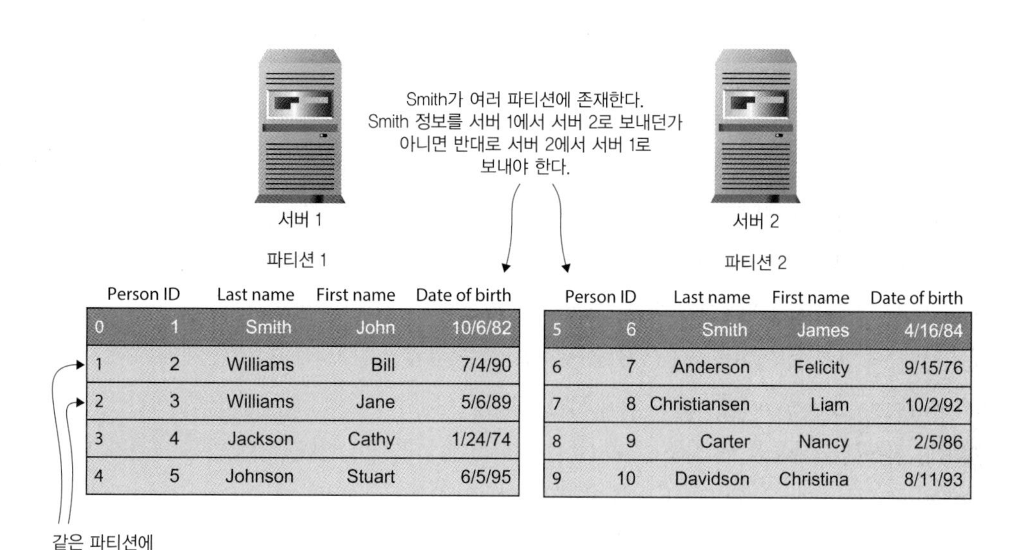

그림 3-6 셔플이 필요한 GroupBy 작업

데이터로 수행해야 할 작업이 무엇인지에 따라 셔플 작업을 완전히 피할 수는 없을 것이다. 그러나 데이터를 섞는 셔플 작업의 필요성을 최소화하기 위해 몇 가지 작업을 수행할 수 있다. 첫째, 이미 정렬된 순서대로 데이터를 저장한다면 대스크를 사용해 데이터를 따로 정렬할 필요가 없을 것이다. 가능하면 관계형 데이터베이스와 같은 데이터 소스 시스템에서 데이터를 정렬하는 것이 분산 시스템에서 데이터를 정렬하는 것보다 더 빠르고 효율적일 수 있다. 둘째, 정렬된 열을 데이터 프레임의 인덱스로 사용하면 조인의 효율성이 향상된다. 데이터가 미리 정렬되어 있으면 데이터 프레임에 정의된 구분을 사용해 특정 행이 포함된 파티션을 쉽게 찾을 수 있으므로 조회 작업이 매우 빠르다. 마지막으로 셔플이 필요한 작업을 반드시 사용해야 할 경우 가능한 리소스가 있다면 그 결과를 유지 저장한다. 이렇게 하면 만약 이 데이터 프레임을 다시 계산해야 하더라도 데이터를 다시 섞는 것을 반복할 필요가 없다.

3.3 대스크 데이터 프레임의 한계

데이터 프레임 API의 장점에 대해 잘 알게 되었으리라 생각한다. 이제 데이터 프레임 API의 몇 가지 한계들을 소개하면서 이 장을 마치려 한다.

우선 대스크 데이터 프레임은 팬더스 API 전체를 지원하지 않는다. 대스크 데이터 프레임은 팬더스 데이터 프레임의 보다 작은 부분들로 구성되어 있지만 팬더스가 잘하는 일부 함수들은 간단히 말해 분산 환경에 도움이 되지 않는다. 예를 들어 대스크 데이터 프레임은 불변성immutable을 갖기 때문에 `insert` 나 `pop`과 같은 데이터 프레임의 구조를 변경하는 함수는 지원하지 않는다. `expanding`이나 `ewm`와 같이 복잡한 일부 윈도우 함수들 역시 지원하지 않는다. 또한 다수의 데이터 셔플링을 유발하기 쉬운 `stack/unstack`과 같은 복잡한 전치transposition 함수들 역시 지원하지 않는다. 이렇게 많은 계산을 필요로 하는 작업을 원본 데이터셋 전체에 대해 수행하지 않아도 될 경우가 종종 있다. 이때 모든 일반적인 데이터 준비, 필터링, 변환 작업을 수행하려면 대스크를 사용한 뒤 최종 데이터셋을 팬더스에 넘겨줘야 한다. 그런 다음 크기가 작아진 데이터 집합에서 연산 비용이 높은 작업을 수행할 수 있다. 대스크의 데이터 프레임 API를 사용하면 팬더스 데이터 프레임과 함께 사용하기가 쉽기 때문에 대스크 데이터 프레임을 사용해 데이터를 분석할 때 이러한 패턴이 매우 유용할 수 있다.

두 번째 한계는 `join/merge`, `groupby`, `rolling`과 같은 관계형 작업들과 관련이 있다. 이러한 작업을 지원하긴 하지만 셔플링이 많이 발생해 성능에 병목 현상이 발생할 수 있다. 팬더스에 넘겨줄 데이터셋을 더 줄일 수 있도록 대스크를 사용해 미리 준비하거나 해당 인덱스만 사용하도록 이러한 함수들을 제한해 병목 현상을 최소화할 수 있다. 예를 들어 개인 정보의 데이터 프레임을 트랜잭션의 데이터 프레임과 결합하려고 할 때, Person ID로 두 데이터셋을 정렬하고 인덱싱하면 계산이 훨씬 빨라진다. 이렇게 하면 각 개인의 레코드가 여러 파티션에 분산되는 것을 최소화하고 셔플을 더 효율적으로 만들어준다.

셋째, 대스크의 분산 처리 속성상 인덱싱에는 몇 가지 문제가 있다. 기본 숫자 인덱스 대신 데이터 프레임의 열을 인덱스로 사용하려면 이것을 정렬해야 한다. 데이터가 이미 그렇게 저장되어 있다면 전혀 문제가 되지 않는다. 하지만 데이터가 미리 정렬되어 있지 않다면 많은 셔플링이 필요하므로 전체 데이터 프레임을 정렬하는 속도가 매우 느릴 수 있다. 따라서 효과적으로 진행하려면 각 파티션을 먼저 정렬한 다음 다른 모든 파티션들을 병합하고 다시 정렬해야 한다. 경우에 따라 이 작업을 반드시 해야 할 때도 있지만, 만약 필요한 연산을 위해 사전에 데이터를 미리 정렬해 저장할 수 있다면 많은 시간을 절약할 수 있다.

인덱싱을 통해 알 수 있는 또 다른 중요한 차이점은 대스크가 `reset_index` 메서드를 처리하는 방식이다. 전체 데이터 프레임에서 순차적인 인덱스를 새로 계산하는 팬더스와 달리 대스크 데이터 프레임의 메서드는 `map_partitions` 메서드를 호출하는 것과 마찬가지로 동작한다. 즉, 각 파티션은 0부터 시작하는 고유한 순차 인덱스를 자체적으로 갖고 있으므로 데이터 프레임 전체적으로는 더 이상 고유한 순차 인덱스가 없다고 할 수 있다. [그림 3-7]에서 이를 확인할 수 있다.

파티션 경계에 도달하면 인덱스는 0부터 다시 시작한다.

	Person ID	Last name	First name	Date of birth
0	1	Smith	John	10/6/82
1	2	Williams	Bill	7/4/90
2	3	Williams	Jane	5/6/89
3	4	Jackson	Cathy	1/24/74
4	5	Johnson	Stuart	6/5/95
0	6	Smith	James	4/16/84
1	7	Anderson	Felicity	9/15/76
2	8	Christiansen	Liam	10/2/92
3	9	Carter	Nancy	2/5/86
4	10	Davidson	Christina	8/11/93

그림 3-7 대스크 데이터 프레임에서 `reset_index` 메서드를 호출한 결과

각 파티션은 5개의 행을 포함하고 있으므로 `reset_index` 메서드를 호출하면 처음 5개 행의 인덱스는 동일하게 유지되지만 다음 파티션에 포함된 다음 5개 행의 인덱스는 0부터 다시 시작한다. 안타깝지만 파티션을 자동으로 인식하면서 인덱스를 쉽게 재설정할 수 있는 방법은 없다. 따라서 데이터 프레임을 결합, 그룹화, 또는 정렬하기 위해 이 새로운 인덱스를 사용할 계획이 없는 경우에만 `reset_index` 메서드를 신중하게 사용하도록 한다.

마지막으로 대스크 데이터 프레임은 여러 개의 팬더스 데이터 프레임들로 구성된다. 따라서 팬

더스에서 비효율적인 작업은 대스크에서도 비효율적이다. 예를 들어 apply 또는 iterrows 메서드를 사용해 행을 반복하는 것은 팬더스에서 비효율적이다. 따라서 팬더스의 모범 사례를 따르면 대스크 데이터 프레임을 사용할 때 최상의 성능을 얻을 수 있다. 아직 팬더스를 완벽하게 마스터하지 못했다면 계속해서 이 기술을 갈고닦자. 이는 대스크나 분산 워크로드에 익숙해지는 일에 도움이 될 뿐만 아니라 데이터 과학자로서도 꽤 도움이 될 것이다.

3.4 마치며

- 대스크 데이터 프레임은 행(축 0)과 열(축 1) 그리고 인덱스로 구성된다.
- 데이터 프레임 메서드는 기본적으로 행 단위로 동작하는 경향이 있다.
- divisions 속성에 액세스해 데이터 프레임의 파티셔닝 방법을 조사할 수 있다.
- 데이터 프레임을 필터링하면 각 파티션 크기의 불균형을 초래할 수 있다. 최상의 성능을 위해서는 파티션 크기가 대략 비슷해야 한다. 많은 양의 데이터를 필터링한 후 repartition 메서드를 사용해 데이터 프레임을 다시 분할하는 것이 좋다.
- 최상의 성능을 얻으려면 데이터 프레임을 논리적 열을 기준으로 인덱싱하고 인덱스를 기반으로 분할해야 하며 이 인덱스는 미리 정렬하는 것이 좋다.

CHAPTER 4

대스크 데이터 프레임으로 데이터 불러오기

이 장의 핵심 내용

- 구분 문자를 사용한 텍스트 형식 파일로부터 데이터 프레임 생성하고 데이터 스키마 정의하기
- SQL 관계형 데이터베이스에서 데이터를 추출하고 대스크로 조작하기
- 분산 파일 시스템(S3와 HDFS)에서 데이터 읽어오기
- 파케이Apache Parquet 형식으로 저장된 데이터 작업하기

앞서 3개 장에 걸쳐 깊이 생각해 볼 여러 개념을 소개했다. 이 모든 내용은 대스크 전문가가 되기 위한 여정에 큰 도움이 될 것이다. 이제 본격적으로 일부 데이터를 처리할 준비가 되었다. 다음 [그림 4-1]은 대스크 기능을 이용할 때 따라야 할 데이터 과학 워크플로를 상기시켜준다.

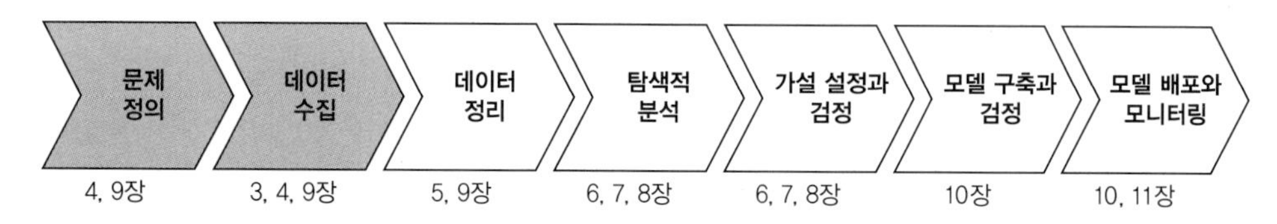

그림 4-1 이 책의 워크플로

4장에서는 워크플로의 첫 단계인 문제 정의와 데이터 컬렉션에 대해 계속해서 살펴보겠다. 이어지는 장에서는 다음과 같은 물음에 답하기 위해 NYC 주차 위반 데이터를 가지고 작업하게 될 것이다.

뉴욕시 주차 단속 요원이 발행한 주차권 수의 증가나 감소 관련 데이터에서
어떤 패턴을 찾을 수 있을까?

어쩌면 노후된 차량의 티켓 발급 가능성이 더 높았을 수도 있고, 또는 특정 색상의 차량이 다른 색상의 차량보다 주차 단속 요원의 관심을 더 끌었을 수도 있다. 해당 질문을 바탕으로 대스크 데이터 프레임을 이용해 관련 데이터를 수집, 정리해 탐색한다는 점을 염두에 두고, 일단 대스크 데이터 프레임에 데이터 읽어오기부터 익혀보자.

데이터 과학자들이 직면한 과제 중 하나는 **미사용 데이터** 또는 특별히 예측 모델링과 분석을 위해 수집되지는 않은 데이터를 연구하려는 경향이 있다는 것이다. 이는 데이터를 신중하고 철저하게 수집하려는 전통적인 학술 연구와 상당히 차이가 있다. 결국, 이쪽 일을 하다 보면 다양한 저장 매체와 데이터 타입을 접하게 될 것이다. 4장에서는 가장 많이 사용되는 형식과 저장 시스템에서 데이터를 읽어들이는 방법을 다루겠지만 대스크의 모든 기능을 다루지는 않는다.

대스크는 여러 가지 측면에서 매우 유연한데, 예를 들면 수많은 **데이터 컬렉션**data collection 및 저장 시스템과 인터페이스 할 수 있는 데이터 프레임 API의 기능 등을 꼽을 수 있다. 데이터 프레임으로 데이터를 읽는 과정에서 대스크 구성 요소와 관련해 3장에서 배운 내용들을 염두에 두자. 우리가 만들 대스크 데이터 프레임은 논리 파티션으로 나뉜 여러 개의 작은 팬더스 데이터 프레임들로 구성된다. 대스크 데이터 프레임에서 수행된 모든 작업들은 결과적으로 많은 프로세스 또는 물리적 시스템에 분산될 수 있는 지연 객체의 DAG를 생성한다. 그리고 작업 스케줄러는 이 작업 그래프의 배포와 실행을 제어한다. 그럼 이제 본격적으로 데이터에 대해 알아보자.

4.1 텍스트 파일에서 데이터 읽기

구분 문자delimiters를 이용한 텍스트 파일처럼 자주 접할 수 있는 가장 단순하고 일반적인 형식부터 시작하자. 텍스트 파일은 다양한 형태를 가질 수 있다. 이때 공통점은 데이터를 논리적 행과 열로 나눌 때 쓰는 구분 문자라는 특수 문자를 사용한다는 것이다.

이런 텍스트 파일 형식에는 두 가지 유형의 구분 문자, 즉 행 구분 문자와 열 구분 문자가 있다. 행 구분 문자는 각 행의 끝에 도달했음을 나타내는 특수 문자로, 해당 문자 오른쪽에 있는 데이터들은 다음 행의 일부로 간주한다. 가장 일반적인 행 구분 문자는 개행 문자(`\n`) 또는 반환 키 다음의 개행 문자(`\r\n`)이다. 줄 단위로 행을 구분하는 것이 가장 일반적인 표준이라고 할 수 있다. 이는 원시 데이터를 시각적으로 분할하는 추가적인 이점을 가져다주며 스프레드시트의 레이아웃을 반영한다.

마찬가지로 열 구분 문자는 각 열의 마지막을 의미하며 그 오른쪽에 있는 모든 데이터는 다음 열의 일부로 처리해야 한다. 가장 대표적인 열 구분 문자는 쉼표(,)다. 실제로 열 구분 문자로 쉼표를 사용하는 텍스트 파일을 특별히 **CSV**comma-separated values라고 부른다. 다른 일반적인 옵션으로는 파이프(¦), 탭, 공백, 세미콜론이 있다.

[그림 4-2]에서 이러한 텍스트 파일의 일반적인 구조를 볼 수 있다. 이 파일은 쉼표를 열 구분자로 사용하고 있으므로 CSV 파일이다. 또한 개행 문자를 행 구분자로 사용하므로 각 행이 줄마다 있음을 알 수 있다.

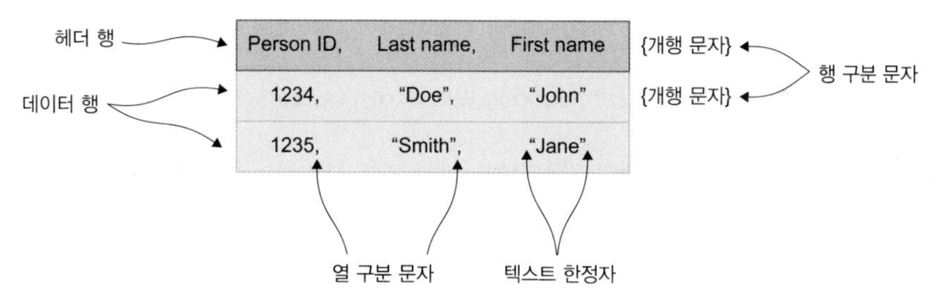

그림 4-2 구분 문자를 이용한 텍스트 파일의 구조

구분 문자를 활용한 텍스트 파일에서 아직 다루지 않은 두 가지 추가 속성으로 **선택적 헤더 행**과 **텍스트 한정자**가 있다. 헤더 행은 단순히 첫 번째 행을 사용해 열 이름을 지정하기 위한 것이다. 여기에서 개인 ID, 성, 이름 등은 개인 정보에 해당하지 않는다. 데이터 구조를 설명하는 **메타데이터**이다. 필수는 아니지만 헤더 행은 데이터 구조의 내용을 전달하는 데 도움을 줄 수 있다.

텍스트 한정자는 열의 내용이 텍스트 문자열이라는 것을 표시하기 위해 사용하는 또 다른 유형의 특수 문자이다. 행 또는 열의 구분 문자로 사용되는 문자가 실제 데이터에도 포함될 가능성이 있다면 매우 유용할 수 있다. 특히 텍스트 데이터를 포함한 CSV 파일로 작업할 때 자주 발생하는 문제이다. 왜냐하면 보통 쉼표가 텍스트에 들어가는 경우가 많기 때문이다. 이러한 열을 텍스트 한정자로 묶으면 텍스트 한정자 내의 열 또는 행 구분 문자는 무시된다.

지금까지 구분 문자를 이용한 텍스트 파일의 구조를 살펴보았다. 이러한 텍스트 파일을 대스크로 불러와서 앞에서 살펴본 파일 구조 관련 지식을 적용하는 방법을 알아보자. 2장에서 간략하게 살펴본 NYC 주차 티켓 데이터는 CSV 파일들로 제공되므로 이 예제와 함께 사용하기에 완벽한 데이터셋이다. 데이터를 아직 내려받지 않았다면 캐글 사이트(*www.kaggle.com/new-york-city/nyc-parking-ticket*)에서 받을 수 있다. 앞에서 언급했듯이 편의상 작업 중인 주피터 노트북과 같은 폴더에 데이터 압축을 풀자. 다른 곳에 데이터를 저장했다면 데이터를 저장한 위치와 일치하도록 파일 경로를 변경해야 한다.

코드 4-1 대스크 기본값을 사용해 CSV 파일 가져오기

```
import dask.dataframe as dd
from dask.diagnostics import ProgressBar

fy14 = dd.read_csv('nyc-parking-tickets/Parking_Violations_Issued_-_Fiscal_Year_2014__
    August_2013___June_2014_.csv')
fy15 = dd.read_csv('nyc-parking-tickets/Parking_Violations_Issued_-_Fiscal_Year_2015.
    csv')
fy16 = dd.read_csv('nyc-parking-tickets/Parking_Violations_Issued_-_Fiscal_Year_2016.
    csv')
fy17 = dd.read_csv('nyc-parking-tickets/Parking_Violations_Issued_-_Fiscal_Year_2017.
    csv')

fy17
```

[코드 4-1]의 처음 두 줄은 익숙할 것이다. 데이터 프레임 라이브러리와 ProgressBar 콘텍스트를 가져오는 코드다. 다음에 이어지는 네 줄의 코드에서 NYC 주차 티켓 데이터셋과 함께 제공되는 네 개의 CSV 파일들을 읽어온다. 지금은 각 파일을 별도의 데이터 프레임으로 읽는다. fy17 데이터 프레임을 조사해 무슨 일이 있었는지 살펴보자.

대스크 데이터 프레임 구조:

npartitions=33	Summons number	Plate ID	Registration state	Plate type	Issue date	Violation code	Vehicle body type	Vehicle make	Issuing agency	Street code1	Street code2	Street code3	Vehicle expiration date	Violation location	Violation precinct
	int64	object	object	object	object	int64	object	object	object	int64	int64	int64	int64	float64	int64
	...	...	...	...	...	...	...	...	...	...	...	...	...	...	...
...	...	...	...	...	...	...	...	...	...	...	...	...	...	...	...
	...	...	...	...	...	...	...	...	...	...	...	...	...	...	...
	...	...	...	...	...	...	...	...	...	...	...	...	...	...	...

대스크 이름: from-delayed, 작업 99개

Summons number	소환 번호	Plate ID	번호판
Registration state	등록 주	Plate type	번호판 종류
Issue date	발급일	Violation code	위반 코드
Vehicle body type	차량 종류	Vehicle make	차량 제조사
Issuing agency	발급 기관	Street code1	도로 코드1
Street code2	도로 코드2	Street code3	도로 코드3
Vehicle expiration date	차량 만료일	Violation location	위반 장소
Violation precinct	위반 관할 구역		

그림 4-3 fy17 데이터 프레임의 메타 데이터

[그림 4-3]에는 `fy17` 데이터 프레임의 메타 데이터가 나와 있다. 기본 64MB 블록 크기를 사용해 데이터를 33개의 파티션들로 분할했다. 3장에서 파티션 분할 관련해 배운 내용을 아마 기억할 것이다. 테이블 상단에 보이는 열 이름들은 어디서 왔을까? 대스크는 기본적으로 CSV 파일에 헤더 행이 있다고 가정한다. 그리고 실제로 이들 파일에는 헤더 행이 있다. 자주 사용하는 텍스트 편집기에서 원본 CSV 파일을 열어보면 파일의 첫 번째 행에 열 이름들이 표시된다. 모든 열 이름들을 확인하려면 데이터 프레임의 `columns` 속성을 조사한다.

코드 4-2 데이터 프레임의 열 검사하기

```
fy17.columns

'''
Produces the output:

Index([u'Summons Number', u'Plate ID', u'Registration State', u'Plate Type', u'Issue Date',
u'Violation Code', u'Vehicle Body Type', u'Vehicle Make', u'Issuing Agency',
u'Street Code1', u'Street Code2', u'Street Code3',u'Vehicle Expiration Date',
u'Violation Location', u'Violation Precinct', u'Issuer Precinct', u'Issuer Code',
u'Issuer Command', u'Issuer Squad', u'Violation Time',
u'Time First Observed', u'Violation County',
```

```
u'Violation In Front Of Or Opposite', u'House Number', u'Street Name', u'Intersecting
Street',
u'Date First Observed', u'Law Section', u'Sub Division', u'Violation Legal Code',
u'Days Parking In Effect    ', u'From Hours In Effect', u'To Hours In Effect',
u'Vehicle Color',
u'Unregistered Vehicle?', u'Vehicle Year', u'Meter Number',
u'Feet From Curb', u'Violation Post Code', u'Violation Description',
u'No Standing or Stopping Violation', u'Hydrant Violation',
u'Double Parking Violation'],
dtype='object')
'''
```

fy14(2014년 주차 티켓)와 같은 다른 데이터 프레임의 열을 살펴보면 fy17(2017년 주차 티켓) 데이터 프레임의 열과 다르다는 것을 알 수 있다. NYC 정부는 2017년 주차 위반에 대한 수집 데이터를 변경한 듯 보인다. 예를 들어 위반의 위도와 경도 정보를 2017년 이전에는 기록하지 않았으므로 이 열들은 전년도 대비 분석(예를 들어 주차 위반 '핫스팟'이 어떻게 도시 전역으로 이동하는가)에 유용하지 않다. 단순히 데이터셋을 그대로 연결하면 결측값이 많은 결과 데이터 프레임을 얻게 된다. 따라서 데이터셋을 결합하기 전에 4개의 데이터 프레임에 모두 공통적인 열을 찾아야 한다. 그런 다음 데이터 프레임을 함께 통합해 4년 간의 데이터가 모두 포함된 새 데이터 프레임을 만들 수 있어야 한다.

각 데이터 프레임의 열들을 눈으로 살펴보며 어떤 열이 서로 겹치는지 일일이 파악할 수도 있겠지만 이런 방식은 정말 비효율적이다. 대신 데이터 프레임의 columns 속성과 파이썬의 set 함수를 활용해 이러한 과정을 자동화한다. 다음 예제는 이를 수행하는 방법을 보여준다.

코드 4-3 네 개의 데이터 프레임 사이의 공통 열 찾기

```
# Import for Python 3.x
from functools import reduce

columns = [set(fy14.columns),
    set(fy15.columns),
    set(fy16.columns),
    set(fy17.columns)]
common_columns = list(reduce(lambda a, i: a.intersection(i), columns))
```

첫 번째 줄에는 각 데이터 프레임의 열을 나타내는 4개의 set 객체가 포함된 리스트를 만든다. 그 다음 줄에서는 두 set 객체의 intersection 함수를 활용해 양쪽 모두에 존재하는 항목을 포함하는 set을 반환하도록 한다. 이것을 reduce 함수로 감싸서 각 데이터 프레임의 메타 데이터를 하나씩 살펴보고 4개의 데이터 프레임 모두에서 공통적으로 발견된 열들은 뽑아내고 발견되지 않은 나머지 열들은 모두 버릴 수 있다. 결국 남는 것은 다음 리스트이다.

```
['House Number',
 'No Standing or Stopping Violation',
 'Sub Division',
 'Violation County',
 'Hydrant Violation',
 'Plate ID',
 'Plate Type',
 'Vehicle Year',
 'Street Name',
 'Vehicle Make',
'Issuing Agency',
...
 'Issue Date']
```

이제 네 개의 데이터 프레임에 모두 존재하는 공통적인 열 집합을 얻었다. fy17 데이터 프레임에 처음 나오는 몇 개 행들을 출력해보자.

코드 4-4 fy17 데이터 프레임의 head 결과 살펴보기

```
fy17[common_columns].head()
```

[코드 4-4]에서는 열 필터링과 상위 수집이라는 두 가지 중요한 작업이 발생한다. 데이터 프레임의 이름 오른쪽에 있는 대괄호 안에 하나 이상의 열을 지정하는 것이 데이터 프레임에서 열을 선택 혹은 필터링하는 기본적인 방법이다. common_columns는 열 이름 리스트이며 이것을 열 선택기에 전달해 이 리스트에 포함된 열을 포함하는 결과를 얻을 수 있다. 그 뒤에 이어서 head 메서드를 호출해 데이터 프레임의 상위 n개 행을 볼 수 있다. [그림 4-4]와 같이 기본적으로는 데이터 프레임의 처음 5개 행을 반환한다. 원하면 검색하려는 행의 개수를 인수로 지정할 수 있다. 예를 들어 fy17.head(10)은 데이터 프레임의 처음 10행을 반환한다. 대스크에서 행들을 가져오면 컴퓨터의 RAM에 로드된다는 점을 기억하자. 따라서 너무 많은 데이터

행을 반환하려 하면 메모리 부족 오류가 발생할 수 있다. 이제 **fy14** 데이터 프레임에서 동일한 호출을 시도해보자.

	Feet from curb	No standing or stopping violation	Vehicle color	Meter number	Violation description	Vehicle year	Street code1	Date first observed	To hours in effect	Summons number	...	Street name	Violation legal code	Time first observed	Issuer code	Issuer command	Street code2
0	0	NaN	GY	NaN	FAILURE TO STOP AT RED LIGHT	2001	0	0	NaN	5092469481	...	ALLERTON AVE (W/B) @	T	NaN	0	NaN	0
1	0	NaN	GY	NaN	FAILURE TO STOP AT RED LIGHT	2001	0	0	NaN	5092451658	...	ALLERTON AVE (W/B) @	T	NaN	0	NaN	0
2	0	NaN	BK	NaN	BUS LANE VIOLATION	2004	0	0	NaN	4006265037	...	SB WEBSTER AVE @ E 1	T	NaN	0	NaN	0
3	0	NaN	WH	NaN	47-Double PKG-Midtown	2007	10610	0	0700P	8478629828	...	7th Ave	NaN	NaN	359594	T102	34330
4	0	NaN	WHITE	NaN	69-Failure to Disp Muni Recpt	2007	10510	0	0700P	7868300310	...	6th Ave	NaN	NaN	364832	T102	34310

5행 x 43열

그림 4-4 fy17 데이터 프레임에서 공통 열 세트를 사용해 처음 5개 행을 출력한 결과

코드 4-5 fy14 데이터 프레임의 head 결과 살펴보기

```
fy14[common_columns].head()

'''
Produces the following output:

Mismatched dtypes found in `pd.read_csv`/`pd.read_table`.

+-----------------------+---------+----------+
¦ Column                ¦ Found   ¦ Expected ¦
+-----------------------+---------+----------+
¦ Issuer Squad          ¦ object  ¦ int64    ¦
¦ Unregistered Vehicle? ¦ float64 ¦ int64    ¦
¦ Violation Description ¦ object  ¦ float64  ¦
¦ Violation Legal Code  ¦ object  ¦ float64  ¦
¦ Violation Post Code   ¦ object  ¦ float64  ¦
+-----------------------+---------+----------+

The following columns also raised exceptions on conversion:
```

```
  - Issuer Squad
    ValueError('cannot convert float NaN to integer',)
  - Violation Description
    ValueError('invalid literal for float(): 42-Exp. Muni-Mtr (Com. Mtr. Z)',)
  - Violation Legal Code
    ValueError('could not convert string to float: T',)
  - Violation Post Code
    ValueError('invalid literal for float(): 05 -',)

  Usually this is due to dask's dtype inference failing, and
  *may* be fixed by specifying dtypes manually
  '''
```

대스크가 fy14 데이터를 읽으려고 할 때 문제가 발생한 듯 보인다! 다행히 대스크 개발팀은 이런 상황에 대한 자세한 정보를 오류 메시지에서 제공한다. 다음 5개 열(Issuer Squad, Unregistered Vehicle?, Violation Description, Violation Legal Code, Violation Post Code)은 대스크가 예상한 데이터 타입이 아니었으므로 올바르게 읽을 수 없었다. 2장에서 배웠듯 대스크는 임의 샘플링을 사용해 데이터 타입을 유추하며 이를 통해 (잠재적으로 큰) 데이터 프레임 전체를 스캔하지 않도록 한다. 이 방법은 보통 잘 작동하지만, 열에 많은 수의 값이 누락되거나 또는 데이터의 대부분이 (정수 등) 하나의 데이터 타입으로 분류되더라도 (한 두 개의 임의의 문자열처럼) 소수가 이 가정을 위반하는 경우가 있다.

대스크는 일단 계산 작업을 시작한 뒤 이러한 경우를 만나면 예외로 처리한다. 대스크가 데이터 타입 추론에 의존하지 않고 데이터셋을 올바르게 읽을 수 있도록 하려면 데이터에 대한 스키마를 수동으로 정의해줘야 한다. 이를 위해서는 일단 대스크에서 사용 가능한 데이터 타입을 먼저 검토한 뒤 데이터에 적합한 스키마를 작성할 수 있다.

4.1.1 대스크 데이터 타입 사용하기

관계형 데이터베이스 시스템과 마찬가지로 열 데이터 타입은 대스크 데이터 프레임에서 중요한 역할을 한다. 열에서 수행할 수 있는 작업의 종류, (+, − 등) 오버로드 연산자의 동작, 그리고 열 값을 저장하고 액세스하기 위해 메모리가 할당되는 방법들을 제어한다. 파이썬의 대부분의 컬렉션이나 객체와 달리 대스크 데이터 프레임은 덕 타이핑duck typing 대신 명시적 타이핑을 사용한다. 이는 열에 포함된 모든 값이 동일한 데이터 타입을 준수해야 한다는 의미다. 이미 살펴본 것처럼 대스크는 열의 데이터 타입을 위반하는 열의 값을 찾으면 오류를 발생시킨다.

대스크 데이터 프레임은 넘파이 배열들의 복잡한 컬렉션이라고 볼 수 있는 팬더스 데이터 프레임으로 구성된 파티션들로 이뤄진다. 따라서 대스크는 해당 데이터 타입을 넘파이에서 가져온다. 넘파이 라이브러리는 파이썬을 위한 강력하고 중요한 수학 라이브러리이다. 선형 대수, 미적분, 삼각 함수와 같은 고급 작업들을 수행할 수 있다. 이 라이브러리는 파이썬에 여러 통계 분석 방법과 머신러닝 알고리즘에 대한 기본 수학을 제공하므로 데이터 과학에서 매우 중요하다. [그림 4-5]에서 볼 수 있는 넘파이의 데이터 타입들을 살펴보자.

기본 타입	사용 가능한 넘파이 타입	설명
불리언	`Bool`	요소의 크기는 1 바이트다.
정수형	`int8, int16, int32, int64, int128, int`	`int`는 기본적으로 C 언어의 `int`와 크기가 같다.
부호없는 정수형	`uint8, uint16, uint32, uint64, uint128, uint`	`uint`는 기본적으로 C 언어의 부호 없는 `int`와 크기가 같다.
실수형	`float32, float64, float, longfloat`	`float`는 항상 배정밀도 부동 소수점 값(64 비트)이다. `longfloat`는 고정밀 부동 소수점을 나타낸다. 크기는 플랫폼마다 다르다.
복소수형	`complex64, complex128, complex`	complex64의 실수 요소와 복소수 요소는 각각 단정밀도 (32 비트) 값으로 표시하고 전체 크기는 64 비트가 된다.
문자형	`str, unicode`	유니 코드는 항상 UTF32 (UCS4) 이다.
객체	`object`	배열에 있는 항목을 파이썬 객체로 나타낸다.
레코드	`void`	레코드 배열에 있는 임의의 데이터 구조를 위해 사용한다.

그림 4-5 대스크가 사용하는 넘파이 데이터 타입

보다시피 이 중 많은 수가 파이썬의 기본 유형을 반영한다. 가장 큰 차이점은 지정된 비트 폭으로 넘파이 데이터 타입의 크기를 명시적으로 지정할 수 있다는 점이다.

예를 들어 `int32` 데이터 타입은 −2,147,483,648과 2,147,483,647 사이의 정수를 허용하는 32비트 정수이다. 파이썬은 항상 운영체제나 하드웨어 지원에 따라 최대 비트 폭을 사용한다. 따라서 64비트 CPU가 있는 컴퓨터에서 64비트 OS를 실행하는 경우 파이썬은 항상 64비트의

메모리를 할당해 정수를 저장한다. 필요에 따라 더 작은 데이터 타입을 사용하면 RAM과 CPU 캐시에 한꺼번에 더 많은 양의 데이터를 담을 수 있어 더 빠르고 효율적으로 연산할 수 있다. 즉 데이터 스키마를 생성할 때는 항상 데이터를 보유할 수 있는 가장 작은 데이터 타입을 선택해야 한다. 그러나 어떤 값이 특정 데이터 타입에서 허용하는 최대 크기를 초과할 경우 오버플로 오류가 발생하므로 데이터의 범위와 도메인을 신중하게 고려해야 한다.

미국의 주택 가격을 예로 들어보자. 주택 가격은 보통 32,767달러 이상이며 역사적인 물가상승률이 이어진다고 보더라도 2,147,483,647달러를 초과하지는 않을 것이다. 따라서 주택 가격을 달러 단위로 반올림한다면 `int32` 데이터 타입이 가장 적합하다. `int64`나 `int128` 유형 역시 이 범위의 숫자를 표현할 수 있을 만큼 충분히 크지만 이 값을 저장하기 위해 32비트 이상의 메모리를 사용하는 것은 비효율적이다. 마찬가지로 `int8`이나 `int16`을 사용하면 데이터를 담을 만큼 충분히 크지 않아 오버플로 오류가 발생한다.

넘파이 데이터 타입 중 어떤 것도 사용자가 보유한 데이터 종류에 적합하지 않으면 열을 `object` 유형으로 저장하며 이는 모든 파이썬 객체를 나타낸다. 타입 추론 결과 숫자와 문자열이 혼합된 열이거나 타입 추론으로는 적절한 데이터 타입을 결정할 수 없는 경우 대스크가 기본적으로 사용하는 데이터 타입이다. 그러나 누락된 데이터 비율이 높은 열이 있다면 해당 규칙에 대한 일반적인 예외가 발생한다. 이전 오류 메시지의 일부를 다시 보여주는 [그림 4-6]을 다시 살펴보자.

열	실제 타입	타입 추론
발급자 소속	object	int64
미등록 차량?	float64	int64
위반 사항	object	float64
위반 법률 코드	object	float64
위반 우편 번호	object	float64

대스크는 텍스트 열을
실수형 타입으로 추론했다?
추론이 틀렸다!

그림 4-6 일치하지 않는 데이터 타입을 보여주는 대스크 오류

`Violation Description`(위반 사항)이라는 열이 정말로 부동 소수점 숫자로 이루어져 있을까? 아마 아닐 것이다! 일반적으로 설명 열은 텍스트가 될 수 있으므로 대스크는 `object` 데이터 타입을 사용해야 한다. 그렇다면 왜 대스크의 타입 추론은 이 열에 64비트 부동 소수점

숫자가 있다고 생각했을까?

사실 이 데이터 프레임의 대부분의 레코드에는 위반 설명에 해당하는 정보가 누락되어 있다. 원시 데이터는 단순한 빈 칸이다. 대스크는 파일을 구문 분석할 때 빈 레코드를 null 값으로 처리하고 기본적으로 `np.nan`이라는 넘파이의 NaN(Not a Number) 객체로 결측값을 채운다. 파이썬의 내장 타입 함수를 사용해 객체의 데이터 타입을 검사하면 `np.nan`이 부동 소수점 유형인 것으로 보고된다. 따라서 대스크의 타입 추론 과정에서 `Violation Description` 열의 유형을 유추하려 할 때 `np.nan` 객체를 무작위로 선택하다 보니 결국 열에 부동 소수점 숫자가 포함되어야 한다고 가정한 것이다.

이제 데이터 프레임에서 적절한 데이터 타입을 읽을 수 있도록 문제를 해결해보자.

4.1.2 대스크 데이터 프레임에 대한 스키마 생성하기

종종 어떤 데이터셋을 가지고 작업할 때 각 열의 데이터 타입이 무엇인지, 누락된 값을 포함할 수 있는지, 그리고 유효한 값의 범위가 어떻게 되는지 미리 알 수 있다. 이런 정보들을 통칭해 데이터 **스키마**schema라고 한다. 관계형 데이터베이스로부터 나온 데이터셋의 스키마를 아마 알고 있을 것이다. 데이터베이스 테이블의 열들은 잘 알려진 데이터 타입을 갖는다. 이 정보를 미리 알고 있다면 대스크와 함께 사용하는 일은 스키마를 작성해서 `read_csv` 메서드에 적용하기만 하면 될 만큼 쉽다. 이번 절의 마지막에서 이를 수행하는 방법을 살펴보겠다.

그러나 때로는 스키마에 대한 정보를 알지 못할 수도 있다. 이때는 직접 스키마를 파악해야 한다. 제대로 문서화되지 않은 웹 API에서 데이터를 가져와야 하거나 또는 미리 추출된 데이터를 분석하면서 데이터 소스에 액세스할 수 없는 상황일 수 있다. 이 방법들 모두 지루하고 시간이 많이 걸리므로 이상적이지 않지만 때로는 이외에 다른 옵션이 없을 수 있다. 이때 시도할 수 있는 두 가지 방법은 다음과 같다.

- 추측하고 확인하기
- 수동으로 데이터 표본 추출하기

추측하고 확인하는 방법은 그렇게 복잡하지 않다. 제품 설명, 판매액 등과 같이 이름이 잘 정해진 열들의 경우 이름을 통해 각 열에 어떤 종류의 데이터가 포함되는지 추측할 수 있다. 앞에서 살펴본 것과 같은 연산을 실행하는 동안 데이터 타입 오류가 발생하면 거기에 맞춰 스키마를 업데이트하고 처음부터 다시 시작한다. 이 방법의 장점은 다른 스키마를 빠르고 쉽게 시도할 수 있다는 것이다. 단점은 데이터 타입 오류로 인해 계속 실패할 경우 계산을 지속적으로 다시 시작하기가 지루해질 수 있다는 것이다.

수동 샘플링 방법은 좀 더 복잡하고 프로파일링을 위해 데이터의 일부를 스캔해야 하므로 시간이 더 걸릴 수 있다. 그러나 어쨌든 데이터 집합을 분석할 계획이라면 스키마를 만드는 동안 데이터에 더 익숙해질 거라는 측면에서 아주 '쓸모 없는' 시간은 아니다. 예제를 통해 스키마를 어떻게 만드는지 알아보자.

코드 4-6 일반 스키마 작성하기

```
import numpy as np
import pandas as pd

dtype_tuples = [(x, np.str) for x in common_columns]
dtypes = dict(dtype_tuples)
dtypes

'''
Displays the following output:
{'Date First Observed': str,
 'Days Parking In Effect    ': str,
 'Double Parking Violation': str,
 'Feet From Curb': str,
 'From Hours In Effect': str,
 ...
}
'''
```

먼저 열 이름을 데이터 타입에 매핑하는 딕셔너리 객체를 만들어야 한다. 나중에 이 객체를 공급할 `dtype` 인수에 딕셔너리 타입의 객체가 필요하기 때문이다. 이를 위해 [코드 4-6]에서 먼저 네 개의 데이터 프레임 모두에 공통적으로 보이는 열 이름들을 저장하고자 만든 `common_columns` 리스트를 살펴보자. 각 열 이름을 열 이름과 문자열을 나타내는 `np.str` 데이터 타입을 포함한 튜플로 변환한다. 두 번째 줄에서는 튜플 리스트를 가져와서 아래 일부 내용이 표시된 것과 같은 `dict`로 변환한다. 이제 일반 스키마를 구성했으므로 이 스키마를 `read_csv` 함수에 적용하고 해당 스키마를 사용해 `fy14` 데이터를 데이터 프레임에 로드할 수 있다.

코드 4-7 명시적 스키마를 사용해 데이터 프레임 만들기

```
fy14 = dd.read_csv('nyc-parking-tickets/Parking_Violations_Issued_-_Fiscal_Year_2014__
    August_2013___June_2014_.csv', dtype=dtypes)

with ProgressBar():
    display(fy14[common_columns].head())
```

[코드 4-7]은 2014년 데이터 파일을 처음 읽었을 때와 거의 동일하게 보인다. 그러나 이번에는 `dtype` 인수를 지정해 스키마 딕셔너리를 전달했다. 실제로 대스크는 `dtype` 사전에 키와 일치하는 열에 대한 타입 추론을 비활성화하고 대신 명시적으로 지정한 타입을 사용한다. 변경하려는 열만 포함하는 게 합리적이지만 가능하면 대스크의 타입 추론에 전혀 의존하지 않는 편이 가장 좋다. 여기에서는 데이터 프레임의 모든 열에 대해 명시적 스키마를 만드는 방법을 보여준다. 큰 데이터 집합을 사용할 때 정기적으로 연습해보길 권한다. 이 특정 스키마를 사용해 대스크는 모든 열이 문자열이라고 가정한다. 이제 `fy14[common_columns].head()`를 사용해 데이터 프레임의 처음 5개 행을 다시 출력하려고 하면 대스크는 더 이상 오류 메시지를 표시하지 않는다! 그러나 아직 끝나지 않았다. 각 열을 살펴보고 효율성을 극대화하기 위해 (가능하다면) 더 적절한 데이터 타입을 선택해야 한다. `Vehicle Year` 열을 살펴보자.

코드 4-8 Vehicle Year 열 조사하기

```
with ProgressBar():
    print(fy14['Vehicle Year'].unique().head(10))

# Produces the following output:

0    2013
1    2012
2       0
3    2010
4    2011
5    2001
6    2005
7    1998
8    1995
9    2003
Name: Vehicle Year, dtype: object
```

[코드 4-8]에서는 간단히 Vehicle Year 열에 포함된 고윳값 10개를 확인한다. 이들은 uint16 데이터 타입에 잘 맞는 정수들이다. 연도 값은 음수가 될 수 없으므로 uint16이 가장 적합하며 크기는 uint8(최대 크기는 255)에 저장하기에는 너무 크다. 문자나 특수 문자를 본 경우라면 이 열을 더 이상 분석할 필요가 없다. 이미 선택한 문자열 데이터 타입이 해당 열에 가장 적합한 유일한 데이터 타입이기 때문이다.

한 가지 주의할 점은 우리가 정말 고려해야 할 예외 경우가 없다고 판단하기에는 10개 고윳값들의 샘플 크기가 충분하지 않을 수 있다는 점이다. .head() 대신 .compute()를 사용해 모든 고윳값을 가져올 수도 있지만, 만약 특정 열에 고윳값이 너무 많다면(예를 들어 기본 키 또는 고차원 카테고리) 별로 좋은 생각이 아니다. 10~50개 정도의 고윳값의 샘플 크기가 대부분의 경우에는 도움이 되지만 때로는 데이터 타입을 다시 조정해야 하는 예외 경우도 생길 수 있다.

해당 열에 정수 데이터 타입이 적합하다면 한 가지 더 확인해야 한다. 바로 '이 열에 누락된 값이 있는가?'다. 앞에서 배운 것처럼 대스크는 부동 소수점 객체로 간주되는 np.nan을 사용해 결측값을 나타낸다. 불행하게도 np.nan을 정수 uint16 데이터 타입으로 캐스트하거나 강제 변환할 수 없다. 다음 장에서 결측값을 처리하는 방법에 관해 배우겠지만, 결측값이 있는 열을 발견하면 해당 열이 np.nan 객체를 지원할 수 있는 데이터 타입을 사용해야 한다. Vehicle Year 열에 결측값이 포함된 경우라면 uint16으로는 np.nan을 저장할 수 없으므로 원래 적합하다고 생각한 uint16 데이터 타입이 아닌 float32 데이터 타입을 사용해야 한다.

코드 4-9 Vehicle Year 열에서 결측값 확인하기

```
with ProgressBar():
    print(fy14['Vehicle Year'].isnull().values.any().compute())

# Produces the following output:
True
```

[코드 4-9]에서는 isnull 메서드를 사용한다. 이 메서드는 지정된 열의 각 값에 np.nan이 있는지 확인한다. np.nan이 발견되면 True를 반환하고 그렇지 않으면 False를 반환한 다음 모든 행에 대한 점검을 불리언 시리즈boolean series로 집계한다. .values.any()로 체인을 연결하면 하나 이상의 행이 True일 때 불리언 시리즈가 단일 True를, 모든 행이 True가 아닌 경우

False를 반환한다. 이는 [코드 4-9]의 코드가 True를 반환하면 Vehicle Year 열에 하나 이상의 행이 누락되었음을 의미한다. False를 반환하면 Vehicle Year 열의 데이터가 누락된 행이 없음을 나타낸다. 결과적으로 Vehicle Year 열에 누락된 값이 있으므로 uint16 대신 열에 float32 데이터 타입을 사용해야 한다.

이제 나머지 42개 열에 대해서도 같은 과정을 반복해야 한다. 간략하게 하고자 해당 작업을 미리 해두었다. 이 특정 사례에서는 캐글 웹페이지(*https://www.kaggle.com/new-york-city/nyc-parking-tickets/data*)에 게시된 데이터 딕셔너리를 이용해 해당 프로세스를 빠르게 진행할 수 있다.

코드 4-10 NYC 주차권 데이터를 위한 최종 스키마

```
dtypes = {
 'Date First Observed': np.str,
 'Days Parking In Effect    ': np.str,
 'Double Parking Violation': np.str,
 'Feet From Curb': np.float32,
 'From Hours In Effect': np.str,
 'House Number': np.str,
 'Hydrant Violation': np.str,
 'Intersecting Street': np.str,
 'Issue Date': np.str,
 'Issuer Code': np.float32,
 'Issuer Command': np.str,
 'Issuer Precinct': np.float32,
 'Issuer Squad': np.str,
 'Issuing Agency': np.str,
 'Law Section': np.float32,
 'Meter Number': np.str,
 'No Standing or Stopping Violation': np.str,
 'Plate ID': np.str,
 'Plate Type': np.str,
 'Registration State': np.str,
 'Street Code1': np.uint32,
 'Street Code2': np.uint32,
 'Street Code3': np.uint32,
 'Street Name': np.str,
 'Sub Division': np.str,
 'Summons Number': np.uint32,
 'Time First Observed': np.str,
```

```
    'To Hours In Effect': np.str,
    'Unregistered Vehicle?': np.str,
    'Vehicle Body Type': np.str,
    'Vehicle Color': np.str,
    'Vehicle Expiration Date': np.str,
    'Vehicle Make': np.str,
    'Vehicle Year': np.float32,
    'Violation Code': np.uint16,
    'Violation County': np.str,
    'Violation Description': np.str,
    'Violation In Front Of Or Opposite': np.str,
    'Violation Legal Code': np.str,
    'Violation Location': np.str,
    'Violation Post Code': np.str,
    'Violation Precinct': np.float32,
    'Violation Time': np.str
}
```

[코드 4-10]에는 NYC 주차 티켓 데이터의 최종 스키마가 포함되어 있다. 이를 사용해 4개의 데이터 프레임을 모두 다시 불러온 다음 4년 간의 모든 데이터를 최종 데이터 프레임에 통합한다.

코드 4-11 네 개의 모든 데이터 프레임에 스키마 적용하기

```
data = dd.read_csv('nyc-parking-tickets/*.csv', dtype=dtypes, usecols=common_columns)
```

[코드 4-11]에서 데이터를 다시 로드하고 작성한 스키마를 적용한다. 4개의 파일들을 4개의 개별적인 데이터 프레임으로 불러오는 대신 *nyc-parking-tickets* 폴더에 포함된 모든 CSV 파일을 * 와일드카드 문자를 사용해 단일 데이터 프레임으로 불러온다. 대스크는 특히 분산 파일 시스템에서 큰 데이터셋을 여러 파일로 분할하는 게 일반적이므로 편의상 이러한 기능을 제공한다. 이전과 마찬가지로 최종 스키마를 `dtype` 인수로 전달하고 이제 `usecols` 인수로 우리가 사용할 열 리스트를 전달한다. `usecols`는 공통적인 열 이름 리스트를 가져오고 결과 데이터 프레임에서 해당 리스트에 지정되지 않은 열들을 삭제한다. 4년 동안 사용 가능한 데이터만 분석하므로 이 기간 동안 공통적으로 사용되지 않은 열들은 단순히 무시하도록 선택한다.

`usecols`는 대스크 API 설명서에는 등장하지 않는 흥미로운 인수이다. 사실 이 인수는 팬더스에서 나왔다. 대스크 데이터 프레임의 각 파티션은 팬더스 데이터 프레임이므로 `*args`나

**kwargs 인터페이스를 통해 팬더스 인수를 전달할 수 있으며 이러한 기본 인수들을 통해 각 파티션을 구성하는 기본 팬더스 데이터 프레임을 제어한다. 이 인터페이스는 또한 데이터에 헤더가 있는지, 어떤 열 구분 문자를 사용해야 하는지 등을 제어할 수 있게 한다. read_csv 함수와 해당 인수에 대한 팬더스 API 문서는 다음 웹페이지(*https://pandas.pydata.org/pandas-docs/stable/reference/api/pandas.read_csv.html*)에서 찾을 수 있다.

데이터를 읽어왔으니 이제 해당 데이터 프레임을 정리하고 분석할 준비가 되었다. 행의 개수를 세어보니 4,300만 건 이상의 주차 위반이 발생했다! 다만 본격적으로 시작하기 전에 몇 가지 다른 스토리지 시스템과 인터페이싱하고 데이터를 작성하는 방법을 살펴보겠다. 관계형 데이터베이스 시스템에서 데이터를 읽는 방법부터 살펴보자.

4.2 관계형 데이터베이스에서 데이터 읽어오기

관계형 데이터베이스 시스템(RDBMS)에서 대스크로 데이터를 읽어오는 일은 매우 간단하다. 실제로 RDBMS와의 인터페이스에서 가장 지루한 부분은 대스크 환경을 설정하고 구성하는 작업이다. 프로덕션 환경에 사용되는 RDBMS가 다양한 만큼 이 책에서 각 RDBMS의 세부 사항을 다룰 수는 없다. 다만 작업 중인 특정 RDBMS에 관해서는 꽤 많은 양의 문서와 지원이 온라인으로 제공된다. 꼭 알아야 할 부분은 다중 노드 클러스터에서 대스크를 사용할 때 클라이언트 시스템이 데이터베이스에 액세스해야 하는 유일한 시스템이 아니라는 점이다. 각 작업자 노드가 데이터베이스 서버에 액세스할 수 있어야 하므로 올바른 소프트웨어를 설치하고 클러스터의 각 노드가 이를 수행할 수 있도록 구성해야 한다.

대스크는 RDBMS와 인터페이스하기 위해 SQLAlchemy 라이브러리를 사용한다. 따라서 pyodbc 라이브러리를 사용해 ODBC 드라이버를 관리하는 쪽을 추천한다. 즉, 대스크가 올바르게 작동하려면 클러스터의 각 시스템에서 특정 RDBMS에 대한 SQLAlchemy, pyodbc 그리고 ODBC 드라이버를 설치하고 구성해야 한다. SQLAlchemy 라이브러리의 자세한 내용은 웹페이지(*https://www.sqlalchemy.org/library.html*)을 참조하자. pyodbc 라이브러리에 관해서도 웹페이지(*https://github.com/mkleehammer/pyodbc/wiki*)에서 자세히 확인할 수 있다.

코드 4-12 대스크 데이터 프레임으로 SQL 테이블 읽어오기

```
username = 'jesse'
password = 'DataScienceRulez'
hostname = 'localhost'
database_name = 'DSAS'
odbc_driver = 'ODBC+Driver+13+for+SQL+Server'

connection_string = 'mssql+pyodbc://{0}:{1}@{2}/{3}?driver={4}'.format(username,
    password, hostname, database_name, odbc_driver)

data = dd.read_sql_table('violations', connection_string, index_col='Summons Number')
```

[코드 4-12]에서는 먼저 연결을 위한 문자열을 작성하고 데이터베이스 서버에 대한 연결을 설정했다. 이 특정 예에서는 맥의 공식 SQL 서버 도커 컨테이너에서 리눅스의 SQL 서버를 사용한다. 연결 문자열은 실행 중인 데이터베이스 서버 및 운영체제에 따라 달라질 수 있다. 마지막 행은 `read_sql_table` 함수를 사용해 데이터베이스에 연결하고 데이터 프레임을 작성하는 방법을 보여준다. 첫 번째 인수는 쿼리하려는 데이터베이스 테이블의 이름이고 두 번째 인수는 연결 문자열이며 세 번째는 데이터 프레임의 인덱스로 사용할 열이다. 해당 함수가 작동하려면 이들 세 가지 인수가 필요하다. 이때 몇 가지 중요한 가정을 알고 있어야 한다.

먼저 데이터 타입과 관련해 데이터베이스에 이미 정의된 스키마가 있으므로 대스크가 데이터베이스 서버에서 직접 데이터 타입 정보를 가져오리라 생각할 수 있다. 하지만 대스크는 구분 문자를 사용하는 텍스트 파일을 읽을 때와 마찬가지로 데이터를 샘플링하고 데이터 타입을 유추한다. 다만 대스크는 데이터 집합에서 데이터를 무작위로 샘플링하는 대신 테이블에서 처음 5개의 행을 순차적으로 읽는다. 데이터베이스에는 실제로 잘 정의된 스키마가 있으므로 텍스트 파일에 비해 RDBMS에서 데이터를 읽을 때 대스크의 타입 추론이 훨씬 더 안정적이다.

그러나 여전히 완벽하지 않다. 데이터 정렬 방식으로 인해 대스크가 잘못된 데이터 타입을 선택하는 예외 케이스가 발생할 수 있다. 예를 들어 문자열 열이지만 문자열에 숫자만 포함된 일부 행('1456', '2986' 등)이 있을 수 있다. 이렇게 숫자와 유사한 문자열만 표시되도록 데이터가 정렬된 경우 대스크는 데이터 타입을 추론할 때 열이 문자열 데이터 타입이 아닌 정수 데이터 타입이어야 한다고 잘못 가정할 수 있다. 이럴 때는 앞에서 배운 대로 수동 스키마 조정을 수행해야 할 수도 있다.

두 번째 가정은 데이터를 분할하는 방법이다. (현재 'Summons Number'로 설정된) index_col이 숫자나 날짜/시간 데이터 타입일 경우 대스크는 경계를 유추해 (read_csv의 64MB 블록 크기보다 큰) 256MB 블록 크기를 기준으로 데이터를 분할한다. 그러나 index_col이 숫자 또는 날짜/시간 데이터 타입이 아닐 경우에는 데이터를 분할할 파티션 수 또는 경계를 정해줘야 한다.

코드 4-13 숫자나 날짜/시간 인덱스가 아닐 경우 균등 분할하기

```
data = dd.read_sql_table('violations', connection_string, index_col='Vehicle Color',
     npartitions=200)
```

[코드 4-13]에서는 문자열 열인 Vehicle Color 열을 기준으로 데이터 프레임을 인덱싱하기로 선택했다. 따라서 데이터 프레임을 분할하는 방법을 지정해야 한다. 여기서 npartitions 인수를 사용해 대스크에 데이터 프레임을 200개의 균일한 크기로 분할하도록 지시한다. 또는 파티션의 경계를 수동으로 지정할 수 있다.

코드 4-14 숫자나 날짜/시간 인덱스가 아닌 경우 사용자 정의 파티셔닝 방법

```
partition_boundaries = sorted(['Red', 'Blue', 'White', 'Black', 'Silver', 'Yellow'])

data = dd.read_sql_table('violations', connection_string, index_col='Vehicle Color',
divisions=partition_boundaries)
```

[코드 4-14]는 파티션의 경계를 수동으로 정의하는 방법을 보여준다. 이때 알아야 할 중요한 사항은 대스크가 이러한 경계를 알파벳순 반닫힌구간half-closed interval으로 사용한다는 것이다. 이는 경계에 의해 정의된 색상만을 포함하는 파티션은 없다는 의미다. 예를 들어 녹색(green)은 알파벳순으로 파란색(blue)과 빨간색(red) 사이이므로 녹색 자동차는 빨간색 파티션에 속한다. '빨간색 파티션'은 실제 알파벳순으로 파란색보다 크고 빨간색보다 작거나 같은 모든 색상을 포함한다. 처음에는 직관적이지 않으므로 익숙해지는 데 시간이 걸릴 것이다.

세 번째 가정은 대스크가 최소한의 필수 인수만을 전달할 때 테이블에서 모든 열을 선택한다는 것이다. read_csv의 usecols 인수와 유사하게 columns 인수를 사용해 다시 가져오는 열을 제한할 수 있다. 인수에서 SQLAlchemy 표현식을 사용할 수는 있지만 연산을 병렬화한다는 대스크의 장점을 잃어버리므로 데이터베이스 서버로 계산을 오프로딩하지 않는 것이 좋다.

코드 4-15 열의 서브셋 선택하기

```
# Equivalent to:
# SELECT [Summons Number], [Plate ID], [Vehicle Color] FROM dbo.violations
column_filter = ['Summons Number', 'Plate ID', 'Vehicle Color']
data = dd.read_sql_table('violations', connection_string, index_col='Summons Number',
     columns=column_filter)
```

[코드 4-15]는 연결 쿼리에 열 필터를 추가하는 방법을 보여준다. 이미 테이블에 존재하는 열 이름들의 리스트를 만들어두었다. 이것을 `columns` 인수로 전달한다. 테이블 대신 뷰를 쿼리하는 경우에도 열 필터를 사용할 수 있다.

최소한의 인수를 사용할 경우 네 번째이자 마지막 가정은 스키마 선택에 관한 것이다. 여기서 '스키마'란 데이터 프레임에서 사용하는 데이터 타입을 가리키지 않는다. RDBMS가 테이블들을 논리적 클러스터(예를 들면 데이터 웨어 하우스에서 `dim/fact` 혹은 트랜잭션 데이터베이스에서 `sales`, `hr` 등)로 그룹화할 때 사용하는 데이터베이스 스키마 객체를 의미한다. 만약 스키마를 제공하지 않으면 데이터베이스 드라이버가 플랫폼의 기본값을 사용한다. SQL Server의 경우 대스크는 `dbo` 스키마에서 `violations` 테이블을 찾는다. 테이블을 다른 스키마 (아마도 `chapterFour`)에 넣을 경우 '테이블을 찾을 수 없음' 오류가 발생한다.

코드 4-16 데이터베이스 스키마 지정하기

```
# Equivalent to:
# SELECT * FROM chapterFour.violations
data = dd.read_sql_table('violations', connection_string, index_col='Summons Number',
     schema='chapterFour')
```

[코드 4-16]은 대스크에서 특정 스키마를 선택하는 방법을 보여준다. `schema` 인수에 스키마 이름을 입력하면 대스크는 기본값 대신 지정한 데이터베이스 스키마를 사용한다.

`read_csv` 함수와 마찬가지로, 대스크를 사용하면 파티션 수준에서 팬더스 데이터 프레임을 만들기 위해 사용하는 팬더스의 `read_sql` 함수 호출에 기본 인수들을 전달할 수 있다. 지금까지 가장 중요한 기능들은 대부분 다루었지만 추가적인 사용자 지정이 필요할 경우 팬더스 `read_sql` 함수에 대한 API 문서를 살펴보길 바란다. 대스크 데이터 프레임에서 제공하는 `*args` 및 `**kwargs` 인터페이스를 사용해 모든 인수들을 조작할 수 있다. 이제 대스크가 분산 파일 시스템을 처리하는 방법을 살펴보자.

4.3 HDFS와 S3에서 데이터 읽어오기

실제 업무에서 접하는 대부분의 데이터셋은 관계형 데이터베이스에 저장될 가능성이 높다. 하지만 한편으로는 강력한 대안들 또한 빠르게 인기를 얻고 있다. 가장 주목할만한 대안은 2006년 이후 개발된 분산 파일 시스템 기술이다. 아파치 하둡이나 아마존의 S3Simple Storage System와 같은 기술로 구동되는 분산 파일 시스템은 분산 컴퓨팅이 데이터 처리에 가져다주는 처리량, 확장성, 그리고 강인성이라는 이점들을 그대로 파일 스토리지에 제공한다. 분산 파일 시스템 기술과 분산 컴퓨팅 프레임워크를 함께 사용하는 것은 조화로운 조합이다. HDFSHadoop distributed file system와 같은 최첨단 분산 파일 시스템에서 노드는 데이터의 위치를 인식해 컴퓨팅 리소스로 데이터를 전송하는 것이 아니라 데이터가 있는 곳으로 연산 정보를 전달한다. 이를 통해 네트워크를 통한 전송량과 시간을 줄일 수 있다.

[그림 4-7]은 데이터를 따로 유지하는 것이 단일 노드의 성능에 영향을 미치는 이유를 보여준다.

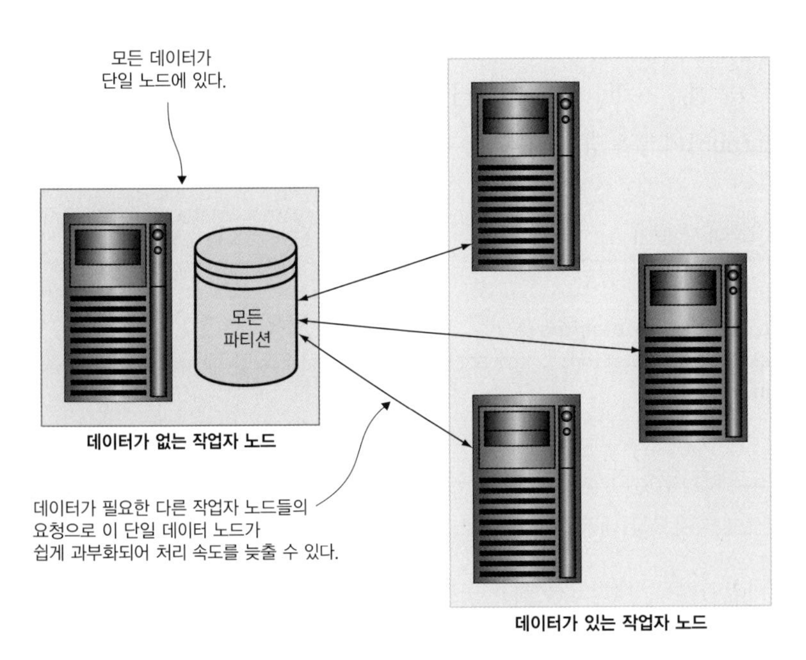

그림 4-7 분산 파일 시스템 없이 분산 컴퓨팅을 실행할 경우

데이터를 청크해 클러스터의 다른 노드로 해당 데이터를 전달해야 할 경우 심각한 병목 현상이 발생할 수 있다. 이러한 구성에서는 대스크가 데이터를 읽을 때 평소처럼 데이터 프레임을 분

할할 것이고 따라서 다른 작업자 노드들은 분할한 데이터가 모두 전송될 때까지 작업을 수행할 수 없다. 이 64MB 청크를 네트워크를 통해 전송하려면 일정 시간이 걸리므로 데이터가 있는 노드와 다른 작업자들 간에 데이터를 주고받기 위해 걸리는 시간에 따라 총 계산 시간이 늘어난다. 클러스터의 크기가 크게 늘어날수록 문제는 더욱 심각해진다. 수백 개 이상의 작업자 노드가 데이터 청크를 얻기 위해 한꺼번에 경쟁할 경우 데이터 노드의 네트워킹 스택이 많은 리퀘스트들로 인해 쉽게 포화되어 크롤링 속도가 느려질 수밖에 없다.

이러한 문제는 모두 분산 파일 시스템을 사용해 해결할 수 있다. 다음 [그림 4-8]은 작업자 노드에 데이터를 분산해 프로세스를 보다 효율적으로 만드는 방법을 보여준다.

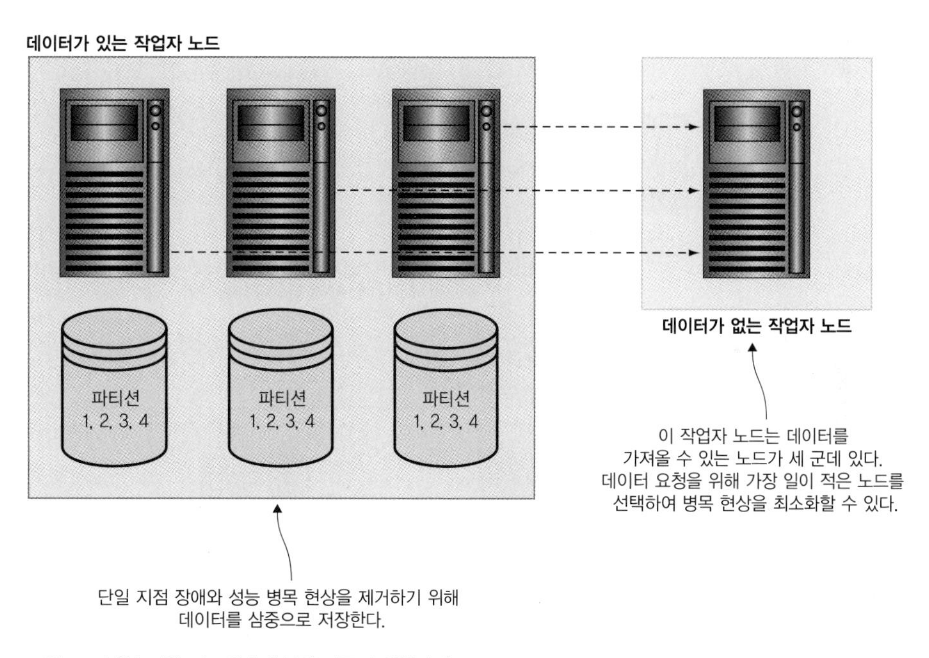
데이터가 있는 작업자 노드
파티션
1, 2, 3, 4
파티션
1, 2, 3, 4
파티션
1, 2, 3, 4
데이터가 없는 작업자 노드
이 작업자 노드는 데이터를
가져올 수 있는 노드가 세 군데 있다.
데이터 요청을 위해 가장 일이 적은 노드를
선택하여 병목 현상을 최소화할 수 있다.
단일 지점 장애와 성능 병목 현상을 제거하기 위해
데이터를 삼중으로 저장한다.

그림 4-8 분산 파일 시스템에서 분산 컴퓨팅 실행하기

분산 파일 시스템은 하나의 노드에서만 데이터를 보유해 병목 현상을 발생시키는 대신 데이터를 미리 정리해 여러 시스템에 분산시킨다. 대부분의 분산 파일 시스템에서는 안정성과 성능을 위해 청크/파티션의 중복 사본을 저장한다. 안정성 측면에서 (가장 일반적인 기본 구성인) 각 파티션을 3중으로 저장한다는 것은 데이터 손실이 발생하려면 적어도 두 개의 개별 시스템이 동시에 고장나야 한다는 뜻이다. 짧은 시간 내에 두 대의 기계가 고장 날 확률은 한 대의 기계

가 고장 날 가능성보다 훨씬 낮으므로 스토리지를 추가하는 데 필요한 최소 비용으로 추가적인 안전층을 확보할 수 있다.

성능 측면에서는 클러스터 전체에 데이터를 분산시키면 요청 시 데이터를 포함하는 노드를 사용해 계산을 실행할 수 있다. 또는 해당 파티션을 보유한 모든 작업자 노드가 이미 사용 중일 경우 이들 중 하나가 다른 작업자 노드로 데이터를 전송할 수 있다. 이때 데이터를 분산하면 단일 노드가 데이터 요청에 의해 포화되는 사태를 방지할 수 있다. 만일 한 노드가 많은 데이터를 처리하는 중이라면 요청 중 일부를 요청된 데이터를 보유중인 다른 노드로 오프로드 할 수 있다. [그림 4-9]는 데이터 로컬 분산 파일 시스템이 더 유리한 이유를 보여준다.

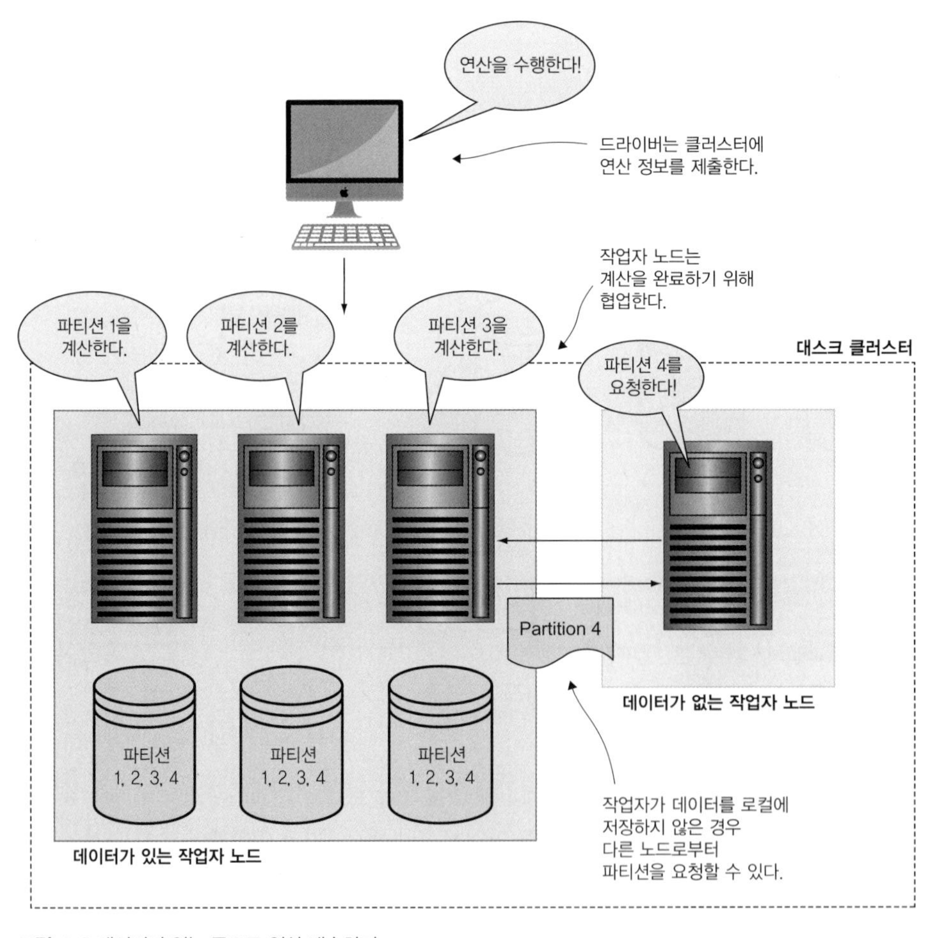

그림 4-9 데이터가 있는 곳으로 연산 배송하기

분산 파일 시스템이 해당 시스템에 보유 중인 데이터의 목록들을 관리하므로 분산 컴퓨팅의 편성을 제어하는 (**드라이버**라는) 노드는 처리하려는 데이터가 어떤 위치에서 사용 가능한지 알고 있다. 먼저 데이터가 있는 로컬 머신을 사용할 수 있는지 알아본다. 노드 중 하나가 사용 가능할 경우 드라이버는 작업자 노드에게 연산을 수행하도록 지시한다. 모든 노드가 사용 중이라면 드라이버는 작업자 노드 중 하나를 사용할 수 있을 때까지 기다리거나 다른 사용 가능한 작업자 노드에게 데이터를 원격으로 가져와 계산을 수행하도록 지시할 수 있다.

HDFS와 S3는 가장 널리 쓰이는 분산 파일 시스템이지만 두 가지 주요 차이점이 있다. HDFS는 데이터를 제공하는 동일한 노드에서 연산할 수 있도록 설계된 반면 S3는 그렇지 않다. 아마존은 파일 저장과 검색 전용의 웹 서비스로 S3를 설계했다. S3 서버에서 애플리케이션 코드를 실행할 방법은 없다. 즉, S3에 저장된 데이터로 작업할 때는 항상 S3에서 대스크 작업자 노드로 해당 파티션을 전송해야 한다. 이제 대스크를 사용해 이러한 시스템에서 데이터를 읽어오는 방법에 대해 알아보자.

코드 4-17 HDFS에서 데이터 읽어오기

```
data = dd.read_csv('hdfs://localhost/nyc-parking-tickets/*.csv', dtype=dtypes,
     usecols=common_columns)
```

[코드 4-17]에 나오는 `read_csv` 함수 호출이 이제는 제법 익숙할 것이다. 실제로 유일하게 다른 부분은 파일 경로이다. `hdfs://`라는 접두사를 파일 경로에 붙이면 대스크가 로컬 파일 시스템 대신 HDFS 클러스터에서 파일을 찾도록 지시한다. 그리고 `localhost`는 대스크가 파일의 위치 정보를 얻기 위해 로컬 HDFS 네임 노드를 쿼리해야 한다는 것을 나타낸다.

앞에서 배운 `read_csv`의 모든 인수는 여전히 사용할 수 있다. 이런 식으로 대스크는 HDFS 작업을 매우 편리하게 만들어준다. 유일한 추가 작업은 각 대스크 작업자에 `hdfs3` 라이브러리를 설치하는 것뿐이다. 이 라이브러리를 통해 대스크는 HDFS와 통신할 수 있다. 따라서 패키지를 설치하지 않으면 이 기능은 사용할 수 없다. pip 또는 conda로 패키지를 설치하면 된다(hdfs3는 conda-forge 채널에 있다).

코드 4-18 S3에서 데이터 읽어오기

```
data = dd.read_csv('s3://my-bucket/nyc-parking-tickets/*.csv', dtype=dtypes,
    usecols=common_columns)
```

[코드 4-18]에서 `read_csv` 호출은 [코드 4-17]의 경우와 거의 같다. 다만 이번에는 파일 경로 앞에 `s3://`를 붙여서 데이터가 S3 파일 시스템에 있다는 것을 대스크에게 알려준다. 또한 `my-bucket`은 대스크에게 'my-bucket'라는 이름의 AWS 계정과 연결된 S3 버킷에서 파일을 찾도록 알려준다.

S3 기능을 사용하려면 각 대스크 작업자에 `s3fs` 라이브러리가 설치되어 있어야 한다. `hdfs3`와 마찬가지로 이 라이브러리 또한 pip 또는 conda를 통해 간단히 설치할 수 있다. 유일한 요구사항은 각 대스크 작업자의 S3 인증이 올바르게 구성되어 있어야 한다는 점이다. `s3fs`는 `boto` 라이브러리를 사용해 S3와 통신한다. boto 구성에 관한 자세한 내용은 다음 웹페이지(*http://boto.cloudhackers.com/en/latest/getting_started.html*)에서 확인할 수 있다.

일반적으로는 AWS 액세스 키AWS access key와 AWS 시크릿 액세스 키AWS secret access key를 사용해 S3 인증이 구성된다. 코드에 이러한 키를 직접 넣기보다는 환경 변수 또는 구성 파일을 사용해 값을 설정하는 편이 좋다. boto가 환경 변수와 기본 구성 경로를 모두 자동으로 확인하므로 대스크로 인증서를 직접 전달할 필요가 없다. 만약 그렇지 않으면 HDFS를 사용할 때와 마찬가지로 `read_csv`를 호출하면 로컬 파일 시스템에서 작업하는 것과 동일한 작업을 모두 수행할 수 있다. 실제로 대스크에서는 분산 파일 시스템으로 작업하기가 너무 편하다!

몇 가지 스토리지 시스템을 사용하는 경험을 해봤으니 이제는 빠른 연산에 아주 유용한 특수한 파일 형식에 대해 이야기하면서 이 장의 '데이터 읽어오기' 부분을 마무리하고자 한다.

4.4 파케이 형식으로 데이터 읽어오기

CSV나 기타 텍스트 파일들은 간편함과 이동성에서 장점이 있지만 정렬, 병합, 집계와 같은 복잡한 데이터 작업을 수행할 때 최고의 성능을 발휘하도록 최적화되지는 않았다. 이에 다양한 파일 형식들은 여러 가지 방식과 혼합된 결과로 효율성을 높이려 시도하고 있다. 최근 가장 주목할만한 파일 형식 중 하나는 아파치 파케이다. 파케이는 트위터와 클라우데라Cloudera가 공동으로 개발한 고성능 칼럼 스토리지 형식으로, 분산 파일 시스템을 고려하여 설계되었다. 이 디자인은 텍스트 기반 형식에 비해 테이블에 더 효율적인 IO 사용, 더 나은 압축, 엄격한 타이핑과 같은 몇 가지 중요한 장점들을 제공한다. [그림 4-10]은 파케이 형식의 저장 방식과 CSV와 같은 행 중심의 저장 방식의 차이를 보여준다.

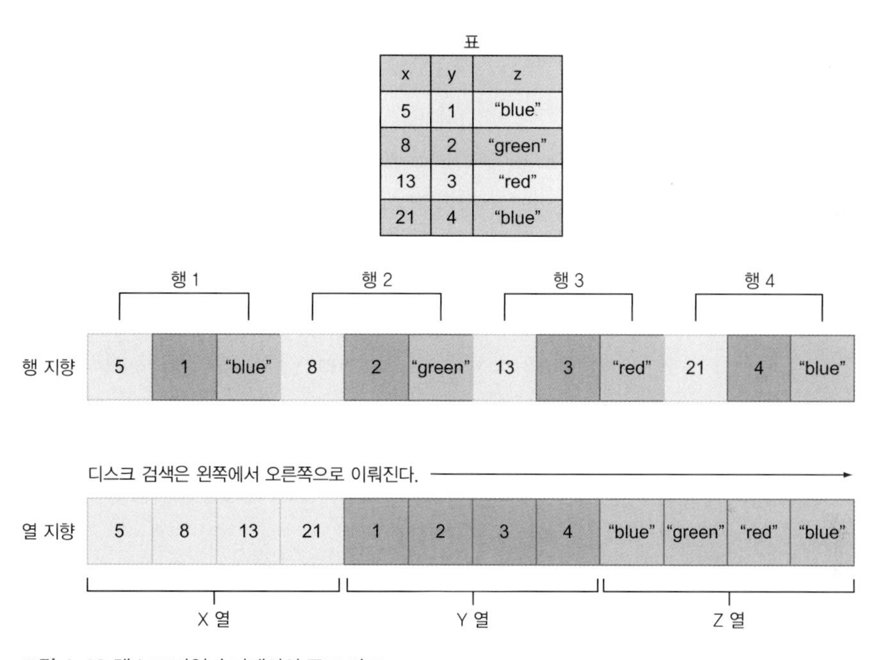

그림 4-10 텍스트 파일과 파케이의 구조 비교

행 지향 형식을 사용하면 디스크와 메모리에 데이터 값을 행 위치 기준으로 순차 저장한다. 평균을 구할 때처럼 x에 대한 집계 함수를 수행하려면 어떻게 되는지 생각해보자.

먼저 x의 모든 값을 수집하려면, 우리가 원하는 4개의 값을 얻기 위해 10개가 넘는 값들을 스캔해야 한다. 즉, 디스크에서 읽은 값의 절반 이상을 버리기 위해 IO 완료를 기다리는 데 더 많은 시간을 보내게 된다. 이것을 열 지향 형식과 비교해보자. 이 형식에서는 x 값의 순차적 청크를 간단히 잡아서 원하는 4개의 값을 모두 얻는다. 이러한 탐색 작업은 훨씬 빠르고 효율적이다. 열 지향 방식의 또 다른 중요한 이점은 데이터를 열별로 분할하고 분산할 수 있다는 것이다. 전체 행이 아닌 작업에 필요한 열만 네트워크를 통해 전송할 수 있으므로 훨씬 빠르고 효율적인 셔플 작업으로 이어진다.

마지막으로 효율적인 압축 역시 파케이의 중요한 장점이다. 열 중심의 데이터를 사용하면 열마다 개별적으로 다른 압축 방식을 적용할 수 있으므로 가장 효과적인 방식으로 데이터를 압축한다. 파이썬의 파케이 라이브러리는 gzip, lzo, snappy와 같이 많이 사용되는 압축 알고리즘을 지원한다.

대스크와 함께 파케이를 사용하려면 `fastparquet`이나 `pyarrow` 라이브러리가 설치되어 있는지 확인해야 한다. pip 또는 conda(conda-forge)를 통해 이 패키지들을 설치할 수 있다. 보통 `fastparquet`보다 `pyarrow`의 사용을 추천한다. 복잡한 중첩 데이터 구조를 직렬화하는 기능을 지원하기 때문이다. pip이나 conda(conda-forge)를 통해서 `python-snappy` 또는 `python-lzo`와 같이 원하는 압축 라이브러리를 설치할 수도 있다.

이제 파케이 형식으로 NYC 주차 티켓 데이터셋을 한 번 더 읽어보자. 참고로, 우리는 이 책을 통해 파케이 형식을 광범위하게 사용할 것이며 다음 장에서는 NYC 주차 티켓 데이터셋 중 일부를 파케이 형식으로 작성해볼 예정이다. 따라서 `read_parquet` 메서드를 앞으로 여러 번 더 살펴볼 것이다! 여기서는 이 함수의 간단한 사용 방법을 알아보자. 여기 `read_parquet` 메서드를 사용하는 방법이 있다.

코드 4-19 파케이 데이터 읽어오기

```
data = dd.read_parquet('nyc-parking-tickets-prq')
```

[코드 4-19]는 정말 간단하다! `read_parquet` 메서드는 하나 이상의 파케이 파일로부터 대스크 데이터 프레임을 생성하기 위해 사용되며 유일하게 필수적인 인수는 파일 경로다. 이 호출에서 `nyc-parking-tickets-prq`는 이상해보일 수 있다. 이것은 단일 파일이 아닌 디렉터리를 나타낸다. 파케이로 저장된 데이터셋은 보통 사전에 미리 분할한 디스크에 기록되며 결과적으로 수백 또는 수천 개의 개별 파일이 될 수 있기 때문이다. 대스크는 편의를 위해 이 메서드를 제공하므로 긴 파일 목록을 전달하고자 수동으로 이것을 만들 필요가 없다. 물론 원한다면 단일 파케이 파일을 지정할 수도 있지만 보통은 개별 파일이 아닌 여러 파일의 디렉터리로 파케이 데이터셋을 참조하는 것이 훨씬 일반적이다.

코드 4-20 분산 파일 시스템에서 파케이 파일 읽어오기

```
data = dd.read_parquet('hdfs://localhost/nyc-parking-tickets-prq')
# OR
data = dd.read_parquet('s3://my-bucket/nyc-parking-tickets-prq')
```

[코드 4-20]은 분산 파일 시스템으로부터 파케이를 읽어오는 방법을 보여준다. 텍스트 형식의 파일과 마찬가지로, 유일한 차이점은 `hdfs` 또는 `s3`과 같은 분산 파일 시스템 프로토콜을 지정하고 데이터의 관련 경로를 지정하는 것뿐이다.

파케이는 사전 정의된 스키마와 함께 저장되므로 데이터 타입이 엉망이 될 가능성은 없다. 대스크에서 파케이 데이터 가져오기를 제어할 수 있는 유일한 옵션은 열 필터와 인덱스 선택이다. 이들은 다른 파일 형식과 동일한 방식으로 동작한다. 기본적으로 데이터와 함께 저장된 스키마로부터 추정되지만 관련 인수에 값을 수동으로 설정해 해당 선택을 오버라이드 할 수 있다.

코드 4-21 파케이 읽기 옵션 설정하기

```
columms = ['Summons Number', 'Plate ID', 'Vehicle Color']
data = dd.read_parquet('nyc-parking-tickets-prq', columns=columns, index='Plate ID')
```

[코드 4-21]에서 데이터셋에서 읽고자 하는 열을 몇 개 선택해 `columns`라는 리스트에 입력한다. 그런 다음 이 리스트를 `columns` 인수에 전달하고 인덱스로 사용할 번호판 ID를 `index` 인수에 전달해 지정한다. 결과적으로 여기서 지정한 3개의 열을 포함하고 번호판 ID 열에 의해 정렬, 인덱싱된 대스크 데이터 프레임이 만들어진다.

다양한 시스템과 형식에서 대스크로 데이터를 가져오는 여러 가지 방법들을 살펴보았다. 실제로 데이터 프레임 API는 구조화된 데이터를 아주 간단한 방법으로 불러올 수 있는 유연성을 제공한다. 다음 장에서는 기본적인 데이터 변환과 함께 여러 다른 방식으로 데이터를 쓰는 방법을 다루어보겠다.

4.5 마치며

- `columns` 속성을 사용해 데이터 프레임의 열을 검사할 수 있다.
- 대규모 데이터셋에 대해 대스크의 데이터 타입 추정을 의존해서는 안 된다. 대신 일반적인 넘파이 데이터 타입을 기반으로 자신만의 스키마를 정의해야 한다.
- 파케이 파일 형식은 열 중심 형식이며 압축률이 높으므로 성능이 좋다. 가능하면 데이터셋을 파케이 형식으로 불러오자.

CHAPTER 5

데이터 프레임의 정리와 변환

이 장의 핵심 내용

- 데이터 선택 및 필터링하기
- 열 생성 및 삭제하기
- 결측값이 있는 열 검색 및 수정하기
- 데이터 프레임의 인덱싱과 정렬하기
- join과 union을 사용해 데이터 프레임 결합하기
- 텍스트 형식과 파케이 형식으로 데이터 프레임 작성하기

4장에서는 NYC 주차 티켓 데이터셋에 대한 스키마를 작성하고 대스크에 데이터를 성공적으로 불러왔다. 이제 데이터를 정리한 후에 분석하고 시각화할 수 있는 준비가 끝났다. 다음 [그림 5-1]은 데이터 과학 워크플로에서 지금까지 수행한 작업과 다음으로 수행할 작업들을 알기 쉽게 보여준다.

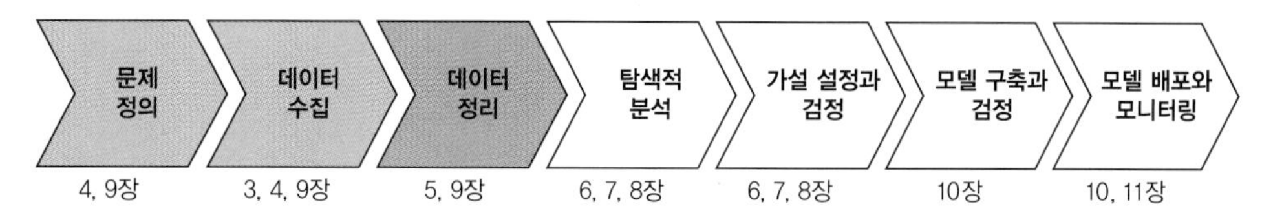

그림 5-1 이 책의 워크플로

데이터에 비정상적인 값이나 특잇값outlier이 존재할 경우 통계 분석에 부정적인 영향을 미치므로 데이터 정리는 모든 데이터 과학 프로젝트에서 중요한 부분이다. 이로 인해 데이터에 대한

잘못된 결론을 얻을 수도 있고 머신러닝 모델 생성에 계속해서 실패할 수도 있다. 따라서 탐색적 분석으로 넘어가기 전에 데이터를 최대한 정리하는 것이 중요하다.

분석을 위해 데이터를 정리하고 준비하는 과정에서 대스크가 데이터 프레임을 조작하는 수많은 방법을 배운다. 대스크 데이터 프레임 API에서 여러 메서드가 구문상 유사하다는 사실로 미루어볼 때, 대스크 데이터 프레임이 팬더스 데이터 프레임으로 구성된다는 점은 이번 5장에서 더욱 분명해질 것이다. 일부 작업은 정확히 똑같아 보이지만 대스크의 분산된 특성으로 인해 일부 동작은 달라진다. 이들이 어떻게 다르며, 이러한 차이를 다루는 방법은 무엇이 있는지도 살펴보겠다.

진행하기 전에 데이터를 대스크로 가져오기 위해 지금까지 실행했던 코드들을 다시 살펴보자. 5장 내용을 따라 계속해서 작업한다면 이 코드들을 실행해야 한다.

코드 5-1 NYC 주차권 데이터 가져오기

```
import dask.dataframe as dd
from dask.diagnostics import ProgressBar
import numpy as np

dtypes = {
 'Date First Observed': np.str,
 'Days Parking In Effect    ': np.str,
 'Double Parking Violation': np.str,
 'Feet From Curb': np.float32,
 'From Hours In Effect': np.str,
 'House Number': np.str,
 'Hydrant Violation': np.str,
 'Intersecting Street': np.str,
 'Issue Date': np.str,
 'Issuer Code': np.float32,
 'Issuer Command': np.str,
 'Issuer Precinct': np.float32,
 'Issuer Squad': np.str,
 'Issuing Agency': np.str,
 'Law Section': np.float32,
 'Meter Number': np.str,
 'No Standing or Stopping Violation': np.str,
 'Plate ID': np.str,
 'Plate Type': np.str,
 'Registration State': np.str,
```

```
    'Street Code1': np.uint32,
    'Street Code2': np.uint32,
    'Street Code3': np.uint32,
    'Street Name': np.str,
    'Sub Division': np.str,
    'Summons Number': np.uint32,
    'Time First Observed': np.str,
    'To Hours In Effect': np.str,
    'Unregistered Vehicle?': np.str,
    'Vehicle Body Type': np.str,
    'Vehicle Color': np.str,
    'Vehicle Expiration Date': np.str,
    'Vehicle Make': np.str,
    'Vehicle Year': np.float32,
    'Violation Code': np.uint16,
    'Violation County': np.str,
    'Violation Description': np.str,
    'Violation In Front Of Or Opposite': np.str,
    'Violation Legal Code': np.str,
    'Violation Location': np.str,
    'Violation Post Code': np.str,
    'Violation Precinct': np.float32,
    'Violation Time': np.str
}

nyc_data_raw = dd.read_csv('nyc-parking-tickets/*.csv', dtype=dtypes, usecols=dtypes.
    keys())
```

[코드 5-1]은 이미 매우 익숙할 것이다. 먼저 첫 두 줄에서 5장에 필요한 모듈들을 가져온다. 다음으로 4장에서 만든 스키마 딕셔너리 객체를 불러온다. 마지막으로 네 개의 CSV 파일을 읽고 스키마를 적용해 스키마에서 정의한 열들(`usecols = dtypes.keys()`)을 선택한다. 이를 통해 `nyc_data_raw`라는 데이터 프레임을 만든다. 이제 모든 준비를 마쳤다!

5.1 인덱스 및 축 작업하기

3장에서 대스크 데이터 프레임에는 인덱스와 (행과 열이라는) 두 개의 축, 이렇게 세 가지 구조적 요소가 있다는 점을 배웠다. [그림 5-2]에서는 이전에 배웠던 기억을 되살리기 위해 데이터 프레임 구조에 대한 시각적 가이드를 보여준다.

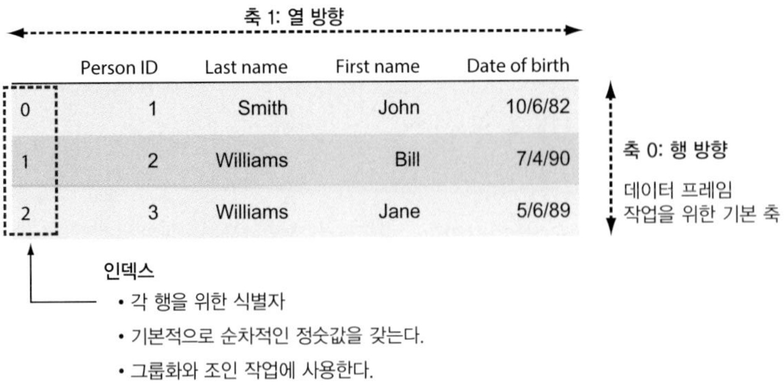

축 1: 열 방향

	Person ID	Last name	First name	Date of birth
0	1	Smith	John	10/6/82
1	2	Williams	Bill	7/4/90
2	3	Williams	Jane	5/6/89

축 0: 행 방향

데이터 프레임
작업을 위한 기본 축

인덱스
- 각 행을 위한 식별자
- 기본적으로 순차적인 정숫값을 갖는다.
- 그룹화와 조인 작업에 사용한다.

그림 5-2 데이터 프레임의 구조

5.1.1 데이터 프레임에서 열 선택하기

지금까지는 각 열에 적합한 데이터 타입을 선택하고 대스크로 데이터를 읽어오는 것 외에 NYC 주차 티켓 데이터셋으로 뭔가를 하지는 않았다. 이제 데이터가 로드되고 데이터를 탐색할 준비가 되었다. 데이터 프레임의 인덱스와 축의 사용법을 익히는 것이 탐색을 수월하게 하는 좋은 방법이다. 열을 선택하고 필터링하는 간단한 작업부터 시작해보자.

코드 5-2 데이터 프레임에서 단일 열 선택하기

```
with ProgressBar():
    display(nyc_data_raw['Plate ID'].head())

# Produces the following output:
# 0    GBB9093
# 1    62416MB
# 2    78755JZ
# 3    63009MA
# 4    91648MC
# Name: Plate ID, dtype: object
```

head 메서드를 이용해 데이터 프레임에서 처음 n개 행을 가져오는 일을 이미 몇 번 해 보았을 것이다. 그 예제들에서는 데이터 프레임의 첫 번째 n개 행 전체를 가져왔다. [코드 5-2]에서는 nyc_data_raw의 오른쪽에 대괄호 쌍([...])을 놓고 이 대괄호 안에 데이터 프레임의 열 이름들 중 하나인 번호판 ID(Plate ID)를 지정했다. 열 선택기에는 문자열이나 문자열 리스트

를 사용할 수 있고 결과적으로 데이터 프레임에서 요청한 열만 반환하는 필터를 적용한다. 이 경우에는 열 하나만을 지정했으므로 그 결과는 데이터 프레임이 아니다. 대신 열 축이 따로 없는 데이터 프레임이라고 할 수 있는 Series 객체를 결과로 반환한다. 데이터 프레임과 마찬가지로 Series 객체는 실제로 데이터 프레임에서 복사된 인덱스를 갖는다. 그러나 열을 선택할 때 두 개 이상의 열을 선택해야 하는 경우가 종종 있다. 다음 [코드 5-3]은 데이터 프레임에서 둘 이상의 열을 선택하는 방법을 보여주며 [그림 5-3]은 그 결과의 출력을 보여 준다.

코드 5-3 내부 리스트를 사용해 데이터 프레임에서 여러 열 선택하기

```
with ProgressBar():
    print(nyc_data_raw[['Plate ID', 'Registration State']].head())
```

	Plate ID	Registration State
0	GBB9093	NY
1	62416MB	NY
2	78755JZ	NY
3	63009MA	NY
4	91648MC	NY

그림 5-3 [코드 5-3]의 출력

여기서는 head 메서드를 사용해 Plate ID 열과 Registration State 열의 처음 다섯 행을 다시 가져오도록 대스크에 요청했다. 열 선택기는 약간 이상하게 보일 수 있다. 대괄호를 두 겹으로 사용한 이유는 내부 문자열 리스트를 생성하기 위해서다. 여러 개의 열을 다시 가져오려면 열 이름 리스트(문자열)를 열 선택기에 전달해야 한다. 외부 대괄호는 열 선택기를 사용한다는 것을 나타내며 내부 대괄호 쌍은 열 이름 목록에 대한 인라인 생성자이다. 열 이름 리스트를 변수로 저장해 전달할 수도 있다. 다음 [코드 5-4]는 열 선택기와 리스트 생성자 사이의 차이를 더 잘 보여준다. [그림 5-4]에 표시된 출력이 [그림 5-3]과 정확히 동일하다는 것을 볼 수 있다.

코드 5-4 변수로 선언한 리스트를 사용해 데이터 프레임에서 여러 열 선택하기

```
columns_to_select = ['Plate ID', 'Registration State']

with ProgressBar():
    display(nyc_data_raw[columns_to_select].head())
```

	Plate ID	Registration State
0	GBB9093	NY
1	62416MB	NY
2	78755JZ	NY
3	63009MA	NY
4	91648MC	NY

그림 5-4 [코드 5-4]의 출력

먼저 열 이름 리스트를 작성해 `columns_to_select`라는 변수에 저장했으므로 미리 선언한 열 이름 리스트를 열 선택기에 전달할 수 있다. 열 선택기에서 유의해야 할 중요한 사항은 참조할 열 이름이 모두 데이터 프레임에 존재해야 한다는 점이다. 이것은 데이터 프레임 생성자에 있던 `dtype`이나 `usecols` 인수를 사용할 때와 다르다. 이러한 인수를 사용할 때는 데이터에 일부 열 이름이 존재하지 않더라도 열 이름 리스트를 인수로 전달할 수 있으며 대스크는 해당 열을 무시하고 넘어간다. 반면 열 선택기에 데이터 프레임에 존재하지 않는 열 이름을 전달하면 대스크는 키 오류를 반환한다.

5.1.2 데이터 프레임에서 열 삭제하기

열의 작은 하위 집합을 선택하는 대신 몇 개 열을 빼고 나머지 열들을 유지하고 싶을 때가 있다. 방금 배운 열 선택 방법을 사용해 이 작업을 수행할 수도 있겠지만 특히 데이터 프레임에서 이러한 열의 개수가 많을 경우 이들을 모두 입력하기란 끔찍한 일이다. 다행히 대스크를 사용하면 데이터 프레임에서 열을 선택적으로 삭제하고 지정한 열을 제외한 모든 열들을 유지할 수 있다. 다음 [코드 5-5]는 `drop` 메서드를 사용해 데이터 프레임에서 Violation Code 열을 제

거하는 방법을 보여준다. 새로운 데이터 프레임의 출력은 [그림 5-5]에서 볼 수 있다.

코드 5-5 데이터 프레임에서 단일 열 삭제하기

```
with ProgressBar():
    display(nyc_data_raw.drop('Violation Code', axis=1).head())
```

	Summons Number	Plate ID	Registration State	Plate Type	Issue Date	Vehicle Body Type	Vehicle Make	Issuing Agency	Street Code1	Street Code2	...	Vehicle Color	Unregistered Vehicle?	Vehicle Year	Meter Number	Feet From Curb	Violation Post Code
0	1283294138	GBB9093	NY	PAS	08/04/2013	SUBN	AUDI	P	37250	13610	...	GY	0	2013.0	-	0.0	NaN
1	1283294151	62416MB	NY	COM	08/04/2013	VAN	FORD	P	37290	40404	...	WH	0	2012.0	-	0.0	NaN
2	1283294163	78755JZ	NY	COM	08/05/2013	P-U	CHEVR	P	37030	31190	...	NaN	0	0.0	-	0.0	NaN
3	1283294175	63009MA	NY	COM	08/05/2013	VAN	FORD	P	37270	11710	...	WH	0	2010.0	-	0.0	NaN
4	1283294187	91648MC	NY	COM	08/08/2013	TRLR	GMC	P	37240	12010	...	BR	0	2012.0	-	0.0	NaN

그림 5-5 [코드 5-5]의 출력

열 선택기와 유사하게 `drop` 메서드는 단일 문자열 또는 삭제하려는 열 이름들이 들어있는 문자열 리스트를 허용한다. 또한 데이터 프레임에서 열을 삭제하려는 경우 축 1(열)에서 삭제 작업을 수행하도록 지정해야 한다.

대스크 작업은 기본적으로 축 0(행)으로 설정되므로 `drop` 작업의 예상 동작은 `axis=1`을 지정하지 않을 경우 인덱스가 'Violation Code'인 행을 찾아서 삭제하려고 할 것이다. 이것은 팬더스의 동작과 정확히 일치한다. 그러나 이 동작은 대스크에서 구현되지 않았다. 대신 `axis=1`을 잊어버릴 경우 '`NotImplementedError: Drop currently only works for axis=1`'라는 오류 메시지가 표시된다.

열 선택기에서 여러 열을 지정하는 것과 마찬가지로 삭제할 열을 여러 개 지정할 수도 있다. 데이터 프레임에 대한 이 작업의 결과는 [그림 5-6]에서 볼 수 있다.

코드 5-6 데이터 프레임에서 여러 열 삭제하기

```
violationColumnNames = list(filter(lambda columnName: 'Violation' in columnName,
    nyc_data_raw.columns))

with ProgressBar():
    display(nyc_data_raw.drop(violationColumnNames, axis=1).head())
```

	Summons Number	Plate ID	Registration State	Plate Type	Issue Date	Vehicle Body Type	Vehicle Make	Issuing Agency	Street Code1	Street Code2	...	Law Section	Sub Division	Days Parking In Effect	From Hours In Effect	To Hours In Effect	Vehicle Color
0	1283294138	GBB9093	NY	PAS	08/04/2013	SUBN	AUDI	P	37250	13610	...	408.0	F1	BBBBBBB	ALL	ALL	GY
1	1283294151	62416MB	NY	COM	08/04/2013	VAN	FORD	P	37290	40404	...	408.0	C	BBBBBBB	ALL	ALL	WH
2	1283294163	78755JZ	NY	COM	08/05/2013	P-U	CHEVR	P	37030	31190	...	408.0	F7	BBBBBBB	ALL	ALL	NaN
3	1283294175	63009MA	NY	COM	08/05/2013	VAN	FORD	P	37270	11710	...	408.0	F1	BBBBBBB	ALL	ALL	WH
4	1283294187	91648MC	NY	COM	08/08/2013	TRLR	GMC	P	37240	12010	...	408.0	E1	BBBBBBB	ALL	ALL	BR

5 rows × 31 columns

그림 5-6 [코드5-6]의 결과

[코드 5-6]에서는 약간 더 고급스러운 방식의 열 리스트 생성 방법을 보여준다. 이름에 'Violation'이라는 단어를 포함한 열들을 삭제하고자 한다. 첫 번째 줄에서 'Violation'이 존재하는지 각 열의 이름을 검사하는 익명 함수를 정의하고 `filter` 함수를 사용해 `nyc_data_raw.columns` 리스트 (`nyc_data_raw` 데이터 프레임의 모든 열 이름들이 포함된 리스트)에 이것을 적용한다. 그런 다음 필터 기준에 맞는 열 이름 리스트를 얻어서 이를 `nyc_data_raw` 데이터 프레임의 `drop` 메서드에 전달했다. 결과적으로 이 작업은 데이터 프레임에서 13개의 열을 삭제한다.

대스크 데이터 프레임에서 열의 부분 집합을 선택하는 두 가지 방법을 살펴보았다. 언제 `drop` 메서드를 사용하고 언제 열 선택기를 사용해야 하는지 궁금할 것이다. 성능 면에서는 서로 동일하므로 실제로 유지하려는 열보다 더 많은 열을 삭제하거나 삭제하려는 열보다 더 많은 열을 유지할지에 대한 문제라고 볼 수 있다. 유지하려는 것보다 많은 열을 삭제할 경우 (예를 들어 2개의 열을 유지하고 42개의 열을 삭제하려는 경우) 열 선택기를 사용하는 것이 더 편리하다. 반대로, 삭제하려는 열보다 많은 열을 유지하려는 경우 (예를 들어 42개의 열을 유지하고 2개의 열을 삭제하려는 경우) `drop` 메서드를 사용하는 것이 더 편리하다.

5.1.3 데이터 프레임에서 열 이름 바꾸기

열 탐색에 대해 마지막으로 다룰 내용은 열 이름을 바꾸는 것이다. 때로는 헤더에 있는 열 이름에 데이터에 대한 충분한 설명이 없고 도움이 되지 않을 경우 이것들을 먼저 정리하고 싶을 수 있다. NYC 주차 티켓 데이터셋에는 운 좋게도 아주 좋은 열 이름들이 주어져 있지만, 만약 그렇지 않을 경우 열 이름을 바꾸는 방법에 대한 예를 살펴보겠다. 다음 예제에서 `rename` 함수를 사용해 Plate ID라는 열의 이름을 License Plate으로 변경하자. 그 결과는 [그림 5-7]에서 볼 수 있다.

코드 5-7 열 이름 바꾸기

```
nyc_data_renamed = nyc_data_raw.rename(columns={'Plate ID':'License Plate'})
nyc_data_renamed
```

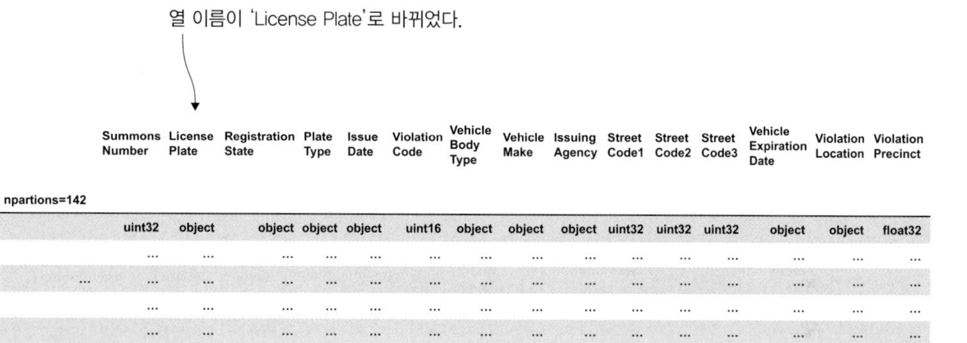

npartions=142

	Summons Number	License Plate	Registration State	Plate Type	Issue Date	Violation Code	Vehicle Body Type	Vehicle Make	Issuing Agency	Street Code1	Street Code2	Street Code3	Vehicle Expiration Date	Violation Location	Violation Precinct
	uint32	object	object	object	object	uint16	object	object	object	uint32	uint32	uint32	object	object	float32
	...	...	...	...	...	...	...	...	...	...	...	...	...	...	...
...	...	...	...	...	...	...	...	...	...	...	...	...	...	...	...
	...	...	...	...	...	...	...	...	...	...	...	...	...	...	...
	...	...	...	...	...	...	...	...	...	...	...	...	...	...	...

Dask Name: rename, 568 tasks

그림 5-7 [코드 5-7]의 결과

`columns` 인수는 키가 이전 열 이름이고 값이 새 열 이름인 딕셔너리 객체를 가져온다. 대스크는 일대일 스왑을 수행해 데이터 프레임을 새 열 이름으로 반환한다. 딕셔너리에 지정되지 않은 열은 이름이 바뀌거나 삭제되지 않는다. 이러한 작업은 디스크의 소스 데이터를 변경하지 않으며 대스크가 메모리에 보유한 데이터만 변경한다. 수정된 데이터를 디스크에 다시 쓰는 방법은 이 장의 뒷부분에서 설명한다.

5.1.4 데이터 프레임에서 행 선택하기

행 축을 기준으로 데이터를 선택하는 방법을 살펴보겠다. 이 장의 뒷부분에서는 행을 검색하거나 필터링하는 방법에 대해 설명한다. 이것은 행 축을 탐색하는 것보다 일반적인 방법이라고 할 수 있다. 그러나 이미 검색하고자 하는 행의 범위를 알고 있는 상황이라면 인덱스를 이용해 데이터를 선택하는 것이 적절한 방법이다. 날짜나 시간별로 데이터를 인덱싱할 때 이런 일이 자주 발생한다. 인덱스는 고유한 값이 아니어도 되므로 인덱스를 사용해 데이터 청크를 선택할 수 있다. 예를 들어 2015년 4월에서 2015년 11월 사이에 발생한 모든 행을 가져오고 싶을 수 있다. 관계형 데이터베이스의 클러스터형 인덱스와 마찬가지로 인덱스별로 데이터를 선택하면 검색 및 필터 방법보다 빠른 성능을 얻을 수 있다. 이것은 대스크가 인덱스 순서대로 정렬된 데이터를 저장하고 파티션한다는 사실 때문이다. 따라서 특정 정보를 찾을 때 대스크는 전체 데이터셋을 검색하지 않아도 요청한 모든 데이터를 다시 불러올 수 있다. 다음 예제에서는 loc 메서드를 사용해 검색하려는 행의 색인을 지정하며 [그림 5-8]는 그 결과를 보여준다.

코드 5-8 인덱스로 단일 행 선택하기

```
with ProgressBar():
    display(nyc_data_raw.loc[56].head(1))
```

	Summons Number	Plate ID	Registration State	Plate Type	Issue Date	Violation Code	Vehicle Body Type	Vehicle Make	Issuing Agency	Street Code1	...	Vehicle Color	Unregistered Vehicle?	Vehicle Year	Meter Number	Feet From Curb
56	1293090530	GES3519	NY	PAS	07/07/2013	40	SDN	HONDA	F	70630	...	BLACK	0	1997.0	-	0.0

1 rows × 43 columns

그림 5-8 [코드 5-8]의 결과

이 데이터 프레임은 특정 열에 의해 인덱싱되지 않았으므로 선택하는 인덱스는 (0부터 순차적으로 시작하는) 데이터 프레임의 기본 숫자 인덱스다. 즉, 첫 번째 행부터 순차적으로 시작해 데이터 프레임의 56번째 행을 불러온다. loc 메서드는 대괄호를 사용해 인수를 허용한다는 점에서 열 선택기와 구문상으로 유사하다. 그러나 열 선택기와는 달리 리스트를 허용하지 않는다. 파이썬의 표준 슬라이스 표기법을 사용해 단일 값이나 범위를 전달할 수 있다.

코드 5-9 인덱스로 행을 순차적으로 가져오기

```
with ProgressBar():
    display(nyc_data_raw.loc[100:200].head(100))
```

[코드 5-9]에서는 슬라이스를 사용해 100에서 200 사이의 행을 구하는 방법을 보여준다. 이것은 일반적으로 파이썬에서 리스트나 배열을 슬라이스하는 것과 같은 방식이다. 이 슬라이싱 구문을 사용해 행을 불러오면 반환되는 행은 순차적이 된다. 이미 앞에서 본 것처럼 drop 함수는 행 축을 기준으로 동작하지 않으므로 필터링 없이는 1, 3, 5번 행만 선택할 수 있는 방법이 없다. 그러나 대스크에서 삭제하려는 슬라이스를 먼저 가져오고 여기에 팬더스를 사용해 최종적으로 필터링을 수행할 수 있다.

코드 5-10 대스크와 팬더스를 사용해 행 슬라이스 필터링하기

```
with ProgressBar():
    some_rows = nyc_data_raw.loc[100:200].head(100)
some_rows.drop(range(100, 200, 2))
```

[코드 5-10]에서는 대스크 데이터 프레임(nyc_data_raw)에서 인덱스가 100과 200 사이인 행을 가져온다. head 함수를 사용하면 대스크에서 계산을 수행하고 그 결과가 팬더스 데이터 프레임으로 반환된다. collect 함수를 사용할 수도 있지만 데이터의 작은 범위를 선택하고 있으므로 실수로 너무 많은 데이터를 검색하지 않도록 head 함수를 사용하는 편이 좋다. 이 결과를 some_rows라는 변수에 저장한다. 그런 다음 some_rows(팬더스 데이터 프레임)에서 drop 메서드를 사용해 한 행 건너 하나씩 행을 삭제하고 결과를 표시한다. 이 drop 메서드는 팬더스에서 행 축에 대해 사용할 수 있으므로 데이터 프레임에서 행을 삭제해야 할 때는 대스크 데이터의 부분 집합을 팬더스로 가져오는 게 좋다. 그러나 가져오려는 슬라이스가 컴퓨터 메모리에 비해 아주 클 경우 메모리 부족 오류로 작업이 실패할 수 있다. 따라서 이 방법은 대스크 데이터 프레임에서 아주 작은 조각을 작업하는 경우에만 적합하다. 아니면 이 장의 뒷부분에서 다룰 고급 필터링 방법을 사용해야 한다.

데이터 탐색에 익숙해졌다면 이제 데이터 정리 프로세스에서 중요한 단계인 데이터셋에서 결측값을 찾고 보정하는 방법을 알아보자.

5.2 결측값 다루기

데이터 수집 과정에서의 결함이나 시간이 지남에 따른 요구 사항의 변화, 또는 데이터 처리나 저장 문제 때문에 종종 값들이 누락된 데이터셋을 만난다. 원인이 무엇이든 이러한 데이터 품질 문제를 해결하려면 무엇을 할지 결정해야 한다. 결측값을 수정할 경우 다음 세 가지 옵션 중 하나를 선택할 수 있다.

- 데이터셋에서 누락된 데이터가 있는 행/열을 제거한다.
- 결측값을 기본값으로 할당한다.
- 결측값을 다른 값으로 대체한다.

예를 들어 여러 사람의 키를 측정한 값이 포함된 데이터셋이 있고 그 키 값 중 일부가 누락되었다고 가정하자. 분석 목표에 따라, 측정치의 산술 평균을 찾아서 키 측정치가 누락된 레코드를 버리거나 또는 이 사람들의 키가 측정된 값들의 평균이라고 가정할 수 있다. 안타깝지만 결측값을 처리하는 최고의 방법을 선택하는 '만병통치약' 같은 방법은 없다. 누락된 데이터의 콘텍스트context와 관련 분야에 따라 크게 달라진다. 가장 좋은 방법은 분석 결과를 해석하고 이용하는 관계자와 협력해 해결하려는 문제에 가장 적합한 접근 방식을 도출하는 것이다. 그러나 몇 가지 옵션을 제공하기 위해 여기서는 위의 세 가지 방법을 모두 다뤄보겠다.

5.2.1 데이터 프레임에서 결측값 파악하기

먼저 NYC 주차 위반 데이터에서 누락된 값이 있는 열들을 알아보자.

코드 5-11 열별로 결측값 백분율 계산하기

```
missing_values = nyc_data_raw.isnull().sum()

with ProgressBar():
    percent_missing = ((missing_values / nyc_data_raw.index.size) * 100).compute()
percent_missing


# Produces the following output:

Summons Number                    0.000000
Plate ID                          0.020867
Registration State                0.000000
Plate Type                        0.000000
Issue Date                        0.000000
Violation Code                    0.000000
Vehicle Body Type                 0.564922
Vehicle Make                      0.650526
Issuing Agency                    0.000000
Street Code1                      0.000000
Street Code2                      0.000000
Street Code3                      0.000000
Vehicle Expiration Date           0.000002
Violation Location               15.142846
Violation Precinct                0.000002
```

```
Issuer Precinct                        0.000002
Issuer Code                            0.000002
Issuer Command                        15.018851
Issuer Squad                          15.022566
Violation Time                         0.019207
Time First Observed                   90.040886
Violation County                      10.154892
Violation In Front Of Or Opposite     15.953282
House Number                          16.932473
Street Name                            0.054894
Intersecting Street                   72.571929
Date First Observed                    0.000007
Law Section                            0.000007
Sub Division                           0.012412
Violation Legal Code                  84.970398
Days Parking In Effect                23.225424
From Hours In Effect                  44.821011
To Hours In Effect                    44.821004
Vehicle Color                          1.152299
Unregistered Vehicle?                 88.484122
Vehicle Year                           0.000012
Meter Number                          81.115883
Feet From Curb                         0.000012
Violation Post Code                   26.532350
Violation Description                 11.523098
No Standing or Stopping Violation     99.999998
Hydrant Violation                     99.999998
Double Parking Violation              99.999998
dtype: float64
```

[코드 5-11]은 약간 친숙할 것이다. 2장에서 2017년 데이터에 대해 동일한 작업을 수행했다. 여기서 일어난 일을 요약하자면 첫 번째 줄은 열별로 결측값 수를 포함하는 새로운 시리즈Series를 작성한다. isnull 메서드는 각 행을 스캔하고 결측값이 발견되면 True를 리턴하고 결측값을 찾지 못하면 False를 리턴한다. sum 메서드는 모든 True 값을 세어 열당 누락된 행의 총 개수를 구한다. 그런 다음 해당 개수 정보가 담긴 시리즈를 가져와서 nyc_data_raw.index.size를 사용해 데이터 프레임의 전체 행의 개수로 나누고 각 값에 100을 곱한다. compute 메서드를 호출하면 연산이 실행되고 결과는 percent_missing이라는 팬더스 시리즈Pandas Series에 저장된다.

5.2.2 결측값이 있는 열 삭제하기

무엇을 해야 하는지 알았다면 이제 값의 50% 이상이 누락된 열은 삭제하자.

코드 5-12 결측값이 50 % 이상인 열 삭제

```
columns_to_drop = list(percent_missing[percent_missing >= 50].index)
nyc_data_clean_stage1 = nyc_data_raw.drop(columns_to_drop, axis=1)
```

[코드 5-12]에서 `percent_missing` 시리즈를 필터링해 결측값이 50% 이상인 열의 이름을 찾는다. 그러면 다음과 같은 리스트가 만들어진다.

```
['Time First Observed',
 'Intersecting Street',
 'Violation Legal Code',
 'Unregistered Vehicle?',
 'Meter Number',
 'No Standing or Stopping Violation',
 'Hydrant Violation',
 'Double Parking Violation']
```

그런 다음 앞에서 배운 `drop` 함수를 사용해 데이터 프레임에서 이 열들을 삭제하고 그 결과를 `nyc_data_clean_stage1`이라는 데이터 프레임으로 저장한다. 여기서는 임의로 50%를 선택했지만 누락된 데이터가 매우 많은 열을 삭제하는 것이 일반적이다. Double Parking Violation 열을 예로 들어보자. 이 열에서는 값의 99.9%가 누락되었다. 이러한 희소 열은 유지한다고 해도 많은 정보를 주지 못할 가능성이 크므로 데이터셋에서 제거할 것이다.

5.2.3 결측값 대체하기

결측 데이터가 열마다 조금씩 있는 경우 결측 데이터가 있는 행을 삭제하는 것이 더 바람직하다. 그러나 그전에 Vehicle Color 열의 값을 대체해 보겠다. **대체**imputing란 이 데이터를 활용해 누락된 데이터의 값을 합리적으로 추측하는 것을 의미한다. 이 경우 데이터셋에서 가장 자주 등장하는 색상을 찾아보겠다. 이 가정이 항상 적용되지는 않지만 데이터셋에서 가장 자주 나오는 값을 사용하면 올바르게 선택할 확률이 높아진다.

코드 5-13 결측값 대체하기

```
with ProgressBar():
    count_of_vehicle_colors = nyc_data_clean_stage1['Vehicle Color'].value_counts().
compute()
most_common_color = count_of_vehicle_colors.sort_values(ascending=False).
     index[0]   ◁─── 가장 일반적인 자동차 색상을 찾는다.

nyc_data_clean_stage2 = nyc_data_clean_stage1.fillna({'Vehicle Color': most_
     common_color})   ◁─── 결측된 자동차 색상을 가장 일반적인 색상으로 채운다.
```

[코드 5-13]은 Vehicle Color 열에서 누락된 값이 데이터셋에서 가장 일반적인 색상일 것이라는 가정하에 결측값을 이 색상으로 채우고 있다. 범주형 변수의 가장 일반적인 요소 또는 연속형 변수의 산술 평균을 사용해 결측값을 채우는 것은 데이터의 통계적 분포에 대한 영향을 최소화하는 방식으로 결측값을 처리하는 일반적인 방법이다. [코드 5-13]의 첫 번째 줄에서 열 선택기를 사용해 Vehicle Color 열을 선택하고 `value_counts` 메서드를 사용해 고유한 데이터 값의 등장 횟수를 계산한다. `count_of_vehicle_colors`의 내용은 다음과 같다.

```
GY        6280314
WH        6074770
WHITE     5624960
BK        5121030
BLACK     2758479
BL        2193035
GREY      1668739
RD        1383881
SILVE     1253287
...
MATH            1
MARY            1
$RY             1
Name: Vehicle Color, Length: 5744, dtype: int64
```

보다시피 `value_counts` 함수는 각 색상이 인덱스에 위치하고 데이터에서 색상 값이 출현하는 횟수를 포함하는 시리즈 객체를 결과로 제공한다. [코드 5-13]의 두 번째 줄에서는 모든 차량 색상을 등장 횟수가 가장 많은 항목부터 가장 적은 항목 순으로 정렬하고 가장 일반적인 색상의 이름을 가져온다. GY(회색)가 약 620만 번 이상 등장하는 가장 일반적인 색상 코드인 것을 알 수 있다. [코드 5-13]의 마지막 줄에서는 `fillna` 메서드를 사용해 결측된 색상 값을

GY로 치환한다. Fillna 메서드는 채우고자 하는 각 열의 이름을 키로 하고 결측값을 대체하기 위한 값을 값으로 갖는 키-값 쌍 딕셔너리 객체를 사용한다. 사전에 지정하지 않은 열은 수정하지 않는다.

5.2.4 결측값이 있는 열 삭제하기

Vehicle Color 열에 있는 결측값들은 모두 대체했고, 이제 결측값이 포함된 열을 삭제하는 방식으로 적은 수의 결측값을 포함하고 있는 행들을 처리한다.

코드 5-14 결측 데이터가 있는 행 삭제하기

```
rows_to_drop = list(percent_missing[(percent_missing > 0) & (percent_missing < 5)].
    index)
nyc_data_clean_stage3 = nyc_data_clean_stage2.dropna(subset=rows_to_drop)
```

subset 인수를 통해 결측값이 있는지 확인할 열들을 특정한다.

[코드 5-14]에서는 결측값이 있지만 그 비중이 5% 이하인 모든 열을 찾는 것으로 시작한다. 이 결과를 rows_to_drop이라는 리스트에 넣는다. 리스트의 내용은 다음과 같다.

```
['Plate ID',
 'Vehicle Body Type',
 'Vehicle Make',
 'Vehicle Expiration Date',
 'Violation Precinct',
 'Issuer Precinct',
 'Issuer Code',
 'Violation Time',
 'Street Name',
 'Date First Observed',
 'Law Section',
 'Sub Division',
 'Vehicle Color',
 'Vehicle Year',
 'Feet From Curb']
```

이 열들을 삭제하려는 것이 아님을 기억하자! 이 열에서 결측값이 있는 행을 찾아 데이터 프레임에서 모두 삭제하려고 한다. Vehicle Color 열이 포함되어 있지만, Vehicle Color 열의 결측값들이 이미 채워져 있는 nyc_data_clean_stage2에 삭제 함수를 적용할 예정이므로 해당 열 때문에 행이 삭제되는 일은 없을 것이다. 실제 열 삭제를 위해서는 데이터 프레임에서 dropna 메서드를 사용한다. 이때 인수를 따로 지정하지 않으면 dropna 메서드는 결측값이 있는 모든 행을 삭제하므로 주의해서 사용해야 한다! subset 인수를 사용해 대스크가 결측값을 확인할 열을 지정할 수 있다. 다시 말해 지정되지 않은 열에 결측값이 있어도 대스크는 그 행을 삭제하지 않는다.

5.2.5 결측값을 포함하는 여러 열 대체하기

이제 거의 다 왔다. 마지막으로 소개할 방법은 결측 데이터가 있는 나머지 열을 기본값으로 채우는 것이다. 확인해야 할 사항 중 하나는 열에 설정한 기본값이 해당 열의 데이터 타입에 적합한지 여부다. 아직 정리해야 하는 남은 열들과 해당 데이터 타입을 확인하자.

코드 5-15 남은 열들의 데이터 타입 찾기

```
remaining_columns_to_clean = list(percent_missing[(percent_missing >= 5) & (percent_
    missing < 50)].index)
nyc_data_raw.dtypes[remaining_columns_to_clean]
```

이전 예제들과 마찬가지로 [코드 5-15]에서 가장 먼저 할 일은 여전히 정리해야 할 열을 찾는 것이다. 결측값의 비중이 5% 보다 많고 50% 미만인 열이라면 결측값을 기본값으로 채운다. 여기에 해당하는 열들은 remaining_columns_to_clean 변수에 저장되며, nyc_data_raw 데이터 프레임의 dtypes 인수와 함께 사용해 각 열의 데이터 타입을 찾는다. 실행 결과는 다음과 같다.

```
Violation Location                 object
Issuer Command                     object
Issuer Squad                       object
Violation County                   object
Violation In Front Of Or Opposite  object
House Number                       object
Days Parking In Effect             object
From Hours In Effect               object
To Hours In Effect                 object
Violation Post Code                object
```

```
Violation Description                   object
dtype: object
```

결과를 통해, 정리하기 위해 남겨둔 모든 열이 문자열 타입임을 알 수 있다. 왜 np.str가 아닌 object로 표시되는지 궁금하겠지만, 이것은 단지 형식적인 문제다. 대스크는 (int, float 등) 수치형 데이터 타입만 명시적으로 표시한다. 숫자가 아닌 데이터 타입은 object로 표시한다. 각 열에 값이 결측됐다는 것을 나타내기 위해 'Unknown' 이라는 문자열로 결측값을 채운다. 값을 채우려면 fillna 함수를 다시 사용하므로 각 열을 위한 값이 들어 있는 딕셔너리 객체를 준비해야 한다.

코드 5-16 fillna를 위한 대체값 딕셔너리 만들기

```
unknown_default_dict = dict(map(lambda columnName: (columnName, 'Unknown'),
        remaining_columns_to_clean))
```

[코드 5-16]은 이 딕셔너리 만드는 방법을 보여준다. remaining_columns_to_clean 리스트에서 각 값을 가져와서 열 이름과 'Unknown' 문자열이 담긴 튜플을 생성한다. 마지막으로 튜플 리스트를 딕셔너리로 변환하면 다음과 같은 객체가 생성된다.

이제 채우려는 열과 채울 값이 포함된 딕셔너리가 준비되었으니 fillna에 이것을 전달할 수 있다.

코드 5-17 기본값으로 데이터 프레임 채우기

```
nyc_data_clean_stage4 = nyc_data_clean_stage3.fillna(unknown_default_dict)
```

쉽고 간단하다. 우리는 이제 최종적으로 nyc_data_clean_stage4라는 데이터 프레임을 얻었다. nyc_data_raw에서 시작해 결측값을 다루는 네 가지 기술을 하나씩 적용해 순차적으로 nyc_data_clean_stage4를 만들었다. 이제 작업이 잘 이루어졌는지 점검할 시간이다.

코드 5-18 채우기/삭제 작업이 잘 됐는지 확인하기

```
with ProgressBar():
    print(nyc_data_clean_stage4.isnull().sum().compute())
nyc_data_clean_stage4.persist()
```

```
# Produces the following output:

Summons Number                       0
Plate ID                             0
Registration State                   0
Plate Type                           0
Issue Date                           0
Violation Code                       0
Vehicle Body Type                    0
Vehicle Make                         0
Issuing Agency                       0
Street Code1                         0
Street Code2                         0
Street Code3                         0
Vehicle Expiration Date              0
Violation Location                   0
Violation Precinct                   0
Issuer Precinct                      0
Issuer Code                          0
Issuer Command                       0
Issuer Squad                         0
Violation Time                       0
Violation County                     0
Violation In Front Of Or Opposite    0
House Number                         0
Street Name                          0
Date First Observed                  0
Law Section                          0
Sub Division                         0
Days Parking In Effect               0
From Hours In Effect                 0
To Hours In Effect                   0
Vehicle Color                        0
Vehicle Year                         0
Feet From Curb                       0
Violation Post Code                  0
Violation Description                0
dtype: int64
```

[코드 5-18]에서는 연산을 시작하고 모든 변환을 적용한 후 남아있는 결측값의 개수를 다시 계산한다. 모든 것이 제대로 된 것 같다! 책을 읽으면서 이 코드를 실행했다면 계산을 완료하는 데 약간 시간이 걸린다는 사실을 알 수 있다. 이제 이 데이터 프레임을 유지하기에 적절한 시점

이다. 이 데이터 프레임을 유지하면 지금까지 수행한 작업이 미리 계산되어 메모리에 처리된 상태로 저장된다. 이를 통해 다음 분석을 이어갈 때 모든 변환을 다시 실행할 필요가 없다. [코드 5-18]의 마지막 행은 이것을 어떻게 하는지 보여준다. 결측값을 모두 처리했으므로 이제 잘못된 값을 정리하는 몇 가지 방법에 대해 알아보자.

5.3 데이터 기록하기

데이터셋에서 데이터가 결측되지는 않았지만 결측값과 마찬가지로 유효성이 의심되는 일부 인스턴스instances를 갖는 경우가 종종 있다. 예를 들어, NYC 주차권 데이터셋에서 색상 이름이 로키 로드Rocky Road인 차량을 보게 된다면 눈살을 찌푸리게 될 것이다. 주차 담당관이 주차 위반 딱지를 쓸 때 자기 할 일 대신에 그날 들른 가게의 아이스크림 맛을 생각했을 가능성이 높다.[1] 이러한 종류의 데이터 이상을 정리할 방법은 나올 가능성이 높은 값(예를 들면 가장 자주 나오는 값이나 산술 평균값)으로 이것을 다시 기록하거나 이상 데이터를 '기타' 카테고리로 묶는 것이다. 결측 데이터를 채우는 방법과 마찬가지로, 고객과 이러한 분석에 대해 논의하고 이상 데이터를 식별하고 처리하기 위한 방식에 서로 동의하는 편이 좋다. 대스크는 이러한 값을 기록하는 두 가지 방법을 제시한다.

코드 5-19 Plate Type 열의 값 횟수 구하기

```
with ProgressBar():
    license_plate_types = nyc_data_clean_stage4['Plate Type'].value_counts().compute()
license_plate_types
```

[코드 5-19]는 최근에 배운 `value_counts` 메서드를 다시 사용한다. 여기서는 지난 4년 동안 기록된 모든 번호판 유형의 개수를 확인하기 위해 사용한다. Plate Type 열은 차량이 일반 승용차인지, 상업용인지, 아니면 어떤 유형인지를 기록한다. 다음은 이 연산 결과다.

```
PAS    30452502
COM     7966914
OMT     1389341
```

1 옮긴이_ 로키 로드 아이스크림은 미국의 초콜릿맛 아이스크림으로 초콜릿 아이스크림과 견과류, 마시멜로 등을 혼합하여 만든다.

```
SRF       394656
OMS       368952
      ...
SNO            2
Name: Plate Type, Length: 90, dtype: int64
```

보다시피 대부분의 번호판 유형은 PAS(개인용 차량)이다. COM(상업용 차량)과 합쳐서 이들 두 가지 유형이 전체 데이터 프레임의 약 92%(약 4천 1백만 대 중 3천 8백만 대)를 차지한다. 그러나 90 가지의 고유한 번호판 유형(`Length: 90`)이 있다는 사실 역시 알 수 있다. PAS, COM, 그리고 Other(기타) 이렇게 세 가지 유형만 갖도록 Plate Type 열을 간단히 만들어보자.

코드 5-20 Plate Type 열 기록하기

```
condition = nyc_data_clean_stage4['Plate Type'].isin(['PAS', 'COM'])
plate_type_masked = nyc_data_clean_stage4['Plate Type'].where(condition, 'Other')
nyc_data_recode_stage1 = nyc_data_clean_stage4.drop('Plate Type', axis=1)
nyc_data_recode_stage2 = nyc_data_recode_stage1.assign(PlateType=plate_type_masked)
nyc_data_recode_stage3 = nyc_data_recode_stage2.rename(columns={'PlateType':'Plate
Type'})
```

[코드 5-20]에는 여러 가지가 담겨 있다. 먼저 각 행을 비교하기 위해 사용할 불리언 조건을 만들어야 한다. 조건을 만들기 위해 `isin` 메서드를 사용한다. 이 메서드는 검사 중인 값이 인수로 전달된 리스트 객체에 포함되면 `True`를 반환한다. 반대로 그렇지 않으면 `False`를 반환한다. 전체 Plate Type 열에 이것을 적용하면 `True`/`False` 값으로 이뤄진 시리즈 객체를 얻는다.

다음 행에서는 `True`/`False` 시리즈를 `where` 메서드에 전달해 Plate Type 열에 적용한다. `where` 메서드는 조건이 `True`인 모든 행에 대해서 기존 값을 유지하고 `False`인 행의 값을 두 번째 인수에 전달된 값으로 대체한다. 즉, Plate Type이 PAS이나 COM이 아닌 행은 번호판 유형을 Other로 대체한다. 결과적으로 `plate_type_masked` 변수에 새로운 시리즈 객체가 저장된다.

이제 새로 만들어진 시리즈를 데이터 프레임에 다시 넣어야 한다. 이를 위해 먼저 앞에서 본 적 있는 `drop` 메서드를 사용해 기존의 Plate Type 열을 삭제한다. 그런 다음 `assign` 메서드를 사용해 이 시리즈를 데이터 프레임에 새 열로 추가한다. `assign` 메서드는 다른 열 기반 메서드와 같이 열 이름을 전달하기 위해 딕셔너리 객체 대신 **kwargs를 사용하므로 열 이름에 공백이 있는 열을 추가할 수 없다. 따라서 열 이름을 'Plate-Type'으로 만들고 이 장의 앞에서 배운 rename 메서드를 사용해 원하는 열 이름을 지정한다.

이제 값의 개수를 다시 살펴보면 열이 성공적으로 간소화되었음을 알 수 있다.

코드 5-21 리코딩 후 값 횟수 보기

```
with ProgressBar():
    display(nyc_data_recode_stage3['Plate Type'].value_counts().compute())
```

출력 결과는 다음과 같다.

```
PAS      30452502
COM       7966914
Other     3418586
Name: Plate Type, dtype: int64
```

이전에 비해 지금이 훨씬 좋아보인다! 고유한 번호판 유형의 수를 세 개로 줄였다.

우리가 사용할 수 있는 또 다른 리코딩 방법은 mask 메서드를 사용하는 것이다. where 메서드와 거의 동일하게 동작하지만 한 가지 중요한 차이점이 있다. 전달된 조건이 False이면 where 메서드가 값을 대체하는 반면 mask 메서드는 전달된 조건이 True일 때 값을 대체한다. 이것을 어떻게 사용하는지 예를 보여주기 위해 이제 Vehicle Color 열을 다시 살펴보고 값의 개수를 알아보자.

```
GY       6280314
WH       6074770
WHITE    5624960
BK       5121030
          ...
MARUE          1
MARUI          1
MBWC           1
METBL          1
METBK          1
MET/O          1
MERWH          1
MERON          1
MERL           1
```

```
MERG             1
MEDS             1
MDE              1
MD-BL            1
MCNY             1
MCCT             1
MBROW            1
MARVN            1
MBR              1
MAZOO            1
MAZON            1
MAXOO            1
MAX              1
MAWE             1
MAVEN            1
MAUL             1
MAU              1
MATOO            1
MATH             1
MARY             1
$RY              1
Name: Vehicle Color, Length: 5744, dtype: int64
```

이 데이터셋에는 5,744개 이상의 고유한 색상이 존재하지만 일부 색상은 매우 이상해보인다. 이들 색상 중 50% 이상이 단일 항목으로만 존재한다. 이렇게 하나씩만 존재하는 모든 항목들을 Other라는 범주에 배치해 고유한 색상의 수를 줄여보자.

코드 5-22 mask를 사용해 'Other' 범주에 고유한 색상 배치하기

```
single_color = list(count_of_vehicle_colors[count_of_vehicle_colors == 1].index)
condition = nyc_data_clean_stage4['Vehicle Color'].isin(single_color)
vehicle_color_masked = nyc_data_clean_stage4['Vehicle Color'].mask(condition, 'Other')
nyc_data_recode_stage4 = nyc_data_recode_stage3.drop('Vehicle Color', axis=1)
nyc_data_recode_stage5 = nyc_data_recode_stage4.assign(VehicleColor=vehicle_
     color_masked)
nyc_data_recode_stage6 = nyc_data_recode_stage5.
     rename(columns={'VehicleColor':'Vehicle Color'})
```

[코드 5-22]에서는 먼저 Vehicle Colors 값의 개수를 필터링해 데이터셋에 한 번만 나타나는 모든 색상 목록을 얻는다. 그런 다음 이전과 마찬가지로 `isin` 메서드를 사용해 `True`/`False` 값의 시리즈 객체를 만든다. 고유한 색상 중 하나가 있는 행의 경우 `True`가 되고 그렇지 않은

행의 경우 False가 된다. 이 조건을 Other의 다른 값과 함께 mask 메서드로 전달한다. 행이 하나뿐인 고유한 색상에 해당하는 모든 행은 원래 값을 유지하지 않고 Other로 바꾼 새로운 시리즈를 반환한다. 그런 다음 이전과 동일한 과정을 통해 데이터 프레임에 새 열을 다시 추가한다. 이전 열을 삭제하고 새 열을 추가해 원하는 열 이름으로 바꾼다.

언제 어떤 방법을 사용해야 하는지 궁금할 것이다. 기본적으로 동일한 작업을 수행하고 비슷한 성능을 보이지만 때로는 둘 중 다른 하나를 사용하는 것이 더 편리할 수 있다. 많은 고유한 값들 중에 아주 조금만 유지하려는 경우 where 메서드를 사용하면 더 편리하다. 반대로 고유 값들 중에서 몇 개만 삭제하고자 하는 경우 mask 메서드를 사용하는 게 더 편리하다.

한 값을 다른 고정된 값으로 바꾸는 몇 가지 방법을 배웠다. 이제는 함수를 사용해 파생 열을 만드는 더 복잡한 메서드에 대해 알아보자.

5.4 요소별 연산

앞에서 값을 리코딩하기 위해 배운 메서드들은 매우 유용하며 자주 쓰인다. 하지만 데이터 프레임에 있는 다른 열에서 새로 파생될 열을 만드는 방법도 알고 있어야 한다. NYC 주차 위반 티켓 데이터셋처럼 정형화된 데이터에서 자주 발생하는 시나리오 중 하나는 날짜/시간에 관련된 차원을 구문 분석하고 이를 바르게 사용해야 하는 경우다. 4장에서는 데이터셋에 대한 스키마를 구성할 때 날짜 열을 문자열로 가져오도록 선택했다. 그러나 데이터 분석에서 날짜 정보를 올바르게 사용하려면 해당 문자열을 datetime 객체로 변형해야 한다. 대스크는 데이터를 읽을 때 날짜를 자동으로 구문 분석할 수 있는 기능을 제공하지만 형식 지정이 까다로울 수 있다. 날짜 구문 분석을 더 잘 제어할 수 있는 방법은 날짜 열을 문자열로 가져와서 데이터 준비 워크플로의 일부분으로 구문 분석을 수동 시행하는 것이다.

여기서는 데이터 프레임에서 apply 메서드를 사용해 데이터에 일반 함수를 적용하고 파생 열을 만드는 방법을 알아보겠다. 더 구체적으로는, 주차 위반 티켓이 발행된 날짜를 나타내는 Issue Date 열을 구문 분석하고 해당 열을 날짜/시간 데이터 타입으로 변환한다. 그런 다음 주차 위반 티켓이 발행된 월과 연도를 포함하는 새 열을 생성해 이 장의 후반부에서 이것을 다시 사용하겠다. 이런 점을 염두에 두고 다음 코드를 살펴보자.

코드 5-23 발행 날짜 열 분석하기

```
from datetime import datetime
issue_date_parsed = nyc_data_recode_stage6['Issue Date'].apply(lambda x: datetime.
strptime(x, "%m/%d/%Y"), meta=datetime)
nyc_data_derived_stage1 = nyc_data_recode_stage6.drop('Issue Date', axis=1)
nyc_data_derived_stage2 = nyc_data_derived_stage1.assign(IssueDate=issue_date_parsed)
nyc_data_derived_stage3 = nyc_data_derived_stage2.rename(columns={'IssueDate':
    'Issue Date'})
```

[코드 5-23]에서는 먼저 파이썬의 표준 라이브러리로부터 datetime 객체를 가져와야 한다. 그런 다음 이전 예제에서 보았듯이 이 데이터 프레임(`nyc_data_recode_stage6`)에서 Issue Date 시리즈를 선택해 새 시리즈 객체를 만들고 `apply` 메서드를 사용해 변환을 수행한다. 이 특정 `apply` 호출에서 입력으로부터 어떤 값을 가져오기 위한 익명의 (람다) 함수를 만든다. 그리고 해당 시리즈는 `datetime.strptime` 함수를 통해 실행되며 구문 분석된 datetime 객체를 반환한다.

`datetime.strptime` 함수는 단순히 문자열을 입력받아 지정된 형식을 사용해 datetime 객체로 변환한다. 여기서 지정된 형식은 "`%m/%d/%Y`"이며 이는 mm/dd/yyyy 형식의 날짜와 같다. `apply` 메서드에 대해 마지막으로 언급할 것은 지정해야 하는 `meta` 인수이다. 대스크는 전달된 함수의 출력 타입을 유추하려고 하지만 데이터 타입을 명시적으로 지정해주는 게 좋다. 이 경우 데이터 타입 추론에 실패할 가능성이 있으므로 명시적인 `datetime` 데이터 타입을 전달해야 한다.

그 다음 나오는 세 줄의 코드는 이제 너무 익숙할 것이다. 삭제, 할당, 이름 바꾸기는 데이터 프레임에 열을 추가하기 이전에 배운 패턴이다. 무슨 일이 일어났는지 살펴보자.

코드 5-24 날짜 파싱 결과 조사하기

```
with ProgressBar():
    display(nyc_data_derived_stage3['Issue Date'].head())
```

열을 보면 다음과 같은 결과가 나타난다.

```
0    2013-08-04
1    2013-08-04
2    2013-08-05
```

```
3    2013-08-05
4    2013-08-08
Name: Issue Date, dtype: datetime64[ns]
```

우리가 원했던 것처럼 열은 더 이상 문자열 타입이 아니다. 이제 이 새로운 날짜/시간 열을 사용해 월과 연도를 추출해보자.

코드 5-25 월과 연도 추출하기

```
issue_date_month_year = nyc_data_derived_stage3['Issue Date'].apply(lambda dt:
dt.strftime("%Y%m"), meta=int)
nyc_data_derived_stage4 = nyc_data_derived_stage3.assign(IssueMonthYear=issue_date_
month_year)
nyc_data_derived_stage5 = nyc_data_derived_stage4.rename(columns={'IssueMonthYear':'Cit
ation Issued Month Year'})
```

[코드 5-25]에서는 데이터 프레임의 Issue Date 열을 기반으로 다시 새로운 시리즈를 만든다. 그러나 여기서는 `apply`에 전달할 함수로 파이썬 datetime 객체의 `strftime` 메서드를 사용할 것이다. 날짜/시간 객체에서 월과 연도를 추출하고 지정된 형식의 문자열을 반환한다. `strftime` 인수에 지정한 대로 월/년 문자열을 'yyyyMM' 식으로 형식화하기로 결정했다. 또한 이 함수의 인수를 `meta = int`로 설정해 출력 유형을 정수로 지정한다. 마지막으로 익숙한 assign-rename 패턴을 따라 이 열을 데이터 프레임에 추가한다. 그러나 기존의 열을 이 새로운 열로 바꾸려는 것은 아니므로 열을 삭제할 필요는 없다. 이 데이터 프레임의 다른 열들 옆에 이것을 추가했다. 이제 이 새로운 열의 내용을 살펴보자.

코드 5-26 새로운 파생 열 조사하기

```
with ProgressBar():
    display(nyc_data_derived_stage5['Citation Issued Month Year'].head())
```

그 결과는 다음과 같다.

```
0    201308
1    201308
2    201308
3    201308
4    201308
Name: Citation Issued Month Year, dtype: object
```

완벽하다! 바로 우리가 원했던 결과다. 위반 티켓이 발행된 월/년을 보여주는 멋진 문자열 표현이다. 이제 마지막으로, 순차적인 숫자로 표현된 인덱스를 발행 월/년으로 바꿔보자. 이를 통해 우리는 월/년별로 발행된 티켓을 쉽게 조회할 수 있으며 매월 티켓 발행의 흐름을 살펴보는 등의 기타 작업들을 다음 장에서 깔끔하게 수행할 수 있다.

5.5 데이터 프레임의 필터링과 재색인

이 장의 앞부분에서 loc 메서드를 사용해 인덱스 슬라이싱을 통해 값을 찾는 방법을 배웠다. 그러나 우리에게는 불리언 식을 사용해 데이터를 검색하고 필터링하는 더 정교한 방법이 있다. 10월 한 달 동안 발행된 모든 티켓을 찾는 방법을 알아보자.

코드 5-27 10월에 발생한 모든 주차 위반 찾기

```
months = ['201310','201410','201510','201610','201710']
condition = nyc_data_derived_stage5['Citation Issued Month Year'].isin(months)
october_citations = nyc_data_derived_stage5[condition]

with ProgressBar():
    display(october_citations.head())
```

[코드 5-27]에서는 먼저 검색하고자 하는 (2013년-2017년 10월) 월-년 조합 리스트를 작성한다. 그런 다음 익숙한 isin 메서드를 사용해 months 리스트가 월-년 조합 중 하나와 일치하는 행에 대해서는 True를 반환하고 일치하지 않는 각 행에 대해 False를 반환하는 불리언 시리즈를 만든다. 그런 다음 이 불리언 시리즈를 선택기로 전달한다. 결과를 계산하면 10월에 발생한 주차 위반만 포함하는 데이터 프레임을 다시 얻게 된다.

불리언 시리즈를 생성하는 모든 종류의 불리언 표현식을 이런 식으로 사용할 수 있다. 예를 들면 특정 월을 선택하는 대신 주어진 날짜 이후에 발행된 모든 주차 위반 사례를 찾고 싶을 수 있다. 파이썬에 내장된 비교 연산자를 사용해 이를 수행할 수 있다.

코드 5-28 2016년 4월 25일 이후의 모든 주차 위반 기록 찾기

```
bound_date = '2016-4-25'
condition = nyc_data_derived_stage5['Issue Date'] > bound_date
```

```
citations_after_bound = nyc_data_derived_stage5[condition]

with ProgressBar():
    display(citations_after_bound.head())
```

[코드 5-28]에서는 비교 연산자를 사용해 발행 날짜가 '4-25-2016'보다 큰 모든 레코드를 찾는다. AND(&)나 OR(|) 연산자를 사용해 이러한 불리언 필터 표현식을 함께 연결하면 매우 복잡한 필터를 만들 수도 있다! 다음 코드에서 이를 수행하는 방법을 살펴보고 데이터 프레임에 대한 사용자 지정 인덱스도 만들어보자.

지금까지는 대스크에서 데이터셋을 다룰 때 숫자로 이루어진 기본 인덱스만을 사용했다. 이것도 우리에게 도움이 되었지만, 이제는 적합한 인덱스를 사용하지 않았을 때 발생할 수 있는 심각한 성능 문제를 더 이상 무시할 수 없다. 여러 데이터 프레임을 결합하고자 할 때 특히 중요한 문제이므로 다음 절에서 자세히 살펴보겠다. 인덱스가 서로 다른 데이터 프레임도 결합할 수는 있지만 대스크는 두 데이터 프레임을 함께 결합할 때 쓰이는 고유한 키의 조합들을 모두 검색해야 한다. 반면에 인덱스가 동일하고 인덱스가 순서대로 정렬되었으며 파티션이 된 두 개의 데이터 프레임을 결합하면 결합 작업이 훨씬 빨라진다. 따라서 다른 데이터셋에 조인할 데이터를 준비하기 위해 상대방 데이터셋에 맞게 인덱스와 파티션을 조정한다.

데이터 프레임에서 인덱스를 설정하면 지정된 열을 기준으로 전체 데이터셋이 정렬된다. 정렬 프로세스가 상당히 느릴 수 있지만 일단 정렬된 데이터 프레임의 결과를 유지하고 정렬된 데이터를 파케이 파일 형태로 디스크에 저장할 수 있으므로 데이터를 한 번만 정렬하면 된다. 데이터 프레임에서 인덱스를 설정하기 위해 `set_index` 메서드를 사용한다.

코드 5-29 데이터 프레임에서 인덱스 설정하기

```
with ProgressBar():
    condition = (nyc_data_derived_stage5['Issue Date'] > '2014-01-01') & (nyc_data_
derived_stage5['Issue Date'] <= '2017-12-31')
    nyc_data_filtered = nyc_data_derived_stage5[condition]
    nyc_data_new_index = nyc_data_filtered.set_index('Citation Issued Month
Year')
```

데이터를 필터링하여 2014-01-01과 2017-12-31 사이에 발행된 티켓만을 유지한다.

데이터 프레임의 인덱스를 월/년 열로 설정한다.

[코드 5-29]에서는 앞 절에서 만든 월-년 열을 가져와서 해당 값을 기준으로 데이터 프레임을 정렬한다. 해당 열 기준으로 정렬된 새로운 데이터 프레임이 얻어지면 검색, 필터링, 결합에서 훨씬 더 빠른 성능을 구현할 수 있다. 저장하기 전에 이미 정렬된 데이터셋을 가지고 작업할 경우 선택 인수로 `sorted = True`를 전달해 데이터가 이미 정렬되었음을 대스크에 알릴 수 있다. 또한 이전에 배운 재 파티션 옵션과 비슷하게 파티셔닝을 조정할 수 있다. npartitions 인수를 사용해 데이터를 균등하게 분할하기 위해 여러 파티션을 지정하거나 divisions 인수를 사용해 파티션 경계를 수동으로 지정할 수 있다. 월/연도별로 데이터를 정렬했으므로 각 파티션에 매달의 데이터가 포함되도록 데이터를 다시 분할해보자. 다음 예제는 이를 수행하는 방법을 보여준다.

코드 5-30 월/연도별 데이터 재분할

```
years = ['2014', '2015', '2016', '2017']
months = ['01','02','03','04','05','06','07','08','09','10','11','12']
divisions = [year + month for year in years for month in months]

with ProgressBar():
    nyc_data_new_index.repartition(divisions=divisions) \
        .to_parquet('nyc_data_date_index', compression='snappy')

nyc_data_new_index = dd.read_parquet('nyc_data_date_index')
```

키로 사용할 모든 월/년 조합의 목록을 만든다.

데이터 프레임에 분할 방식을 적용하고 결과를 파일에 저장한다.

정렬된 데이터를 다시 데이터 프레임으로 읽어온다.

[코드 5-30]에서 우리는 먼저 (201401, 201402, 201403 등) 파티션 구성표를 정의하는 데 사용할 월/년 키 목록을 생성한다. 다음으로 파티션 리스트를 `repartition` 메서드에 전달해 인덱스를 새로 만든 데이터 프레임에 적용한다. 마지막으로 이 결과를 파케이 파일에 저장하고, 나중에 추가 연산이 필요할 때마다 반복적으로 데이터를 다시 정렬할 필요 없이 미리 정렬한 데이터를 `nyc_data_new_index`라는 데이터 프레임으로 읽어올 수 있도록 한다. 이제 데이터 프레임에 인덱스를 설정했으므로 이 인덱스를 사용해 데이터 프레임을 결합하는 방법에 대해 이야기하면서 이 장을 마무리하고자 한다.

5.6 데이터 프레임들을 조인하고 연결하기

SQL 서버와 같은 관계형 데이터베이스 관리 시스템relational database management system (RDBMS)을 한 번이라도 사용해 본 적이 있다면 조인join과 유니온union 연산자의 강력함에 대해 이미 잘 알고 있을 것이다. DB 전문가든 아니면 데이터 엔지니어링을 처음으로 맛보는 사람이든 관계없이 분산된 환경에서 이 연산자들을 다룰 때는 잠재적으로 완전히 다른 성능 문제를 가져올 수 있으므로 심층적으로 다뤄야 한다. 먼저 조인 연산자가 어떻게 동작하는지 간단히 살펴보자. [그림 5-9]는 조인 작업의 결과를 시각적으로 보여준다.

Person

Person ID	Last name	First name
1000	Daniel	Jesse
1001	Smith	John
1002	Robinson	Sarah
1003	Martinez	Amy

Pet

Pet ID	Owner ID	Name
100	1001	Norbert
101	1001	Sally
102	1000	Jack
103	1003	Fido

Person ID	Last name	First name	Pet ID	Owner ID	Name
1001	Smith	John	100	1001	Norbert
1001	Smith	John	101	1001	Sally
1000	Daniel	Jesse	102	1000	Jack
1003	Martinez	Amy	103	1003	Fido

그림 5-9 조인 작업은 오른쪽 테이블의 열을 왼쪽 테이블의 열에 추가해 두 데이터 집합을 결합한다.

조인 연산에서 왼쪽 객체의 열을 오른쪽 객체의 열에 추가해 두 개의 데이터 객체(예를 들면 테이블이나 데이터 프레임)를 하나의 객체로 결합한다. Pet 테이블과 Person 테이블을 결합할 때 결과적으로 새로운 객체는 Pet 테이블의 열들을 Person 테이블의 열 오른쪽에 추가하는 형태가 된다. 결합된 테이블을 사용해 개체 간 관계를 확인할 수 있다. 예를 들어 '잭(Jack)'은 '우리 가족의 늘 배고픈 갈색 무늬 얼룩 고양이'다. 이 두 객체는 다른 테이블에서 어떤 값을 찾기 위해 사용되는 한 테이블의 키 혹은 열에 의해 논리적으로 연결이 이뤄진다.

[그림 5-10]에서 이 두 테이블의 키 값 사이의 관계를 볼 수 있다. 잭의 소유자 ID((Owner ID)는 1000이며 내 개인 ID(Person ID) 역시 1000이다. 따라서 잭에 대한 추가 정보를 원할 경우 (예를 들어 반려 동물의 주인이 누구인지) 이러한 관계를 이용해 내 정보를 찾아낼 수 있다. 이러한 종류의 관계형 모델은 실제로 복잡한 정형 데이터셋을 저장할 때 주로 사용하는 방법이다. 사람이나 장소, 사물, 사건들은 모두 일반적으로 어느 정도의 관계가 존재한다. 따라서 이 관계형 모델은 상호 관련된 데이터셋을 구조화하고 조직하는 직관적인 방법이다. 이렇게 결합된 테이블을 다시 자세히 살펴보자.

Person

Person ID	Last name	First name
1000	Daniel	Jesse
1001	Smith	John
1002	Robinson	Sarah
1003	Martinez	Amy

Pet

Pet ID	Owner ID	Name
100	1001	Norbert
101	1001	Sally
102	1000	Jack
103	1003	Fido

그림 5-10 잭(Jack)의 소유자 ID(Owner ID)가 내 개인 ID(Person ID)를 나타내는 키이므로 잭이 내 고양이라는 사실을 알 수 있다.

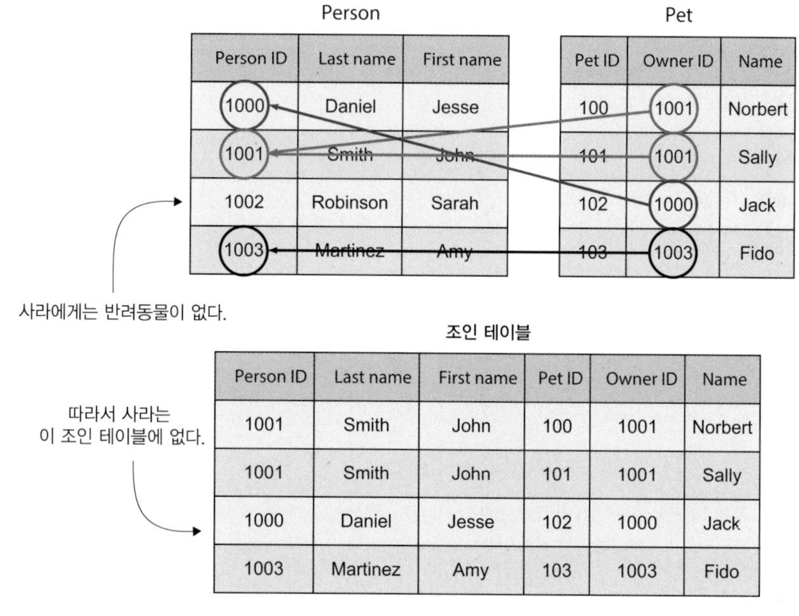
Person
Pet
사라에게는 반려동물이 없다.
조인 테이블
따라서 사라는
이 조인 테이블에 없다.

Person

Person ID	Last name	First name
1000	Daniel	Jesse
1001	Smith	John
1002	Robinson	Sarah
1003	Martinez	Amy

Pet

Pet ID	Owner ID	Name
100	1001	Norbert
101	1001	Sally
102	1000	Jack
103	1003	Fido

조인 테이블

Person ID	Last name	First name	Pet ID	Owner ID	Name
1001	Smith	John	100	1001	Norbert
1001	Smith	John	101	1001	Sally
1000	Daniel	Jesse	102	1000	Jack
1003	Martinez	Amy	103	1003	Fido

그림 5-11 Person 테이블과 Pet 테이블 간의 모든 키 관계를 보여준다.

[그림 5-11]에서 사라 로빈슨(Sarah Robinson)이라는 사람은 조인된 테이블에 존재하지 않는다. 그녀는 반려동물이 없을 수도 있다. 우리가 현재 보고 있는 것을 **내부 조인**inner join이라고 한다. 이는 두 객체 간에 서로 관계가 있는 레코드만을 결합한 테이블에 포함시킨다는 의미다. 관계가 없는 레코드는 삭제한다. 이 두 테이블을 결합하는 목적이 각 반려동물의 주인에 대해 더 많은 정보를 아는 것이라면, 반려동물이 없는 사람을 포함시키는 것은 합리적이지 않다. 내부 조인을 수행하려면 `how = inner`를 `join` 메서드의 인수로 지정해야 한다. 이에 대한 예를 한번 살펴보자.

5.6.1 두 개의 데이터 프레임 조인하기

NYC 주차 티켓 데이터 예제로 돌아가서, 미국 해양대기청(NOAA)에서 뉴욕시의 월평균 기온 데이터를 수집하고 해당 데이터를 코드를 통해 가져온다. 주차 위반 데이터를 월/년별로 인덱싱했으므로 주차 티켓이 발행된 달의 월평균 기온을 추가하자. 아마도 우리는 주차 단속이 주로 이루어지는 더운 날씨에 주차 티켓 발행이 더 많이 발생하는 경향을 발견하게 될 것이다. 먼저 [그림 5-12]는 기온 데이터의 샘플이다.

	Temp
monthYear	
01-2000	31.3
01-2001	33.6
01-2002	39.9
01-2003	27.5
01-2004	24.7
01-2005	31.3
01-2006	40.9
01-2007	37.5
01-2008	36.5
01-2009	27.9

그림 5-12 뉴욕시의 월평균 기온 데이터

평균 기온 데이터와 주차 티켓 데이터는 동일한 값(월/년의 문자열 표현)으로 인덱싱되므로, 두 데이터셋을 인덱스로 정렬해 결합하면 더 빠른 성능을 구현할 수 있다! 다음 [코드 5-31]은 그 모습을 보여준다.

코드 5-31 NYC 주차 티켓 데이터와 NOAA 날씨 데이터 결합하기

```
import pandas as pd
nyc_temps = pd.read_csv('nyc-temp-data.csv')
nyc_temps_indexed = nyc_temps.set_index(nyc_temps.monthYear.astype(str))

nyc_data_with_temps = nyc_data_new_index.join(nyc_temps_indexed, how='inner')

with ProgressBar():
    display(nyc_data_with_temps.head(15))
```

대스크에서 내부 조인을 사용하기 위해 how='inner'를 사용한다.

[코드 5-31]에서는 먼저 팬더스를 사용해 다른 데이터셋을 읽는다. 이 파일은 (몇 KB 정도로) 매우 작으므로 팬더스를 통해 이 파일을 읽도록 했다. 한편으로는 팬더스 데이터 프레임을 대스크 데이터 프레임에 결합할 수 있다는 점을 보여준다는 점에서도 가치가 있다. 물론 대스크 데이터 프레임은 다른 대스크 데이터 프레임과 똑같은 방식으로 결합할 수 있으므로 어느 정도의 유연성이 있다. 다음으로 `nyc_temps` 데이터 프레임에서 인덱스를 설정해 대스크 데이터 프레임과 인덱스가 같아지도록 맞춘다. 마지막으로 `nyc_data_new_index` 데이터 프레임에서 `join` 메서드를 호출하고 첫 번째 인수로 기온 데이터 프레임을 전달한다. 또한 내부 조인임을 나타내는 `how = inner`를 지정한다. 다음 [그림 5-13]은 [코드 5-31]의 결과다.

Out[57]:

istration State	Violation Code	Vehicle Body Type	Vehicle Make	Issuing Agency	Street Code1	Street Code2	Street Code3	...	Vehicle Year	Feet From Curb	Violation Post Code	Violation Description	Plate Type	Vehicle Color	Issue Date	Citation Issued Month Year	Temp	monthYear
NY	46	SUBN	AUDI	P	37250	13610	21190	...	2013.0	0.0	Unknown	Unknown	PAS	GY	2013-08-04	08-2013	74.6	08-2013
NY	46	VAN	FORD	P	37290	40404	40404	...	2012.0	0.0	Unknown	Unknown	COM	WH	2013-08-04	08-2013	74.6	08-2013
NY	46	P-U	CHEVR	P	37030	31190	13610	...	0.0	0.0	Unknown	Unknown	COM	GY	2013-08-05	08-2013	74.6	08-2013
NY	46	VAN	FORD	P	37270	11710	12010	...	2010.0	0.0	Unknown	Unknown	COM	WH	2013-08-05	08-2013	74.6	08-2013
NY	41	TRLR	GMC	P	37240	12010	31190	...	2012.0	0.0	Unknown	Unknown	COM	BR	2013-08-08	08-2013	74.6	08-2013
NJ	14	P-U	DODGE	P	37250	10495	12010	...	0.0	0.0	Unknown	Unknown	PAS	RD	2013-08-11	08-2013	74.6	08-2013
NJ	24	DELV	FORD	X	63430	0	0	...	0.0	0.0	Unknown	Unknown	PAS	WHITE	2013-08-07	08-2013	74.6	08-2013
NY	24	SDN	TOYOT	X	63430	0	0	...	2001.0	0.0	Unknown	Unknown	PAS	WHITE	2013-08-07	08-2013	74.6	08-2013
NY	24	SDN	NISSA	X	23230	41330	83330	...	2012.0	0.0	Unknown	Unknown	PAS	WHITE	2013-08-12	08-2013	74.6	08-2013
NY	20	SDN	VOLKS	T	28930	27530	29830	...	2012.0	0.0	Unknown	Unknown	PAS	WHITE	2013-08-12	08-2013	74.6	08-2013
LA	17	SUBN	HONDA	T	0	0	0	...	0.0	0.0	Unknown	Unknown	PAS	TAN	2013-08-07	08-2013	74.6	08-2013
IL	40	SDN	SCIO	T	26630	40930	18630	...	0.0	6.0	Unknown	Unknown	PAS	BK	2013-08-10	08-2013	74.6	08-2013
PA	20	SDN	TOYOT	T	21130	71330	89930	...	0.0	0.0	Unknown	Unknown	PAS	GR	2013-08-06	08-2013	74.6	08-2013
NY	40	VAN	MERCU	T	23190	27290	20340	...	2003.0	0.0	Unknown	Unknown	COM	RD	2013-08-07	08-2013	74.6	08-2013
NY	51	VAN	TOYOT	X	93230	74830	67030	...	2013.0	0.0	Unknown	Unknown	PAS	GY	2013-08-06	08-2013	74.6	08-2013

그림 5-13 [코드 5-31]의 결과

보다시피 Temp 열이 원래 데이터 프레임의 오른쪽에 추가되었다. 다음 장으로 넘어갈 때도 이 점을 계속 기억하자. 날씨 데이터가 주차 위반 데이터의 전체 기간과 겹치므로, 조인 과정을 거치면서 행을 하나도 잃지 않았다. 그리고 데이터 프레임의 인덱스가 정렬된 상태이므로 이 연산은 매우 빠르다. 인덱스가 정렬되지 않은 데이터 프레임을 조인할 수는 있겠지만 이 책에서 굳이 다룰 만한 가치가 없을 만큼 성능이 떨어질 수 있으니 그러한 작업은 피할 것을 강력히 추천한다.

관계가 없는 레코드를 삭제하지 않으려면 **외부 조인**outer join을 수행해야 한다.

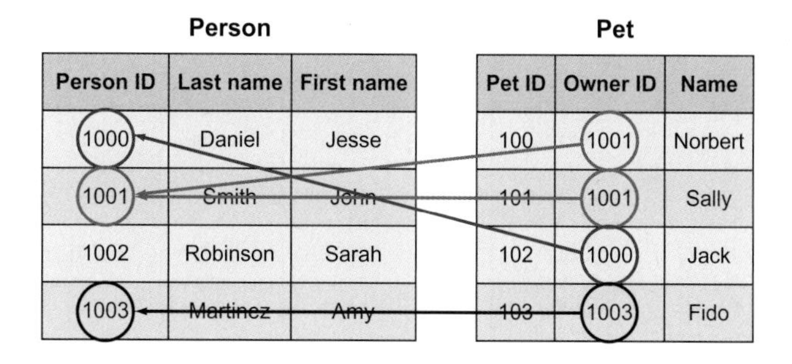

Person
Person ID
Last name
First name
1000
Daniel
Jesse
1001
Smith
John
1002
Robinson
Sarah
1003
Martinez
Amy
Pet
Pet ID
Owner ID
Name
100
1001
Norbert
101
1001
Sally
102
1000
Jack
103
1003
Fido

조인 테이블

Person ID	Last name	First name	Pet ID	Owner ID	Name
1001	Smith	John	100	1001	Norbert
1001	Smith	John	101	1001	Sally
1000	Daniel	Jesse	102	1000	Jack
1003	Martinez	Amy	103	1003	Fido
1002	Robinson	Sarah	*NULL*	*NULL*	*NULL*

외부 조인에서는
관련 없는 레코드도 유지된다.

하지만 사라는 반려동물이 없기 때문에,
반려동물 관련 열에는 NULL이 입력된다.

그림 5-14 외부 조인 결과는 서로 관계가 없는 레코드도 유지한다.

[그림 5-14]에서 외부 조인한 결과 주인이 있는 반려동물이 앞에서와 마찬가지로 모두 연결되었다. 이때 이전과는 달리 사라도 조인된 테이블에 나타난다. 외부 조인은 관계가 없는 레코드를 삭제하지 않기 때문이다. 대신 관계가 없는 테이블의 열에는 결측값이 포함된다. [그림 5-14]에서 사라는 반려동물이 없으므로 반려동물에 대한 정보는 NULL이며 이는 값이 누락되거나 데이터가 알려지지 않았음을 나타낸다. 대스크는 기본적으로 외부 조인을 수행하므로 달리 지정하지 않고 두 테이블을 조인하면 이와 같은 결과를 얻는다.

5.6.2 두 개의 데이터 프레임 연결하기

데이터셋을 결합하는 또 다른 방법은 행 축을 따라 연결하는 것이다. RDBMS에서는 이것을 유니온 오퍼레이션union operation이라고 하지만 대스크에서는 이를 데이터 프레임 **연결**concatenating이라고 한다.

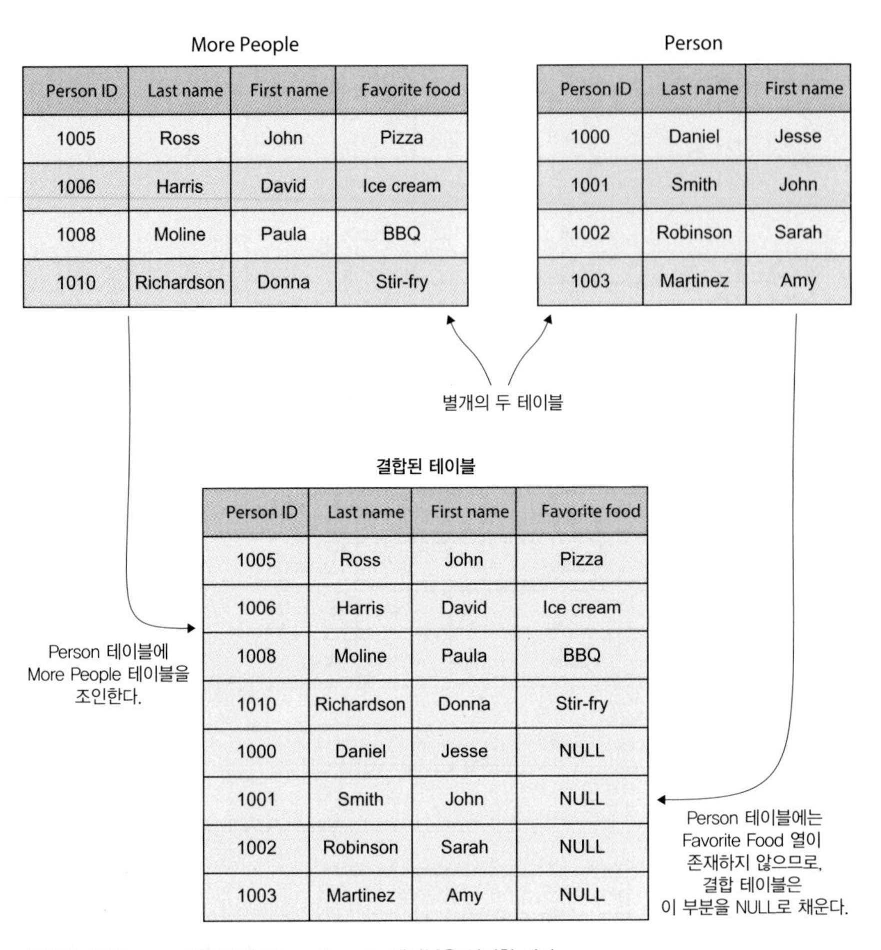

그림 5-15 Person 테이블과 More People 테이블을 연결한 결과

[그림 5-15]는 Person 테이블과 More People 테이블을 연결한 결과다. 조인은 열을 늘려서 더 많은 데이터를 추가하는 반면, 연결은 행 수를 늘려서 더 많은 데이터를 추가함을 알 수 있다. 두 테이블에 공통으로 존재하는 이름의 열을 상호 정렬해 행을 병합한다. 또한 두 테이블에 정확히 같은 열이 없을 때 어떤 결과가 발생하는지 확인할 수 있다. 이 경우, 좋아하는 음식(Favorite Food) 열이 두 테이블 간에 겹치지 않았으므로 Person 테이블에 있던 사람들의 Favorite Food 값으로는 NULL이 할당된다. 대스크에서 이것이 어떻게 동작하는지 알아보자.

코드 5-32 두 개의 데이터 프레임 연결하기

```
fy16 = dd.read_csv('nyc-parking-tickets/Parking_Violations_Issued_-_Fiscal_Year_2016.
csv', dtype=dtypes, usecols=dtypes.keys())
fy17 = dd.read_csv('nyc-parking-tickets/Parking_Violations_Issued_-_Fiscal_Year_2017.
csv', dtype=dtypes, usecols=dtypes.keys())

fy1617 = fy16.append(fy17)

with ProgressBar():
    print(fy16['Summons Number'].count().compute())

with ProgressBar():
    print(fy17['Summons Number'].count().compute())

with ProgressBar():
    print(fy1617['Summons Number'].count().compute())
```

[코드 5-32]에서 우리는 잠시 원본 데이터로 되돌아간다. 공통 인덱스가 필요하지 않으므로 두 원본 파일에서 얻은 원본 데이터들을 연결한다. 4장에서 이미 실습한 스키마 빌드와 결합 로딩(파일 경로에 *.csv 사용)에 대한 대안은 각 파일을 개별적으로 로드하고 append 메서드로 연결하는 것이다. 문법적으로 이것은 매우 간단하며 append 메서드를 위한 추가 인수는 없다. fy16과 fy17에 각각 10,626,899개와 10,803,028개의 행이 있으며 최종적으로 fy1617에는 21,429,927개의 행이 있음을 볼 수 있다.

5.7 텍스트 파일과 파케이 파일에 데이터 쓰기

지금까지 데이터셋을 정리하기 위해 상당한 작업을 했다. 이제부터는 그 동안 진행한 상황을 저장하는 게 좋다. 데이터 프레임에서 persist 메서드를 사용하는 것이 때로는 성능을 최대화하는 좋은 아이디어이지만, 이 지속성은 일시적이다. 노트북 서버를 종료하면서 파이썬 세션을 종료하면 지속된 데이터 프레임이 메모리에서 지워지므로 이전에 하던 데이터 작업을 다시 시작하려면 모든 연산을 다시 수행해야 한다.

대스크에서 데이터를 저장하는 것은 아주 간단하지만 한 가지 주의할 사항이 있다. 대스크는 연산을 수행할 때 데이터를 파티션으로 나누므로 파티션당 하나의 파일 작성이 기본이다. 만약 분산 파일 시스템에 파일을 쓰거나 스파크나 하이브 등의 다른 분산 시스템에서 데이터를 사용하려는 경우라면 실제로 아무런 문제가 되지 않는다. 하지만 태블로Tableau나 엑셀과 같은 데이터 분석 도구에서 불러올 수 있는 단일 파일로 저장하려면 저장하기 전에 repartition 메서드를 사용해 모든 데이터를 단일 파티션으로 모아야 한다.

이번 절에서는 앞서 데이터를 읽기 위해 배웠던 두 가지 포맷, 즉 구분 기호가 있는 텍스트 파일과 파케이 파일로 데이터를 쓰는 방법에 대해 살펴보겠다.

5.7.1 구분 기호가 있는 텍스트 파일에 쓰기

구분 기호가 있는 텍스트 파일로 데이터를 다시 쓰는 방법부터 살펴보자.

코드 5-33 CSV 파일 작성하기

```
with ProgressBar():
    if not os.path.exists('nyc-final-csv'):   <- nyc-final-csv 폴더가 존재하는지 확인하고
                                                 존재하지 않을 경우 이 폴더를 생성한다.
        os.makedirs('nyc-final-csv')
    nyc_data_with_temps.repartition(npartitions=1).to_csv('nyc-final-csv/
     part*.csv')   <- 데이터를 단일 파티션(파일)으로 모아
                      CSV 형식으로 저장한다.
```

[코드 5-33]은 앞에서 만들었던 결합된 데이터셋을 단일 CSV 파일로 저장하는 방법을 보여준다. 주목할 부분은 데이터를 저장할 파일 이름으로 지정한 part*.csv 다. 여기에 사용된 와일드카드 문자(*)는 각 파일에 해당하는 파티션 번호를 나타내며 대스크에 의해 자동으로 채워진다. 모든 데이터를 단일 파티션으로 모아놨으므로 part0.csv이라는 하나의 CSV 파일만 작성된다.

이렇게 하나의 CSV 파일로 만들면 다른 응용 프로그램에서 이 데이터를 사용할 수 있도록 내보내기에는 유용할 수 있지만 기본적으로 대스크는 분산 시스템을 위한 라이브러리다. 데이터를 여러 파일로 분할해 병렬로 읽을 수 있도록 하는 편이 성능적인 관점에서 훨씬 더 의미가 있다. 실제로 대스크의 기본 동작은 각 파티션을 별도의 파일에 저장하는 것이다. 다음으로 to_csv 메서드로 설정할 수 있는 몇 가지 다른 중요한 옵션들을 살펴보고 데이터를 여러 개의 CSV 파일로 저장하겠다.

두 방법 모두 기본 설정을 사용했을 때 출력 파일의 형태에 관한 몇 가지 가정을 전제한다. 즉, 기본적으로 to_csv 메서드는 다음과 같은 형태의 파일을 만든다.

- 열 구분 문자로 쉼표(,)를 사용한다.
- 결측값(np.nan)을 빈 문자열('')로 저장한다.
- 헤더를 포함한다.
- 인덱스를 열로 포함한다.
- 압축을 사용하지 않는다.

코드 5-34 사용자 정의 옵션을 활용해 구분 기호가 있는 텍스트 파일 작성하기

```
with ProgressBar():
    if not os.path.exists('nyc-final-csv-compressed'):
        os.makedirs('nyc-final-csv-compressed')
    nyc_data_with_temps.to_csv(
        filename='nyc-final-csv-compressed/*',
        compression='gzip',
        sep='¦',
        na_rep='NULL',
        header=False,
        index=False)
```

[코드 5-34]는 이러한 기본 설정을 변경하고 사용자가 원하는 대로 설정하는 방법을 보여준다. 이 코드를 가지고 data라는 데이터 프레임을 48개의 파일에 나누어 저장하면서, gzip을 사용해 압축하고 쉼표 대신 파이프(¦)를 열 구분 기호로 사용하며 결측값을 NULL로 쓰고, 헤더 행이나 인덱스 열을 포함하지 않도록 할 수 있다. 이러한 옵션들은 필요에 따라 조절할 수 있다.

5.7.2 파케이 파일에 쓰기

파케이에 쓰는 일 역시 텍스트 파일에 쓰기와 매우 유사하다. 주된 차이는 개별 파일 이름에 대한 틀을 설정하는 대신 파케이는 단순히 디렉터리에 저장된다는 점이다. 파케이는 분산 시스템에 최적화되어 있으므로 앞에서 텍스트 파일을 저장할 때처럼 분할을 재조정하는 것은 좋은 생각이 아니다. 파케이의 옵션들은 매우 단순하다.

코드 5-35 파케이에 데이터 프레임 쓰기

```
with ProgressBar():
    nyc_data_with_temps.to_parquet('nyc_final', compression='snappy')
```

[코드 5-35]는 snappy 압축 코덱을 사용해 로컬 파일 시스템에서 파케이에 데이터를 쓰는 방법을 보여준다. 이전 장에서 이미 배운 경로 메커니즘만 잘 따르면 HDFS나 S3에 저장할 수도 있다. 재분할하지 않은 텍스트 파일과 마찬가지로 대스크는 파티션당 하나의 파케이 파일을 작성한다.

지금까지 잘 해냈다. 5장에서는 대스크 데이터 프레임 API의 많은 부분과 데이터 조작을 위한 다양한 기술을 다루었다. 이제 데이터 프레임을 조작하는 능력에 대해 더 큰 자신감을 갖기를 바란다. 데이터를 정리했으니 분석을 시작할 준비가 되었다. 데이터 프레임도 모두 저장했으니 커피 한 잔과 함께 휴식을 취하면서 정말 재미있는 부분인 데이터 분석을 준비하자!

5.8 마치며

- 데이터 프레임에서 열을 선택하려면 대괄호 ([...]) 표기법을 사용한다. 열 선택기 대괄호에 열 이름이 담긴 리스트를 전달해 둘 이상의 열을 선택할 수 있다.
- `head` 메서드는 기본적으로 데이터 프레임의 처음 10개의 행을 표시한다. 보고자 하는 행의 개수를 지정할 수도 있다.
- `drop` 메서드를 사용해 데이터 프레임에서 열을 삭제할 수 있다. 그러나 데이터 프레임은 불변성을 가지므로 열이 원본 데이터 프레임에서 삭제되지는 않는다.
- `dropna` 메서드를 사용해 데이터 프레임에서 결측값을 제거할 수 있다.
- 열의 값을 분석하거나 리코딩하는 등 데이터 프레임의 열을 대체하려면 `drop-assign-rename` 패턴을 사용한다.
- `apply` 메서드를 사용해 데이터 프레임에서 요소별로 변환 기능을 수행할 수 있다.
- 데이터 프레임 필터링을 위해 (>, <, = 등의) 불리언 연산자를 지원한다. 필터 조건에 둘 이상의 입력 값이 필요한 경우에는 `isi`과 같은 넘파이 스타일 불리언 함수를 사용할 수

있다.

- `merge` 메서드를 사용해 관계에 기반한 두 개의 데이터 프레임을 조인할 수 있다. 팬더스 데이터 프레임을 대스크 데이터 프레임에 합칠 수도 있다.
- `append` 메서드를 사용해 데이터 프레임을 연결(결합)할 수 있다.

CHAPTER 6

데이터 프레임 요약과 분석

이 장의 핵심 내용

- 대스크 시리즈에 대한 기술 통계량 구하기
- 대스크의 내장 집계 함수로 데이터 집계/그룹화하기
- 나만의 맞춤 집계 함수 만들기
- 이동 구간 함수로 시계열 데이터 분석하기

5장의 마지막 부분에서 우리는 자세히 들여다보고 분석할 준비가 된 데이터셋에 도달했다. 그러나 이 데이터에서 발생할 수 있는 모든 문제를 철저하게 찾아보진 않았다. 실제로 데이터를 정리하고 준비하는 과정을 마무리하는 데 시간이 훨씬 오래 걸릴 수 있다. 데이터 클리닝은 프로젝트에 소요되는 총 시간에서 80% 이상을 차지할 수 있다는 것이 데이터 과학자들 사이에서 일반적인 상식이다. 지금까지 배운 기술로 가장 일반적인 데이터 품질 문제를 다룰 수 있는 좋은 토대를 마련하였다. [그림 6-1]은 전체 워크플로의 진행 과정을 알기 쉽게 보여준다. 이제 거의 절반쯤 왔다!

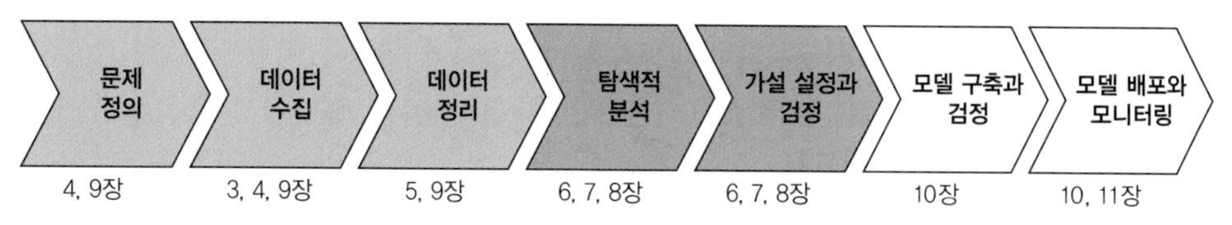

그림 6-1 이 책의 워크플로

이제 데이터 과학 프로젝트에서 내가 가장 좋아하는 부분인 탐색 데이터 분석에 초점을 맞출 것이다. 탐색 데이터 분석의 목표는 데이터의 '전체적 윤곽'을 이해하고, 데이터셋에서 흥미로운 패턴과 상관관계를 찾고, 목표 변수를 예측하는 데 유용한 데이터셋의 중요한 관계를 밝히는 것이다. 이전 장과 마찬가지로 대스크의 분산 패러다임에서 데이터 분석을 수행하는 데 필수적인 차이점과 독특한 고려 사항들을 중점으로 다뤄보겠다.

6.1 기술 통계

5장 마지막에 만든 최종 데이터셋에는 도시 주변에서 발생한 약 4천 1백만 건의 주차 위반 정보가 있다. 정말 많은 기록이다. 흥미로운 사실은 뉴욕시 거리에 (불법) 주차된 자동차의 평균 연식이다. 신형 자동차가 구형보다 더 많을까? 가장 오래된 불법 주차 차량은 연식이 얼마나 될까? 기술 통계량을 이용하여 다음 질문에 대한 답을 찾아볼 것이다.

NYC 주차 위반 데이터를 참고할 때
뉴욕시 거리에 불법 주차된 차량의 평균 연식은 얼마일까?
차량의 연식을 통해 무엇을 추론할 수 있을까?

6.1.1 기술 통계란 무엇인가?

코드를 살펴보기 전에 데이터의 형태를 이해하는 방법을 간단하게 소개하겠다. 보통 다음 7가지 수학적 특성으로 정의할 수 있다.

- 가장 작은 값(**최솟값**)
- 가장 큰 값(**최댓값**)
- 모든 데이터 값들의 평균(**평균값**)
- 최솟값과 최댓값 사이의 중간점(**중간값**)
- 데이터가 평균으로부터 퍼져있는 정도(**표준편차**)
- 가장 자주 나오는 값(**모드**)

• 중간을 기준으로 왼쪽과 오른쪽에 있는 데이터 포인트의 개수가 균형을 이루는 정도(**왜곡**)

앞의 개념들은 보통 기본 통계 과정에서 기초로 다뤄지기 때문에 용어 중 일부는 분명히 들어보았을 것이다. 이러한 **기술 통계**descriptive statistics는 단순하지만 모든 종류의 데이터를 설명하고 데이터에 대한 중요한 정보를 알려주는 매우 강력한 방법이다. 여기 복습을 위한 기술 통계 시각 자료가 있다.

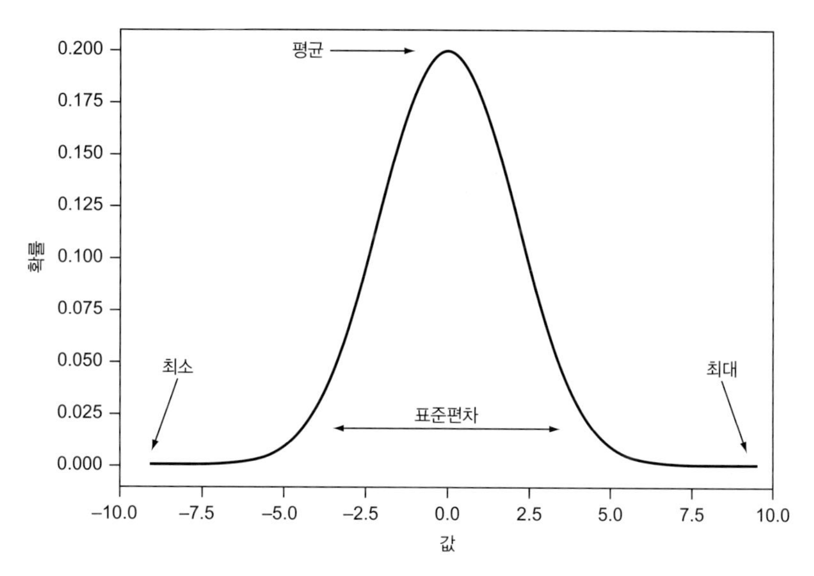

그림 6-2 기술 통계량에 대한 시각 자료

[그림 6-2]는 10만 개의 관측치로 이루어진 가상 변수에 대한 히스토그램이다. 관측값은 X축을 기준으로 하며 상대 빈도(각 값이 관찰되는 빈도를 모든 관측치에 대한 백분율로 표현)는 Y축을 따라 표시한다. 여기에서 뽑아낼 수 있는 것은 관찰한 값의 범위다. 우리는 0, 혹은 5.2, 때로는 −3.48 등의 값을 발견할 수 있다. 이 가상 변수의 관측값이 항상 동일하게 유지되지 않는 것을 **랜덤 분포 변수**라고 한다. 이러한 변수의 무작위성에 대처하고자 관찰이 가능한 범위와 관찰할 수 있는 값에 대한 기대치를 설정한다면 유용할 것이다. 이것이 바로 기술 통계의 정확한 목표이다!

[그림 6-2]로 다시 돌아가서 최솟값과 최댓값을 살펴보자. 여기 붙은 직관적인 이름대로, 이 값들은 관측 범위에 경계점 역할을 한다. 최솟값(−10) 이하로 내려간 관측치가 없었으며, 마

찬가지로 최댓값(10) 이상으로 떨어진 관측치도 없었다. 이는 해당 범위 밖의 미래 관측을 볼 가능성이 거의 없음을 알려준다. 다음으로 평균값을 살펴보자. 이것은 분포의 '질량 중심'을 의미한다. 즉, 무작위 관측을 하면 이 지점 근처에 값이 나올 가능성이 높다. 확률은 0.16임을 알 수 있는데 이는 대략 16%의 횟수로 예상 관측값이 0이 될 거라는 의미다. 그러나 다른 80%의 횟수는 어떻게 될까? 이때 표준편차가 등장한다. 표준편차가 높을수록 평균에서 멀리 떨어진 값을 관찰할 가능성이 커진다.

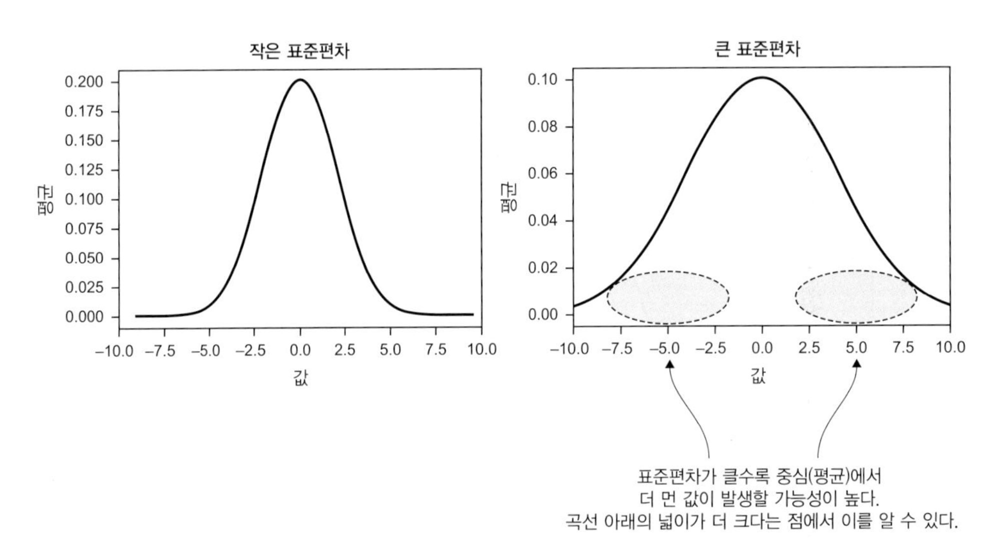

그림 6-3 표준편차 비교하기

[그림 6-3]에서 이러한 특성을 볼 수 있다. 표준편차가 작으면 평균에서 멀어질수록 확률이 급격히 떨어진다. 즉, 평균에서 멀리 떨어진 값은 거의 관찰되지 않는다. 반대로 표준편차가 크면 확률이 완만하게 감소하여 평균에서 멀리 떨어진 값이 관찰될 가능성도 높아진다. 극단적으로 표준편차가 0인 경우는 값이 언제나 일정하고 임의로 분포된 변수가 아니라는 뜻이다. 차량 연식의 표준편차가 작을 경우 뉴욕에 불법 주차된 많은 차량이 거의 비슷한 연식이라고 볼 수 있다. 반대로 표준편차가 높으면 신형 차량과 기존 차량이 매우 다양하게 혼합되어 있다는 뜻이다. [그림 6-3]에서는 두 분포 모두 대칭을 이루었다. 즉 1의 값을 관찰할 확률이 −1의 값을 관찰할 확률과 같다. 확률의 감소율이 이 곡선의 가장 높은 지점(가장 자주 관찰되는 값 또는 **모드**를 의미)으로부터 멀어지는 방향에 따라 달라지지 않는다. 이러한 대칭성(또는 잠재적 비대칭성)은 왜도skewness가 무엇인지를 보여준다.

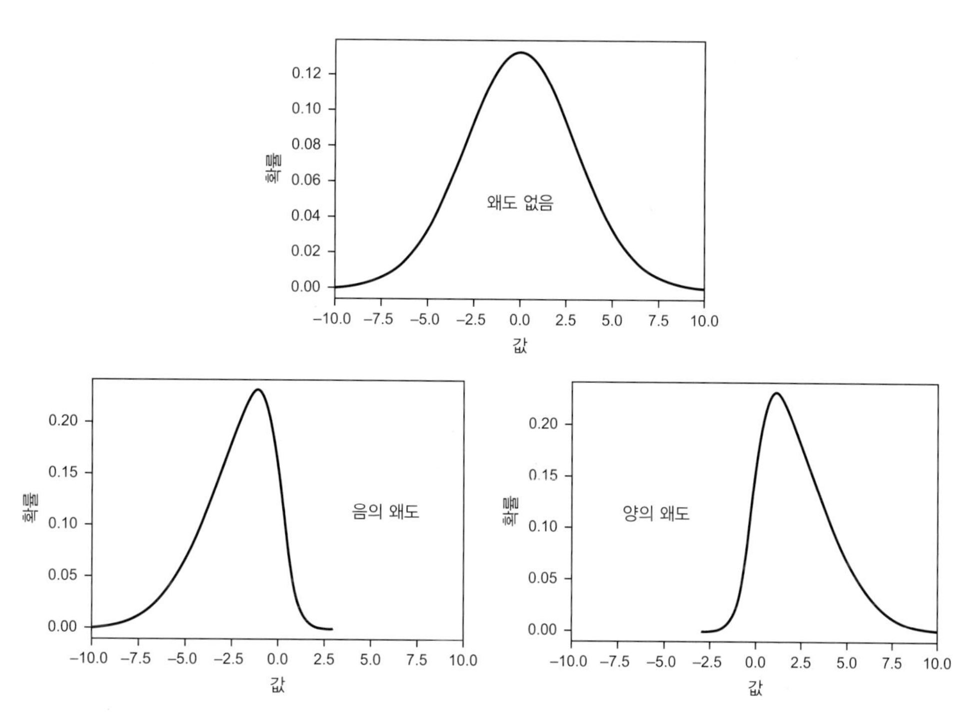

그림 6-4 왜도의 시각적 비교

[그림 6-4]는 왜곡의 차이가 분포 모양에 어떤 영향을 미치는지 보여준다. [그림 6-4]의 상단 중앙에 표시된 것처럼 왜도가 0이면 분포 모양은 대칭이다. 어느 방향으로든 모드에서 멀어지면 동일한 수준의 확률 감소가 발생한다. 이는 또한 해당 분포의 평균과 모드가 같은 값이 되도록 한다. 반대로 [그림 6-4]의 왼쪽 아래에서 볼 수 있듯이 왜도가 음수이면 모드보다 큰 값일 때 확률 감소가 매우 가파르고 모드보다 작은 값인 경우 그보다 덜하다. 이는 모드보다 작은 값이 모드보다 높은 값보다 더 자주 관찰된다(그러나 모드는 여전히 관찰될 가능성이 가장 높은 값이다). 또한 이러한 음의 왜도는 평균이 원래 값보다 왼쪽에 있다. 이전과 마찬가지로 평균값이 0이 아니라 현재 −2.5 정도이다.

[그림 6-4]의 오른쪽 아래에서 볼 수 있는 양의 왜도는 음의 왜도와 정반대이다. 모드보다 작은 값보다 모드보다 큰 값을 관찰할 가능성이 높다. 평균 또한 0보다 오른쪽에 있다. 차량 연식을 분석할 때 음의 비대칭성을 관찰하면 더 많은 차량이 평균 연식보다 연식이 짧은 최신형이라는 것을 알 수 있다. 반대로 양의 왜도는 평균 연식보다 오래된 차량이 더 많다는 것을 보여준다. 일반적으로 왜도가 1보다 크거나 −1보다 작으면 분포가 실질적으로 치우쳐 있고 대칭이 아니라고 판단한다.

6.1.2 대스크를 이용하여 기술 통계량 계산하기

기술 통계량을 이해하고 해석하는 방법을 배웠다. 이제 대스크로 이러한 값을 계산하는 방법을 살펴보자. 이를 위해서 먼저 주차 티켓이 발행된 차량의 나이[1]를 계산해야 한다. 데이터에 발행 날짜와 자동차의 모델 연도가 있으므로 이를 사용하여 파생 열을 만든다. 항상 그렇듯이 먼저 앞에서 만든 데이터를 불러오자.

코드 6-1 분석을 위한 데이터 불러오기

```
import dask.dataframe as dd
import pyarrow
from dask.diagnostics import ProgressBar

nyc_data = dd.read_parquet('nyc_final2', engine='pyarrow')
```

[코드 6-1]의 모든 내용은 이제 익숙할 것이다. 단순히 필요한 라이브러리를 불러온 다음 5장 마지막에 생성한 파케이 파일을 읽어온다. 이전에 Vehicle Year 열을 보고 이상한 값이 있는지 검사한 적이 없으므로 이 작업을 먼저 하겠다.

코드 6-2 Vehicle Year 열의 이상치 검사하기

```
with ProgressBar():
    vehicle_age_by_year = nyc_data['Vehicle Year'].value_counts().compute()
vehicle_age_by_year

# Produces the following (abbreviated) output
0.0       8597125
2013.0    2847241
2014.0    2733114
2015.0    2423991
            ...
2054.0         61
2058.0         58
2041.0         56
2059.0         55
```

1 옮긴이_ 이 책에서 '차량의 연식'은 차량이 제조된 년도를 의미하고 '차량의 나이'는 연식으로부터 지금까지의 햇수를 가리킨다.

[코드 6-2]에서 볼 수 있듯이, 값 횟수 정보를 통해 0년에 만들어졌다거나 아니면 먼 미래에 만들어졌다고 잘못 입력된 일부 차량들을 확인할 수 있다. 사차원 공간에서의 시간 여행이나 다른 이상이 있었던 게 아니라면 분명 데이터가 잘못된 것이다. 통계 분석에 잘못된 데이터가 유입되지 않도록 필터링한다.

코드 6-3 잘못된 데이터 필터링하기

차량 연도가 0보다 작거나 2018보다 큰 행을 제거하기 위한 필터 표현식을 작성한다.

데이터에 필터 표현식을 적용하고 차량 연도별로 차량 대수를 계산한다.

```
with ProgressBar():
    condition = (nyc_data['Vehicle Year'] > 0) & (nyc_data['Vehicle Year'] <= 2018)
    vehicle_age_by_year = nyc_data[condition]['Vehicle Year'].value_counts().compute().
sort_index()
vehicle_age_by_year
```

결과를 출력한다.

```
# Produces the following abbreviated output
1970.0        775
1971.0        981
1972.0        971
...
2014.0    2733114
2015.0    2423991
2016.0    1280707
2017.0     297496
2018.0       2491
Name: Vehicle Year, dtype: int64
```

[코드 6-3]에서는 5장에서 배웠듯이 부울 필터링을 사용하여 '0년 혹은 2018년 이후에 만들어진 차량(즉, 데이터가 잘못 입력된 경우)'들을 걸러낸다. 상한선으로는 2017년이 아닌 2018년을 선택했는데, 실제 자동차 제조업체들의 모델 연도가 1년 정도 앞서가기 때문이다. 이 데이터셋은 2017년까지의 정보를 담고 있으므로 2018년 차량 모델에 대한 대부분의 관측치가 합리적일 수 있다. 이제 결과가 훨씬 좋아 보인다!

이제 필터링한 데이터에서 파생 열을 만들어보자. 이를 위해 date 열에서 Vehicle Year 열을 빼는 사용자 함수를 필터링한 데이터에 적용한 다음 이 결과를 데이터 프레임에 추가한다. [그림 6-5]에 나와있는 네 단계로 이 작업을 수행한다.

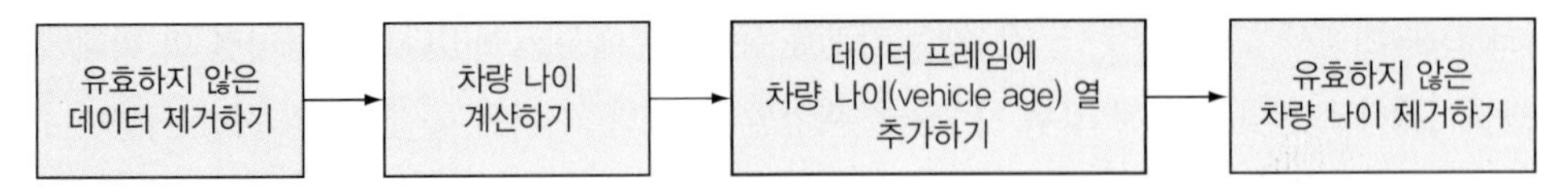

그림 6-5 주차 티켓이 발행된 시점에서 각 차량의 나이 계산하기

이제 이 네 단계를 코드로 구현한다.

코드 6-4 티켓 발행 날짜의 차량 연식 계산하기

```
nyc_data_filtered = nyc_data[condition]    ◁ 필터 조건을 데이터에 적용한다.

def age_calculation(row):
    return int(row['Issue Date'].year - row['Vehicle Year'])    ◁ 현재 날짜에서 차량 연도(Vehicle Year) 열을 빼는 함수를 정의한다.

vehicle_age = nyc_data_filtered.apply(age_calculation, axis=1, meta=('Vehicle
    Age', 'int'))    ◁ 각 행에 이 연산을 적용하여 새로운 열을 만든다.

nyc_data_vehicle_age_stg1 = nyc_data_filtered.assign(VehicleAge=vehicle_age)
nyc_data_vehicle_age_stg2 = nyc_data_vehicle_age_stg1.
    rename(columns={'VehicleAge':'Vehicle Age'})    ◁ 원래 데이터 프레임에 새로운 열을 추가하기 위해 assign-rename 패턴을 사용한다.

nyc_data_with_vehicle_age = nyc_data_vehicle_age_stg2[nyc_data_vehicle_age_
    stg2['Vehicle Age'] >= 0]    ◁ 차량 연식이 음수인 행을 제외한다.
```

[코드 6-4]도 매우 익숙할 것이다. 첫 번째 줄에서는 필터 조건을 데이터에 적용하여 유효하지 않은 차량 연도의 관측값을 제거한다. 다음으로 차량의 나이를 계산하는 함수를 만든다. 이 함수는 각 데이터 프레임 행을 입력으로 가져오고 Issue Date 열에서 연도를 가져오고 티켓이 발행된 연도와 자동차가 제조된 연도의 차이를 찾는다. `row['Issue Date']`는 날짜/시간 객체를 나타내므로 `year` 속성을 사용하여 연도의 값에만 액세스할 수 있다. 이 함수는 세 번째 줄에서 데이터 프레임의 각 행에 적용되며, 이는 각 차량의 나이를 포함한 시리즈 객체를 반환한다. `apply` 메서드의 `meta` 인수argument는 새로 만들어지는 시리즈의 이름이 첫 번째 요소

이고 데이터 타입이 두 번째 요소인 튜플을 사용한다. 그 다음 두 줄은 5장에서 배운 assign-rename 패턴을 사용하여 데이터 프레임에 일단 열을 추가하고 알기 쉬운 이름으로 바꾼다. 마지막 줄에서 차량 연식이 이상한 값을 갖는 행을 제거하기 위해 하나의 필터를 더 적용한다. 예를 들어, 발행 연도가 2014년인데 차량 연식이 2018년으로 기록된 경우 차량 연식은 -4로 유효하지 않은 값이 된다.

이제 기술 통계량을 계산할 준비가 되었다! 그러나 이 계산을 실행하기 전에 한 가지 문제를 더 해결해야 한다. 이러한 연산(예: 평균과 표준편차)은 전체 데이터셋을 완전히 스캔해야 하므로 완료하는 데 시간이 오래 걸릴 수 있다. 예를 들어, 평균은 데이터 프레임의 모든 값을 합한 다음 이 총합을 데이터 프레임의 행 수로 나누어야 한다. 차량 연식을 계산하기 위한 계산 역시 datetime 열과 관련된 객체 조작 때문에 상당히 복잡하다(datetime 작업은 일반적으로 느리다). 이것은 계산량이 많은 연산 결과를 메모리에 유지하기 위해 `persist` 메서드를 사용할 수 있는 좋은 기회다. 그러나 이 결과를 다음 장에서 다시 사용할 것이므로 중간 결과를 파케이 파일로 저장한다. 데이터를 디스크에 저장하면 나중에 계산을 다시 할 필요 없이 언제든지 데이터를 불러올 수 있으며 데이터가 다시 필요할 때까지 주피터 노트북 서버를 무기한으로 켜놓을 필요가 없다. 간단히 말해, `to_parquet` 메서드에 전달할 두 가지 인수는 파일 이름과 데이터 파일을 작성하는 데 사용할 파케이 라이브러리이다. 다른 코드와 마찬가지로 PyArrow 라이브러리를 계속 사용한다.

코드 6-5 중간 결과를 파케이 파일에 저장하기

```
with ProgressBar():
    files = nyc_data_with_vehicle_age.to_parquet('nyc_data_vehicleAge', engine='pyarrow')

nyc_data_with_vehicle_age = dd.read_parquet('nyc_data_vehicleAge', engine='pyarrow')
```

이 두 줄의 실행이 끝나면(시스템에서 약 45분이 소요됨) 기술 통계를 보다 빠르고 효율적으로 계산할 수 있다. 편의상 대스크는 기술 통계와 관련한 내장 함수들을 제공하므로 고유한 알고리즘을 구현할 필요가 없다. 6.1절의 앞부분에서 다룬 5가지 기술 통계인 평균, 표준편차, 최소, 최대, 왜곡을 먼저 살펴보자.

코드 6-6 기술 통계량 계산하기

```
from dask.array import stats as dask_stats
with ProgressBar():
    mean = nyc_data_with_vehicle_age['Vehicle Age'].mean().compute()
    stdev = nyc_data_with_vehicle_age['Vehicle Age'].std().compute()
    minimum = nyc_data_with_vehicle_age['Vehicle Age'].min().compute()
    maximum = nyc_data_with_vehicle_age['Vehicle Age'].max().compute()
    skewness = float(dask_stats.skew(nyc_data_with_vehicle_age['Vehicle Age'].values).
compute())
```

Vehicle Age 열을 dask_stats.skew 함수에 공급하여 왜도를 계산하고 그 결과를 부동 소수점으로 타입 변환한다.

[코드 6-6]에서 볼 수 있듯이 평균, 표준편차, 최소, 최대에 대해서는 Vehicle Age 시리즈의 내장 메서드로 간단히 호출할 수 있다. 여기에서 예외는 왜도를 계산하는 부분이다. 예상과 달리 skew라는 함수는 따로 없다. 그러나 아직 살펴보지 않은 dask.array 패키지에는 수많은 통계 검정 함수들이 들어 있다(9장에서 대스크 배열의 함수들을 자세히 다루겠다). 이 코드에서 왜도를 계산하기 위해서 dask.array의 skew 함수에 대스크 배열을 입력해야 한다. 따라서 Vehicle Age를 대스크 시리즈 객체에서 대스크 배열 객체로 변환해야 한다. 이를 위해 Vehicle Age 시리즈의 values 속성을 사용할 수 있다. 그런 다음 이를 skew 함수에 입력하여 왜도를 계산할 수 있다. 계산 결과를 보면 [표 6-1]에 나와있는 값들을 찾을 수 있다.

표 6-1 Vehicle Age 열의 기술 통계

통계량	Vehicle age
평균	6.74
표준편차	5.66
최솟값	0
최댓값	47
왜도	1.01

결과가 참 흥미롭다! 티켓이 발행된 차량의 평균 나이는 약 7년 정도다. 최신 차량(최소 나이 0년으로 표시)이 있으며 가장 오래된 차량의 나이는 47년이다. 표준편차 5.66은 이 데이터셋의 차량이 평균 6.74년에서 +/− 5.66년 되었음을 보여준다. 마지막으로, 데이터에 양의 왜도가 발생하는데 이는 6.74년 미만의 차량이 6.74년보다 오래된 차량보다 더 많다는 뜻이다.

자동차에 대한 기본적인 상식에 비추어 보면 이러한 수치들은 모두 의미가 있다. 12년 이상 된 차량의 신뢰 수명이 거의 마지막이라는 점을 고려할 때, 이런 차량일수록 고장이 잦고 문제가 많아지므로 도로에 있는 차량들 중에서 이러한 노후 차량의 수가 급격히 줄어들 것으로 예상된다. 새 차는 비싸고 처음 몇 년간 감가상각비가 높다는 점을 감안할 때 3~5년 정도 된 중고차를 구입하는 편이 더 경제적이다. 구매자는 이 정도 연식의 차량을 구매함으로써 가장 심각한 감가상각을 피하고 향후 5년 이상 신뢰할 수 있는 차량을 소유할 수 있다. 이러한 사실은 평균 차량 연식이 6.74년이라는 것을 설명하는 데 도움이 된다. 마찬가지로 이 중 일부는 아주 오래된 듯 보이지만 최고 오래된 나이가 평균에서 표준편차의 몇 배나 떨어져 있음을 알 수 있다. 즉 뉴욕시 거리에서 47년 된 차량을 보는 일은 극히 드물다는 뜻이다.

6.1.3 기술 통계를 위해 describe 메서드 사용하기

대스크는 각 통계량을 위한 코드를 작성할 필요 없이 기술 통계량을 계산하는 더 간단한 방법을 제공한다.

코드 6-7 다양한 기술 통계 계산하기

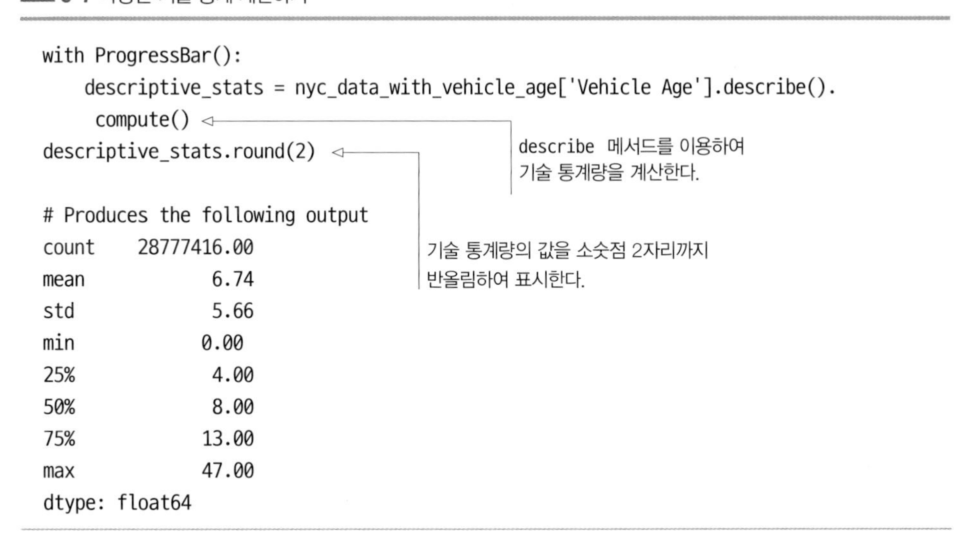

```
with ProgressBar():
    descriptive_stats = nyc_data_with_vehicle_age['Vehicle Age'].describe().
     compute()
descriptive_stats.round(2)

# Produces the following output
count    28777416.00
mean            6.74
std             5.66
min            0.00
25%             4.00
50%             8.00
75%            13.00
max            47.00
dtype: float64
```


[코드 6-7]에서 `describe` 메서드는 주로 사용하는 다양한 기술 통계량을 포함하는 시리즈 객체를 생성한다는 것을 알 수 있다. NULL이 아닌 값의 수와 평균, 표준편차, 최솟값, 최댓값을

제공한다. 또한 25번째, 75번째 백분위수와 중간값을 제공한다. 이는 데이터가 퍼져있는 정도를 이해하는 데 유용하다. describe 메서드를 사용하면 얻을 수 있는 장점 중 하나는 평균, 표준편차 등을 얻기 위해 4개의 개별 연산을 호출하는 것보다 실제로 더 효율적이라는 점이다. 대스크는 여러 집계 함수aggregate function를 한 곳에서 요청할 때 제한된 코드 최적화를 적용할 수 있기 때문이다.

기술 통계를 구하는 방법에 대해 배웠으므로 이 방법을 사용하여 모든 데이터셋의 수치형 변수들을 이해할 수 있다. 변수들의 랜덤 패턴을 정량화하고 설명할 수 있다는 것은 좋은 출발이다. 하지만 탐색적 데이터 분석에서 또 다른 중요한 면은 인지된 랜덤성을 실제로 설명할 수 있는지 이해하는 것이다. 이를 위해서는 데이터셋에서 변수 간의 관계를 살펴봐야 한다. 탐색적 데이터 분석의 두 번째 목표는 흥미로운 패턴과 상관관계를 찾는 것이다.

6.2 내장된 집계 함수

5장에서 일부 기온 데이터를 NYC 주차 위반 데이터셋에 결합한 것을 기억할 것이다. 이를 위해 티켓이 발행된 월과 연도를 포함하는 열을 만들었다. 이 데이터를 분석하여 다음 질문에 대한 답을 찾아보겠다.

NYC 주차 위반 데이터를 사용하여 매월 몇 건의 주차 티켓이 발행되었을까?
평균 기온과 티켓 발행 횟수는 어떤 관련이 있을까?

6.2.1 상관관계란 무엇인가?

데이터에서 패턴과 관계에 대해 말할 때는 보통 두 변수 간의 **상관관계**를 의미한다. 상관관계란 각 변수가 서로에 따라 어떻게 움직이는지를 정량화한 것이다. "날씨가 따뜻할 때는 발행된 주차 티켓의 수가 더 많아지고 추울 때는 더 줄어들까?"와 같은 질문에 대답하는데 도움이 될 수 있다. 아마도 NYC 주차 단속 기관은 날씨가 추운 날에는 순찰하는 주차 단속 요원의 수를 늘리지 않을 것이다. 이처럼 상관관계는 기온과 발행된 티켓 사이의 관계의 강도와 방향을 알려준다.

[그림 6-6]은 상관관계의 강도와 방향에 따른 의미를 보여준다. 먼저 산점도 A는 양의 상관관계다. X축의 변수가 증가하면(오른쪽으로 이동) Y축의 변수도 함께 증가하는(위로 이동) 경향이 있다. 이러한 것을 양의 상관관계라고 하며, 이때 하나의 변수가 증가하면 다른 변수도 증가한다. 점들이 모두 빨간색 선에 상대적으로 가깝게 위치할수록 상관관계가 높아진다. 아주 명확한 패턴을 쉽게 발견할 수 있다.

산점도 B는 변수 간에 서로 상관이 없다. 변수 X가 증가함에 따라 Y의 값은 증가하기도 하고 때로는 감소하며 어떤 때에는 비슷하게 유지된다. 여기서는 눈에 띄는 패턴이 없으므로 이러한 데이터는 서로 관련이 없다고 본다.

마지막으로 산점도 C는 강한 음의 상관관계를 보여준다. 변수 X가 증가함에 따라 변수 Y는 감소한다. 조사하고자 하는 티켓 발행과 기온 사이의 상관관계 측면에서 살펴보면, 둘이 양의 상관관계에 있는 경우에는 일반적으로 따뜻한 달일수록 더 많은 티켓이 발행되고 추운 달일수록 적은 수가 발행됨을 알 수 있다. 두 변수가 음의 상관관계를 가졌다면, 더 추울수록 발행이 많고 따뜻할수록 더 적을 것이다. 그리고 두 변수가 서로 관련이 없다면 확실한 패턴이 보이지 않을 것이다. 때로는 따뜻한 달에 발행이 많을 수도 있고 또 어떤 경우에는 더운 날씨에 발행이 없을 수도 있다. 그리고 때로는 추운 달에 발행이 많을 수도 있고 거의 없을 수도 있다.

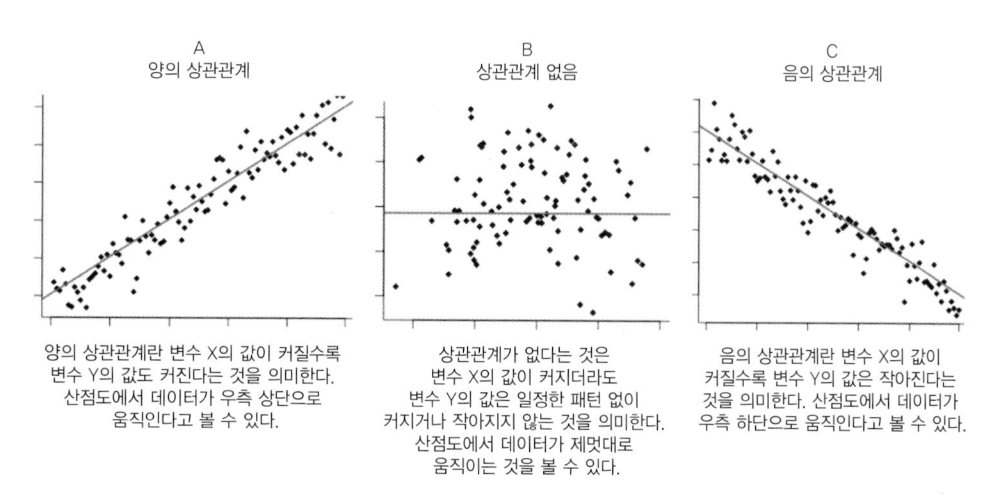

그림 6-6 상관관계에 대한 시각적 설명

NOTE_ 상관관계와 인과관계

이 책을 읽는 통계학자들 중 누군가의 분노를 피하기 위해, 한 번쯤 들어본 적이 있을 법한 오랜 격언 하나를 곱씹어보자. "상관관계가 인과관계를 암시하지는 않는다(correlation does not imply causation)." 이것은 무엇을 의미할까? 간단히 말해, 한 변수가 다른 변수와 서로 상관관계가 있다고 해서 그 변수가 다른 변수를 변화시키는 원인이라고 가정해서는 안 된다.

예를 들어 월별 주차 티켓 발행 횟수와 월평균 기온 사이의 양의 상관관계를 잘못 해석할 경우 발생할 수 있는 잘못된 결론에 대해 생각해보자. 어떤 달에 더 많은 티켓이 발행되었다면 이것은 평균 기온이 더 높았음을 알려준다. 그렇다고 NYC 주차 단속국이 주차권을 발행하여 혼자 힘으로 전 세계 기후 변화를 일으킨다고 생각하는 것은 터무니없는 일이다! 물론 날씨가 좋다면 주차 단속 요원이 밖에 있는 것을 더 즐기면서 생산성이 향상(인용 횟수 증가)될 수도 있을 것이다. 그러나 상관관계는 어떤 방식으로도 인과관계를 정의하는 데 도움이 되지 않는다. 따라서 데이터의 상관관계를 해석하고 설명할 때는 주의해야 한다.

이 예제는 우리의 결론이 잘못될 수 있다는 것을 보여주기에는 충분하지만, 두 변수 사이에 상관관계가 있는 이유를 합리적으로 설명하기 훨씬 어려운 상황에서는 드문 일도 아니다. 이는 데이터에 대한 분야별 전문 지식이 모델링에서 올바른 결정을 내리고 데이터에 대한 합리적인 결론에 도달하기 위해 정말 중요하다는 것을 보여주는 사례다.

6.2.2 대스크 데이터 프레임들의 상관관계 계산하기

이제 대스크에서 이러한 계산을 수행하는 방법을 알아보자. 앞에서 언급했듯이 먼저 월별 발행 횟수를 계산해야 한다. 이를 수행하기 전에 결과를 시간순으로 표시하는 데 도움이 되는 정렬 함수를 정의한다. 5장에서 만든 월-년(month-year) 열은 문자열이므로 해당 열을 기준으로 정렬한다고 해서 결과가 시간순으로 나오지는 않는다. 이 문제를 해결하기 위해 사용자 정의 정렬 함수는 각 달에 올바른 순서대로 순차적인 정수를 매핑하고 데이터를 삭제하기 전에 이 숫자 열을 기준으로 정렬한다.

코드 6-8 month-year 열에 대한 사용자 정의 정렬하기

```
import pandas as pd

years = ['2014', '2015', '2016', '2017']
months = ['01','02','03','04','05','06','07','08','09','10','11','12']
years_months = [year + month for year in years for month in months]
```

조사할 모든 월/년도 리스트를 생성한다.

월/년도의 모든 조합 (데카르트 곱)을 고려한 리스트를 생성한다.

```
sort_order = pd.Series(range(len(years_months)), index=years_months,
     name='custom_sort')

def sort_by_months(dataframe, order):
    return dataframe.join(order).sort_values('custom_sort')
     .drop('custom_sort', axis=1)
```

월/년도 문자열을 순차적 정수에 매핑하여 정렬하는 데 사용한다.

데이터 프레임을 입력 받아 이것을 정렬하여 출력하는 함수를 만든다.

[코드 6-8]에는 약간 나아진 부분이 있다. 한 줄씩 뜯어보자. 먼저 2014년부터 2017년까지 모든 월에 대한 월-년 값을 갖는 리스트를 작성한다. 이를 위해 월을 포함하는 리스트와 연도를 포함하는 리스트를 구성한다. 다섯째 행에서 리스트 컴프리헨션list comprehension을 사용하여 months 리스트와 years 리스트의 데카르트 곱Cartesian product을 계산한다. 이를 통해 월과 연도 간의 가능한 모든 조합을 만들 것이다. 리스트 컴프리헨션을 설정한 방식으로 인해 월-년 값의 리스트는 시간 순서를 따른다. 다음으로 이 리스트를 팬더스 시리즈 객체로 변환한다. 월 년 값을 인덱스로 사용하여 동일한 인덱스를 사용하는 다른 데이터 프레임과 조인이 가능하도록 한다. 그리고 range 함수를 이용하여 인덱스의 순서에 따라 순차적으로 정숫값을 할당하여 이를 통해 조인된 데이터를 올바르게 정렬할 수 있도록 한다. 마지막으로 sort_by_months라는 간단한 함수 하나를 정의한다. 이 함수는 같은 월-년 인덱스를 갖는 모든 데이터 프레임을 입력으로 받아 sort_order 객체를 여기에 조인하고, 월-년에 매핑한 정숫값의 숫자 열을 사용하여 시간순으로 정렬한 후 해당 숫자 열을 삭제한다. 결과적으로 월-년에 따라 데이터 프레임이 시간순으로 정렬될 것이다.

대스크에서 집계 함수 사용하기

데이터를 잘 정렬했으니 이제 월-연도별 티켓 발행 횟수를 계산하는 방법을 살펴보자. 이때 **집계 함수**를 사용한다. 집계 함수란 원시 데이터를 그룹 별로 결합(또는 집계)하고 각 그룹마다 한 함수를 적용한 것이다. SQL에서 GROUP BY문을 사용했다면 이미 집계 함수에 익숙할 것이다. 대스크에서는 계산, 합산, 최솟값/최댓값 찾기 등 여러 함수들을 그룹별로 적용할 수 있다. 실제로 앞서 (min, max, mean 등) 기술 통계에서 사용한 연산자들은 기술적으로 집계 함수라고 볼 수 있다! 유일한 차이라면 이러한 함수들을 그룹화되지 않은 전체 데이터셋에 적용했다는 점이다. 예를 들어 이전에는 전체 차량의 평균 연식을 살펴봤지만, 이제는 **차량 유형별** 혹은 **차량 번호판별**로 평균 차량 연식을 볼 수 있다. 마찬가지로 count 함수를 써서 전체 데이터셋에서 발행된 모든 티켓의 개수를 계산하거나 월-년과 같은 일종의 그룹별로 이것을 계산할 수 있다. 놀랍게도 집계 함수를 위한 그룹을 정의하는 함수는 groupby이다. 코드 측면에서는 사용이 매우 간단하고 간결하지만, 그 내부에서 일어나는 일을 이해하는 것이 중요하다. 그룹을 정의하고 집계 함수를 호출할 때 **분할-적용-병합**split-apply-combine이라고 알려진 알고리즘이 동작한다. 이것이 어떤 식으로 동작하는지 알아보자.

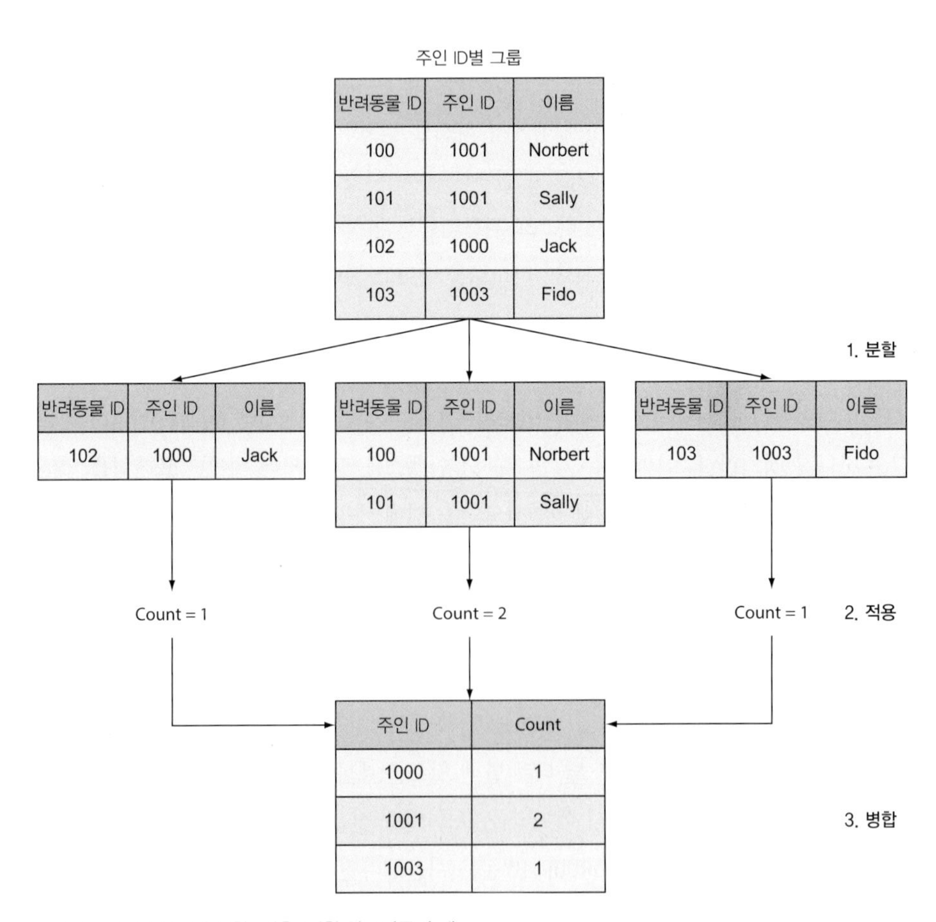

그림 6-7 집계 함수의 분할-적용-병합 알고리즘의 예

간단한 예로 [그림 6-7]의 상단 테이블에 반려동물과 주인의 ID를 보여주는 4개의 데이터 행이 있다. 각 주인이 소유한 반려동물의 수를 세려면 주인 ID별로 그룹화하고 count 함수를 각 그룹에 적용한다. 백그라운드에서 발생하는 일은 원래 테이블이 파티션으로 **분할**되며 각 파티

션에는 주인 한 명이 소유한 반려동물만 포함된다. 원래 테이블은 세 개의 파티션으로 분할된다. 다음으로 집계 함수를 각 파티션에 **적용**한다. count 함수는 각 파티션에 몇 개의 행이 있는지 금방 찾을 수 있다. 왼쪽 파티션은 1, 중앙 파티션은 2, 오른쪽 파티션은 1이다. 결과를 다시 모으려면 각 파티션의 결과를 **병합**해야 한다. 여기서 단순히 최종 출력을 생성하기 위해 각 파티션의 결과를 연결한다.

지금까지 셔플 성능과 파티셔닝에 대해 배운 내용에 비춰봤을 때 이러한 분할-적용-병합 작업이 얼마나 효율적인지 궁금할 것이다. 그룹화할 열에 대해 고유한 파티션으로 데이터를 분할해야 한다. 따라서 파티셔닝을 위해 사용되는 열에서 그룹을 선택하지 않으면 이로 인해 셔플링이 많이 발생하지 않을까 우려할 수 있다. 압축된 파케이 형식으로 저장된 데이터를 가지고 작업한다면 조금 더 효율적일 수 있겠지만 기본적으로는 데이터를 분할할 때 사용한 열만 그룹화하는 게 가장 좋다. 다행히 미리 준비된 NYC 주차 위반 데이터는 월별로 분할하여 저장했으므로 해당 열을 사용하여 그룹화하는 편이 빠를 것이다!

코드 6-9 월-년별 발행 횟수 계산하기

```
with ProgressBar():
    nyc_data_by_month = nyc_data.groupby('monthYear')
    citations_per_month = nyc_data_by_month['Summons Number'].count().
compute()
sort_by_months(citations_per_month.to_frame(), sort_order)
```

각 그룹의 발행 횟수를 센다.

monthYear 열을 기준으로 그룹화한다.

이 결과에 사용자가 정의한 정렬 함수를 적용한다.

[코드 6-9]에서는 데이터를 그룹화할 열을 정의하기 위해 groupby 메서드를 사용한다. 다음으로 count 함수를 적용하고 계산할 열을 하나 선택한다. count 함수를 사용하면 일반적으로 어떤 열을 지정하더라도 상관없다. 대스크 count 함수는 null이 아닌 값만 고려하므로 null 값이 있는 열에 count 함수를 적용하면 실제 행의 개수를 얻을 수 없다. 열을 따로 지정하지 않으면 모든 열의 개수가 포함된 데이터 프레임을 얻게 되는데 여기서 우리가 바라는 결과는 아니다. 마지막으로 팬더스 시리즈인 citations_per_month 결과 객체를 구하고 to_frame 메서드를 사용하여 데이터 프레임으로 변환한 다음 사용자가 정의한 정렬 함수를 적용한다. [그림 6-8]에서 일부 결과를 볼 수 있다.

Citation Issued Month Year	Summons Number
01-2014	708136
02-2014	641438
03-2014	899639
04-2014	879840
05-2014	941133
06-2014	940743
07-2014	961567
08-2014	901624

그림 6-8 월-년 별 발행 횟수 결과

코드를 실행하고 전체 결과를 보면 2017년 6월의 발행 횟수가 이전 달보다 훨씬 적다는 것을 알 수 있다. 작성 당시 이 데이터셋은 2017년에 아직 완성되지 않았다. 다음 코드에서는 상관관계 연산을 위해 이 데이터를 필터링한다. 그렇지 않으면 결과에 부정적인 영향을 줄 수 있기 때문이다. 발행 횟수를 평균 기온과 비교하고자 하므로 결과 데이터 프레임에서 월평균 기온을 다시 가져와야 한다.

코드 6-10 주차 티켓 발행과 기온의 상관관계 계산하기

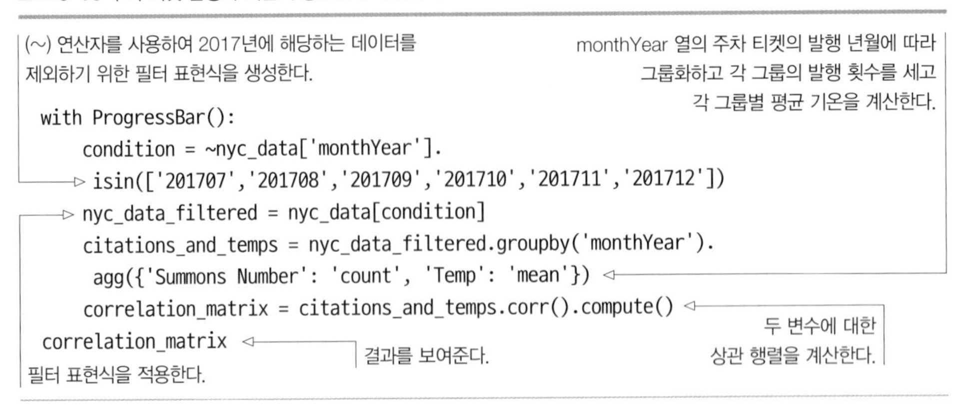


```
with ProgressBar():
    condition = ~nyc_data['monthYear'].
     isin(['201707','201708','201709','201710','201711','201712'])
    nyc_data_filtered = nyc_data[condition]
    citations_and_temps = nyc_data_filtered.groupby('monthYear').
     agg({'Summons Number': 'count', 'Temp': 'mean'})
    correlation_matrix = citations_and_temps.corr().compute()
correlation_matrix
```

[코드 6-10]은 기온과 발행 횟수 사이의 상관관계를 계산하는 방법을 보여준다. 먼저 데이터가 누락된 달을 제거하기 위해 필터링 조건을 작성한다. 이를 위해 `isin` 메서드에 포함하고 싶

지 않은 월 목록을 전달한다. 이 부울 표현식은 일반적으로 isin 목록에 포함된 행만을 다시 가져오도록 데이터를 필터링한다. 그러나 부정 연산자 (~)를 사용하여 표현식을 시작했으므로 이 필터는 isin 목록에 포함되지 않은 모든 년-월을 반환한다. 표현식을 작성한 후에는 여러 번 본 것과 동일한 방식으로 데이터에 적용한다.

세 번째 줄에서 전과 같이 월-년별로 데이터를 그룹화하지만 이번에는 그룹화된 데이터에 agg 메서드를 사용한다. agg 메서드를 사용하면 한 번에 둘 이상의 집계 연산자를 동일한 데이터 그룹에 적용할 수 있다. 이를 사용하려면 열 이름을 키로 하고 집계 함수의 이름이 값에 들어가는 딕셔너리 객체를 전달하면 된다. [코드 6-10]에서는 Summons Number 열에 count 함수를 적용하고 Temp 열에 mean 함수를 적용한다.

Temp 열에는 이미 월평균 기온이 포함되어 있는데 왜 Temp 열에 mean 함수를 또 적용하는지 궁금할 것이다. 이전에는 각 원시 레코드마다 월평균 기온을 입력했지만 이제는 월별로 하나의 기온값만 원하기 때문이다. 동일한 상숫값들의 평균은 여전히 이 상숫값이므로 월별로 하나의 평균 기온을 결과로 얻기 위해 mean을 사용한다.

마지막으로 corr 메서드를 사용하여 변수 간의 상관관계를 계산한다. 다음 [그림 6-9]에서 상관 행렬의 출력 결과를 볼 수 있다. 소환 횟수와 기온 사이의 상관관계가 0.14051로 나타난다. 상관 계수가 양수이므로 양의 상관관계를 나타내며 상관 계수가 0.5보다 작기 때문에 **약한** 상관관계임을 알 수 있다. 평균 기온이 더 따뜻한 달일수록 더 추운 달보다 평균적으로 더 많은 티켓이 발행된다는 뜻이다. 그러나 상관관계가 약하면 여전히 큰 변이를 이 두 변수만으로 깔끔하게 설명할 수는 없다. 다시 말해, 평균 온도가 정확히 같은 두 달을 관찰해보면 티켓 발행 횟수에 차이가 있을 수 있다. 이는 데이터셋에 해당 변수 중 일부를 추가로 설명하는 데 사용할 다른 변수가 존재할 수 있다는 뜻이다.

	Summons Number	Temp
Summons Number	1.00000	0.14051
Temp	0.14051	1.00000

그림 6-9 소환 횟수와 기온에 대한 상관 행렬

6.3 사용자 정의 집계 함수

상관관계는 두 개의 연속형 수치 변수 사이의 관계를 이해하는 데 유용하지만 범주형 변수를 분석해야 할 때도 있다. 예를 들어 6.1절에서 티켓을 발행할 때 차량의 평균 나이를 살펴본 결과 6.74년이라는 사실을 발견했다. 그러나 모든 종류의 차량 나이가 똑같을까? 다음 질문에 대한 대답을 찾기 위해 이 분석에 다른 차원을 추가하겠다.

NYC 주차 티켓 데이터를 고려할 때,
개인 소유 차량의 평균 나이와 사업용 차량의 평균 나이가 동일한가?

6.3.1 t-검정으로 범주형 변수 검정하기

이 질문에 답하기 위해 데이터셋에서 두 개의 서로 다른 변수인 차량의 평균 나이와 차량 유형을 살펴보겠다. 한 유형의 차량에서 다른 차량으로 초점을 변경함에 따라 평균 나이가 어떻게 변화하는지도 알고 싶지만 이 문제에는 상관관계가 적합하지 않다. 상관관계는 두 개의 연속 변수가 서로에 따라 '움직이는' 방법을 설명할 때 사용할 수 있다. 하지만 차량 유형은 연속 변수가 아니다. 이 책에서는 개인 소유 승용차를 PAS 유형, 영업용 차량을 COM 유형이라고 지칭하겠다. 차량 유형이 증가하거나 감소함에 따라 평균 연식이 증가하거나 감소한다고 말한다면 좀 이상할 것이다. 차량 유형별로 데이터를 그룹화하고 평균을 계산하여 이 질문에 간단히 대답할 수도 있다. 하지만 여기서 문제가 하나 발생한다. 평균이 조금 다를 경우 이 차이가 랜덤 확률로 인한 것이 아니라고 어떻게 확신할 수 있을까? 이 질문에 답하기 위해 두 표본 t-검정(혹은 t-테스트)이라고 하는 통계적 검정을 살펴보겠다.

통계적 가설 검정 101

두 표본 t-검정은 **통계적 가설 검정**statistical hypothesis tests으로 알려진 통계 검정 방법들 중 하나다. 통계적 가설 검정은 데이터의 특정 부분에 대해 미리 정의된 가설에 대한 답변을 제공한다. 모든 통계적 가설 검정은 데이터에 대한 선언으로 시작된다. **귀무가설** 혹은 **영 가설**null hypothesis이라고 하는 이 선언은 기본적으로 참이라고 받아들여진다. 이 검정은 이 가설에 반대할만한 충분한 증거를 제공하려고 시도한다. 증거가 충분히 설득력이 있다면 실제 진술로 이 귀무가설을 기각할 수 있다. 이것은 증거의 중요성이 랜덤 확률에 의한 것일 가능성으로 측정된다. **p-값**이라고 하는 이 확률이 충분히 낮다는 것은 귀무가설에 대한 반대 증거가 이것을 기각할 만큼 강력하다는 의미다. [그림 6-10]은 가설 검정과 관련된 의사 결정 프로세스를 나타내는 순서도를 보여준다.

두 표본 t-검정의 귀무가설은 '두 범주 간의 평균에 차이가 없다'는 것이다. 여기서 검정은 이 진술을 거부할만한 충분한 증거가 있는지 판단한다. 귀무가설을 기각할만한 충분한 증거가 있을 경우, 유형에 따라 차량의 평균 나이에 차이가 있을 가능성이 있다고 자신 있게 이야기할 수 있다. 그렇지 않으면, 실제로 두 가지 유형의 차량의 평균 나이가 다르지 않다고 말할 수 있다.

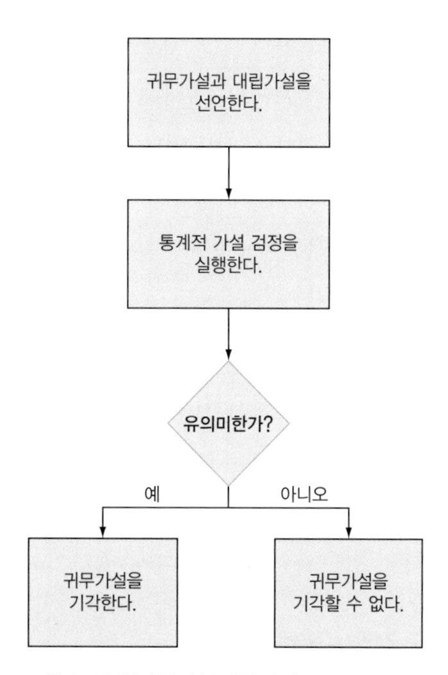

그림 6-10 통계적 가설 검정 과정

통계적 가설 검정의 가정들

여타 많은 통계적 가설 검정과 마찬가지로 두 표본 t-검정은 테스트할 기본 데이터에 대한 몇 가지 일반적인 가정을 세운다. 이러한 가정은 우리가 어떤 식의 두 표본 t-검정을 사용하느냐에 따라 달라진다. 가장 일반적으로 사용되는 두 가지 두 표본 t-검정은 각각의 방법을 개발한 통계학자들에 의해 이름이 붙은 스튜던트Student T-검정과 웰치Welch T 검정이다('스튜던트'라는 이름은 실제 통계학자이자 기네스 맥주회사 직원이었던 윌리엄 실리 고셋이 사용한 가명이다).

스튜던트 T-검정에서 중요한 가정은 테스트하는 각 그룹의 분산이 동일하다는 것이다. 표준편차나 분산은 관측치가 평균으로부터 얼마나 퍼져있는지와 관련 있다. 일반적으로는 분산이 클수록 관측치가 평균에서 멀리 떨어지고, 분산이 작을수록 관측치가 평균에 가까워지는 경향이 있다. 또한 분산이 큰 분포는 분포의 최솟값/최댓값에 가까운 관측값을 얻을 확률이 더 높다.

차량 연식과 관련하여 이것이 의미하는 바를 생각해보자. 개인 차량과 영업용 차량의 두 그룹을 봤을 때 둘 다 평균 차량 연식은 같지만 영업용 차량의 편차가 훨씬 크다면, 개인 차량보다 훨씬 새롭거나 오래된 차량이 영업용 차량 그룹에 포함되었을 가능성이 높다. 물론 영업용 차량의 원래 나이가 개인용 차량과 크게 다르더라도, 우리가 가진 표본에서는 (마침 운이 좋아서) 영업용 차량이 개인용 차량과 동일한 평균을 얻을 가능성도 있다. 스튜던트 T-검정을 사용하여 분산이 매우 다른 그룹 간의 평균을 비교할 경우에는 귀무가설을 기각할지 채택할지를 결정하는 데 도움이 되는 값을 신뢰할 수 없게 된다. 즉, 실제로 기각하지 말아야 할 때 귀무가설을 기각하여 잘못된 결론을 내릴 수 있는 값을 얻을 가능성이 높아진다.

그룹의 분산이 동일하지 않을 경우 웰치 T-검정을 대신 사용할 수 있다. 웰치 T-검정은 우리가 잘못된 결론을 내리지 않도록 약간 다르게 구성된다. 따라서 웰치 T-검정이나 스튜던트 T-검정을 사용하여 질문에 대답하기 전에 개인용 차량과 영업용 차량의 차이가 같은지 확인해야 한다. 다행히 통계적 가설 검정을 통해 이를 확인할 수 있다. 올바른 것을 선택해야 한다!

6.3.2 사용자 정의 집계 함수로 브라운 포사이드 검정 구현하기

등분산equal variances을 확인하는 데 도움이 되는 검정에도 몇 가지 가정이 있다. 데이터가 정규분포, 즉 대칭적이고 대략 '종 모양'인 경우 바틀렛Bartlett의 등분산 검정이라는 테스트를 사용할 수 있다. 그러나 6.1절에서 차량 연식의 왜도가 1.012인 것으로 나타났다. 즉 데이터가 대칭적으로 분포되어 있지 않기 때문에 잘못된 결론을 내릴 위험이 있는 바틀렛 검정을 사용할 수 없다. 이러한 가정이 필요 없는, 이를 대체할 좋은 검정을 등분산을 위한 브라운 포사이드Brown-Forsythe 검정이라고 한다. 이 데이터에 바틀렛 검정을 안정적으로 사용할 수 없으므로 브라운 포사이드 검정을 사용하여 스튜던트 T-검정이나 웰치 T-검정 사용 여부를 결정할 수 있다. 그 시작부터 마지막까지 전체 검정 과정을 다음 [그림 6-11]에서 볼 수 있다.

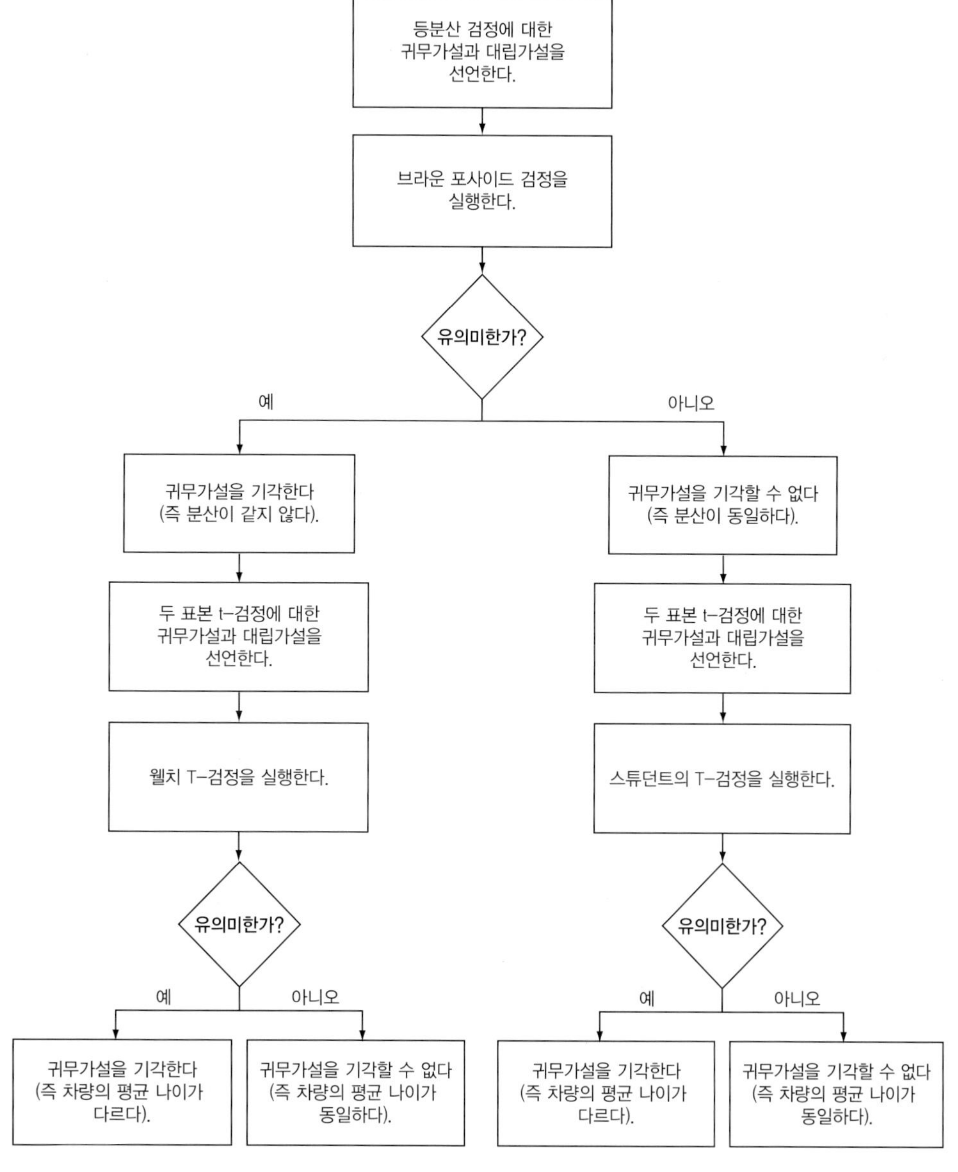

그림 6-11 차량의 평균 나이가 차량 유형과 관련 있는지 검증할 때 사용할 프로세스

먼저 귀무가설null hypothesis과 대립가설alternative hypothesis을 선언하는 것으로 시작한다. 브라운 포사이드 검정의 귀무가설은 그룹 간의 분산이 동일하다는 것이다. 그리고 대립가설은 그룹 간의 분산이 동일하지 않다는 것이다. 이 테스트는 그룹 간 분산이 다르다는 증거가 충분한지 판단하는 데 도움이 되며, 분산이 다를 경우 웰치의 T-검정을 사용한다. 반대로 충분한 증거가 없는 경우 스튜던트의 T-검정을 사용한다.

다음 [그림 6-12]는 브라운 포사이드의 수식을 보여준다. 복잡해 보이지만 이 수식을 더 작고 보기 쉽게 나누어 생각해볼 것이다. 그런 다음 마지막에 모든 결과를 결합한다.

$$F = \frac{(N-p)}{(p-1)} \frac{\sum_{j=1}^{p} n_j \left(\bar{z}_{.j} - \bar{z}_{..}\right)^2}{\sum_{j=1}^{p}\sum_{i=1}^{n_j} \left(z_{ij} - \bar{z}_{.j}\right)^2}$$

여기서 $z_{ij} = \left|y_{ij} - \bar{y}_j\right|$

N: 관측 데이터의 개수 p: 그룹의 개수 n_j: 그룹 j의 데이터 개수

$\tilde{y}_j$: 그룹 j의 중간값 $\tilde{z}_{.j}$: 그룹 j의 평균 $\tilde{z}_{..}$: 모든 z_{ij} 의 평균

그림 6-12 등분산을 위한 브라운 포사이드 검정

브라운 포사이드 검정에는 많은 그룹화와 집계 작업이 포함되므로 대스크의 사용자 정의 집계 함수에 대해 배울 수 있는 좋은 기회다! 브라운 포사이드 식을 계산하기 위해 다음 5단계 연산을 수행한다.

1. 왼쪽 분수를 계산한다.
2. 오른쪽 분수의 분모를 계산한다.
3. 오른쪽 분수의 분자를 계산한다.
4. 오른쪽 분수의 분자를 오른쪽 분수의 분모로 나눠서 오른쪽 분수의 값을 계산한다.
5. 왼쪽 분수에 오른쪽 분수를 곱한다.

6.1절에서 이미 차량 연식을 계산한 열을 추가한 파케이 파일을 작성했다. 이 파일을 다시 읽으면서 시작하겠다.

코드 6-11 차량 연식 데이터셋 설정하기

```
nyc_data_with_vehicle_age = dd.read_parquet('nyc_data_vehicleAge', engine='pyarrow')

nyc_data_filtered = nyc_data_with_vehicle_age[nyc_data_with_vehicle_age
    ['Plate Type'].isin(['PAS','COM'])]
```

개인 소유 차량(PAS)이나 상업용 차량(COM)만 고려하도록 주차 위반 발행을 필터링한다.

PAS 혹은 COM 유형 번호판을 갖는 차량만 포함하도록 데이터를 필터링하는 이유는 이전에 PAS나 COM 유형이 아닌 기타 유형의 차량도 포함하도록 해당 열을 다시 리코딩했기 때문이다. 두 표본 t-검정은 두 그룹 간의 평균 차이를 검정하는 데만 사용할 수 있으므로 계속 진행하기 전에 먼저 기타 범주에 속하는 데이터를 필터링한다. 필터를 적용한 후 이전에 배운 간단한 집계 함수를 사용하여 브라운 포사이드 수식의 첫 번째 부분을 계산한다. [그림 6-13]은 이 계산에서 수행할 작업들을 보여준다.

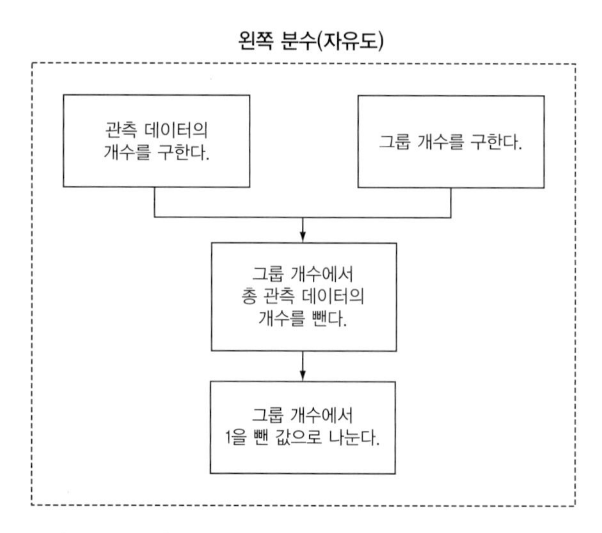

그림 6-13 브라운 포사이드 검정의 첫 번째 부분

자유도degrees of freedom라고 알려진 수식의 첫 번째 부분은 계산이 매우 간단하다. 필터링된 데이터셋에 있는 총 발행 횟수를 세고 테스트하고자 하는 개별 그룹의 개수도 세어야 한다(두 표본 t-검정은 항상 2가 될 것이다). 일단 이 값을 한쪽에 놓고 나중에 나온 다른 값에 곱하여 브라운 포사이드 검정의 최종 결과를 얻는데 사용하겠다.

코드 6-12 브라운 포사이드 수식의 왼쪽 분수식 계산하기

```
with ProgressBar():
    N = nyc_data_filtered['Vehicle Age'].count().compute()
    p = nyc_data_filtered['Plate Type'].unique().count().compute()
    brownForsytheLeft = (N - p) / (p - 1)
```

관측 데이터의 개수를 구한다. (N)
고유한 번호판 타입(Plate Type)의 개수를 구한다. (p)
왼쪽 분수식을 계산한다. (brownForsytheLeft)

[코드 6-12]의 모든 내용이 익숙할 것이다. 변수 N은 데이터셋의 총 개수를 나타내고 변수 p는 그룹의 개수를 나타낸다. N과 p의 값을 찾으려면 count 함수를 이용하여 데이터의 개수를 계산하고 고유한 그룹의 개수도 계산하면 된다. 그런 다음 N과 p 값을 사용하여 방정식의 왼쪽 분수 값을 계산한다.

Quantile 메서드로 중간값 계산하기

이제 오른쪽 분수에서 분모부터 계산을 시작한다(그림 6-14 참조). 보시다시피 각 그룹(개인 차량과 영업용 차량)에 대해 동일한 값들을 병렬 연산한 다음 그 결과를 합산한다. 각 차량 유형의 평균 연식을 계산하는 것부터 시작하자.

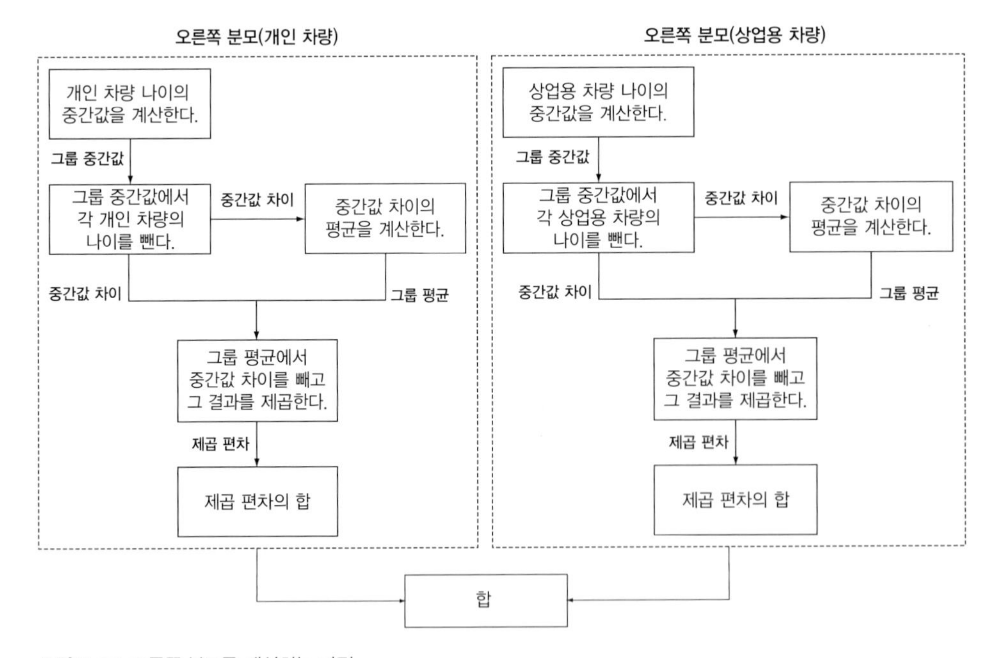

그림 6-14 오른쪽 분모를 계산하는 과정

코드 6-13 각 차량 유형의 평균 연식 계산

```
with ProgressBar():
    passenger_vehicles = nyc_data_filtered[nyc_data_filtered['Plate Type'] == 'PAS']
    commercial_vehicles = nyc_data_filtered[nyc_data_filtered['Plate Type'] == 'COM']

    median_PAS = passenger_vehicles['Vehicle Age'].quantile(0.5).compute()
    median_COM = commercial_vehicles['Vehicle Age'].quantile(0.5).compute()
```

번호판 타입(Plate Type)에 따라 두 가지 데이터 프레임으로 나눈다.

각 번호판 타입(Plate Type)에 대한 중간값을 계산한다.

팬더스나 넘파이와 달리 대스크에는 데이터 프레임 혹은 시리즈 객체에 대한 명시적인 `median` 함수가 없다. 대신, `quantile` 메서드를 사용하여 Vehicle Age 열의 0.5 분위수, 즉 50 분위수 혹은 중간값에 해당하는 값을 계산해야 한다. 다음으로 이러한 중간값을 사용하여 각 차량의 나이에서 해당 그룹의 중간값을 빼는 새로운 열을 만든다. 개인용(PAS) 차량은 각 차량의 나이에서 모든 PAS 차량의 평균 나이를 뺀다. 마찬가지로 상업용(COM) 차량은 각 차량의 나이에서 모든 COM 차량의 평균 나이를 뺀다. 이를 위해 조건에 따라 뺄셈 연산을 적용하는 함수를 정의한다.

코드 6-14 중간값 절대 편차를 계산하는 함수

```
def absolute_deviation_from_median(row):
    if row['Plate Type'] == 'PAS':
        return abs(row['Vehicle Age'] - median_PAS)
    else:
        return abs(row['Vehicle Age'] - median_COM)
```

[코드 6-14]의 이 함수는 매우 간단하다. 차량이 PAS 유형인 경우 차량 연식에서 PAS 차량의 평균 나이를 뺀다. 아니면, 차량의 나이에서 COM 차량 연식의 중간값을 뺀다. 이 함수는 이전에 여러 번 사용한 것과 동일한 `apply` 메서드에 사용되므로 차량 연식과 해당 그룹의 중간값 사이의 절대 편차가 포함된 열이 생성된다.

코드 6-15 중간값 절대 편차를 계산하는 열 작성하기

```
absolute_deviation = nyc_data_filtered.apply(absolute_deviation_from_median,
    axis=1, meta=('x', 'float32'))

nyc_data_age_type_test_stg1 = nyc_data_filtered.assign(MedianDifferences =
    absolute_deviation)
nyc_data_age_type_test = nyc_data_age_type_test_stg1.
    rename(columns={'MedianDifferences':'Median Difference'})
```

데이터 프레임에 이 함수를 적용하여 새로운 시리즈 객체를 생성한다.

assign-rename 패턴을 사용하여 이 시리즈 객체를 원본 데이터 프레임의 열로 추가한다.

[코드 6-15]에서 계산 결과를 포함하는 새로운 시리즈를 생성하기 위해 apply 함수를 사용한다. 그런 다음 원래 있던 데이터 프레임에 새로운 열을 할당하고 그 이름을 변경한다. 우리는 지금 오른쪽 분수의 분모를 계산하는 중이다. 우리가 잘하고 있는지 확인하자. [그림 6-15]는 지금까지의 진행 상황을 보여준다.

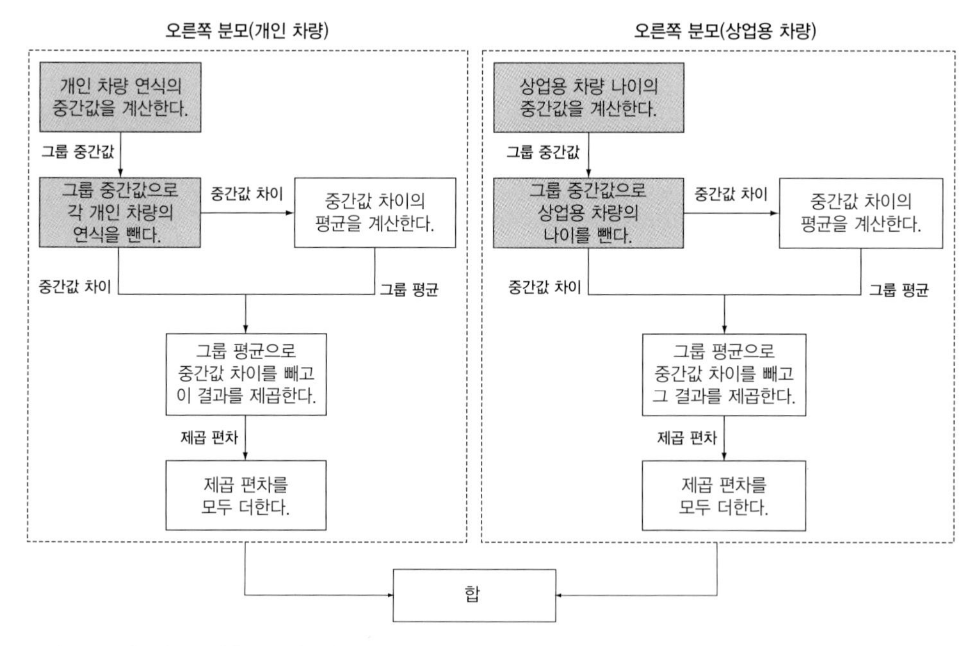

그림 6-15 지금까지 브라운 포사이드 방정식의 오른쪽 분모를 계산한 과정

잘하고 있다! 다음으로 할 일은 각 그룹의 중간값 편차의 평균을 계산하는 것이다. 이미 몇 번이나 본 적 있는 groupby/mean 함수를 호출하여 간단히 구현할 수 있다.

코드 6-16 중간값 편차의 그룹 평균 계산하기

```
with ProgressBar():
    group_means = nyc_data_age_type_test.groupby('Plate Type')['Median
     Difference'].mean().compute()
```

이 계산 결과인 group_means는 번호판 타입(Plate Type) 열로 그룹화된 중간값 차이(Median Difference) 열의 평균값을 포함하는 시리즈이다. 일반 필터 표현식을 사용하여 다시 이 두 그룹의 평균을 구할 수 있다. 우리는 번호판 타입별로 구한 이 값을 각 중간값 차이(Median Difference)에서 빼기 위한 또 다른 조건부 함수를 사용한다. 결과적으로 데이터셋의 각 관측치에 대한 그룹 평균 분산(Group Mean Variance)이라는 열이 만들어진다.

코드 6-17 그룹 평균 분산 계산하기

```
def group_mean_variance(row):    ◁── 대응하는 그룹 평균으로 중간값 차이를 빼고 그 결과를 제곱하는 함수를 생성한다.
    if row['Plate Type'] == 'PAS':
        return (row['Median Difference'] - group_means['PAS'])**2
    else:
        return (row['Median Difference'] - group_means['COM'])**2

group_mean_variances = nyc_data_age_type_test.apply(group_mean_variance,
     axis=1, meta=('x', 'float32'))    ◁── group_mean_variance 함수를 사용하여 새로운 시리즈를 만든다.
nyc_data_age_type_test_gmv_stg1 = nyc_data_age_type_test.
     assign(GroupMeanVariances = groupMeanVariances)
nyc_data_age_type_test_gmv = nyc_data_age_type_test_gmv_stg1.
     rename(columns={'GroupMeanVariances':'Group Mean Variance'})
    ◁── assign-rename 패턴을 사용하여 새로운 시리즈를 원래 데이터 프레임에 다시 추가한다.
```

마지막으로, 브라운 포사이드 방정식의 오른쪽 분모 계산을 마무리하기 위해서 그룹 평균 분산(Group Mean Variance) 열을 합산한다. sum 메서드를 간단히 호출하여 이를 수행할 수 있다.

코드 6-18 오른쪽 분모 계산 마무리하기

```
with ProgressBar():
    brown_forsythe_right_denominator = nyc_data_age_type_test_gmv['Group Mean
     Variance'].sum().compute()
```

분모 계산을 끝냈으니 이제 분자 계산을 마무리한다. 이를 위한 과정을 다음 [그림 6-16]에서 설명한다.

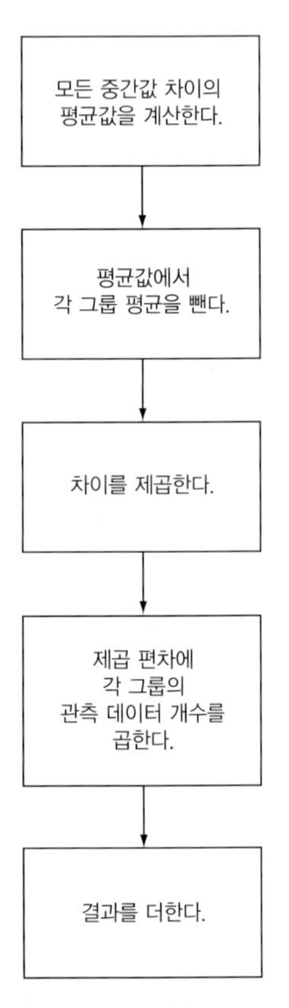

그림 6-16 브라운 포사이드 방정식의 오른쪽 분자를 계산하는 과정

먼저 중간값 차이(Median Differences) 열의 **총평균**grand mean 계산부터 시작한다. 총평균이란 '그룹화하지 않은 열의 전체 평균'이라고 다르게 말할 수 있다. 짐작하겠지만 이것은 **그룹 평균**group mean과 반대 개념이다. 예를 들어 PAS 차량의 평균 차량 연식이 그룹 평균이라면 모든

차량의 평균 차량 연식은 총평균이다.

코드 6-19 Median Difference 열의 총평균 계산하기

```
with ProgressBar():
    grand_mean = nyc_data_ageTypeTest['Median Difference'].mean().compute()
```

사용자 지정 집계 객체 만들기

총평균을 계산했으니 이제 사용자가 정의한 집계 객체를 사용하여 프로세스의 다음 세 단계를 처리한다. [그림 6-16]에서 볼 수 있듯이 그룹 평균과 각 그룹의 관측치가 모두 필요하다. 이들을 따로 계산하는 대신 대스크 데이터 프레임 API에서 집계Aggregation 객체를 사용하여 두 값을 동일한 계산의 일부로 얻을 수 있다. 이것이 어떻게 작동하는지 살펴보자.

코드 6-20 오른쪽 분자를 계산하고자 사용자가 정의한 집계 객체

집계(Aggregation) 객체에 내부 이름을 붙인다.

파티션(청크) 레벨에서 해야 할 작업을 정의한다. 여기서는 count와 sum 함수를 실행한다.

청크 레벨의 연산 결과를 집계하여 청크를 리듀스한다.

```
brown_forsythe_aggregation = dd.Aggregation(
    'Brown_Forsythe',
    lambda chunk: (chunk.count(), chunk.sum()),
    lambda chunk_count, chunk_sum: (chunk_count.sum(), chunk_sum.sum()),
    lambda group_count, group_sum: group_count * (((group_sum / group_count) - grand_
mean)**2)
)
```

결과에 마지막 데이터 변환을 적용한다.

이제 좀 재미있어지려고 한다! [코드 6-20]에는 사용자가 직접 정의한 집계 함수에 대한 예가 나온다. 지금까지는 집계 연산을 수행하기 위해 대스크에 이미 내장된 집계 함수들(예를 들어 `sum`, `count`, `mean` 등)에 의존했었다. 그러나 각 그룹에 대해 더 복잡한 연산이 필요할 경우 자신만의 집계 함수를 정의해야 한다.

집계 함수를 사용자가 직접 정의하기 위해 대스크에서는 `dask.dataframe` 패키지에 있는 `Aggregation` 클래스를 제공한다. 최소 세 개의 필수 인수와 하나의 선택적 인수가 있다.

- 집계의 내부 이름
- 각 파티션에 적용할 함수
- 각 파티션의 결과를 집계하는 함수
- (선택 사항) 집계된 값을 출력하기 전에 최종 변환을 수행하는 함수

첫 번째 인수는 단순히 집계의 내부 이름을 말한다. 두 번째 인수는 함수(미리 정의된 함수 혹은 익명의 람다 함수)를 가져와 각 파티션에 적용한다. 이것을 **청크 단계**라고 한다. [코드 6-20]에서는 각 청크의 관측 데이터의 개수를 세고 이들의 값을 합산한 후 이렇게 계산한 값들을 담은 튜플을 반환한다. 다음으로 대스크는 각 청크 단계의 모든 결과들을 수집하고 세 번째 인수에 정의된 함수를 이렇게 수집한 청크 결과에 일괄 적용한다. 이것을 **집계 단계**라고 한다. [코드 6-20]에서는 각 청크에 대해 계산한 값을 합산하여 전체 데이터 프레임에 있는 관측 데이터의 개수와 모든 차량 연식(Vehicle Ages) 열의 총합을 구한다. 그러나 아직 이 연산은 끝나지 않았다. **마무리 단계**라고 부르는 네 번째이자 마지막 인수는, 데이터를 사용자에게 반환하기 전에 데이터를 변환할 수 있는 마지막 기회를 제공한다. [코드 6-20]에서는 집계된 합계를 취하여 그룹 평균을 구하기 위해 이것을 집계한 개수로 나누고, 이렇게 구한 그룹 평균과 총평균의 차이를 제곱한 다음 다시 개수를 곱한다. 그리고 오른쪽 분자의 최종 값을 얻기 위해 합산해야 하는 결과들을 얻는다.

지금까지 집계 객체를 정의했다. 이제 이 집계 객체에 데이터에 적용하여 실제 값을 계산해보자.

코드 6-21 사용자 집계 함수 사용하기

```
with ProgressBar():
    group_variances = nyc_data_age_type_test.groupby('Plate Type').
     agg({'Median Differences': brown_forsythe_aggregation}).compute()
```

[코드 6-21]에서 볼 수 있듯이 사용자 정의 집계 함수를 사용하는 것은 내장 집계 함수를 사용하는 것과 매우 비슷하다. 앞에서 배운 agg 메서드를 사용하여 데이터 프레임의 열을 사용자 지정 집계 함수에 매핑할 수 있으며 groupby 메서드와 함께 사용할 수도 있다. 여기서는 각 번호판 타입(Plate Type)에 대한 그룹 분산을 계산하기 위해 앞에서 정의한 사용자 정의 집계 함수를 사용한다.

분자의 최종 값을 얻기 위해 마지막으로 할 일은 그룹 분산을 합산하는 것이다. 사용자 지정 집계 함수는 결과적으로 시리즈 객체를 반환하므로 합산을 위해 이전에 여러 번 봤던 `sum` 메서드를 사용할 수 있다.

코드 6-22 오른쪽 분자 계산 마무리하기

```
brown_forsythe_right_numerator = group_variances.sum()[0]
```

훌륭하다! 이제 브라운 포사이드 방정식 계산을 마무리할 모든 조각이 준비되었다. 오른쪽 분자를 오른쪽 분모로 나누고 여기에 먼저 계산해 두었던 왼쪽 분수를 곱하면 된다. 이를 통해 **F 통계량**이라고 하는 값을 얻는다. F 통계량은 귀무가설을 기각할지 결정하는 데 도움이 된다. 지금 계산해보자.

코드 6-23 F 통계량 계산하기

```
F_statistic = brown_forsythe_left * (brown_forsythe_right_numerator / brown_
    forsythe_right_denominator)
```

브라운 포사이드 검정 결과 해석하기

필요한 작업을 모두 끝냈으므로 F 통계량 계산은 매우 간단하다. 여기까지 잘했다면 F 통계량의 값은 27644.7165804이 될 것이다. 그러나 아직 끝나지 않았다. 이 수치가 좋은 걸까? 아니면 나쁜 걸까? 통계량 자체로는 사실 해석이 불가능하다. 연구 결과에 대해 결론을 내리고 귀무가설을 기각할지 결정하려면 이 값을 검정의 기본 분포의 **임곗값**critical value과 비교해야 한다.

임곗값은 검정 통계량의 의미를 해석하는 데 도움이 되는 기준점을 제공한다. 만약 검정 통계량이 임곗값보다 크면 귀무가설을 기각할 수 있다. 그렇지 않으면 귀무가설을 기각할 수 없다. 브라운 포사이드 검정이 F 통계량을 생성하므로 **F 분포**에 대한 임곗값을 찾아야 한다. F 분포에서 임곗값을 찾으려면 세 가지 매개변수가 필요하다. 이는 우리가 사용할 데이터의 자유도에 대한 두 가지 측정값과 신뢰 수준을 의미한다.

브라운 포사이드 검정의 자유도는 단순히 테스트 중인 그룹 수에서 1을 뺀 값과 총 관측값의 수에서 테스트 중인 그룹의 수를 뺀 값이다. 어디선가 본 적이 있을 것이다. 이것은 우리가 앞에서 계산한 왼쪽 분수에 있는 값들이다. 임곗값을 찾기 위해 변수 N과 p에 저장된 값을 재사용할 수 있다.

신뢰 수준은 0과 1 사이에서 자유롭게 선택할 수 있다. 본질적으로 테스트 결과가 올바른 결론을 내릴 확률을 나타낸다. 이 값이 클수록 테스트 결과가 더 엄격해지고 강인해진다. 예를 들어 신뢰 수준을 0.95라고 하면 귀무가설을 기각해야 한다는 검정 결과가 잘못될 가능성이 약 5%에 불과하다. 이전에 **p 값**에 대해 들어본 적이 있을 것이다. 이것은 단순히 1에서 신뢰 수준을 뺀 것이다. 과학 연구에서 일반적으로 허용되는 p 값은 0.05이므로 이에 따라 0.95의 신뢰 수준을 사용한다. F 임곗값을 계산하기 위해 사이파이의 F 분포를 사용한다.

코드 6-24 F 임곗값 계산하기

```
import scipy.stats as stats
alpha = 0.05
df1 = p - 1
df2 = N - p
F_critical = stats.f.ppf(q=1-alpha, dfn=df1, dfd=df2)
```

[코드 6-24]는 테스트에 필요한 F 임곗값을 계산하는 방법을 보여준다. `stats.f` 클래스에는 F 분포에 대한 코드들이 구현되어 있으며 `ppf` 메서드는 한 점 `q`에서 `dfn`와 `dfd`의 자유도 값을 사용하여 F 분포 값을 계산한다. 포인트 `q`는 우리가 선택한 신뢰도 값이며, `dfn`과 `dfd`는 이 과를 시작할 때 구한 두 변숫값을 사용한다. 결과적으로 이 연산을 통해 F 임곗값이 3.8414591786가 된다. 마지막으로 이러한 결과들을 보고하고 결론을 내릴 수 있다.

다음 코드에서는 연구 결과를 요약하고 어떤 결론에 이르기 위해 사용한 관련 수치들을 강조하여 설명하는 멋진 문장들을 출력한다.

코드 6-25 브라운 포사이드 검정 결과 보고하기

```
print("Using the Brown-Forsythe Test for Equal Variance")
print("The Null Hypothesis states: the variance is constant among groups")
print("The Alternative Hypothesis states: the variance is not constant among
    groups")
```

```
print("At a confidence level of " + str(alpha) + ", the F statistic was " +
     str(F_statistic) + " and the F critical value was " + str(F_critical) + ".")
if F_statistic > F_critical:
    print("We can reject the null hypothesis. Set equal_var to False.")
else:
    print("We fail to reject the null hypothesis. Set equal_var to True.")
```

이 경우 F 통계량이 F 임곗값보다 크기 때문에 귀무가설을 기각하라는 메시지가 출력된다. 따라서 원래의 질문에 대한 답을 찾기 위해 두 표본 t-검정을 실행할 때 차량 유형 간에 **분산이 같다는 가정을 해서는 안 된다**. 이제 적합한 t-검정을 실행하여 뉴욕시에서 주차 티켓을 받은 차량의 평균 나이가 차량 유형에 따라 유의미하게 다른지 확인할 수 있다! 계속 진도를 나가기 전에 우리가 어디에서 출발했으며 다음으로 무엇을 해야 할지 다시 생각해보자.

다음 [그림 6-17]에서 볼 수 있듯이 브라운 포사이드 검정의 귀무가설이 기각됐으므로 "자가용 차량의 평균 나이가 상업용 차량과 같을까"라는 원래 질문에 대한 답을 얻기 위해 이제 이 데이터에 웰치의 T-검정을 실행하고자 한다. 여기서 우리는 또 하나의 중요한 결정을 내려야 한다. 대스크는 dask.array.stats 패키지에 내장된 소수의 통계 가설 검정(두 샘플 t-검정을 포함)에 유용한 함수들을 제공한다. 하지만 작업 데이터의 크기가 메모리에 모두 들어가는 수준이라면, 대스크에서 데이터를 가져와 메모리에서 한 번에 작업하는 편이 더 빠를 수 있다는 내용을 1장에서 다룬 바 있다. 하지만 이후 9장에서 우리는 대스크 배열(Dask Array) 라이브러리에 있는 통계 함수들을 더 자세히 살펴볼 것이다. 두 표본 t-검정은 1차원 수치형 배열 두 개를 필요로 한다. 하나는 COM 유형의 차량 연식에 대한 모든 관찰값을 포함한다. 대충 계산해보면 약 4천만 개의 64 비트 부동 소수점 숫자가 있을 것으로 예상되며 메모리상에서는 300MB 정도의 데이터가 될 것이다. 이것은 메모리에 충분히 들어가는 수준이며 따라서 이 배열들을 모아 로컬에서 t-검정 계산을 수행하는 것이 나을 거라고 판단할 수 있다.

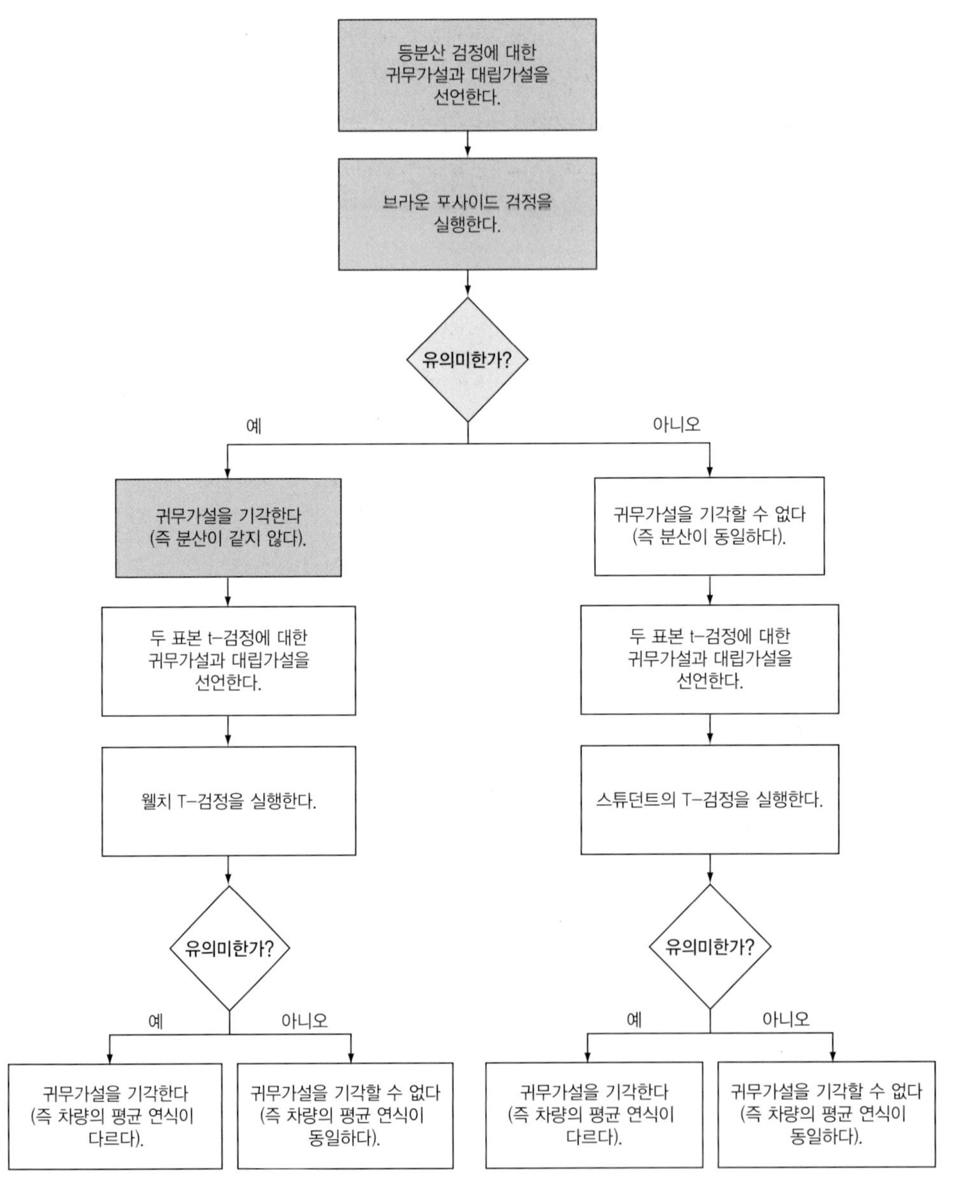

그림 6-17 브라운 포사이드 검정의 귀무가설을 기각했으며 다음으로 웰치의 T-검정을 수행한다.

다음 [코드 6-26]에서 보듯이 로컬 영역으로 값을 수집하는 것은 아주 간단하다. 대스크 시리즈의 `values` 속성은 기본 대스크 배열을 가리키며 대스크 배열에서 `compute`을 호출하면 배열의 값들을 포함하는 넘파이 배열을 얻게 된다.

코드 6-26 t-검정을 위한 배열 수집하기

```
with ProgressBar():
    pas = passengerVehicles['Vehicle Age'].values.compute()
    com = commercialVehicles['Vehicle Age'].values.compute()
```

CAUTION_ 시리즈 전체를 함부로 로컬로 가져와서는 안 된다. 특히 큰 데이터셋으로 작업할 때는 로컬 시스템의 메모리를 쉽게 점유할 수 있으므로 데이터가 디스크로 페이징될 때 컴퓨터 속도가 상당히 느려질 수 있다. 따라서 선택한 데이터가 [코드 6-26]처럼 로컬 메모리에 적당한 크기가 아니라면 **head**를 사용하는 습관을 유지하는 게 좋다.

데이터를 로컬 넘파이 배열로 가져왔으므로 이제 t-검정을 수행할 수 있다.

코드 6-27 두 표본 t-검정 수행하기

```
stats.ttest_ind(pas, com, equal_var=False)

# Provides the following output:
# Ttest_indResult(statistic=-282.4101373587319, pvalue=0.0)
```

아주 간단하다. 여기에서는 사이파이가 우리를 위해 모든 연산을 담당한다. [코드 6-27]에서 `equal_var` 인수를 False로 설정했다. 이를 통해 사이파이는 우리가 이미 등분산에 대한 검정을 실행했으며 결국 그룹 분산이 동일하지 않다는 것을 알게 된다. 이런 식으로 인수를 설정하면 사이파이는 스튜던트의 T-검정이 아닌 웰치의 T-검정을 실행하여 앞에서 배운 잠재적인 문제들을 피한다. 사이파이는 검정 통계 외에도 p 값도 계산했기 때문에 결과를 쉽게 해석할 수 있다. 1에서 선택한 신뢰 수준을 뺀 값보다 p 값이 더 작아지길 원한다. 따라서 만약 신뢰 수준 0.95를 선택한다면 귀무가설을 기각하기 위해서는 p 값이 0.05 미만이 돼야 한다. 여기서 잊지 말아야 할 것은, t-검정의 귀무가설은 두 그룹 간에 평균이 같다는 것이다. 이 테스트에서는 p 값이 0.05보다 작기 때문에 귀무가설을 기각하고 평균 차량 연식이 번호판의 종류에 따라 다르다는 것을 보여주는 충분한 증거가 있다고 결론을 내릴 수 있다.

귀무가설	조건	p 값	기각?	결론
PAS와 COM 차량은 평균적으로 같은 나이를 갖는다.	$p < 0.05$	0.0	예	PAS와 COM 차량의 평균 나이는 서로 다르다.

지금까지 함께 예제들을 살펴보았다. 대스크에서 사용자가 직접 집계 함수를 정의하여 사용하는 방법을 깊게 이해하는 한편 다른 일반적인 대스크 작업에 대한 추가적인 연습이 되었기를 바란다. 또한 사용자 지정 알고리즘을 구현할 때 대스크가 제공하는 강력함, 간편함, 그리고 유연함에 좋은 점수를 주기 바란다. 우리는 상당히 적은 양의 코드로도 상당히 복잡한 통계 계산을 구현할 수 있었다. 또한 필요한 작업을 수행하기 위해 프레임워크의 세부 내용까지 들어갈 필요도 없었다! 꽤나 훌륭했다.

NOTE_ 웰치의 t-검정과 스튜던트의 t-검정

통계학자들이 최근 발표한 여러 논문에 따르면 웰치의 T-검정은 일반적으로 두 그룹이 등분산을 갖는 데이터에서도 충분히 우수한 성능을 보인다. 통계학자들은 이제 스튜던트의 T-검정과 고민하지 말고 늘 웰치의 T-검정을 사용하도록 권장한다. 이는 또한 스튜던트 T-검정에 대한 가정을 바로 확인하는 방법이 된다. 그러나 이 과에서 논의한 등분산에 대한 브라운 포사이드 검정은 대스크에서 사용자 정의 집계 함수를 사용하여 현재 대스크 통계 모듈에 없는 통계 알고리즘을 구현한 실무적으로도 아주 훌륭한 예제이다. 물론 이 검정 자체 또한 여전히 유용하다.

6.4 롤링(윈도우) 함수

지금까지 데이터 프레임을 요약하고 분석하는 방법을 다루었다. 6장을 마무리하면서, 이전 장들과 직접적인 관련은 없지만 데이터 분석에서 꽤 중요하다고 할 수 있는 내용을 소개하려고 한다. 롤링rolling 함수에 대한 언급 없이는 데이터 분석 논의를 끝냈다고 볼 수 없기 때문이다. SQL를 사용해 본 경험이 있다면 윈도우window 함수를 들어봤을 것이다. 롤링 함수는 대스크에서 윈도우 함수에 붙인 이름이다.

윈도우라는 개념이 익숙하지 않다면 변수들이 서로의 위치와 관련된 순차 데이터셋에서의 연산을 생각해보자. 윈도우 개념을 적용하기에 가장 일반적인 사례로 날짜나 시간과 같은 시계열 데이터의 분석을 꼽을 수 있다. 예를 들어 온라인 상점의 판매 수익을 분석할 경우 어제 대비

오늘 판매된 품목이 더 많은지 아니면 적은지 알고 싶을 것이다. 수학적으로 $sales_t - sales_{t-1}$로 표현할 수 있다. 여기서 첨자 t는 판매가 이뤄진 기간을 의미한다. 차이를 계산하는 식이 두 시점에 관련되므로 이것을 **두 시점의 윈도우**라고 할 수 있다. 이 계산을 일련의 판매 관측치에 적용하면 날마다 전날과의 차이를 갖는 순차 데이터 얻게 될 것이다. 이 간단한 수식이 바로 윈도우 함수이다! 물론 윈도우 함수는 훨씬 더 복잡할 수 있으며 훨씬 더 큰 창에도 적용할 수 있다. 공개적으로 거래되는 금융 자산의 변동성과 모멘텀을 설명하기 위해 많이 사용되는 50일 이동 평균선은 더 큰 윈도우 구간을 가진 더 복잡한 윈도우 함수의 좋은 예다.

6.4.1절에서는 다음 질문에 대한 답을 얻기 위해 롤링 함수를 사용해보겠다.

주차 티켓 발행 횟수가 시간에 따라 어떤 추세나 주기적 패턴을 보이는가?

6.4.1 롤링 함수를 위한 데이터 준비하기

대스크의 롤링 함수는 비교적 사용하기 쉽지만 대스크 데이터 프레임의 분산 환경에 따른 성질로 인해 올바르게 사용하려면 약간의 지능적인 예측이 필요하다. 특히 대스크는 사용할 수 있는 윈도우 크기와 관련해 몇 가지 제한이 있다는 점이 중요하다. 윈도우 크기가 너무 커서 둘 이상의 인접한 파티션에 걸쳐 있을 수 없다. 예를 들어 데이터가 월별로 분할된 경우 윈도우 크기를 두 달보다 더 크게 (중요한 데이터의 달과 그 전/후 달) 지정할 수는 없다. 이러한 작업은 많은 셔플링을 유발할 수 있으므로 파티션 크기가 이러한 문제를 피하기에 충분히 큰지 생각해봐야 한다. 하지만 동시에 파티션 크기가 너무 커지면 셔플링이 많이 필요할 경우 계산 속도가 느려질 수 있다. 따라서 해결하려는 문제에 따라 최상의 균형점을 찾기 위해서는 약간의 상식과 실험이 필요하다. 그리고 데이터가 올바른 순서로 정렬되도록 인덱스를 잘 정렬해야 한다. 대스크는 인덱스를 사용하여 서로 인접한 행을 결정하므로 데이터에서 계산을 올바르게 실행하려면 올바른 정렬 순서를 유지하는 것이 중요하다. 이제 롤링 함수를 사용하는 예를 살펴보자.

코드 6-28 롤링 함수를 위한 데이터 준비하기

```
nyc_data = dd.read_parquet('nyc_final', engine='pyarrow')

with ProgressBar():
    condition = ~nyc_data['monthYear'].isin(['201707','201708','201709','201710',
     '201711','201712'])
    nyc_data_filtered = nyc_data[condition]
    citations_by_month = nyc_data_filtered.groupby(nyc_data_filtered.index)
     ['Summons Number'].count()
```

먼저 [코드 6-28]에서 몇 가지 데이터를 준비할 것이다. NYC 주차 위반 데이터셋으로 돌아가서 한 달에 발행된 주차 위반 티켓의 이동 평균을 살펴보겠다. 변동성을 완화한 후 데이터에서 식별 가능한 추세를 발견할 수 있는지 알아보는 게 목표다. 매월 특정 개월 수만큼 이전 기간 동안의 평균을 계산하면 특정 달에서의 등락이 완화되며 이는 원본 데이터에서 발견하기 어려운 기본적인 추세를 보여줄 수 있다.

6.1절에서 우리는 2017년 6월 이후에 데이터셋의 관측치가 급격히 감소하는 경향이 있다는 것을 발견했다. 그리고 그 달 이후에 발생한 관측치를 폐기하기로 결정했다. 여기서도 마찬가지 이유로 다시 필터링한다. 그리고 매월 발행 횟수를 계산한다.

6.4.2 롤링 함수를 사용하여 윈도우 함수 적용하기

매달 발행한 횟수를 나타내는 `citationsByMonth` 객체를 사용하면 롤링 함수를 이용한 데이터 변환을 적용한 후 결과를 계산할 수 있다.

코드 6-29 월별 발행 횟수의 롤링 평균 계산하기

```
with ProgressBar():
    three_month_SMA = citations_by_month.rolling(3).mean().compute()
```

[코드 6-29]에서 내장된 롤링 함수가 얼마나 간편한지 알 수 있다! 집계 함수처럼 보이는 것을 적용하기 전에 롤링 함수를 연결하여 3개 주기의 롤링 윈도우 구간에서 평균을 계산하고 싶다고 대스크에게 알려준다. 여기에서 기간은 개월 수이므로 대스크는 월별 발행 횟수의 3개월 구간마다 평균을 계산한다. 예를 들어 2017년 3월에 대스크는 2017년 3월, 2017년 2월, 2017

년 1월의 횟수 평균을 계산한다. 기본적으로 사용자가 지정한 기간 수 n이 윈도우 크기를 의미한다. 현재 기간(3월)과 그 이전의 n – 1 기간(2월과 1월)을 포함한다. 이것이 출력에 어떤 영향을 미치는지 살펴보자(그림 6–18 참조).

```
MonthYear
201401      NaN
201402      NaN
201403      7.497377e+05
201404      8.069723e+05
201405      9.068707e+05
201406      9.205720e+05
201407      9.478143e+05
...
201705      9.476880e+05
201706      9.114447e+05
Name: Summons Number, dtype: float64
```

그림 6-18 윈도우 함수의 약식 출력 결과

처음 두 기간에 대한 결과는 NaN (결측값)이다. 2014년 2월 계산에는 2014년 1월과 2013년 12월이 모두 반영되어야 한다. 하지만 데이터셋에는 2013년 12월 데이터가 없기 때문에 결측값이 나온다. 데이터가 누락된 기간에 부분적으로 값을 계산하는 대신 대스크는 NaN 값을 반환하여 실제 값을 현재 알 수 없다는 것을 표시한다. 롤링 함수를 사용할 경우 초기 구간에서 결측값이 나오는 이러한 특성으로 인해 결과는 항상 입력 데이터셋의 크기보다 $n-1$만큼 적은 수의 행을 얻는다.

이 계산에서 앞 뒤 기간을 모두 고려하고 싶다면 롤링 함수에 `center`라는 인수를 설정하여 이를 수행할 수 있다. 그러면 대스크는 현재 값 이전의 $n/2$ 기간과 현재 값 이후의 $n/2$ 기간을 포함하는 윈도우를 고려하여 계산한다. 예를 들어 2017년 3월에 구간이 3인 중심 윈도우centered window를 사용한 경우, 평균에는 2017년 2월, 2017년 3월, 2017년 4월의 발행 횟수(과거의 한 기간과 미래의 한 기간)가 포함된다.

코드 6-30 중심 윈도우 사용하기

```
citations_by_month.rolling(3, center=True).mean().head()
```

[코드 6-30]은 중심 윈도우를 사용하는 예를 보여주며, 이는 결과적으로 [그림 6-19]와 같은 출력 결과를 가져온다.

[그림 6-19]에서 볼 수 있듯이 중심 윈도우를 사용하면 처음 두 행 대신 첫 번째 행만 잃게 된다. 이것이 적합한지 아닌지는 해결하려는 문제에 따라 달라진다. 롤링 평균 말고도 훨씬 더 다양한 일을 할 수 있다. 실제로 `sum`이나 `count`와 같은 모든 내장 집계 함수는 롤링 함수로도 사용할 수 있다. 일반적인 데이터 프레임이나 시리즈에서와 동일한 방식으로 `apply`나 `map_overlap` 함수를 사용하여 사용자가 직접 정의하는 롤링 함수를 구현할 수도 있다.

```
MonthYear
201401      NaN
201402      749737.666667
201403      806972.333333
201404      906870.666667
201405      920572.000000
Name: Summons Number, dtype: float64
```

그림 6-19 MonthYear와 평균 발행 횟수를 보여주는 [코드 6-30]의 출력

대스크에서 데이터를 수치적으로 기술하고 분석할 수 있는 몇 가지 툴을 갖추었다. 이제 시각화 등 데이터 분석의 또 다른 중요한 측면에 주목할 좋은 기회다. [코드 6-30]에서 코드의 출력 결과 전체를 보면 수치적으로는 추세에 어떠한 결론을 내리기 어렵다. 수치에 등락은 있지만 2017년 6월 발행 횟수는 2014년 6월 발행 횟수와 크게 다르지 않다. 이런 경우에는 단순히 숫자만 보는 것보다 이것을 시각화했을 때 추세와 패턴을 쉽게 확인할 수 있다. 시각화를 통해 기술 통계와 상관관계를 이해하는 편이 더 직관적일 수 있다. 따라서 7장에서는 월별 주차 티켓 발행 횟수의 추세 찾아보기로 바로 이어가겠다. 이때 일을 더 쉽게 하기 위해 시각화의 힘을 사용하겠다.

6.5 마치며

- 대스크 데이터 프레임에는 평균(mean), 최소(min), 최대(max) 등과 같은 유용한 통계 함수가 많다. dask.array.stats 패키지에서 더 많은 통계 함수를 발견할 수 있다.
- describe 메서드를 사용하여 데이터 프레임 혹은 시리즈 객체에 대한 기본적인 기술 통계를 구할 수 있다.
- 집계 함수는 **분할-적용-병합**split-apply-combine 알고리즘을 사용하여 데이터를 병렬로 처리한다. 데이터 프레임의 정렬된 열을 집계할 때 최상의 성능을 얻을 수 있다.
- 상관 분석은 두 개의 연속형 변수를 비교할 때 사용되는 반면 t-검정은 범주형 변수에 따른 연속형 변수를 비교하기 위해 사용된다.
- Aggregate 객체를 사용하여 나만의 집계 함수를 정의할 수 있다.
- 롤링 함수를 사용하여 이동 평균과 같이 시간 인덱스에 따른 추세를 분석할 수 있다. 최상의 성능을 위해서는 시간에 따라 데이터를 분할해야 한다.

CHAPTER 7

시본 라이브러리로 데이터 프레임 시각화하기

이 장의 핵심 내용

- 빅데이터의 시각화 문제를 극복하기 위해 준비-수집-플롯-리듀스prepare-collect-plot-reduce 패턴 사용하기
- `seaborn.scatterplot`와 `seaborn.regplot`을 사용하여 연속적 관계 시각화하기
- `seaborn.violinplot`을 이용하여 연속 데이터 그룹 시각화하기
- `seaborn.heatmap`을 사용하여 범주형 데이터 패턴 시각화하기

이전 장에서 우리는 기술 통계와 데이터셋의 다른 수치적 속성을 살펴보면서 NYC 주차 티켓 데이터에 대한 몇 가지 기본적인 분석을 수행했다. 데이터를 수치적으로 기술하는 것이 정확할지는 몰라도 결과를 해석하기에는 다소 어려울 수 있으며 일반적으로 직관적이지 않다. 반면 인간은 시각적인 정보에서 어떤 패턴을 발견하고 인식하는 데 매우 능숙하다. 데이터 분석에 시각화를 도입하면 다양한 변수가 서로 어떤 식으로 상호 작용하는지, 나아가 데이터셋의 일반적인 구성이 어떻게 되어 있는지 더 잘 이해할 수 있다.

예를 들어 이전 장에서 살펴본 평균 기온과 발행 횟수와의 관계를 고려해보자. 우리는 계산을 통해 약 0.14의 피어슨 상관계수 값을 구했고 두 변수가 약한 양의 상관관계를 가진다는 결론을 얻었다. 즉, 평균 기온이 올라가면 발행 횟수가 약간은 증가하리라 예상할 수 있다. 이러한 상관관계 분석 결과를 가지고 지구의 기후 변화가 뉴욕시의 티켓 발행을 증가시켜 줄 것이라고 예상해도 될까? 아니면 이러한 관계의 본질이 우리가 보고 있는 수치의 범위에 따라 달라질까?

단순히 상관계수가 모든 정보를 말해줄 수는 없다. 잠시 후에 이 질문으로 다시 돌아올 것이

다. 지금은 잠깐, 시각화가 데이터 분석에서 왜 중요한지 강조하기 위해 앤스컴 콰르텟Anscombe's quartet으로 알려진 통계 분야의 대표적인 문제를 살펴보겠다. 앤스컴 콰르텟은 통계 분야의 시각화에 대한 인식 부족에 크게 실망한 프랜시스 앤스컴이라는 영국의 통계학자가 1973년에 제안한 가상의 데이터셋이다. 그는 수치적인 방법만 가지고는 데이터 전체를 이야기할 수 없다는 것을 보여주고자 했다. 앤스컴 콰르텟을 구성하는 4개의 데이터셋은 모두 동일한 평균, 분산, 상관관계, 회귀선, 결정계수를 갖는다. [그림 7-1]은 앤스컴의 콰르텟을 구성하는 4개의 데이터셋을 보여준다.

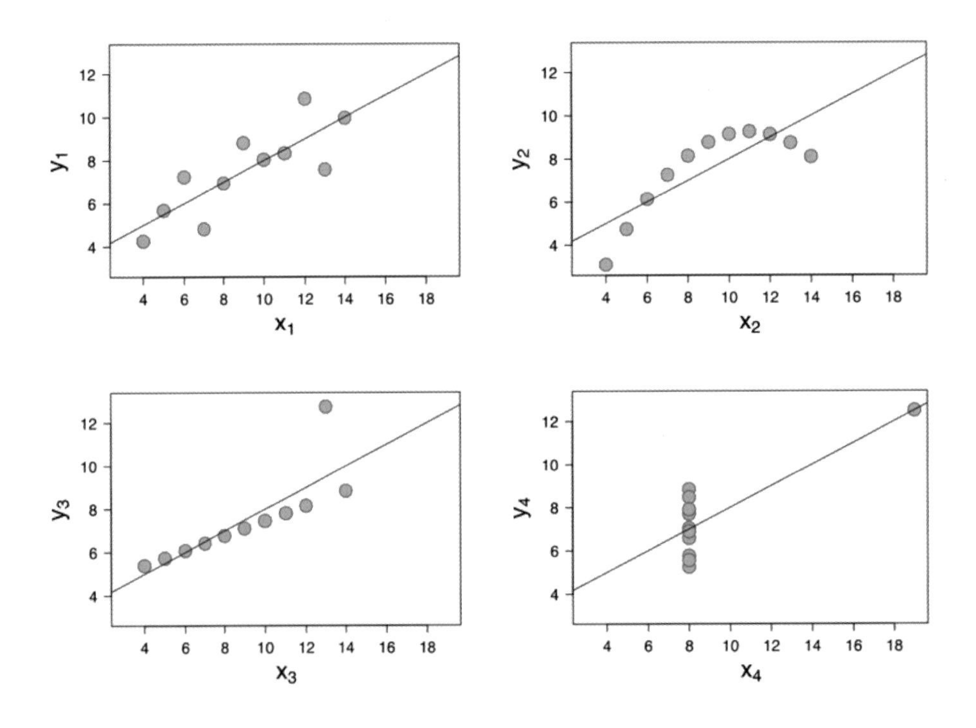

그림 7-1 앤스컴 콰르텟은 효과적인 데이터 분석을 위해 시각화가 얼마나 중요한지 강조하여 보여준다.

우리가 수치적인 방법에만 의존한다면 4개의 데이터셋이 모두 완전히 동일하다는 결론을 내릴 수 있다. 하지만 시각적으로는 전혀 다른 이야기를 들려준다. x_3와 x_4의 두 데이터셋에는 이상치outlier가 존재한다. 데이터셋 x_4는 무한대에 가까운 기울기로 보이며, 데이터셋 x_2는 비선형, 아마도 포물선 함수인 것으로 보인다. 결과적으로 시각화를 통해 데이터를 알아본 후에는 각 데이터셋을 수치적으로 설명하고 분석하기 위해 사용하는 적절한 방법은 데이터셋마다 완전히 달라질 것이다.

앤스컴 콰르텟은 데이터셋이 매우 작아서 산점도로 시각화하는 게 가장 쉽고 단순하다. 그러나 대량의 데이터를 시각화하는 것은 데이터의 양volume과 다양성variety으로 인해 까다로울 수 있다. 데이터 종류도 너무 다양하고 그에 따라 선택할 수 있는 시각화의 종류도 너무 다양하다. 이 책에서 시각화의 그 모든 종류를 다루기란 불가능하다. 따라서 다양한 시각화로 확장할 수 있는 몇 가지 가장 일반적인 패턴과 기법을 다루는 한편, 정형 데이터를 분석하는 데 유용하고 자주 사용하는 몇몇 시각화를 다루겠다. 항상 그렇듯 [그림 7-2]는 지금까지 우리가 배운 내용과 다음에 우리가 집중적으로 알아볼 부분을 보여준다.

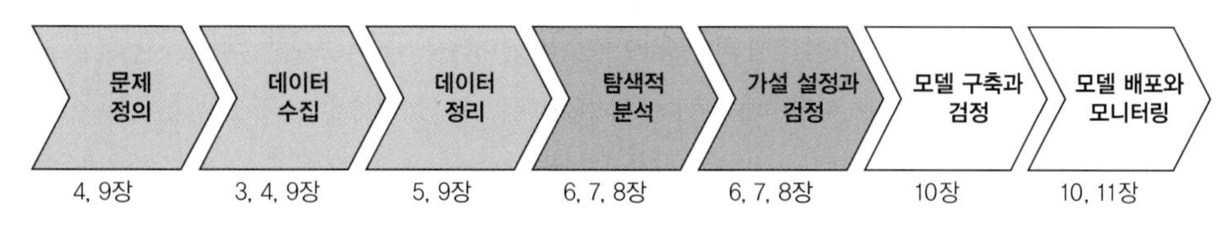

그림 7-2 이 책의 워크플로

이 장에서는 탐색적 분석, 가설 설정, 가설 검정을 계속 공부하면서 시각화를 이용한 분석에 더 깊이 파고 들고자 한다. 또한 이전 장에서 배운 몇 가지 데이터 조작 기술(예: 집계)을 샘플링과 같은 새로운 기술과 결합한다. 시각화에 사용할 데이터를 준비하기 위한 모든 계산은 대스크의 데이터 프레임 API를 사용하여 수행한다.

7.1 준비-리듀스-수집-플롯 패턴

대규모 데이터셋을 시각화하고자 할 때는 몇 가지 문제에 직면한다. 기술적인 관점에서는 많은 양의 데이터를 플롯하여 그래프로 만들려면 당연히 많은 연산과 충분한 메모리 공간이 필요할 수 있다. 지금까지는 대스크를 사용하여 여러 작업자에게 작업을 배포하는 방식으로 컴퓨팅 자원이나 메모리가 부족한 상황에 대처할 수 있었다. 하지만 결국 플롯하려는 모든 데이터를 단일 스레드로 다시 수집하여 한 화면에 렌더링해야 한다. 즉, 플롯하려는 데이터셋의 크기가 클라이언트 시스템에 있는 메모리 크기보다 크면 플롯할 수 없다. 다음 장에서는 이러한 문제를 새로운 방식으로 극복하기 위한 데이터 셰이더Datashader라는 라이브러리를 소개할 것이다. 그러나 7장에서 설명할 일부 시각화 기법은 데이터 셰이더에서 지원하지 않는다. 7장에서는 이러한 기술적인 문제들을 해결해나간다.

큰 데이터셋을 시각화할 때 또 한 가지 염두에 두어야 할 것은 시각화가 가치 있는 이유다. 시각화는 빠르고 직관적으로 데이터에 대한 통찰을 얻을 수 있다는 점에서 의미가 있다. 그러나 많은 양의 데이터에 직면했을 때는 그 크기에 압도당하기 매우 쉽다. [그림 7-3]의 산점도를 살펴보자.

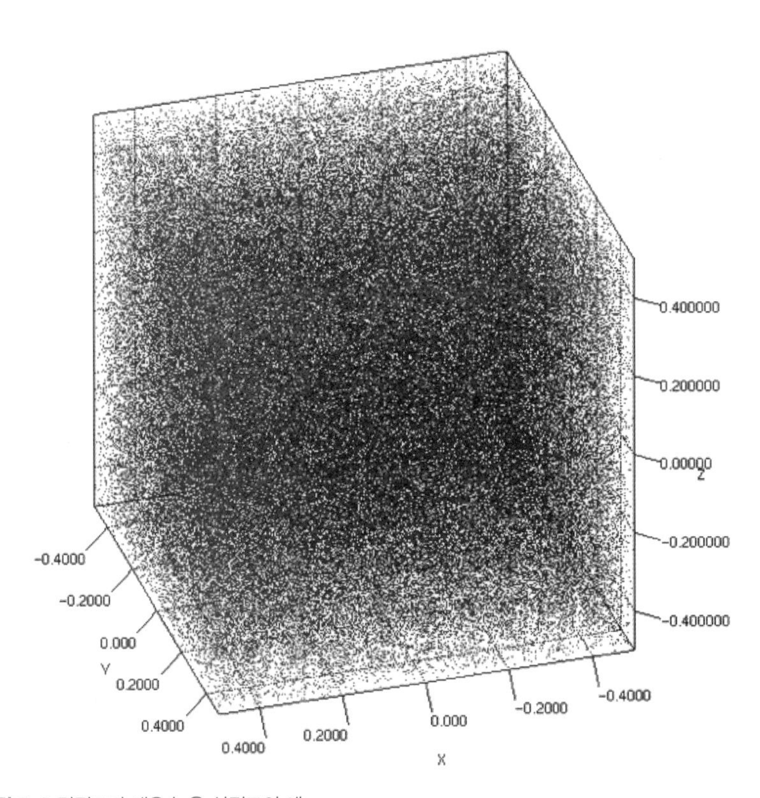

그림 7-3 밀집도가 매우 높은 산점도의 예

이 산점도에서 무슨 일이 일어나고 있는지 말하기란 정말 어렵다. 너무 많은 점이 표시되어 있다 보니 단순한 랜덤 노이즈처럼 보이기 때문이다! 색상 코딩을 잘 적용하면 데이터에서 몇 가지 특징적인 영역을 볼 수도 있을 것이다. 하지만 해당 영역이 어디에서 시작되고 어디에서 끝나는지, 그리고 어디에서 서로 겹치는지 확인하기란 여전히 어렵다. 이는 큰 데이터셋을 시각화할 때 중요한 문제이다. 데이터가 너무 많으면 개별 포인트를 분석하는 작업이 유용하지 않다. 오히려 데이터로부터 광범위한 패턴과 특징을 추출해야 한다. 클러스터링, 집계, 샘플링을 포함한 여러 가지 방법으로 이러한 작업을 수행할 수 있다. 이 세 가지 기술 중 하나를 사용한다면 데이터를 훨씬 쉽게 이해할 수 있을 것이다.

다음 [그림 7-4]는 여전히 많은 수의 포인트를 가지고 있지만 클러스터링 기술이 적용된 다른 데이터셋을 보여준다. 결과적으로 데이터를 세 개의 영역으로 명확히 구분할 수 있다. 여기에도 여전히 많은 수의 포인트가 존재하지만 개념적으로 세 개 그룹의 특징을 설명하는 방식으로 분석을 세분화할 수 있으므로 데이터를 해석하는 작업이 더 쉬울 수 있다.

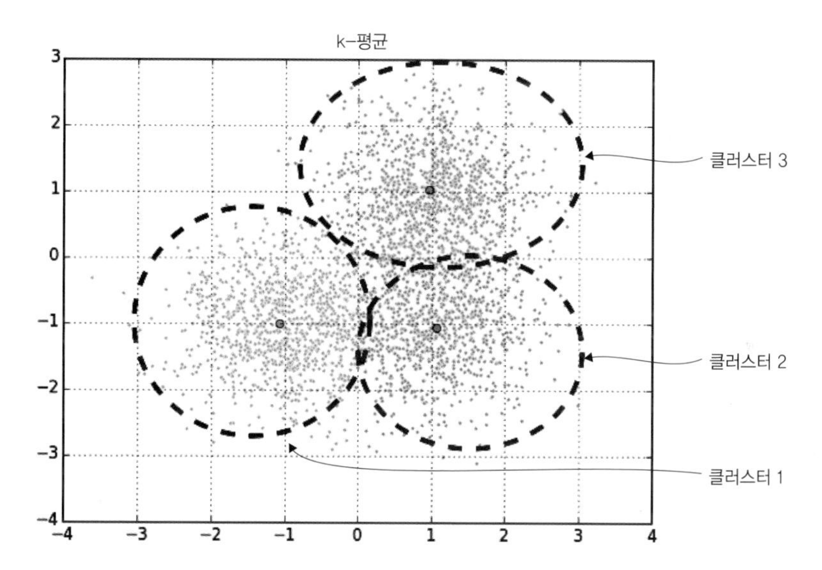

그림 7-4 클러스터링과 같은 축소(reduction) 기술을 적용하면 더 쉽게 데이터를 해석할 수 있다.

대규모 데이터셋을 플로팅plotting할 때 겪게 되는 기술적 혹은 개념적 문제를 극복하기 위해 지금부터 '준비-리듀스-수집-플롯' 패턴을 사용하여 대스크 데이터 프레임을 시각화하겠다. 이 패턴의 최종 목표는 큰 원시 데이터셋을 우리가 원하는 시각화에 적합한 더 작은 하위 셋으로 변환하고 대스크에서 가능한 많은 작업을 수행하는 것이다.

다음 [그림 7-5]는 이 프로세스를 단계별로 보여준다. 해결하려는 질문에 어떤 종류의 시각화가 적합한지 파악하는 것으로 첫 번째 준비 단계를 시작한다. 두 개의 연속 변수 사이의 관계에 관심이 있다면? 산점도를 선택한다. 카테고리별로 항목의 개수를 보고 싶다면? 막대그래프가 적당하다. 만들려는 시각화 종류를 결정했다면 다음으로 축에 표시할 항목을 생각해보자. 이것은 우리가 데이터 프레임에서 선택할 열을 결정한다. 또한 데이터를 필터링하는 과정이 필요한지 따져봐야 한다. 아마도 특정 범주에 대한 분석에 집중하기 원할 것이다. 이를 위해서는 5장에서 다룬 필터 조건을 작성하여 해당 범주에 대한 데이터만을 선택한다.

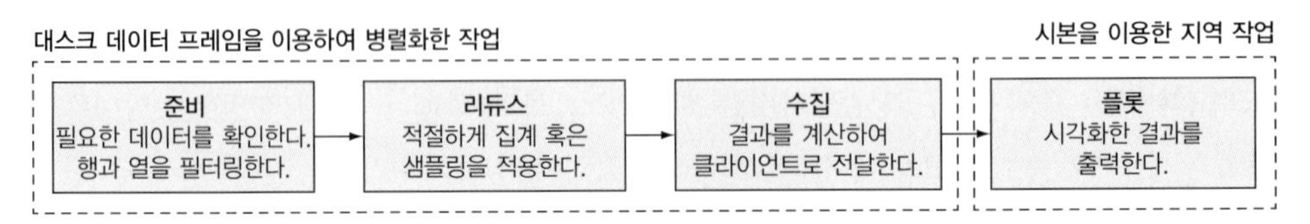

그림 7-5 대스크를 사용하여 대규모 데이터셋을 시각화하기 위한 '준비–리듀스–수집–플롯' 패턴

리듀스 단계는 적절한 축소 방법을 선택하는 단계다. 일반적으로 다음 두 가지 방법 중에서 하나를 선택할 수 있다. 모든 관측 데이터를 월 단위로 합산하거나 평균을 구하는 등 문제에 적합한 그룹으로 데이터를 집계하는 방법, 또는 임의의 데이터 표본을 추출하는 랜덤 샘플링 방법이다.

데이터 집계 방법은 우리가 다루는 많은 문제에서 자연스럽게 선택하는 방법이다. 예를 들어 NYC 주차 티켓 데이터셋에서 우리는 약 1,500만 건의 발행을 가지고 시작했다. 이때 매달 발행 횟수를 알아내기 위해 데이터를 월별로 그룹화한 후 발행 횟수를 세어 1500만 데이터 포인트를 50개 미만의 데이터 포인트로 줄일 수 있었다. 이 데이터를 요일별 혹은 시간대별로 보고 싶다면 1,500만 개의 발행 데이터를 훨씬 더 적은 수의 데이터 포인트로 줄일 수도 있다.

한편 의미 있는 방식으로 데이터를 집계할 수 없거나 답변하려는 질문에 적합하지 않은 경우 샘플링 기법을 사용하여 미리 정한 개수만큼의 데이터 포인트에 집중할 수 있다. 그러나 랜덤 샘플링은 랜덤 확률에 의존하므로 무작위로 추출한 데이터가 전체 데이터에 존재하는 특징을 현실적으로 잘 반영하지 못할 수 있다. 특히 너무 적은 양의 샘플을 추출할 경우 이런 일이 발생할 가능성이 높기 때문에 랜덤 샘플링은 주의해서 사용해야 한다!

세 번째 과정인 수집 단계에서는 계산이 실행된 후 결과가 단일 팬더스 데이터 프레임으로 바뀐다. 이때부터 플로팅 패키지와 함께 축소된 데이터를 사용할 수 있다. 마지막 단계인 플롯은 시각화 플로팅 메서드를 호출하고 디스플레이 옵션들(예를 들면 그래프 제목, 색상, 크기 등)을 설정하는 단계다. 수집 단계에서 모든 데이터를 한 곳으로 모았기 때문에 이 단계에서는 분산이 이루어지지 않는다.

이제 이 패턴을 사용하여 NYC 주차 티켓 데이터셋의 일부 변수를 시각화하는 몇 가지 예를 살펴보겠다. 예제에서는 시본seaborn을 사용하여 시각화를 수행한다. 시본은 파이썬 오픈 데이터 과학 스택의 일부 패키지이며 널리 사용되는 또 다른 시각화 라이브러리인 맷플롯립matplotlib에 기반을 둔 데이터 시각화 라이브러리다. 시본은 맷플롯립에 대한 멋진 래퍼wrapper를 제공하여 회귀 도표, 상자 도표, 산점도와 같은 일반적인 통계 데이터를 시각화하는 그래프들을 쉽게 만들 수 있다. 시본을 아직 설치하지 않았다면 부록에 있는 설치 가이드를 찾아 참고하기 바란다.

7.2 scatterplot 함수와 regplot 함수로 연속형 관계 시각화하기

지금부터 이전 장에서 살펴본 월간 평균 기온과 월별 발행 횟수 간의 상관관계 분석으로 돌아가서 '준비-리듀스-수집-플롯' 패턴을 사용하는 방법을 살펴보겠다. 피어슨 상관관계가 0.14 정도면 관계가 많을 것이라 기대하기는 어렵다. 실제로 피어슨 상관관계가 데이터에 대해 전체적으로 어떤 이야기를 하는지 살펴보려고 한다.

7.2.1 대스크와 시본으로 산점도 작성하기

먼저 늘 하던 대로 관련 모듈들과 5장 마지막에 저장했던 데이터부터 불러오자.

코드 7-1 모듈과 데이터 가져오기

```
import dask.dataframe as dd
import pyarrow
from dask.diagnostics import ProgressBar
import os
import seaborn
import matplotlib.pyplot as plt

os.chdir('/Users/jesse/Documents')
nyc_data = dd.read_parquet('nyc_final', engine='pyarrow')
```

이때 시본과 함께 맷플롯립 역시 가져온다. 마지막 결과 그래프에서 디스플레이 옵션을 설정하기 위해 잠깐 사용할 것이다. 시본을 처음 사용할 때는 간단한 참고사항이 있다. 시본 코드와 함께 맷플롯립에 대한 호출이 자주 등장한다. 시본은 맷플롯립의 플로팅 엔진(파이플롯pyplot)을 사용하므로 그림 크기나 축 제한과 같이 그림 렌더링에 관련된 부분을 제어하는 것은 파이플롯 API를 통해 직접 수행한다.

월간 평균 기온과 발행 횟수의 관계를 보려면 월/연도에 따른 월별 평균 기온과 발행 횟수를 계산해야 한다. 발행 횟수는 평균 기온보다 수십 배 더 클 수 있으므로 기온은 x축에 배치하고 발행 횟수는 y축에 배치한다. 2017년 6월부터 데이터가 완전히 보고되지 않았기 때문에 그 이후의 데이터는 모두 필터링한다. 필요한 데이터가 무엇인지 알았으니 이제 코드를 작성하여 데이터를 준비하고 집계한다.

코드 7-2 데이터 준비와 리듀스 하기

```
row_filter = ~nyc_data['Citation Issued Month Year'].isin(['07-2017','08-2017',
     '09-2017','10-2017','11-2017','12-2017'])

nyc_data_filtered = nyc_data[row_filter]

citationsAndTemps = nyc_data_filtered.groupby('Citation Issued Month Year').
     agg({'Summons Number': 'count', 'Temp': 'mean'})
```

[코드 7-2]는 상관 계수를 계산하기 전에도 비슷하게 해당 데이터를 만들었던 적이 있으니 이제 익숙할 것이다. 이전과 마찬가지로 데이터를 필터링하고 집계 메서드 agg를 적용하여 월별로 그룹화된 발행 횟수와 평균 기온을 계산한다. 이제 데이터를 수집하고 시각화할 준비가 끝났다.

코드 7-3 데이터 수집과 플로팅하기

```
seaborn.set(style="whitegrid")
f, ax = plt.subplots(figsize=(10, 10))
seaborn.despine(f, left=True, bottom=True)

with ProgressBar():
    seaborn.scatterplot(x="Temp", y="Summons Number",
                data=citationsAndTemps.compute(), ax=ax)
```

```
plt.ylim(ymin=0)
plt.xlim(xmin=0)
```

[코드 7-3]에서는 먼저 우리가 만들 산점도scatterplot에 대한 스타일 설정을 시작한다. whitegrid 스타일은 흰색 배경에 회색의 x, y축 그리드 선이 있는 깔끔한 모양을 만들어준다. 다음으로 plt.subplots 함수를 사용하여 빈 그림을 만들고 원하는 크기를 지정한다. 이것은 파이플롯 그림의 기본 크기를 재정의하기 위해 사용한다. 기본 크기로는 고해상도 화면에서 약간 작을 수 있다. seaborn.despine 호출 역시 우리가 만들 그림이 보여지는 양식을 수정하기 위한 것이다. 이것은 그림 주변의 경계 상자를 제거하므로 플롯 영역의 그리드 선만 보인다. 다음으로 ProgressBar 콘텍스트 내에서(대스크에서 로컬 파이썬 프로세스로 데이터를 이동하므로) seaborn.scatterplot 함수를 호출하여 그래프를 플로팅한다. 필요한 인수는 매우 간단하다. x축과 y축에 변수 이름을 문자열로 전달하고 플롯할 데이터 프레임을 전달한다. 이 코드에서는 산점도를 우리가 원하는 방식으로 보이게 하기 위해 사용자가 지정한 좌표축 객체도 전달했다. 그러나 이것은 선택 사항이며 따로 좌표축 객체를 전달하지 않으면 기본값을 사용하여 플롯한다. 마지막 두 줄에서 y축과 x축의 최솟값을 각각 0으로 설정한다. seaborn.scatterplot를 호출한 후 이 메서드를 호출하는 이유는 맷플롯립이 x와 y의 최대 크기를 자동으로 계산하기 때문이다. 플로팅 전에 이 메서드를 호출하면 맷플롯립은 데이터를 보고 최댓값을 계산할 기회를 얻을 수 없다. 따라서 명시적인 최댓값을 전달해야 한다. 그렇지 않으면 플롯이 올바르게 표시되지 않을 수 있다. 약간의 계산을 실행한 후에 [그림 7-6]과 같은 산점도를 얻을 수 있을 것이다.

[그림 7-6] 은 실제로 두 변수 사이에 양의 관계가 있다는 것을 보여준다. 30도에서 60도로 이동함에 따라 일반적으로 발행 횟수가 증가한다. 점들이 꽤 멀리 흩어져 있으므로 약한 상관관계를 보인다.

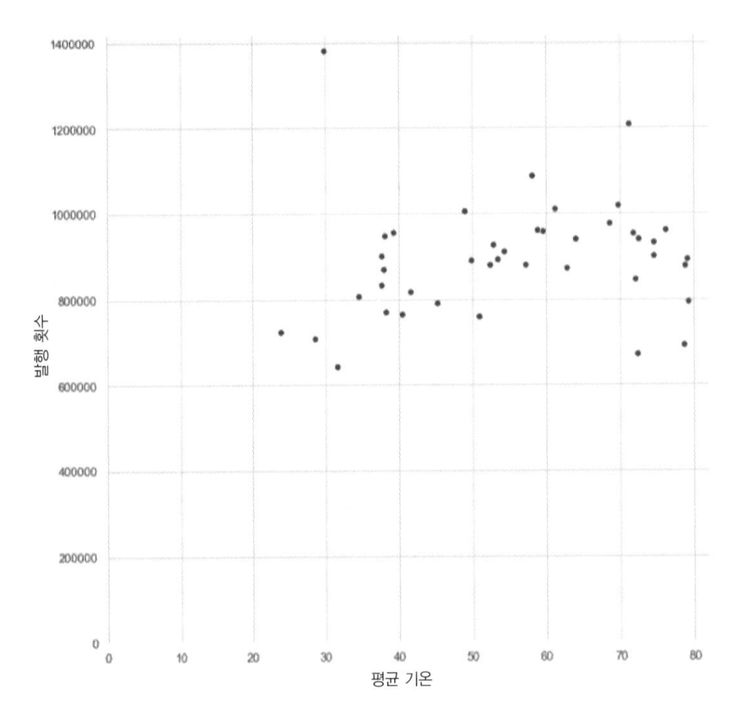

그림 7-6 평균 기온과 발행 횟수의 산점도

7.2.2 산점도에 선형 회귀선 추가하기

시본을 통해 산점도 대신 회귀 그림을 그려서 데이터의 점진적인 패턴이 더 잘 보이도록 할 수 있다. 이를 위해 `regplot` 함수를 사용한다. 필수 인수는 산점도 함수와 동일하므로 두 그림을 서로 쉽게 바꿀 수 있다.

코드 7-4 `regplot`을 사용하여 산점도에 회귀선 추가하기

```
seaborn.set(style="whitegrid")
f, ax = plt.subplots(figsize=(10, 10))
seaborn.despine(f, left=True, bottom=True)

with ProgressBar():
    seaborn.regplot(x="Temp", y="Summons Number",
                data=citationsAndTemps.compute(), ax=ax,
                robust=True)
    plt.ylim(ymin=0)
    plt.xlim(xmin=0)
```

[코드 7-4]에서 유일하게 바뀐 부분은 `scatterplot` 대신 `regplot` 함수를 호출했다는 점과 `robust`라는 선택 인수를 추가했다는 점이다. 이 인수는 강인한 회귀를 수행하도록 시본에게 지시한다. 강인한 회귀란 회귀 방정식에 대한 이상치의 영향을 최소화하는 것을 말한다. 즉, y 축에서 다른 점들과 멀리 떨어진 점들이 회귀선을 위나 아래로 크게 끌어당기지 않게 된다. 다만 정기적으로 일어나지 않는 일이므로 다시 발생할 가능성이 있는 관찰치가 아닌 예외로 간주해야 한다.

예를 들어 [그림 7-6]에서 대략 140만 발행이 나타난 데이터를 살펴보자. 이것은 평균 기온이 화씨 약 30도(섭씨 기준 영하 1도)인 아주 추운 달에 발생했다. 비슷한 기온의 나머지 모든 달에는 발행 횟수가 약 70만 개 수준임을 알 수 있다. 140만 개의 발행이 있었던 달에는 뭔가 특별한 상황이 있었을 것으로 예상된다. 예외적인 데이터 포인트가 회귀선에 영향을 주도록 허용하면 추운 달에 예상되는 발행 횟수를 과대평가하게 된다. 이 데이터셋에는 이러한 이상치가 몇몇 있는 듯 보이므로 강력한 회귀를 사용하는 것이 좋다. 코드를 실행하면 다음 [그림 7-7]과 같은 회귀 그림이 나타난다.

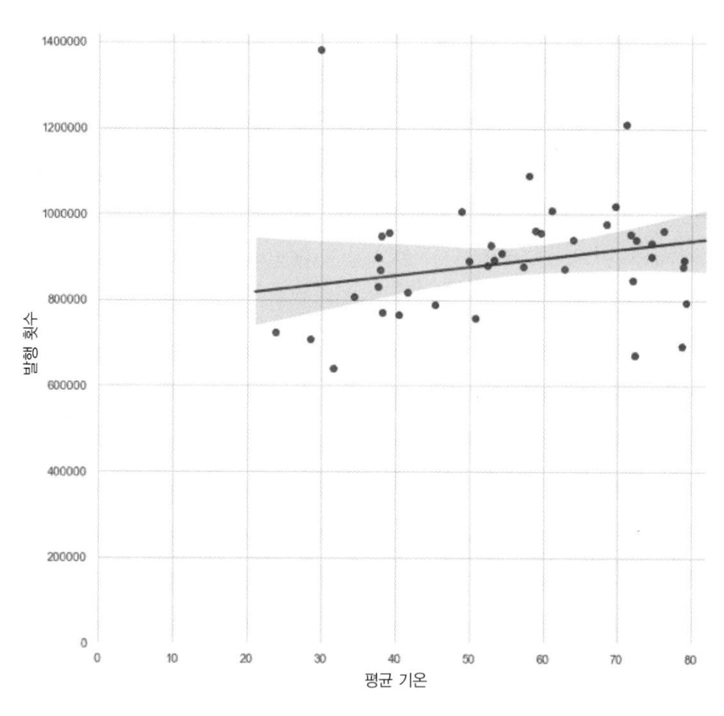

그림 7-7 회귀선이 추가된 평균 기온과 발행 횟수의 산점도

보다시피, 대략 점들의 무게 중심을 따라 선이 그려진 것을 볼 수 있다. 그러나 회귀는 통계적 추정치이다. 선이 그려진 위치는 특이한 관측치(**이상치**라고 함)에 영향을 받았을 수 있다. 선 주변의 그림자 영역은 신뢰 구간을 의미한다. 즉, 가장 적합한 선이 해당 영역 내부에 있을 확률이 95%라는 뜻이다. 이렇게 얻어진 회귀선 자체는 여기에 제공된 데이터를 고려할 때 최선의 '추측'이라고 볼 수 있다.

7.2.3 산점도에 비선형 회귀선 추가하기

하지만 아직은 딱 들어맞지 않는다. 산점도를 자세히 살펴보면 실제로 기온이 약 60도를 넘어가면 발행 횟수가 점차적으로 감소하기 시작하는 듯 보인다. 날씨가 너무 더워지면 주차 단속을 위해 순찰하는 요원의 수가 줄어들 것이므로 이해가 가는 부분이다. 이러한 가설이 참인지, 아니면 발행 횟수가 감소하는 또 다른 이유가 있는 것인지 알아보기 위해 운영팀과 상의할 수 있는 좋은 기회다. 어쨌든 이 두 변수 간의 관계는 선형으로 보이지 않는다. 대신 포물선과 같은 비선형 방정식이 데이터에 더 적합할 것이다.

다음 [그림 7-8]은 포물선에 데이터를 맞추는 것이 더 정확한 결과를 가져올 수도 있다는 근거를 보여준다. 그림에서 보듯이 20도에서 약 60도 사이에서는 양의 관계가 있는 것으로 보인다. 기온이 올라갈수록 발행 횟수도 증가한다. 그러나 60도 부근부터는 관계가 반대로 바뀐다. 60도부터 기온이 증가함에 따라 발행 횟수는 전반적으로 감소하는 듯 보인다. 시본은 몇 가지 인수 조정을 통해 회귀 플롯에서 비선형 곡선 피팅을 지원한다.

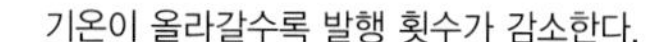

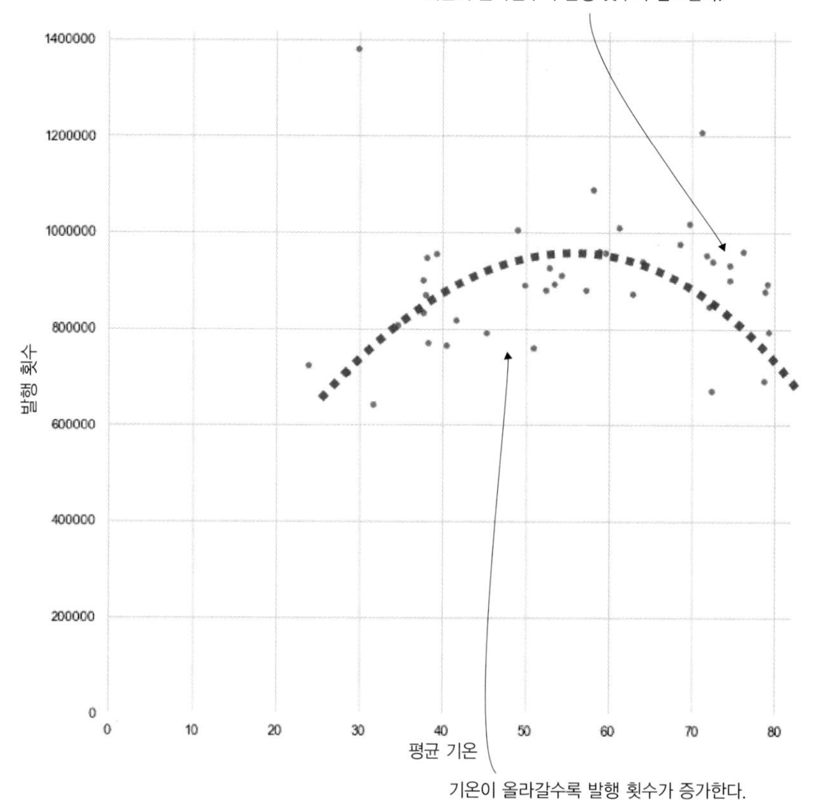

그림 7-8 약 60도 부근에서 관계의 방향이 바뀌는 비선형 관계로 보인다.

코드 7-5 데이터셋에 비선형 곡선 맞추기

```
seaborn.set(style="whitegrid")
f, ax = plt.subplots(figsize=(10, 10))
seaborn.despine(f, left=True, bottom=True)

with ProgressBar():
    seaborn.regplot(x="Temp", y="Summons Number",
                data=citationsAndTemps.compute(), ax=ax,
                order=2)
    plt.ylim(ymin=0)
    plt.xlim(xmin=0)
```

[코드 7-5]에서 `robust` 인수를 `order`로 대체했다. `order` 인수는 비선형 곡선에 맞추기 위해 사용할 곡선의 차수를 결정한다. 데이터가 대략 포물선 형태로 보이기 때문에 차수를 2로 설정했다(포물선에 x2과 x라는 두 개의 항이 있음을 고등학교 수학 시간에 배웠을 것이다). 이제 [그림 7-9]와 같은 회귀 그림이 만들어진다.

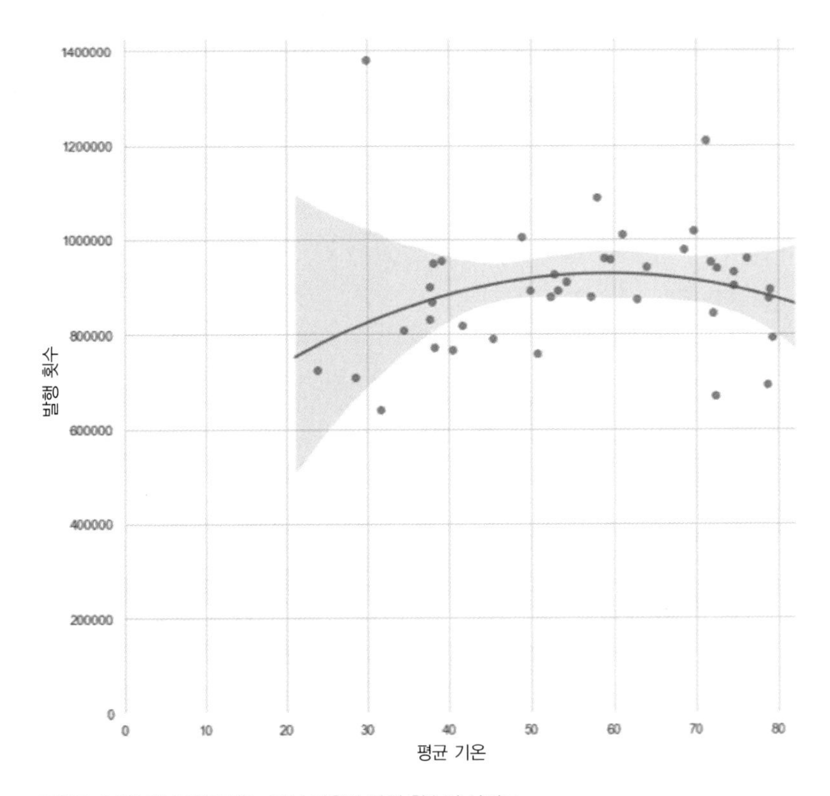

그림 7-9 비선형 곡선에 맞는 평균 기온과 발행 횟수의 산점도

[그림 7-9]는 이전 선형 회귀보다 데이터에 더 잘 맞는 듯 보인다. 우리는 여기서 피어슨 상관계수만 보면 놓칠 수 있는 것들을 배웠다! 다음에는 범주형 데이터에서 관계를 시각화하는 방법을 알아보자.

7.3 바이올린 플롯으로 범주형 관계 시각화하기

NYC 주차 위반 데이터는 많은 범주형 변수를 포함한다. 따라서 범주형 관계 분석을 위해 아주 유용한 시각화 도구인 바이올린 플롯violinplot을 보여줄 수 있는 훌륭한 기회를 제공할 것이다. 바이올린 플롯의 예는 다음 [그림 7-10]에서 볼 수 있다.

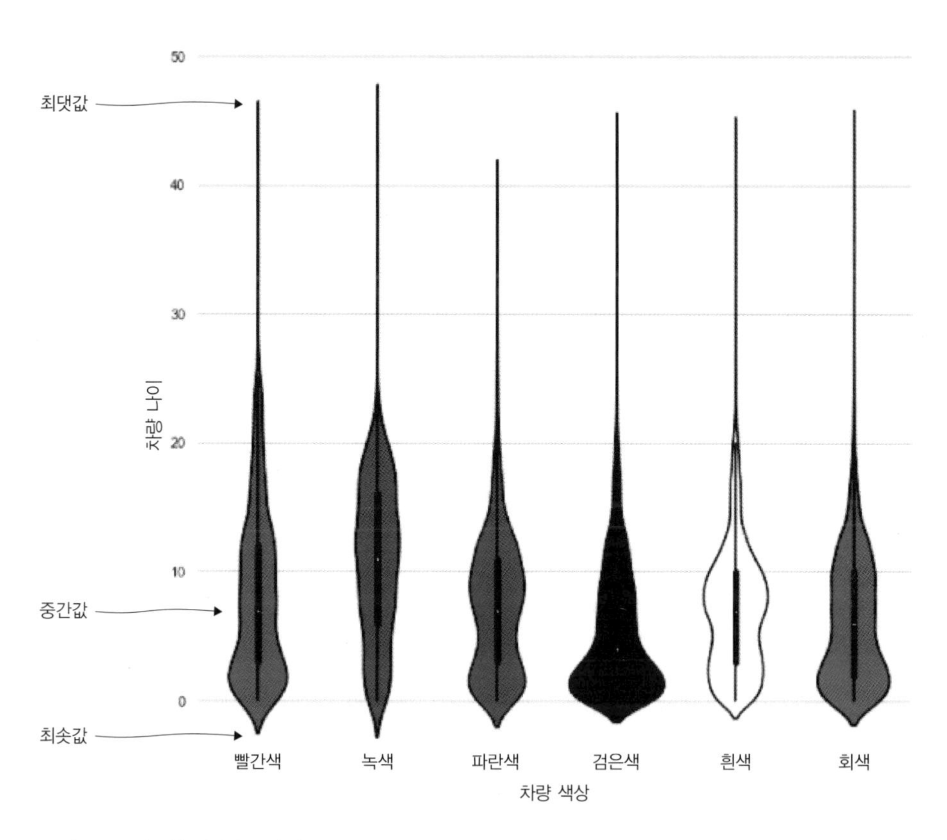

그림 7-10 범주형 데이터의 상대 분포를 보여주는 바이올린 도표

바이올린 플롯은 변수의 평균값, 중간값, 25번째 백분위 수, 75번째 백분위 수, 최솟값, 최댓값을 포함한 여러 통계량을 시각적으로 보여준다는 점에서 상자 플롯과 유사하다. 그러나 바이올린 플롯은 또한 히스토그램을 플롯에 통합하여 데이터 분포가 어떤 모양이고 가장 빈번하게 발생하는 지점이 어디인지 볼 수 있다. 상자 플롯과 마찬가지로 바이올린 플롯도 그룹 간에 연속 변수의 특징을 비교하기 위해 사용한다.

예를 들어, 차량의 나이가 차량의 색상과 어떤 관련이 있는지 알고 싶을 수 있다. 검은색 자동차가 신형이 많다거나 혹은 구형이 많다는 등의 경향을 찾을 수 있을까? 신형 빨간색 차량이나 구형 초록색 차량이 티켓을 받을 가능성이 더 높을까? 바이올린 플롯은 이러한 질문을 조사하는 데 도움이 된다.

7.3.1 대스크와 시본으로 바이올린 플롯 만들기

이전 예제에서 했던 것처럼, 준비-리듀스-수집-플롯 패턴을 따라 바이올린 플롯을 생성한다. 필요한 데이터는 각 주차 위반 티켓에 기록된 차량의 나이와 차량 색상 정보이다. 그러나 이 경우에는 데이터를 더 작은 그룹으로 미리 집계하기 위한 적합한 방법이 없다. 기술 통계나 히스토그램을 구하려면 원시 관측치가 필요하기 때문이다. 따라서 데이터셋을 줄이기 위해 샘플링 기법을 사용한다.

예를 위해 검은색(BLACK), 흰색(WHITE), 회색(GREY), 빨간색(RED), 파란색(BLUE), 녹색(GREEN) 이렇게 가장 일반적인 6가지 차량 색상으로 분석 범위를 좁히자. 이렇게 하면 샘플링을 사용하지 않고도 바이올린 플롯을 만들 수 있으므로 전체 데이터셋을 사용하여 구한 바이올린 플롯의 모양과 무작위 데이터 샘플을 사용하여 구한 바이올린 플롯의 모양을 비교할 수 있다.

코드 7-6 데이터 읽기 및 필터링

```
nyc_data_withVehicleAge = dd.read_parquet('nyc_data_vehicleAge', engine='pyarrow')

row_filter = nyc_data_withVehicleAge['Vehicle Color'].isin(['BLACK','WHITE','GREY','RED
','GREEN','BLUE'])
column_filter = ['Vehicle Age','Vehicle Color']

ages_and_colors = nyc_data_withVehicleAge[row_filter][column_filter]
```

이 코드에서는 6장에서 생성한 일부 데이터를 재사용한다. 이 데이터는 주차 위반 티켓을 받았을 당시 차량의 수명을 계산하기 위해 차량 연식과 티켓 발행 날짜 사이의 차이를 계산하는 코드에서 저장한 데이터다. [코드 7-6]에서는 이 데이터를 읽고 관련 열을 선택하여 앞에서 선정한 6개의 가장 일반적인 차량 색상에 따라 필터링한다. 다음으로 얼마나 많은 관측치가 있는지를 알기 위해 간단한 `count` 연산을 수행할 것이다.

코드 7-7 관측 횟수 계산하기

```
with ProgressBar():
    print(ages_and_colors.count().compute())

# Produces the output:
# Vehicle Age      4972085
# Vehicle Color    4972085
# dtype: int64
```

전체 4,972,085개의 관측값에서 1%의 관측값을 비복원 랜덤 샘플링하여 적절한 표본을 얻을 수 있다. 먼저 497만 개의 점들에 대한 바이올린 플롯이 어떻게 보이는지 살펴보자.

코드 7-8 바이올린 플롯 만들기

```
seaborn.set(style="whitegrid")
f, ax = plt.subplots(figsize=(10, 10))
seaborn.despine(f, left=True, bottom=True)

group_order = ["RED", "GREEN", "BLUE", "BLACK", "WHITE", "GREY"]

with ProgressBar():
    seaborn.violinplot(x="Vehicle Color", y="Vehicle Age", data=ages_and_colors.
compute(), order=group_order, palette=group_order, ax=ax)
```

다시 한번 그림과 축을 설정하는 것으로 시작한다. 그런 다음 원하는 색상들을 리스트에 넣어서 바이올린 플롯에서 그룹들을 정렬하는 방법을 시본에게 알려준다. 이어서 `ProgressBar` 콘텍스트 안에서 `seaborn.violinplot` 함수를 호출하여 바이올린 플롯을 생성한다. 인수는 `scatterplot`이나 `regplot`과 비슷하므로 익숙할 것이다. 우리가 정의한 색상 목록이 어디로 전달되는지도 확인할 수 있다. `order` 인수를 사용하면 왼쪽에서 오른쪽 방향으로 그룹을 표시할 사용자 정의 순서를 지정할 수 있다. 그렇지 않으면 순서는 경우에 따라 달라질 수 있다. 여러 개의 바이올린 플롯을 동일한 그룹들 간에 비교하려는 경우 똑같은 정렬 순서를 사용하는 편이 좋다. 우리는 또한 바이올린 플롯의 색상이 그들이 의미하는 차량 색상과 일치하도록 `palette` 인수에 동일한 리스트를 사용한다(예를 들어 빨간색 바이올린 플롯은 빨간색 차량을 의미한다). 약간의 계산이 끝나면 [그림 7-11]과 같은 플롯이 나타난다.

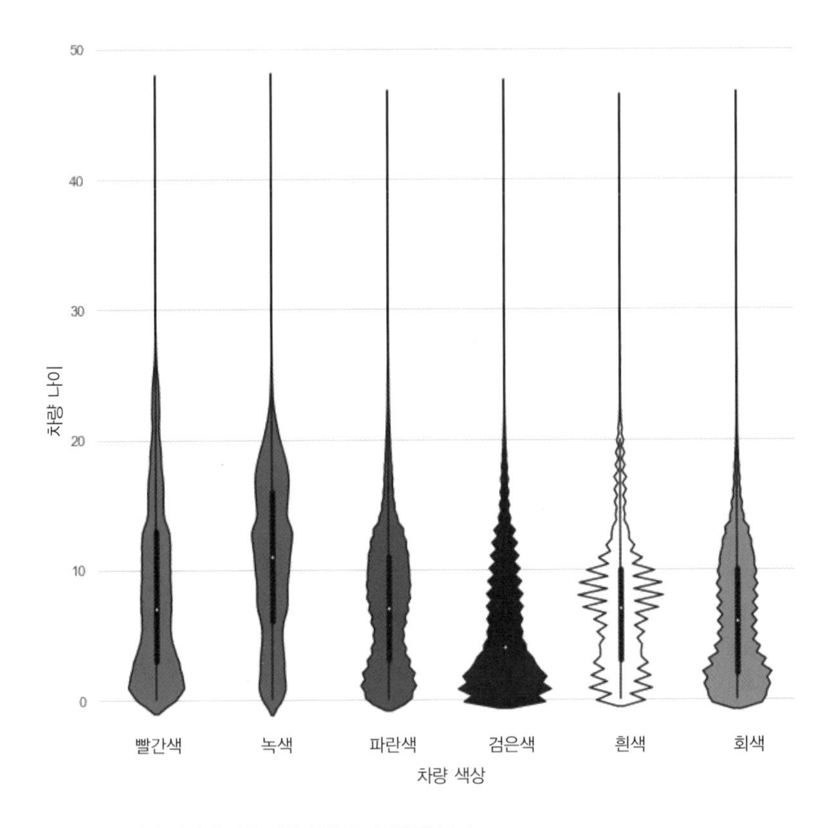

그림 7-11 차량 색상에 따른 차량 연식의 바이올린 플롯

[그림 7-11]에서 바이올린 플롯을 보면 빨간색, 파란색, 흰색, 회색 차량의 중간 나이가 대략 비슷한(작은 흰색 점으로 표시됨) 반면, 검은색 차량은 약간 더 신형이고 녹색 차량은 더 구형인 경향이 있음을 볼 수 있다. 모든 색상에서 차량의 최대 수명은 거의 비슷하지만 다른 색상보다 빨간색과 녹색 차량이 구형인 경우가 더 많다. 이는 빨간색과 녹색 플롯의 상단 영역이 더 두꺼운 사실을 통해 알 수 있다. 영역이 넓을수록 관측치 수가 많고 영역이 좁을수록 관측치가 적다. 흰색 플롯에서 뾰족뾰족한 모양은 연식이 홀수인 흰색 차량이 짝수인 차량에 비해 적어 보이기 때문에 특히 흥미롭다. 이 원인을 이해하려면 더 자세히 살펴봐야 한다.

7.3.2 대스크 데이터 프레임에서 무작위로 데이터 샘플링하기

이제 이 그림을 랜덤 샘플링한 그림과 비교해보자. 플롯 코드는 같지만 필터링된 데이터 프레임으로부터 1%의 임의의 샘플을 추출한다.

코드 7-9 필터링된 데이터 프레임 샘플링하기

```
sample = ages_and_colors.sample(frac=0.01)

seaborn.set(style="whitegrid")
f, ax = plt.subplots(figsize=(10, 10))
seaborn.despine(f, left=True, bottom=True)

with ProgressBar():
    seaborn.violinplot(x="Vehicle Color", y="Vehicle Age", data=sample.compute(),
order=group_order, palette=group_order, ax=ax)
```

대스크 데이터 프레임에서 샘플링하는 것은 매우 간단하다. 모든 데이터 프레임에서 `sample` 메서드를 사용하여 샘플링하려는 데이터의 백분율만 지정하면 대략 지정한 백분율 크기만큼의 필터링된 데이터 프레임이 얻어진다. 기본적으로 샘플링은 **비복원**으로 수행된다. 즉, 데이터 프레임에서 어떤 차량 기록을 한번 선택하면 동일한 샘플에서 동일한 차량 기록을 다시 선택할 수 없다.

이렇게 하면 표본의 모든 관측치는 중복되지 않는다. 만약 복원 추출을 원할 경우 `replace`라는 불리언 인수를 사용하여 지정할 수 있다. 샘플 크기는 백분율로만 지정할 수 있다. 즉, 결과 표본에서 항목의 정확한 개수를 지정할 수는 없다. 따라서 모집단의 크기를 먼저 계산하고 원하는 표본 크기에 해당하는 모집단의 백분율을 계산해야 한다. 이 코드에서는 49,000이 우리 목적을 위해 충분하므로 비복원으로 1%의 표본을 추출했다. 결과적으로 [그림 7-12]와 같은 플롯을 얻는다.

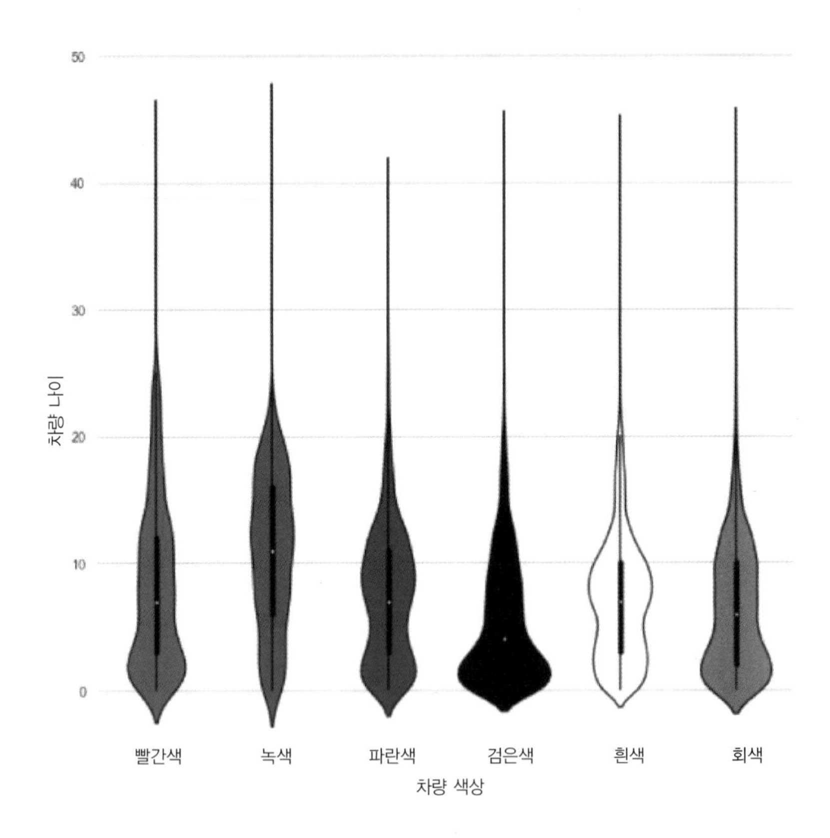

그림 7-12 랜덤 샘플링을 통해 얻은 바이올린 플롯

[그림 7-12]는 [그림 7-11]과 비교할 때 매우 유사하다. 우리는 기본적인 패턴이 유지되고 있음을 알 수 있다: 검은색 차량이 더 신형이고 녹색 차량이 더 구형이다. 그리고 다른 색상보다 빨간색과 녹색 차량 중에 오래된 차량이 더 많음을 알 수 있다. 분포 모양은 거의 비슷하지만 세부적인 부분에서는 차이가 있다. 검은색과 흰색 차량의 분포 모양은 모집단보다 훨씬 더 부드러워졌다. 하지만 전체적으로 샘플링 방법을 통해 전체 데이터셋을 가지고 작업하지 않더라도 그와 유사한 통찰력을 얻을 수 있었다.

7.4 히트맵으로 두 가지 범주형 관계 시각화하기

이처럼 바이올린 플롯은 범주형 변수가 하나일 때 데이터의 성질을 이해하는 데 유용하다. 그러나 NYC 주차권 데이터셋처럼 범주형 변수가 여러 개인 경우가 대부분이다. 범주형 변수가 서로 상호 작용하는 관계를 보려면 히트맵heatmap 방식이 매우 유리하다. 히트맵을 사용하여 두 범주 형 변수 간의 관계를 시각화할 수 있다. 또한 시간 차원에서 히트맵을 사용하는 것이 일반적이다. 예를 들어 이전 장에서는 매달 티켓 발행의 경향을 통해 추운 달보다 더 따뜻한 달에 더 많은 티켓이 발행되는 현상을 발견했다. 하지만 시간 차원에도 패턴이 있음을 발견했다. 이때 요일을 살펴보면 흥미로울 수 있다. 주말보다 주중에 더 많은(또는 그 반대로) 주차 위반 티켓이 발행될 수 있기 때문이다.

요일별 효과가 월별 효과와 상호 작용하는지 알아보자. 이를 위해 각 발행이 이뤄진 요일과 월 정보를 가져와야 한다. 그런 다음 월별 및 요일별 발생 데이터를 집계한다. 이때 시각화에 대한 데이터 포인트 수는 84(12개월 * 7일)로 자연스럽게 줄어든다.

코드 7-10 요일 및 월 정보 추출하기

```
from datetime import datetime
nyc_data_filtered = nyc_data[nyc_data['Issue Date'] < datetime(2017,1,1)]

day_of_week = nyc_data['Issue Date'].apply(lambda x: x.strftime("%A"), meta=str)

month_of_year = nyc_data['Issue Date'].apply(lambda x: x.strftime("%B"), meta=str)
```

Issue Date 열에서 요일 및 월 정보를 추출한다.

먼저, 앞서 5장에서 데이터에 함수들을 적용했던 것과 같은 방식으로 요일 및 월 정보를 추출하기 위해 Issue Date 열에 `strftime` 함수를 적용한다.

코드 7-11 데이터 프레임에 열 추가하기

```
nyc_data_with_dates_raw = nyc_data_filtered.assign(DayOfWeek = day_of_week).
     assign(MonthOfYear = month_of_year)
column_map = {'DayOfWeek': 'Day of Week', 'MonthOfYear': 'Month of Year'}
nyc_data_with_dates = nyc_data_with_dates_raw.rename(columns=column_map)
```

다음으로 앞에서 배운 drop-assign-rename 패턴의 assign-rename 부분을 사용하여 앞에서 구한 열들을 다시 데이터 프레임에 추가한다.

코드 7-12 월 및 요일별로 인용 횟수 계산하기

```
with ProgressBar():
    summons_by_mydw = nyc_data_with_dates.groupby(['Day of Week', 'Month of Year'])
['Summons Number'].count().compute()
```

이제 groupby 메서드를 사용하여 요일 및 월별 발행 횟수를 계산한다.

코드 7-13 피벗 테이블로 결과 변환하기

```
heatmap_data = summons_by_mydw.reset_index().pivot("Month of Year", "Day of Week",
     "Summons Number")
```

대스크가 집계 계산을 마친 후에는 데이터 프레임에 (매달 한 개씩) 12개의 행과 (요일별로 한 개씩) 7개의 열이 되도록 데이터를 피벗해야 한다. 이를 위해 pivot 메서드를 사용한다. Month of Year 행과 Day of Week 행은 처음에 결과 데이터 프레임의 인덱스가 되므로 인덱스를 먼저 리셋해야 한다. 이를 통해 이 인덱스 열들을 다시 별도의 열로 옮겨 pivot 호출에서 참조할 수 있도록 한다. 마지막으로 히트맵을 만든다.

코드 7-14 히트맵 만들기

```
months = ['January','February','March','April','May','June','July','August',
     'September','October','November','December']
weekdays = ['Monday','Tuesday','Wednesday','Thursday','Friday','Saturday','Sunday']

f, ax = plt.subplots(figsize=(10, 10))
seaborn.heatmap(heatmap_data.loc[months,weekdays], annot=True, fmt="d", linewidths=1,
     ax=ax)
```

heatmap 함수를 호출하기 전에 월과 요일들을 적절한 순서로 별도의 리스트에 추가한다. 이전 코드들에서 봤듯이 이름이 지정된 시간 차원을 기준으로 정렬하면 알파벳순으로 정렬이 이뤄진다. 팬더스는 월 또는 요일에 특별한 의미가 있다는 것을 모르기 때문이다. heatmap 호출할 때 데이터 프레임의 loc 메서드를 이용하여 원하는 순서가 되도록 행과 열을 선택한다. 또

는 이전에 설명한 날짜 정렬 방법 중 하나를 사용하여 데이터 프레임을 정렬할 수 있다. annot 인수는 시본에게 각 셀마다 실제 값을 넣도록 지시한다. 따라서 예를 들어 7월 수요일에 발행된 티켓의 개수를 정확히 확인할 수 있다. fmt 인수는 시본에게 콘텐츠를 문자열이 아닌 숫자로 형식화하도록 지시하고 linewidths 인수는 히트맵의 각 셀 사이에 간격을 얼마나 둘지 조정한다. 이 함수 호출을 통해 [그림 7-13]과 같은 히트맵이 만들어진다. 히트맵은 읽기가 매우 쉽다. 밝은 부분은 발행 횟수가 적고 어두운 부분은 발행 횟수가 많다. 또한 월별/요일별 실제 발행 횟수가 히트맵에 표시된다.

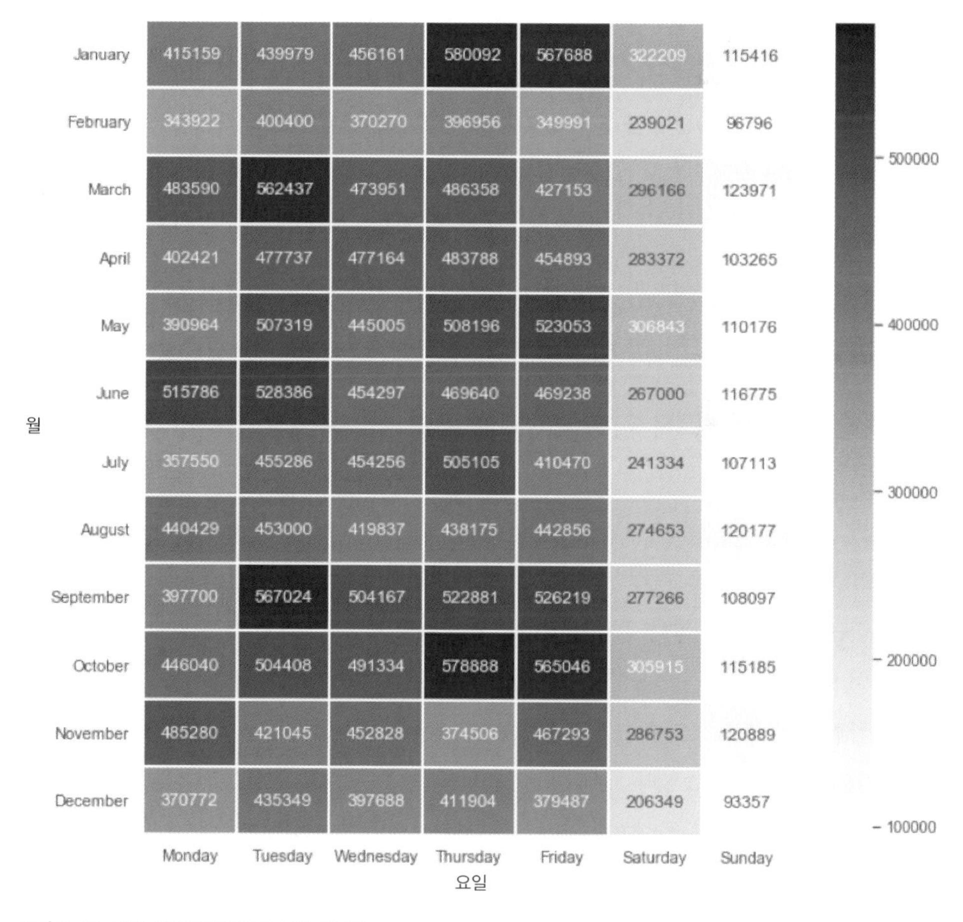

그림 7-13 요일 및 월별 발행 횟수의 히트맵

[그림 7-13]의 히트맵을 통해 주말이 평일보다 발행 횟수가 적고 특히 일요일에 이 값이 더 낮음을 알 수 있다. 주말에 교대 근무하는 단속 요원의 수가 적기 때문에 이런 결과가 나왔을 수 있다. 월별/요일별 조합 중에서 12월의 일요일이 가장 적은 발행 횟수를 보이고 1월의 목요일에 발행 횟수가 가장 많은 것으로 보인다. 이 결과들은 더 깊이 살펴볼 필요가 있는 이상치일 가능성이 있다.

이제 데이터 분석을 위해 준비-리듀스-수집-플롯 패턴을 적용하여 시각화하는 방법을 어느 정도 이해했길 바란다. 이 장의 앞부분에서 언급했듯이 이 패턴은 다른 라이브러리에도 확장하여 적용할 수 있다. 시본을 이용하여 유용하고 매력적인 다양한 시각화를 만들 수 있지만 이러한 패턴에 따라 팬더스 데이터 프레임이나 넘파이 배열을 입력으로 받는 다른 모든 플롯 라이브러리로 쉽게 대체할 수 있다.

다음 8장에서는 데이터 탐색과 최종 사용자 보고를 위해 유용한 대화형 시각화와 대시 보드를 만드는 방법을 알아본다.

7.5 마치며

- 수치 분석을 통해 설명할 수 있는 것보다 '더 많은 이야기'가 있을 수 있다. 항상 데이터를 시각화하는 게 좋다.
- 준비-리듀스-수집-플롯 패턴을 사용하여 큰 데이터셋을 시각화할 수 있다. 이 방법으로 팬더스를 지원하는 모든 데이터 시각화 라이브러리를 사용할 수 있다.
- 원하는 질문에 대한 답을 얻기 위해(예: 월별 발행 횟수) 필요한 경우 집계 함수를 사용하여 데이터를 줄일 수 있다.
- 무작위 표본 추출은 표본 크기가 충분히 클 경우 데이터의 모양을 시각적으로 근사화하는 좋은 방법이 될 수 있다.
- 산점도를 사용하여 두 연속형 변수 간의 관계를 시각화할 수 있다.
- `regplots`를 사용하여 비선형 회귀뿐만 아니라 선형 회귀도를 그릴 수 있다.
- 바이올린 플롯을 사용하여 범주형 변수에 따른 연속형 변수들의 분포를 시각화했다.
- 히트맵을 사용하여 두 가지 범주형 변수를 시각화할 수 있다.

CHAPTER 8

데이터 셰이더로 위치 데이터 시각화하기

이 장의 핵심 내용

- 다운 샘플링이 적합하지 않은 경우 많은 데이터 포인트를 시각화하려면 데이터 셰이더datashader를 사용한다.
- 데이터 셰이더와 보케Bokeh를 이용하여 대화식 히트맵 플로팅하기

7장에서는 시각화를 사용하여 데이터를 더 깊이 이해하는 몇 가지 방법을 알아보았다. 그러나 지금까지 살펴본 방법들은 모두 시각화에 사용할 데이터의 크기를 줄이는 방법을 찾는 데 집중했다. 시본이나 맷플롯립의 고유한 한계를 극복하고자 데이터를 무작위로 샘플링하거나, 필터링 혹은 집계 함수를 사용하는 **다운 샘플링** 기술을 사용했다. 이러한 기술이 유용하다는 것을 보여주긴 했지만 다운 샘플링은 결국 일부 데이터를 버리는 방식이므로 데이터의 패턴을 놓칠 수 있다. 이러한 문제점은 위치와 같은 고차원 데이터를 처리할 때 가장 분명하게 나타난다.

예를 들어 뉴욕시에서 운전자가 주차 단속에 걸릴 가능성이 가장 높은 지역을 찾기 위해 NYC 주차 위반 데이터셋을 사용한다고 상상해보자. 이를 구현하는 한 가지 방법은 발행된 모든 기록의 위도와 경도를 이용하여 평균 위치를 찾는 것이다. 그러나 이 방법은 주차 위반의 '평균적인' 위치를 알려줄 뿐이며, 심지어 실제 뉴욕시 거리가 아닌 엉뚱한 위치를 잡을 수도 있다! 도시 전역에 많은 핫스폿(가장 대표적인 장소)이 있겠지만 평균으로는 이것을 알 수 없다. k-평균과 같은 클러스터링 알고리즘을 사용하여 핫스폿들을 찾아볼 수 있지만 여전히 몇 가지 문제가 남아있을 수 있다.

먼저 중심점이 실제 거리 위에는 없을 수도 있다. 또한 이러한 클러스터링 알고리즘에 클러스터 수를 수동으로 입력해야 한다. 아직 데이터를 잘 알지 못하는 상황이라면 얼마나 많은 클러

스터를 사용해야 하는지 어떻게 알 수 있을까? 이 경우 데이터를 정말 정확하게 이해하는 유일한 방법은 모든 데이터를 그대로 활용하는 것이다. 하지만 시본이나 맷플롯립과 같은 플롯 라이브러리가 수백만 혹은 수십억 개의 데이터 포인트가 존재하는 데이터셋에서 제대로 작동하지 않을 경우, 다운 샘플링을 사용하지 않고 어떻게 이러한 크기의 데이터셋을 시각화할 수 있을까? 여기가 바로 데이터 셰이더가 빛을 발하는 지점이다. 본격적으로 시작하기 전에 [그림 8-1]을 잠깐 살펴보자. 전체 워크플로를 따라 그동안 얼마나 진행했는지를 볼 수 있다.

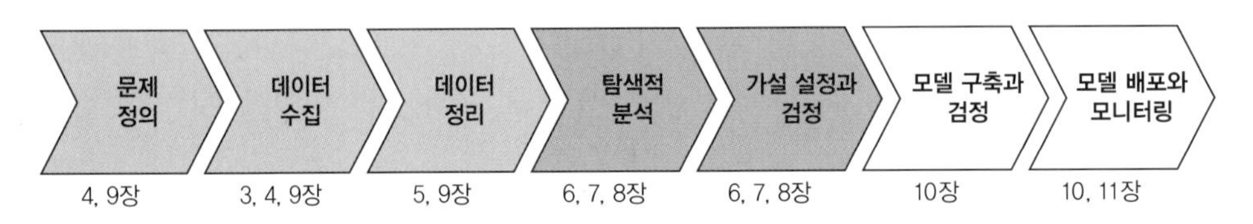

그림 8-1 이 책의 워크플로

이번 장에서는 데이터를 시각적으로 분석하는 또 다른 방법을 알아보고 워크플로의 탐색적 분석, 가설 설정과 검정 단계를 마무리한다. 시본으로 시각화하기 전에 데이터를 다운 샘플링하기 위해 준비-리듀스-수집-플롯 패턴을 사용했던 이전 장과 달리, 데이터 셰이더를 사용하여 대스크 데이터 프레임에 저장된 데이터를 직접 플롯하는 방법을 살펴보자. 구체적으로는 데이터 셰이더를 사용하여 지리 기반 데이터를 지도 위에 표시하는 방법을 알아보자.

8.1 데이터 셰이더란 무엇이며 어떤 원리로 동작하는가?

데이터 셰이더는 파이썬 오픈 데이터 과학 스택에서 상대적으로 최근에 소개된 라이브러리로, 대규모 데이터셋의 의미 있는 시각화를 위해 개발하였다. 플로팅하기 전에 대스크를 이용하여 다운 샘플링된 팬더스 데이터 프레임을 구해야 하는 시본과 달리, 데이터 셰이더의 플로팅 방법은 대스크 객체를 직접 사용할 수 있고 분산 컴퓨팅을 최대한 활용할 수 있다. 데이터 셰이더는 그리드 기반 시각화(산점도, 선형 도표, 히트맵 등)를 생성할 수 있다. 데이터 셰이더가 이미지 랜더링을 위해 사용하는 5단계 파이프라인을 하나씩 살펴보자.

본격적으로 시작하기 전에 작업할 몇 가지 데이터를 알아보자. 불행히도 NYC 오픈데이터는 NYC 주차 티켓 데이터셋 안에 각 주차 위반 티켓이 발행되는 위치의 정확한 위도/경도 좌표 정보를 제공하지 않는다. 따라서 NYC 오픈데이터에서 자세한 위치 정보를 제공하는 또 다른 중간 크기의 데이터셋인 뉴욕시의 311(번) 전화 서비스 데이터베이스를 알아보자. 311 전화 서비스는 도로에 가로등이 꺼졌다거나 움푹 파인 곳이 있을 때 뉴욕시 시민이 문제들을 보고할 수 있는 상시 서비스 중 하나이다. 이 데이터셋에는 2010년 초부터 현재까지 보고된 모든 문의에 대한 레코드가 들어있다. 이 데이터셋은 정기적으로 업데이트된다. 8장에서 데이터 셰이더가 필요한 이유를 설명하기 위한 시나리오로서 해당 데이터를 사용하여 다음 질문을 다루고자 한다.

NYC 311 전화 서비스 데이터셋을 사용하여 어떻게 위치 기준으로 서비스 요청 빈도를 표시하고, 문제가 자주 발생하는 지역을 찾기 위해 이 데이터를 어떻게 지도에 표시할까?

NYC 오픈데이터 홈페이지[1]에 데이터를 내려받을 수 있는 링크가 있다. CSV 형식으로 데이터를 내보내려면 오른쪽 상단에서 내보내기(Export) 단추를 클릭하고 CSV를 선택한다. 또 계속 진행하기 전에 먼저 `datashader`, `holoviews`, `geoviews` 패키지를 모두 설치했는지 확인한다. `Holoviews`와 `Geoviews`는 이 장의 코드를 올바르게 실행하려면 반드시 설치해야 한다. 두 라이브러리는 모두 데이터 셰이더에서 맵 행태의 대화식 시각화를 위해 사용한다. 부록에서 설치 방법을 찾아볼 수 있다. 데이터를 내려받은 후 필요한 패키지를 가져와서 데이터를 불러온다.

코드 8-1 데이터와 패키지 가져오기

```
import dask.dataframe as dd
from dask.diagnostics import ProgressBar
import os
import datashader
import datashader.transfer_functions
from datashader.utils import lnglat_to_meters
import holoviews
```

1 https://data.cityofnewyork.us/Social-Services/311-Service-Requests-from-2010-to-Present/erm2-nwe9

```
import geoviews
from holoviews.operation.datashader import datashade

os.chdir('/Users/jesse/Documents')

nyc311_geo_data = dd.read_csv('311_Service_Requests_from_2010_to_Present.csv',
     usecols=['Latitude','Longitude'])
```

311 서비스 요청에 대한 위도와 경도 데이터를 읽어온다.

작업 디렉터리를 설정한다.

[코드 8-1]에는 이 장에서 사용할 패키지 가져오기, 작업 디렉터리 설정하기, 데이터 읽어오기와 같이 본격적인 작업을 시작하기 위해 일반적으로 필요한 단계들이 포함되어 있다. 특히 주목할 부분은 일단 여기서는 위도(Latitude)와 경도(Longitude) 열만 가져온다는 것이다. 이를 위해 4장에서 배운 `usecols` 인수를 사용한다. 다른 열들은 지금 당장 필요하지 않다.

8.1.1 데이터 셰이더 렌더링 파이프라인의 5단계

데이터와 패키지가 준비되면 데이터 셰이더가 어떻게 동작하는지 계속 알아보자. 데이터 셰이더가 이미지를 렌더링하기 위해 사용하는 5단계는 다음과 같다.

- 프로젝션projection
- 집계aggregation
- 변형transformation
- 컬러 매핑colormapping
- 임베딩embedding

첫 번째 단계인 **프로젝션**에서는 데이터 셰이더가 이미지를 그릴 **캔버스**Canvas를 설정한다. 여기에는 이미지 크기(예: 너비 800픽셀, 높이 600픽셀), x축과 y축에 표시할 변수, 그리고 캔버스 안에서 중심을 맞추기 위해 사용하는 변수 범위 등을 선택하는 과정을 포함한다. 캔버스 객체의 구조는 [그림 8-2]와 같다.

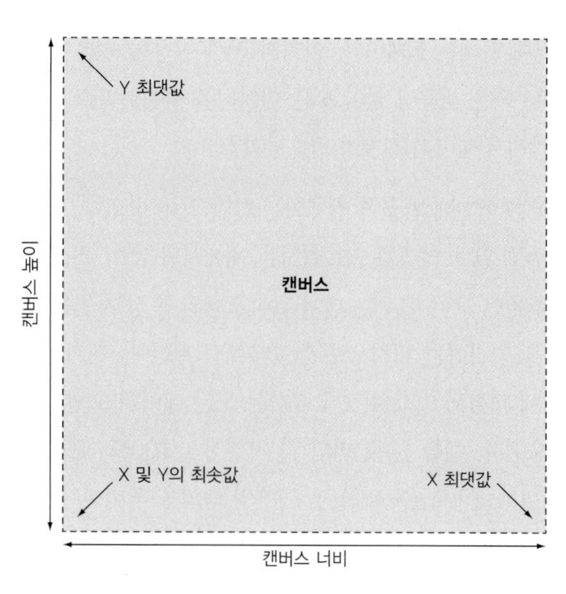

그림 8-2 캔버스 객체의 시각화

캔버스 객체를 만들려면 다음과 같이 캔버스 생성자를 호출하면서 관련 인수들을 전달한다. 우리가 생성하는 캔버스 객체는 시각화를 유지하기 위한 컨테이너이기 때문에 이 코드에는 따로 출력 메시지가 없다.

코드 8-2 캔버스 객체 만들기

```
x_range = (-74.3, -73.6)
y_range = (40.4, 41)
scene = datashader.Canvas(plot_width=600, plot_height=600, x_range=x_range, y_range=y_range)
```

사실 인수 자체가 생성자에 대한 모든 것을 설명해준다. 플롯 너비와 높이는 만들어질 이미지의 크기(픽셀)를 나타내며 x와 y의 범위 인수는 그리드의 경계를 설정한다. 여기에서는 대략 뉴욕시 근교에 해당하는 지도 좌표를 선택했다. 경도는 일반적으로 x축을 따라 표시하고 위도는 일반적으로 y축을 따라 표시한다. 어떤 데이터셋이 주어지고 사용할 좌표 범위가 확실하지 않을 경우 6장에서 학습한 집계 함수를 사용하여 각 열의 최솟값/최댓값을 계산할 수 있다.

데이터 셰이더 플로팅 파이프라인의 두 번째 단계는 **집계**이다. 여기서 잠깐 이상한 부분이 있다. 바로 몇 페이지 앞에서 데이터 셰이더는 다운 샘플링 없이 모든 데이터를 사용한다고 설명하지 않았는가? 그렇다면 왜 데이터 셰이더에서 데이터 집계가 필요할까?

데이터 셰이더에서 사용하는 **집계**라는 용어는 이전에 언급한 집계와는 약간 차이가 있다. 전에 집계를 이야기할 때는 차량 연식에 따라 주차 위반 티켓을 그룹화하는 예에서와 같이 특정 영역별 집계를 의미했다. 우리가 집계를 실행했던 모든 경우는 데이터에 포함된 특정 차원을 따른다. 반면 데이터 셰이더는 화면의 픽셀을 의미하는 버킷으로 데이터를 집계한다. 데이터에서 사용하는 좌표계는 이미지의 픽셀 영역에 매핑되며 각 버킷에 속하는 모든 데이터 포인트에 (합계 또는 평균과 같은) 집계 함수가 적용된다. 예를 들어, 만약 각 픽셀이 1/100도(deg, °)의 위도/경도를 나타낼 경우 100×100 이미지는 1제곱도(deg^2, $(°)^2$)의 영역을 의미한다. 북위 40도에서 경도 1도는 53마일에 해당하며 위도는 69마일에 해당한다. 즉, 뉴욕시 주변 지역을 100×100 이미지로 만들 경우 화면의 각 픽셀은 약 36.5제곱마일을 나타낸다. 36.5제곱마일에 해당하는 지역의 모든 311 전화 서비스가 하나로 집계되므로 해상도가 매우 낮다. 다음 [그림 8-3]은 데이터 셰이더가 집계를 수행하는 방법을 보여준다.

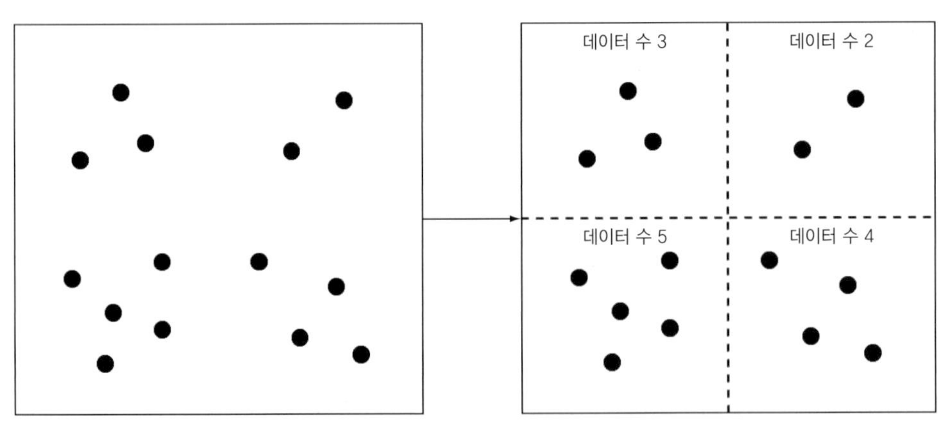

그림 8-3 데이터 셰이더에서 집계 단계란 데이터 포인트 주변을 영역별로 나누고 해당 영역에 집계 작업을 수행하는 단계이다. 시각화에서 각 영역은 최종적으로 단일 픽셀이라고 생각할 수 있다.

다행히 데이터 셰이더는 투영 단계에서 지정한 너비/높이, 그리고 범위 옵션을 기반으로 필요한 모든 매핑과 집계를 수행한다. 작은 범위에 큰 이미지는 공간의 고해상도 이미지를 생성하는 반면, 큰 범위에 작은 이미지는 공간의 저해상도 이미지를 생성한다. [코드 8-2]에서 지정한 범위와 크기를 고려하면 이미지의 각 픽셀이 약 120,000제곱피트를 나타낼 것으로 예상할 수 있으며 이는 뉴욕시 표준 도시 블록 면적의 약 절반 크기다. 이제 우리가 해야 할 일은 사용할 데이터를 데이터 셰이더에게 알려주는 것이다.

코드 8-3 집계 정의하기

```
aggregation  = scene.points(nyc311_geo_data, 'Longitude', 'Latitude')
```

이 방식은 데이터에 추가적인 데이터 변환이 필요 없으므로 매우 간단하다. 단순히 데이터 셰이더에게 `nyc311_geo_data` 데이터 프레임에서 데이터를 가져와서 x축에 Longitude 열을, y축에 Latitude 열을 각각 플로팅하도록 지시한다. 합계나 평균과 같은 다른 집계 방법을 따로 설정하지 않았기 때문에 기본적으로 데이터 셰이더는 각 픽셀에 해당하는 포인트의 개수를 계산한다. 예를 들어, 뉴욕시의 120,000제곱피트 구역 안에서 발생하는 311 전화 서비스의 발생 횟수를 계산한다.

데이터 셰이더 파이프라인의 세 번째 단계는 바로 **변환**이다. 이 예제에서는 계산이 간단하므로 데이터 변환을 꼭 적용할 필요는 없다. 하지만 이전 예제에서 만든 `aggregation` 객체는 캔버스 객체에 정의된 픽셀 공간을 나타내는 간단한 `xarray` 객체라는 점에 유의해야 한다. 즉, 특정 백분위 수에 있는 픽셀을 필터링하거나 어떤 배열에 다른 배열을 곱하거나 선형 대수 변환을 수행하는 등 원하는 종류의 배열 변환을 수행할 수 있다. 특별히 이 예제에서 배열의 크기는 600×600이며 여기에는 해당 특정 영역에서 발생한 서비스 요청과 관련된 값뿐만 아니라 원래 위도/경도 좌표로의 매핑 정보를 모두 포함한다.

다음 [그림 8-4]에서는 픽셀 300, 300에 해당하는 값을 볼 수 있다. 값 140은 해당 영역의 서비스 요청 횟수를 의미하지 않는다. 대신 이 값은 맵의 다른 모든 영역과 비교하여 해당 영역에서 발생한 서비스 요청 횟수의 상대적인 순위를 의미한다. 이 값이 0이면 해당 지역에서 서비스 요청이 없었다는 뜻으로, 서비스 요청이 더 자주 발생하는 지역일수록 이 값은 증가한다. 다음 단계에서 이 숫자는 매우 중요하다.

```
<xarray.DataArray ()>
array(140, dtype=int32)  ← 서비스 요청 횟수
Coordinates:
    Latitude   float64 40.7   ← 픽셀에 해당하는 위도/경도
    Longitude  float64 -73.95
```

그림 8-4 300, 300에 위치한 픽셀의 내용

네 번째 단계는 **색상 매핑**이다. 이 단계에서 데이터 셰이더는 집계 단계에서 구한 상대적인 순위 정보를 가져와 주어진 색상 팔레트에 이 값들을 매핑한다. 이 예에서는 흰색에서 진한 파란색까지 변하는 기본 색상 팔레트를 사용한다. 기본 배열의 값이 높을수록 파란색 음영이 진해진다. 이 색상 매핑의 궁극적인 목표는 우리가 원하는 정보를 전달하는 것이다. [그림 8-5]는 데이터 셰이더가 어떻게 색상 매핑 단계를 수행하는지 보여준다.

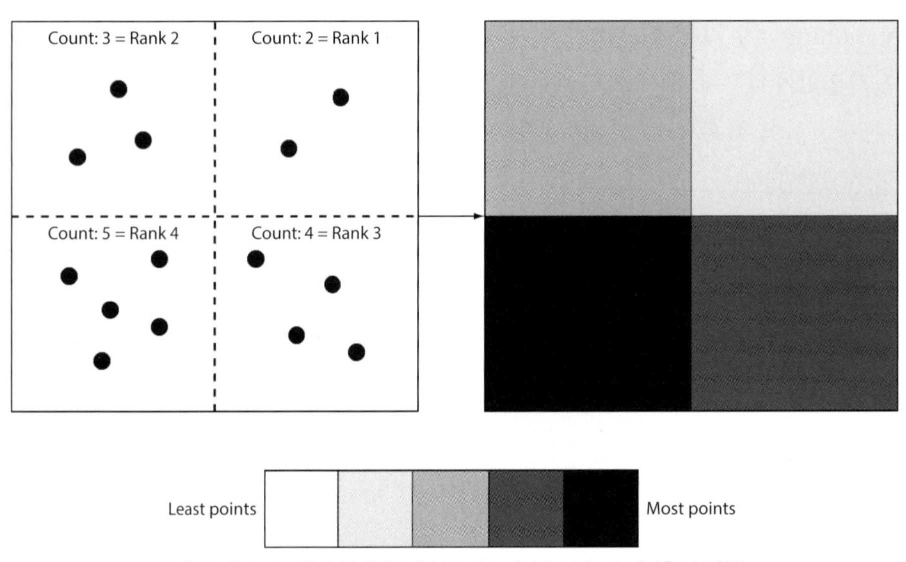

집계 결과를 작은 값부터 큰 값까지 순서에 따라 컬러맵 기반으로 색상을 지정한다.

그림 8-5 색상 매핑을 통해 순위 값을 색상으로 변환한다.

다섯 번째이자 마지막 단계는 **임베딩**이다. 데이터 셰이더는 집계 단계에서 계산된 정보를 컬러맵과 함께 사용하여 최종 이미지를 렌더링 한다. 최종 렌더링을 실행하기 위해 집계 객체에 대해 shade 메서드를 호출한다. cmap 인수를 사용하여 다른 컬러 맵(예: 빨강에서 파랑)을 지정할 수 있다. [그림 8-6]는 임베드를 잘 보여준다.

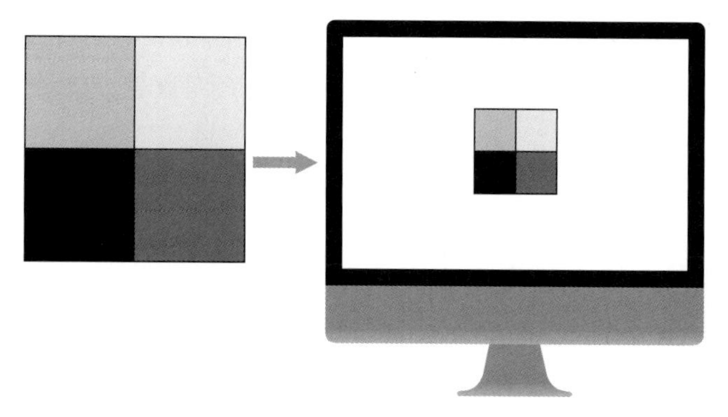

그림 8-6 임베딩 과정에서는 최종 이미지를 화면에 렌더링한다.

다음 [코드 8-4]에서는 shade 메서드를 호출하여 데이터를 이미지로 변환한다. 이 이미지는 IPython을 사용하여 표시할 수 있다.

코드 8-4 최종 이미지 렌더링하기

```
image = datashader.transfer_functions.shade(aggregation)
```

8.1.2 데이터 셰이더 시각화 만들기

지금까지 배운 내용을 요약해보면 다음과 같은 전체 코드를 만들 수 있다.

코드 8-5 첫 번째 데이터 셰이더 시각화를 위한 전체 코드

플롯을 위한 캔버스 객체를 만든다. / 이미지를 컬러맵에 맞게 렌더링한다. / 데이터를 그리드에 투영하여 집계한다.

```
with ProgressBar():
    x_range = (-74.3, -73.6)
    y_range = (40.4, 41)
    scene = datashader.Canvas(plot_width=600, plot_height=600,
     x_range=x_range, y_range=y_range)
    aggregation  = scene.points(nyc311_geo_data, 'Longitude', 'Latitude')
    image = datashader.transfer_functions.shade(aggregation)
```

대스크 관련 코드를 사용하여 평소처럼 ProgressBar 콘텍스트에 코드를 래핑한다. 데이터 셰이더는 실제로 집계를 만들기 위해 대스크를 사용하므로 해당 집계의 진행 상황을 볼 수 있다! 우리가 남겨둔 이미지 객체를 검사하면 [그림 8-7]과 유사한 결과를 볼 수 있다.

그림 8-7 데이터 셰이더의 이미지 출력 결과

정말 흥분하지 않을 수 없다! 단 몇 초 만에 약 1600만 개의 데이터 포인트를 플로팅했다. 뉴욕시 지리에 익숙한 사람이라면 이 모양이 뉴욕시라는 것을 바로 알 수 있을 것이다. 물론 뉴욕 지리를 잘 몰라도 상관없다. 좌표계에 위치 데이터가 있으므로 실제 위치가 어디쯤인지 쉽게 알기 위해 다음에는 시각화 결과를 실제 지도 위에 겹쳐서 보여주는 작업을 할 것이다.

또한 도시의 특정 부분에만 집중할 수 있는 방법이 궁금할 수 있다. 이미지 상단의 가장 왼쪽에 보이는 섬은 뉴욕시에서 가장 인구 밀도가 높은 지역 중에 하나인 맨해튼 섬이다. 섬 전체가 진하게 표시되어 있다. 더 많은 사람이 사는 도시일수록 서비스 요청이 더 많을 수밖에 없기 때문이다. 실제로, 어둡게 음영 처리되지 않은 유일한 곳은 섬 중앙의 흰색 사각형 부분이다. 이곳이 그 유명한 뉴욕의 센트럴 파크다. 경우에 따라서는 맨해튼 아래쪽 동네에만 초점을 맞추고 이 특정 구역에서 어디에 문제가 있는지 찾고 싶을 수 있다.

다음 절에서는 이것을 이동하면서 확대/축소할 수 있도록 시각화를 대화식으로 만드는 방법을 설명하겠다. 또한 지도 타일을 추가하여 현재 위치를 더 잘 파악할 수 있게 될 것이다. 다음으로 넘어가기 전에 데이터 셰이더의 5가지 플로팅 단계를 다시 복습하자. 각 단계에 대한 간략한 설명은 [표 8-1]에 잘 나와 있다.

표 8-1 데이터 셰이더의 다섯 가지 플로팅 단계

단계	설명
프로젝션	시각화를 플롯할 컨테이너(캔버스)를 만든다
집계	동일한 '지역(좌표/위치)'의 데이터를 그룹화한다
변형	집계된 값에 수학적 변환을 적용한다
컬러 매핑	원본 데이터 값을 색상 음영으로 변환하여 화면에 표시한다
임베딩	캔버스에서 최종 이미지를 렌더링한다

8.2 대화식 히트맵으로 위치 데이터 플로팅하기

시각화를 대화식으로 만들기에 앞서 각 이미지를 렌더링할 때 걸리는 시간을 고려해야 한다. 이동 또는 확대/축소라는 것은 결국 앞에서 수동으로 설정한 x 범위나 y 범위의 값을 동적으로 변경하는 것을 말한다. 즉 전체 이미지를 다시 렌더링해야 한다는 뜻이다.

이미지를 새로 렌더링하는 데 시간이 오래 걸린다면 대화형 기능이 더 이상 유용하지 않으므로 이 처리 시간을 최소화하기 위해 최선을 다해야 한다. 데이터 셰이더에서 사용하는 데이터는 스내피 압축과 함께 파케이 형식으로 저장하는 것이 좋다. 이 두 가지 모두 5장에서 이미 배웠다! 계속하기 전에 데이터를 CSV에서 파케이 파일로 변환한다.

고려할 점이 하나 더 있다. 우리는 지금 도시의 어느 부분을 보고 있는지 알 수 있도록 이 히트맵을 지도 위에 겹쳐 표시하길 원한다. 이때 Geoviews라는 다른 라이브러리를 사용하면 해당 작업을 수행할 수 있다. Geoviews는 좌표 데이터를 사용하여 타사 매핑 서비스에서 **맵 타일**map tiles을 가져온다.

8.2.1 지도 타일링을 위해 지리 데이터 준비하기

지도 타일이란 지도 정보를 그리드 형태로 투영한 것이다. 예를 들어, 타일 하나는 맨해튼의 1제곱마일을 나타내고 해당 범위 안의 모든 도로 및 지형 정보를 포함할 수 있다. 데이터 셰이더에서 전화 서비스 데이터에 했던 것과 마찬가지로 이 타일의 크기와 영역은 캔버스의 범위와 크기에 기반을 둔다. 필요한 타일들을 구할 수 있는 웹 API들이 있고 이 API를 사용하는 매핑

서비스를 통해 해당 타일들을 얻을 수 있다.

대부분의 지도 서비스는 위도/경도 좌표로 지도 타일을 인덱싱하지 않는다. 대신 웹 메르카토르Web Mercator라는 다른 좌표계를 사용한다. 웹 메르카토르는 여러 그리드 좌표 시스템들 중 하나이다. 정확한 이미지를 생성하려면 위도/경도 좌표를 웹 메르카토르 좌표로 변환해야 한다. 다행히 Geoviews는 이러한 변환을 수행하기 위한 유틸리티 메서드를 제공한다. 좌표 변환을 실행한 다음 변환된 좌표를 파케이 파일에 저장한다.

코드 8-6 맵 타일링을 위한 데이터 준비하기

열 축을 따라 두 시리즈를 하나의 데이터 프레임으로 결합한다. 이 부분에서 경고 메시지가 나오긴 하지만 두 시리즈가 인덱스에 따라 정렬되어 있으므로 문제 없다.

위도/경도 좌표를 웹 메르카토르 좌표로 변환한다. x 좌표와 y 좌표를 담은 시리즈 객체를 반환한다.

```
with ProgressBar():
    web_mercator_x, web_mercator_y = lnglat_to_meters(nyc311_geo_
     data['Longitude'], nyc311_geo_data['Latitude'])
    projected_coordinates = dd.concat([web_mercator_x, web_mercator_y],
     axis=1).dropna()
    transformed = projected_coordinates.rename(columns={'Longitude':'x',
     'Latitude': 'y'})
    dd.to_parquet(path='nyc311_webmercator_coords', df=transformed,
     compression="SNAPPY")
```

데이터 셰이더로 데이터 액세스 속도를 높이기 위해 이 결과를 파케이 파일로 저장한다.

시리즈의 이름을 X와 Y로 변경한다.

[코드 8-6]에서는 위도/경도 좌표를 웹 메르카토르 좌표로 변환하기 위해 lnglat_to_meters 메서드를 사용한다. 이 특별한 메서드는 두 개의 입력 객체(X, Y)를 받아 변환된 X와 Y를 두 개의 개별 객체로 출력한다. 대스크 시리즈 객체를 팬더스 시리즈로 수집하고 준비할 필요 없이 그대로 사용할 수 있다. 즉 X값에는 원래 데이터 프레임의 경도 열을, Y값에는 원래 데이터 프레임의 위도 열을 전달할 수 있다.

우리는 이 값들을 데이터 프레임 하나에 같이 저장하기 위해 5장에서 배운 concat 메서드를 사용할 것이다. 그러나 이번에는 두 데이터 프레임의 합집합을 구하기 위해서가 아니라 대신 열을 기준으로 (axis=1) 두 데이터 프레임을 이어 붙이기 위해 이것을 사용한다. 이때 대스크는 '두 시리즈의 인덱스가 서로 정렬되었다고 가정한다'라는 경고 메시지를 발생할 것이다. 하지만 web_mercator_x와 web_mercator_y가 동일한 순서로 생성되어 인덱스가 자연스럽게 이미 정렬되어 있으므로 이 경고는 무시할 수 있다. 또한 4장에서 이미 사용한 dropna 메서드를 사용하여 유효한 좌표가 없는 행을 삭제한다. 마지막으로 편의를 위해 열 이름을 x와 y로 바꾸고 이 결과를 파케이 파일에 저장한다.

8.2.2 대화식 히트맵 만들기

이제 파케이 파일을 읽어 들이고 대화형 시각화를 만들자.

코드 8-7 대화형 시각화 만들기

```
nyc311_geo_data = dd.read_parquet('nyc311_webmercator_coords')

holoviews.extension('bokeh')

stamen_api_url = 'http://tile.stamen.com/terrain/{Z}/{X}/{Y}.jpg'

plot_options  = dict(width=900, height=700, show_grid=False)

tile_provider  = geoviews.WMTS(stamen_api_url).opts(style=dict(alpha=0.8),
    plot=plot_options)

points = holoviews.Points(nyc311_geo_data, ['x', 'y'])
service_calls = datashade(points, x_sampling=1, y_sampling=1, width=900,
    height=700)

tile_provider * service_calls
```

- 파케이 데이터를 다시 읽어온다.
- HoloViews에서 Bokeh 확장 패키지를 활성화한다.
- Stamen 맵타일 API에 URL을 설정한다. {Z}는 확대/축소 수준을 나타내고 {X}는 웹 메르카토르 X 좌표를, 그리고 {Y}는 웹 메르카토르 Y 좌표를 의미한다.
- 시각화를 위한 디스플레이 옵션을 설정한다.
- 지정된 API URL을 사용하여 새 웹 메르카토르 타일 제공자를 생성한다.
- 그리드에 X와 Y 점을 플로팅한다.
- 히트맵과 맵타일을 겹쳐그린다.

[코드 8-7]은 직전 코드에서 저장한 파케이 데이터를 다시 읽는 것부터 시작한다. 다음으로 Holoviews에서 Bokeh 확장 패키지를 활성화해야 한다. 이 두 패키지는 시각화에서 대화식 부분을 담당한다. 특별한 설정 변경 없이도 모든 것을 즉시 사용할 수 있다. Stamen 사는 OpenStreetMap 프로젝트에서 만들어진 오픈 소스 거리 맵 데이터의 저장소를 유지 및 관리하는데, 앞으로 이 회사가 만든 맵타일 제공자를 사용할 것이다. 지도 타일 공급자 객체가 나중

에 사용할 수 있도록 API의 URL을 변수로 저장한다. 다음으로 이미지 영역의 너비와 높이를 지정하여 시각화를 위한 일부 디스플레이 인수를 정의한다. 그런 다음 `geoviews.WMTS` 생성자를 사용하여 타일 공급자 객체를 만든다. 이 API URL을 호출하고 이미지를 업데이트할 때마다 적합한 지도 타일을 가져오기 위해 이 객체를 사용한다. URL 변수를 전달하기만 하면 된다. 이 옵션을 `opts` 메서드와 연결하여 디스플레이 옵션을 설정한다. 그런 다음 앞에서 사용한 `scene.points` 메서드와 아주 유사한 `holoviews.Points` 함수를 사용하여 히트맵을 만든다. 또한 이미지를 생성하기 위해 `datashader.transfer_functions.shade`를 사용하는 대신 Holoviews의 `datashade` 함수를 사용한다. 이를 통해 Bokeh 위젯으로 이동/확대할 때 Holoviews가 이미지를 지속적으로 업데이트할 수 있다. 코드의 마지막 줄은 이 모든 것을 하나로 묶는다. 곱셈 연산자가 약간 이상해 보일 수 있지만 이것은 두 레이어를 함께 겹쳐서 최종 이미지를 만들기 위한 메서드다. 또한 이것은 Bokeh 위젯을 실행하고 첫 번째 이미지를 렌더링한다. [그림 8-8]과 같은 결과를 볼 수 있을 것이다.

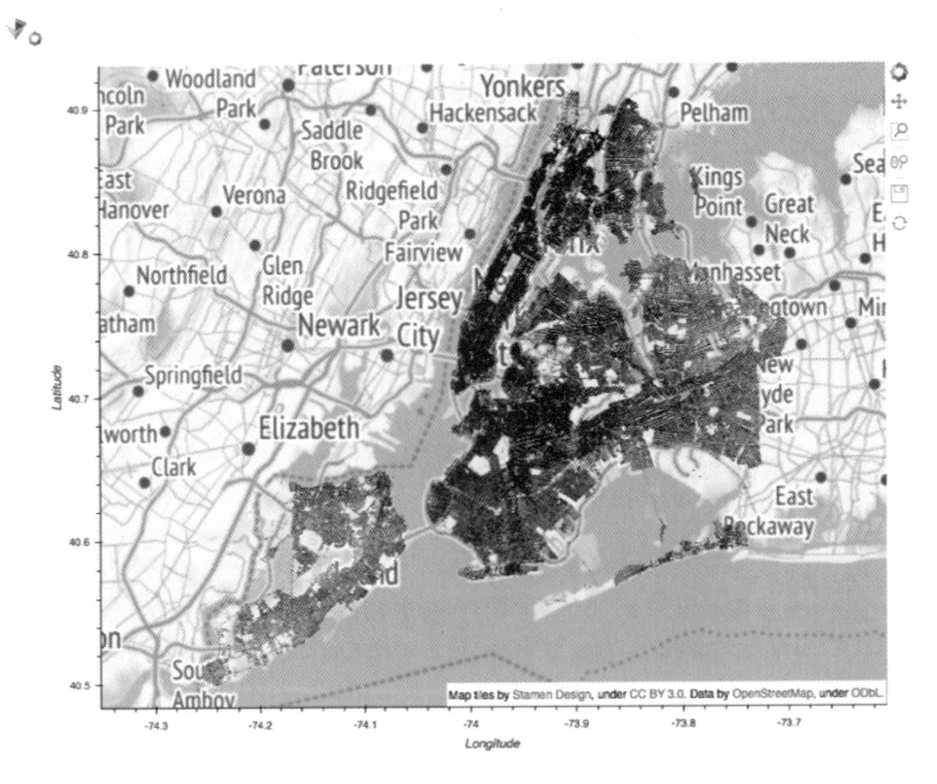

그림 8-8 대화식 히트맵 출력 결과

보다시피, 뉴욕시 지도 위에 히트맵이 겹쳐 표시되고 모든 것이 완벽하게 들어 맞는다! 또한 지도 바깥쪽 가장자리에는 위도와 경도 표시가 있으며 오른쪽 위의 컨트롤을 통해 이동 및 확대/축소가 가능하다. [그림 8-9]는 맨해튼의 남쪽 부근을 확대한 이미지를 보여준다.

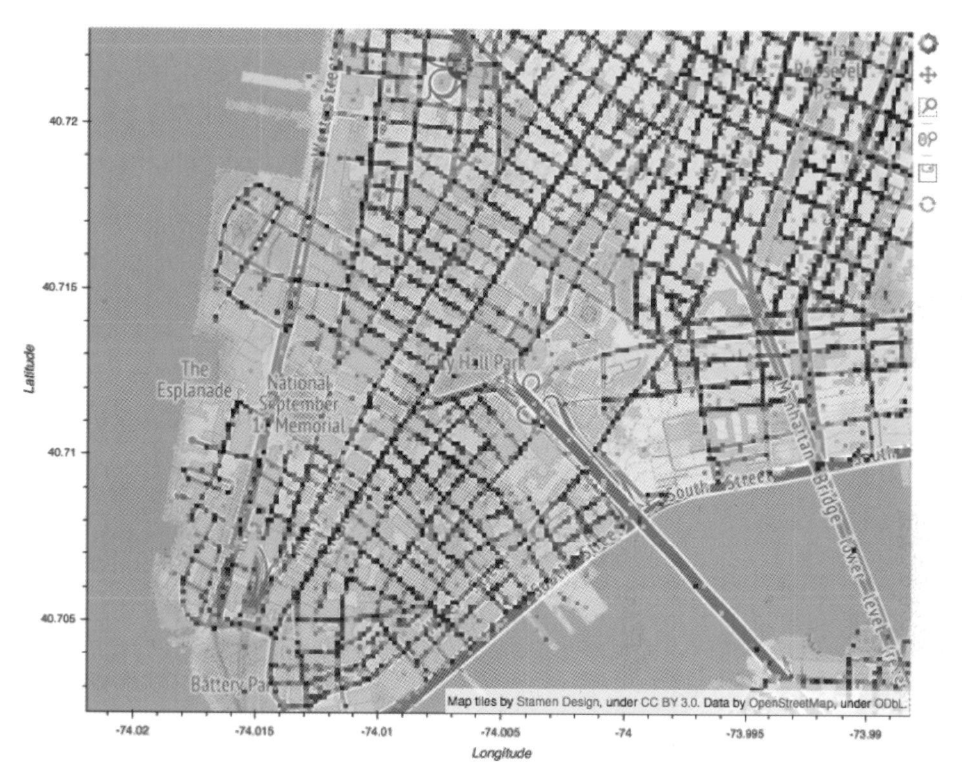

그림 8-9 맨해튼 남쪽 끝을 확대한 결과

확대하면 이미지가 맵 타일과 함께 업데이트 된다는 것을 알 수 있다. 새로운 줌 레벨에서 이미지를 다시 렌더링하는데 1초도 안 걸린다. 확대한 지역을 봤을 때 다른 지역보다 더 많은 서비스 요청이 발생하는 지역들이 있다. 예를 들어 브로드웨이를 따라서는 서비스 요청이 많이 발생했지만 9·11 국립기념관 주변 일부 도로에서는 서비스 요청이 더 적게 발생했다. 도시 전체를 이동하고 확대하면서 문제가 있는 구역을 탐색할 수 있다.

8.3 마치며

- 데이터 셰이더를 사용하여 다운 샘플링 없이 큰 데이터셋의 정확한 이미지를 만들 수 있다.
- 모든 데이터 셰이더 객체는 캔버스, 집계, 전송 함수로 구성된다.
- 데이터 셰이더 시각화는 캔버스 영역의 픽셀 수를 기준으로 집계가 이뤄지며 해상도가 동적이어서 그래프의 특정 영역으로 확대할 수 있다.
- 데이터 셰이더와 함께 Holoviews, Geoviews, Bokeh 등의 확장 패키지를 사용하여 맵 타일로 대화형 시각화를 만들 수 있다.
- 타일 제공자를 사용하여 맵 타일을 그리드 위에 겹쳐서 표시한다. 데이터에 위도/경도 좌표가 있는 경우 먼저 웹 메르카토르 좌표로 변환한다.

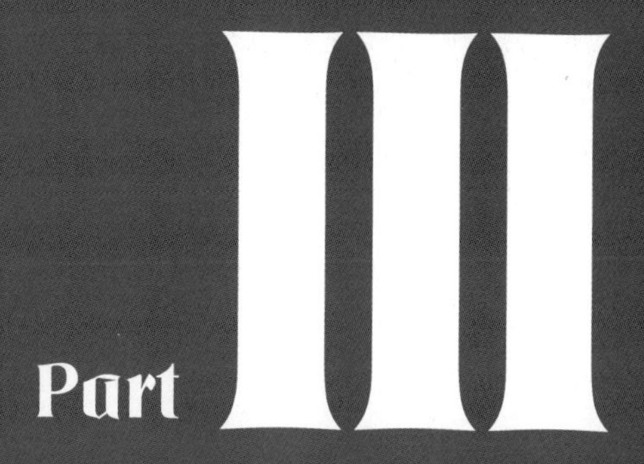

Part III 대스크의 확장과 배포

3부에서는 비정형 데이터, 머신러닝, 대스크를 클라우드에 배포하는 몇 가지 고급 주제를 다루면서 대스크 패러다임으로 마무리하려고 한다. 다시 한번 강조하지만 이 책은 실제 존재하는 데이터셋과 데이터 과학 프로젝트에서 일반적으로 만날 수 있는 작업에 기반을 두고 설명한다.

9장에서는 좀 더 복잡한 비정형 데이터셋을 처리하기 위해 표준 파이썬 리스트의 병렬을 구현한 대스크 백dask bag과 넘파이 배열의 병렬을 구현한 대스크 배열dask array, 두 개의 사용 방법을 설명한다. JSON 형식으로 저장된 텍스트 데이터를 파싱하여 매핑, 폴딩, 리듀싱과 같은 고급 컬렉션 주제들을 다룰 것이다.

10장에서는 병렬화된 사이킷런 모델을 구축하기 위해 대스크 ML API를 사용하는 방법을 살펴본다. 이는 훈련 시간이 매우 오래 걸릴 수 있는 대규모 데이터셋에서 모델을 구축하는 작업을 하거나 훈련 속도를 효과적으로 향상하기 위해 여러 대의 컴퓨터로 작업을 확장할 때 아주 유용하다.

마지막으로 11장에서는 도커와 AWS를 사용하여 클라우드에서 대스크를 실행하는 방법과 클러스터 모드에서 대스크를 실행하는 방법을 설명한다. AWS 환경을 단계별로 함께 구성한 다음, 이전 장에서 소개한 코드를 클러스터에서 실행하고 모니터링하는 것이 얼마나 쉬운지 보여준다.

Part III

대스크의 확장과 배포

CHAPTER 9

백(Bags)과 배열 활용하기

이 장의 핵심 내용

- Bags를 이용해 비정형 데이터를 읽고 변환하고 분석하기
- Bags으로부터 배열과 데이터 프레임 만들기
- Bags에서 데이터 추출하고 필터링하기
- `fold`와 `reduce` 함수를 사용하여 Bags 요소 결합 및 그룹화하기
- 큰 텍스트 데이터셋에서 텍스트 마이닝을 위해 Bags과 함께 자연어 툴킷Natural Language Toolkit(NLTK) 사용하기

이 책은 데이터 프레임을 사용한 정형 데이터 분석을 설명한다. 하지만 대스크에서 또 다른 고급 API인 백(Bags)과 배열을 다루지 않고는 대스크를 모두 끝냈다고 볼 수 없다. 만약 어떤 데이터가 테이블 형식에 딱 들어맞지 않는다면 Bags과 배열을 통해 이러한 데이터도 다룰 수 있는 유연함을 얻을 수 있다. 데이터 프레임은 행과 열로 이뤄진 2차원 데이터로만 한정되지만 배열은 더 많은 차원의 데이터를 다룰 수 있다. 배열 API는 선형대수, 고급 수학, 그리고 통계 연산을 위한 추가 함수들도 제공한다. 다만 데이터 프레임을 소개할 때 다뤘던 내용의 대부분이 팬더스나 넘파이와 비슷했던 것처럼 배열 작업에서도 흐름은 똑같이 적용된다. 실제로 앞서 1장에서 대스크의 데이터 프레임이 팬더스의 데이터 프레임을 병렬화한 것이고 넘파이 배열을 병렬화한 것이 대스크의 배열이라고 언급했던 사실을 기억할 것이다.

반면 Bags은 대스크의 다른 데이터 구조와는 차이가 있다. Bags은 파이썬에 내장된 리스트 객체와 같이 보편적인 컬렉션을 병렬화한 것이므로 매우 강력하고 유연하다. 형태와 데이터 타입을 미리 정해줄 필요가 있는 배열이나 데이터 프레임과는 달리 Bag은 사용자가 정의한 클래

스든 내장 타입이든 모든 파이썬 객체를 보유할 수 있다. 이를 통해 원본 텍스트나 중첩 JSON 데이터와 같이 매우 복잡한 데이터 구조를 저장하고 이를 쉽게 탐색할 수 있다.

요즘 데이터 과학자들에게, 특히 데이터 엔지니어 없이 독립적으로 또는 소규모 팀에서 일하는 데이터 과학자들에게 비정형 데이터 작업은 더 흔해지고 있다. 다음과 같은 예를 생각해보자.

다음 [그림 9-1]에서 보듯이 동일한 데이터를 서로 다른 두 가지 방식으로 표시할 수 있다. 위쪽에는 제품 리뷰가 행과 열이 있는 정형 데이터로 표시되고 아래쪽에는 제품을 리뷰한 원본 텍스트가 비정형 데이터로 표시된다. 만약 우리에게 관심 있는 정보가 고객의 이름, 구매한 제품, 그리고 고객의 만족 여부라면 정형 데이터는 이 정보를 한눈에 볼 수 있게 제공한다. 고객 이름 열에는 항상 고객의 이름이 값으로 들어간다. 반대로, 원본 텍스트 데이터는 원문의 길이나 스타일 및 형식이 너무 다양하기 때문에 분석과 관련된 데이터가 무엇인지 분명하지 않으며 관련 데이터를 추출하기 위한 일종의 파싱이나 해석이 필요하다. 첫 번째 리뷰에서는 사용자의 이름(Mary)이 네 번째 단어다. 그러나 두 번째 사람은 자기 이름(Bob)을 마지막에 넣었다. 이렇게 일관성이 없다 보니 정보를 구조화하기 위해 데이터 프레임이나 배열과 같이 정형화된 데이터 구조를 사용하기가 어렵다. 대신 Bags의 유연성이 여기에서 빛을 발한다. 데이터 프레임이나 배열에는 항상 열의 개수가 고정된 반면 Bags에는 문자열, 리스트, 또는 길이가 다양한 다른 요소들을 포함할 수 있다.

정형 데이터

Customer name	Product	Satisfied?
Bob	Dog food	Yes
Mary	Chocolate	No
Joe	Chocolate	Yes

비정형 데이터

```
My name is Mary, and I made my first
purchase with your store last week.
I bought some chocolate and did not
like the flavor. It was too sweet
for me. Shipping was fast and
convenient, so I would be willing to
buy again if more types of chocolate
were available.

I bought some food for my dog
Patches, and she really seemed to
enjoy it. Thanks, Bob.
```

그림 9-1 정형 데이터와 비정형 데이터를 비교한 예

실제로 비정형 데이터 작업과 관련한 일반적인 사용 사례는 제품 리뷰, 트위터의 트윗, 또는 옐프Yelp나 구글Google 리뷰와 같이 서비스의 질을 평가하는 내용 등의 텍스트 데이터를 웹 API에서 스크랩하여 분석할 때 많이 나온다. 따라서 Bags를 사용하여 비정형 텍스트 데이터를 구문 분석하고 준비하는 예를 살펴보겠다. 그런 다음 Bag에서 정형 데이터를 배열로 매핑하고 추출하는 방법을 알아보겠다.

[그림 9-2]는 이미 익숙한 워크플로 다이어그램이지만, 다시 초반으로 돌아가는 듯 보여서 약간 놀랄 수 있다! 8장에 이어서 계속 진행하는 대신 새로운 문제와 데이터셋으로 처음부터 다시 시작하기 때문이다. 이번에는 비정형 데이터에 초점을 맞춰 워크플로에서 첫 세 가지 요소를 다시 살펴보겠다. 4장과 5장에서 다루었던 내용과 개념은 동일하지만 이번에는 데이터가 CSV와 같은 테이블 형식이 아닐 경우 구체적으로 어떻게 동일한 결과를 얻을 수 있는지 살펴볼 것이다.

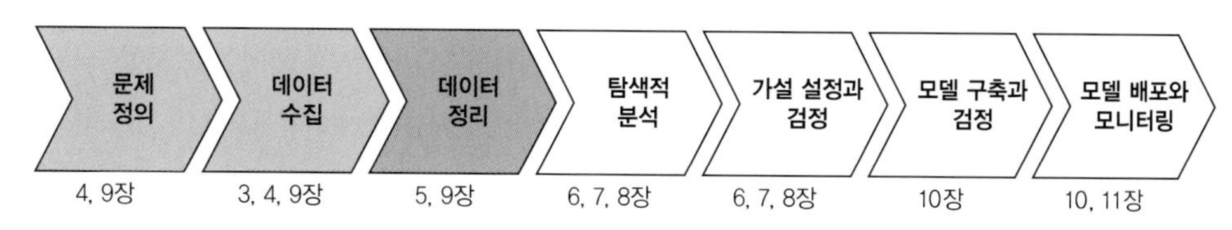

그림 9-2 이 책의 워크플로

이 장에서는 또한 스탠퍼드 대학교의 네트워크 분석 프로젝트에서 제공한 아마존 제품 리뷰들을 예제로 살펴보겠다. 웹사이트(*https://goo.gl/yDQgfH*)에서 데이터를 내려받자. 데이터셋 작성 방법에 대한 자세한 내용은 매콜리McAuley와 레스코벡Leskovec의 논문「아마추어에서 전문가에 이르기까지: 온라인 리뷰를 통한 사용자 전문 지식의 진화 모델링」(스탠퍼드, 2013)[1]을 참조하자.

1 「From Amateurs to Connoisseurs: Modeling the Evolution of User Expertise through Online Reviews」(Stanford, 2013)

9.1 Bags으로 비정형 데이터 읽고 파싱하기

데이터를 다운로드한 후 가장 먼저 할 일은 데이터를 바르게 읽고 구문 분석하여 쉽게 조작할 수 있도록 하는 것이다. 우리가 앞으로 다룰 첫 번째 시나리오는 다음과 같다.

캐글 웹페이지에서 제공하는 아마존 좋은 식품 리뷰Amazon Fine Foods Reviews 데이터셋[2]을 사용하여 형식을 결정하고 데이터를 딕셔너리의 bag 형태로 구문을 분석한다.

이 특정 데이터셋은 일반적인 텍스트 파일이다. 평범한 텍스트 편집기를 사용하여 파일을 열고 구조를 확인할 수 있다. Bag API는 텍스트 파일을 읽어오는 몇 가지 편리한 함수를 제공한다. Bag API에는 일반적인 텍스트 외에도 아파치 아브로Apache Avro 형식의 파일을 읽을 수 있는 함수가 있다. 아브로 형식은 JSON 데이터를 위해 널리 사용되는 바이너리 포맷이며 보통 .avro 라는 확장자를 갖는다. 일반 텍스트 파일을 읽을 때 사용되는 함수는 `read_text`며 인수의 수가 적다. 가장 간단한 형태로 필요한 것은 파일 이름이다. 하나의 Bag에 여러 파일을 읽으려면 파일 이름이 든 리스트나 와일드카드(예를 들면 *. txt)가 포함된 문자열을 전달할 수 있다. 이 경우 파일 이름 리스트의 모든 파일은 동일한 종류의 정보를 가져야 한다. 예를 들어 파일 하나가 하루 동안 기록된 이벤트를 나타내는, 시간에 따라 수집된 로그 데이터라면 좋은 예가 될 수 있다. `read_text` 함수는 기본적으로 (GZip이나 BZip 등) 대부분의 압축 방식을 지원한다. 따라서 데이터를 디스크에 압축된 상태로 보관할 수 있다. 경우에 따라서는 데이터를 압축 상태로 두면 컴퓨터의 입/출력 하위 시스템의 부하를 줄임으로써 성능이 크게 향상될 수 있다. `read_text` 함수가 실제 어떤 결과를 만드는지 살펴보자.

코드 9-1 Bag으로 텍스트 데이터 읽어오기

```
import dask.bag as bag
import os
```

---

2 옮긴이_ *https://www.kaggle.com/snap/amazon-fine-food-reviews*

```
os.chdir('/Users/jesse/Documents')
raw_data = bag.read_text('foods.txt')
raw_data

# Produces the following output:
# dask.bag<bag-fro..., npartitions=1>
```

지금까지의 경험에 비추어 예상했겠지만 read_text 작업은 실제로 compute 함수 유형의 작업을 실행하기 전까지 평가가 이루어지지 않는 지연 객체를 생성한다. Bag의 메타 데이터는 전체 데이터를 하나의 파티션으로 읽는다. 지금은 이 파일의 크기가 비교적 작으므로 괜찮을 수 있다. 그러나 병렬 처리를 수동으로 늘리려면 read_text에서 선택적 인수인 blocksize를 사용하여 각 파티션의 크기를 바이트 단위로 지정할 수 있다. 예를 들어 대략 400MB 파일을 4개의 파티션으로 분할하려면 blocksize를 100MB에 해당하는 100,000,000로 지정할 수 있다. 이렇게 하면 대스크는 파일을 4개의 파티션으로 나눈다.

9.1.1 Bags에서 데이터 선택하고 미리보기

데이터로부터 Bag 객체를 만들었으므로 이제 데이터의 형태를 살펴보자. head 메서드를 사용하여 데이터 프레임의 작은 서브셋을 볼 수 있었듯이 take 메서드를 사용하면 Bag 객체에서 동일한 작업을 수행할 수 있다. 보려는 항목의 개수를 지정하면 대스크는 그 결과를 출력한다.

코드 9-2 Bag 객체에서 항목 미리보기

```
raw_data.take(10)

# Produces the following output:
'''('product/productId: B001E4KFG0\n',
 'review/userId: A3SGXH7AUHU8GW\n',
 'review/profileName: delmartian\n',
 'review/helpfulness: 1/1\n',
 'review/score: 5.0\n',
 'review/time: 1303862400\n',
 'review/summary: Good Quality Dog Food\n',
 'review/text: I have bought several of the Vitality canned dog food products and
     have found them all to be of good quality. The product looks more like a stew than
```

```
    a processed meat and it smells better. My Labrador is finicky and she appreciates
    this product better than  most.\n',
 '\n',
 'product/productId: B00813GRG4\n')'''
```

[코드 9-2] 결과에서 볼 수 있듯이 Bag의 각 요소는 현재 파일의 각 줄을 나타낸다. 하지만 이런 구조는 분석에 문제가 될 수 있다. 일부 요소 사이에는 분명한 상관 관계가 있다. 예를 들어, 출력에 표시된 review/score는 그 앞에 나온 ID(B001E4KFG0)에 해당하는 제품에 대한 리뷰 점수를 의미한다. 그러나 이러한 요소들을 구조적으로 연결해주는 것이 하나도 없으므로, 예를 들어 B001E4KFG0 제품 리뷰 점수의 평균을 계산하는 것과 같은 작업을 수행하기 어렵다. 따라서 관련 요소들을 함께 단일 객체로 그룹화하여 이 데이터에 약간의 구조를 추가해줘야 한다.

9.1.2 일반적인 파싱 문제와 극복 방법

텍스트 데이터로 작업할 때 흔히 겪는 일반적인 문제는 기록된 방식과 같은 문자 인코딩 방식을 이용하여 데이터를 읽는지 확인한다는 점이다. 문자 인코딩은 바이너리로 저장된 원시 데이터를 인간이 식별할 수 있는 문자 같은 기호로 매핑할 때 사용한다. 예를 들어 대문자 J는 UTF-8 인코딩을 사용하여 01001010이라는 이진수로 표시된다. 파일을 디코딩하기 위해 UTF-8을 사용하여 텍스트 편집기에서 텍스트 파일을 열면 파일에서 01001010을 발견할 때마다 J로 변환하여 화면에 표시한다.

올바른 문자 인코딩을 사용하면 데이터를 바르게 읽을 수 있고 텍스트가 잘못 표시되는 일이 없다. 기본적으로 read_text 함수는 데이터가 UTF-8을 사용하여 인코딩한 것으로 가정한다. Bag 객체는 본질적으로 지연 연산의 특징을 가지므로 이 가정이 유효한지를 미리 확인하지 않는다. 따라서 이 함수를 수행할 때 비로소 문제가 있다는 것을 파악할 수 있다. 예를 들어 Bag의 항목 수를 계산할 때 count 함수를 쓸 수 있다.

코드 9-3 Bag에서 항목 개수를 계산하는 동안 인코딩 오류가 발생하는 경우

```
raw_data.count().compute()

# Raises the following exception:
# UnicodeDecodeError: 'utf-8' codec can't decode byte 0xce in position 2620:
     invalid continuation byte
```

데이터 프레임 API에서의 count 함수와 똑같아 보이는 이 count 함수는 UnicodeDecode Error 예외와 함께 실행에 실패한다. 이 오류는 파싱에 실패했으므로 결국 파일이 UTF-8로 인코딩되지 않았음을 보여준다. 이러한 문제는 보통 텍스트에서 영문 알파벳으로 사용되지 않는 종류의 문자(예: 악센트 표시, 한자, 히라가나, 자음문자[abjad])를 사용할 때 발생한다. 어떤 인코딩을 사용했는지 이 파일을 만든 사람에게 직접 물어볼 수 있는 경우에는 encoding 인수를 사용하여 read_text 함수에 정확한 인코딩 방식을 추가하면 된다. 하지만 파일을 만들 때 사용한 인코딩을 알 수 없다면 사용할 인코딩을 결정하기 위해 약간의 시행착오가 필요하다. 윈도우에서 사용하는 표준 인코딩 방식인 cp1252 인코딩을 먼저 시도해보는 게 좋다. 실제로 이 예제 데이터셋은 cp1252를 사용하여 인코딩되었다. 따라서 cp1252 인코딩을 사용하도록 read_text 함수를 수정하고 count 작업을 다시 시도할 수 있다.

코드 9-4 read_text 함수의 인코딩 변경하기

```
raw_data = bag.read_text('foods.txt', encoding='cp1252')
raw_data.count().compute()

# Produces the following output:
# 5116093
```

9.1.3 구분 기호 활용하기

일단 인코딩 문제가 해결되었으면 이제 각 리뷰의 속성들을 그룹화하기 위해 필요한 구조를 어떻게 추가할지 생각해보자. 우리가 작업할 파일은 결국 하나의 긴 텍스트 문자열 데이터이므로 텍스트를 여러 논리 청크로 나누는 데 유용한 패턴을 텍스트에서 찾을 수 있다. [그림 9-3]은 텍스트에서 유용한 패턴이 어디에 있는지 힌트를 보여준다.

```
 'review/summary: Good Quality Dog Food\n',
 'review/text: I have bought several of the Vitality canned dog food
products and have found them all to be of good quality. The product looks
more like a stew than a processed meat and it smells better. My Labrador is
finicky and she appreciates this product better than  most.\n',
 '\n',
 'product/productId: B00813GRG4\n')'''
```

각 리뷰는 줄 바꿈 문자 두 개로 구분한다.

그림 9-3 어떤 패턴을 통해 텍스트를 각 리뷰로 분할할 수 있다.

특별히 이 예제의 데이터셋을 만들 때, 각 리뷰 사이에 두 개의 줄 바꿈 문자(개행 문자라고도 하며 \n으로 표시)를 넣었다. 이 텍스트를 청크로 분할하기 위해 해당 패턴을 구분 기호로 사용할 수 있다. 이때 각 텍스트 청크는 제품 ID, 리뷰 평점, 리뷰 내용 등과 같은 모든 리뷰에 관한 속성들을 포함한다. 파이썬 표준 라이브러리의 일부 함수를 사용하여 텍스트 파일을 수동으로 구문 분석, 즉 파싱해야 한다.

그렇다고 이를 위해 전체 파일을 메모리에 읽어오는 방법만큼은 피하고 싶을 것이다. 이 파일이 작아서 현재 메모리 크기에 부담이 되지 않을 수도 있지만, 작업에 사용할 데이터셋의 크기가 시스템의 한계를 초과할 경우에는 파일 전체를 메모리로 읽어오는 방식의 코드는 작동하지 않는다(그리고 병렬 처리라는 목적에도 전혀 부합하지 않는다!).

따라서 파이썬의 파일 반복자를 사용하여 파일의 일부 작은 청크를 하나씩 스트리밍하고 이 버퍼의 텍스트에서 원하는 구분 기호를 검색하여 리뷰가 언제 시작되고 언제 끝나는지 파일의 위치를 표시한 다음, 해당 버퍼에서 다음 리뷰의 위치를 찾는 작업을 계속 이어간다. 결과적으로 우리는 각 리뷰의 시작 위치와 끝나는 위치에 대한 포인터 정보를 가진 지연 객체Delayed object 들의 리스트를 얻게 된다. 나중에 이것을 키-값 쌍을 갖는 딕셔너리로 파싱할 수 있다. [그림 9-4]의 순서도는 이 전체 과정을 잘 보여준다.

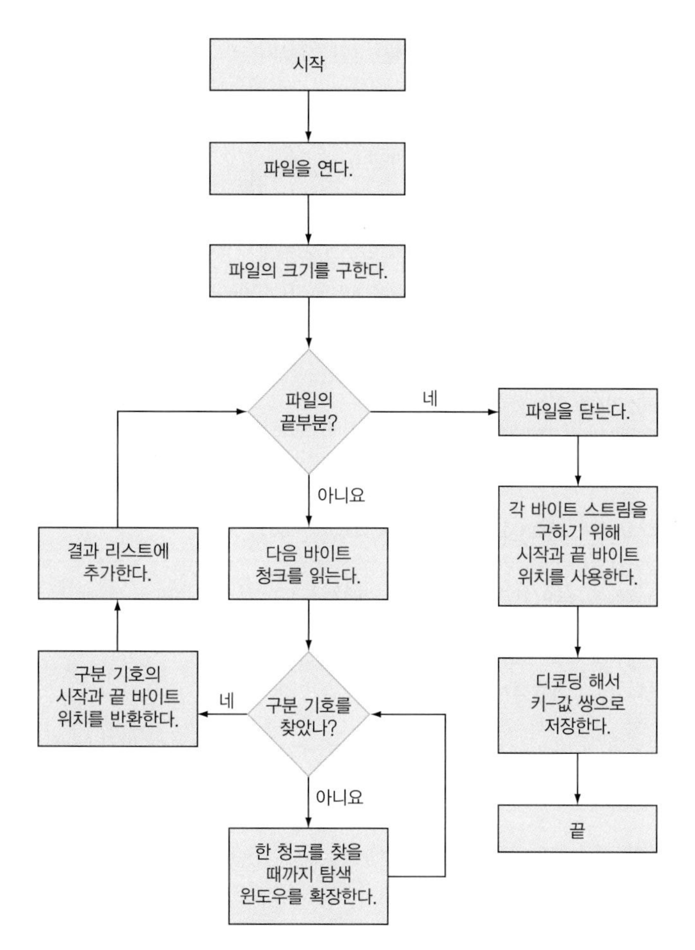

그림 9-4 대스크 지연 객체를 이용하여 구현한 사용자 정의 텍스트 파싱 알고리즘

먼저 파일 내에서 특정 구분자를 검색하기 위한 함수를 정의한다. 파이썬의 파일 핸들 시스템을 사용하면 어떤 파일의 특정 바이트 위치에서 시작하여 특정 바이트 위치에서 끝나는 데이터를 스트리밍할 수 있다. 예를 들어 파일의 시작 바이트 위치는 0이다. 다음 문자는 바이트 위치가 1이다. 파일 전체를 메모리에 불러오는 대신 한 번에 청크 하나씩 불러올 수 있다. 예를 들어 5000바이트 위치에서 시작하여 1000바이트만큼의 데이터만 불러올 수 있다. 1000바이트의 데이터를 불러오기 위한 메모리 공간을 **버퍼**라고 한다. 원시 바이트 정보에서 문자열 객체로 버퍼를 **디코딩**한 다음에는 `find`, `strip`, `split` 등 파이썬에서 제공하는 모든 문자열 관련 함수를 사용할 수 있다. 이 예제에서는 버퍼 공간이 1000바이트에 불과하다. 바로 우리가 사용할 전체 메모리의 크기다.

이를 위해 다음과 같은 함수가 필요하다. [코드 9-5]는 이를 위한 함수다.

1. 이 함수는 파일 핸들, 시작 위치(예: 바이트 위치 5000), 버퍼 크기를 입력받는다.
2. 그런 다음 데이터를 버퍼로 읽고 버퍼에서 구분 기호를 검색한다.
3. 만약 구분 기호를 발견하면 시작점을 기준으로 구분 기호의 위치를 반환한다.
   a. 그러나 리뷰가 버퍼 크기보다 길어 구분 기호를 찾지 못할 경우를 생각해야 한다.
   b. 이 경우 구분 기호를 찾을 때까지 다음 1000바이트를 반복해서 읽고 버퍼의 검색 공간을 계속 확장해야 한다.

코드 9-5 파일 핸들에서 다음에 나오는 구분 기호를 찾는 함수

```
from dask.delayed import delayed

def get_next_part(file, start_index, span_index=0, blocksize=1000):
    file.seek(start_index)
    buffer = file.read(blocksize + span_index).decode('cp1252')
    delimiter_position = buffer.find('\n\n')
    if delimiter_position == -1:
        return get_next_part(file, start_index, span_index + blocksize)
    else:
        file.seek(start_index)
        return start_index, delimiter_position
```

파일 핸들이 정확한 시작 위치를 가리키도록 한다.

다음 청크의 바이트를 읽어와 문자열로 디코딩한 후 구분 기호를 찾는다.

만약 구분 기호를 찾지 못했다면, 그 다음 청크에서 계속 찾아보기 위해 get_next_part 함수를 재귀적으로 호출한다. 찾았다면 발견한 구분 기호의 위치를 반환한다.

주어진 파일 핸들과 시작 위치를 가지고 이 함수는 다음에 나오는 구분 기호를 찾는다. 현재 버퍼에서 구분 기호를 찾을 수 없을 때는 재귀 함수 호출이 발생하는데 현재의 버퍼 크기를 span_index만큼 늘리는 역할을 한다. 구분 기호 검색에 실패할 경우 이런 식으로 검색창의 범위를 확장한다. 이 함수를 처음 호출할 때 span_index는 0이다. 기본 블록 크기가 1000일 경우에는 시작 위치(1000blocksize + 0span_index)에서 다음 1000 바이트를 읽는다는 뜻이다. 검색에 실패할 때마다 span_index를 1000씩 증가시킨 후 이 함수를 다시 호출한다. 그런 다음 시작 위치(1000blocksize + 1000span_index)로부터 다음 2000바이트에서 다시 검색을 시도한다. 검색에 실패하면 계속해서 구분 기호를 찾거나 파일 끝에 도달할 때까지 검색 창이 1000바이트씩 확장된다. 다음 [그림 9-5]는 이 과정을 시각적으로 보여준다.

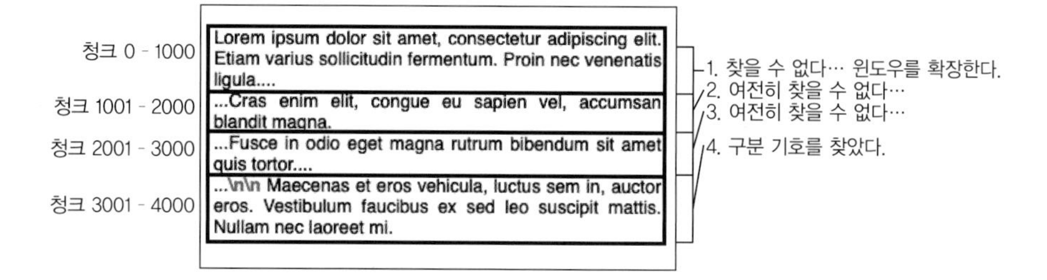

그림 9-5 재귀 구분 기호 검색 함수의 시각적 표현

파일에 있는 구분 기호를 모두 찾으려면 파일 끝에 닿을 때까지 루프 구문을 이용하여 청크 단위로 이 함수를 반복해서 호출한다. 이를 위해 `while` 루프를 사용한다.

코드 9-6 파일 내의 모든 구분 기호 찾기

```
with open('foods.txt', 'rb') as file_handle:
    size = file_handle.seek(0,2) - 1
    more_data = True
    output = []
    current_position = next_position = 0
    while more_data:
        if current_position >= size:
            more_data = False
        else:
            current_position, next_position = get_next_part(file_handle, current_
                position, 0)
            output.append((current_position, next_position))
            current_position = current_position + next_position + 2
```

바이트 단위로 파일 크기를 구한다.

루프를 제어하고 바이트 0부터 시작하는 출력을 저장하기 위해 몇 개의 변수를 초기화한다.

파일 끝에 도달하면 루프를 종료한다. 그렇지 않으면 현재 위치에서 시작하는 구분 기호의 다음 인스턴스를 찾는다. 결과를 출력 목록에 추가하고 현재 위치를 구분 기호 뒤로 업데이트한다.

이 코드는 기본적으로 다음 네 가지 작업을 수행한다.

- 각 리뷰의 시작 위치와 다음 리뷰까지의 바이트 수를 찾는다.
- 이 모든 위치를 리스트에 저장한다.
- 모든 리뷰의 바이트 위치 정보를 작업자에게 배포한다.
- 작업자는 받은 바이트 위치로부터 리뷰 데이터를 처리한다.

변수 몇 개를 초기화한 후 바이트 위치 0에서 루프를 시작한다. 구분 기호를 찾을 때마다 현재 위치는 구분 기호가 위치한 곳 바로 다음으로 이동한다. 예를 들어 첫 번째 구분 기호가 627바이트에서 시작되면 첫 번째 리뷰는 0–626바이트로 구성된다. 바이트 0과 626이 출력 리스트에 추가되고 현재 위치는 628이 된다. 구분 기호 하나의 크기가 2바이트 ('\n'은 각각 1 바이트)이므로 `next_position` 변수에 2를 더한다. 최종 리뷰 객체에서 구분 기호까지 유지할 필요는 없으니 생략한다. 바이트 629에서 다음 구분 기호에 대한 검색이 시작되고 다음 리뷰의 첫 문자가 된다. 현재 위치가 파일 끝에 도달할 때까지 이 작업을 계속한다. 그 결과 튜플 리스트를 하나 얻는다. 각 튜플의 첫 번째 요소는 시작 바이트 위치를 나타내고 각 튜플의 두 번째 요소는 시작 바이트 이후에 읽을 바이트 수를 나타낸다. 튜플 리스트는 다음과 같다.

```
[(0, 471),
 (473, 390),
 (865, 737),
 (1604, 414),
 (2020, 357),
 ...]
```

NOTE_ 콘텍스트 관리자 Context managers

파이썬에서 파일 핸들을 사용할 때는 [코드 9-6]의 첫 줄에서 `with open(...) as file_handle:`과 같이 콘텍스트 관리자 패턴을 사용하는 것이 좋다. 파이썬에서 `open` 함수는 파일에 대한 읽기/쓰기 작업이 모두 끝나면 파일 핸들러에 `.close()` 메서드를 사용하여 분명하게 이것이 끝났다고 알려야 한다. 콘텍스트 관리자 안에서 코드를 작성하면 파이썬은 이 코드 블록 실행을 완료하고 동시에 현재 파일 핸들러를 자동으로 닫는다.

계속 진행하기 전에 먼저 `len` 함수를 사용하여 `output` 리스트의 길이를 확인하자. 이 리스트에는 568,454개의 요소가 들어있어야 한다.

모든 리뷰의 바이트 위치를 포함하는 리스트를 얻었다면, 이제는 이 주소들을 실제 리뷰들로 변환하기 위한 몇 가지 작업이 필요하다. 이를 위해 시작 위치와 바이트 수를 입력으로 받아 지정된 바이트 위치에서 파일을 읽고 마지막에 분석한 리뷰 객체를 반환하는 함수를 만들어야 한다. 파싱할 리뷰가 수백만 개이므로 대스크를 사용하여 이 프로세스의 속도를 높일 수 있다. [그림 9-6]은 전체 작업을 여러 작업자로 분산하는 방법을 보여준다.

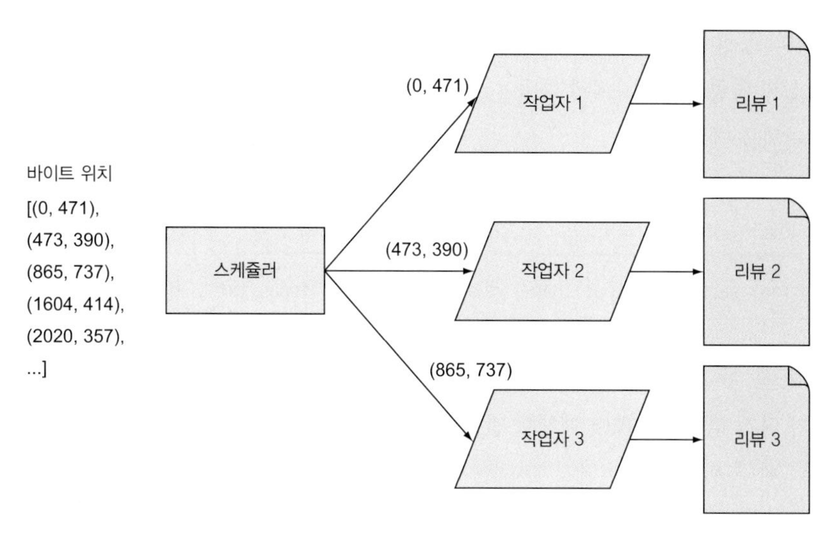

그림 9-6 파싱 코드를 리뷰 데이터와 매핑하는 과정

이 과정을 통해 주소 리스트를 작업자들에게 효과적으로 나눠준다. 각 작업자는 파일을 열고 받은 바이트 위치에서 리뷰를 파싱한다. 리뷰는 JSON 형식으로 각 리뷰에 대한 속성을 저장하기 위해 딕셔너리 객체를 만든다. 리뷰의 각 속성은 예를 들면 `review/userId: A3SGXH7AUHU8GW\n`과 같다. 다음 코드는 이를 수행하기 위한 함수를 보여준다.

코드 9-7 각 바이트 스트림을 키-값 쌍의 딕셔너리로 파싱하기

입력받은 파일 이름을 사용하여 파일 핸들을 만든다.

전달받은 시작 위치로 이동하고 지정된 바이트 수를 버퍼링한다.

```
def get_item(filename, start_index, delimiter_position, encoding='cp1252'):
    with open(filename, 'rb') as file_handle:
        file_handle.seek(start_index)
        text = file_handle.read(delimiter_position).decode(encoding)
        elements = text.strip().split('\n')
        key_value_pairs = [(element.split(': ')[0], element.split(': ')[1])
                           if len(element.split(': ')) > 1
                           else ('unknown', element)
                           for element in elements]
        return dict(key_value_pairs)
```

':' 패턴을 구분 기호로 사용하여 각 원시 속성을 키-값 쌍으로 구문 분석한다. 키-값 쌍 목록을 딕셔너리 객체로 형변환한다.

개행 문자를 구분 기호로 사용하여 문자열을 문자열 목록으로 분할한다. 목록에는 속성당 하나의 요소가 들어있다.

코드를 통해 파일의 특정 부분을 파싱하는 함수를 만들었다. 이제 이 파싱 코드를 데이터에 적용할 수 있도록 실제 명령을 작업자에게 보내야 한다. 이 모든 것을 하나로 합쳐서 파싱된 리뷰들을 담을 Bag 객체를 만든다.

코드 9-8 리뷰 Bag 만들기

```
reviews = bag.from_sequence(output).map(lambda x: get_item('foods.txt', x[0], x[1]))
```

[코드 9-8]의 코드는 두 가지 작업을 수행한다. 먼저 Bag의 `from_sequence` 함수를 사용하여 바이트 주소가 담긴 리스트를 Bag 객체로 만든다. 원래 리스트와 동일한 내용의 바이트 주소를 갖는 Bag이 하나 생성된다. 이렇게 하면 이제 대스크는 Bag의 내용을 작업자들에게 배포할 수 있다. 다음으로, 각 바이트 주소 튜플을 각각의 리뷰 객체로 변환하기 위해 맵 함수를 호출한다. `Map`은 바이트 주소를 담은 Bag 객체와 명령 코드들을 포함한 `get_item` 함수를 작업자에게 효과적으로 전달한다(대스크를 로컬 모드에서 실행할 때 작업자는 독립적인 스레드를 의미한다). `reviews`라는 새로운 Bag이 만들어지고 실제 계산을 수행할 때 구문 분석된 리뷰를 출력한다. [코드 9-8]에서는 `lambda` 표현식 내부에 `get_item` 함수를 전달한다. Bag의 각 항목에서 바이트 주소 정보(시작과 끝 위치)를 동적으로 입력하면서 filename 인자를 고정된 값으로 유지하고 있다. 이전 예제들과 마찬가지로 이 전체 프로세스는 아직 지연된다. [코드 9-8]의 결과는 Bag이 101개의 파티션으로 구성되었다는 것을 보여준다. 하지만 Bag에서 요소를 가져오는 작업을 실행하면 또 다른 출력을 보여준다!

코드 9-9 변형된 Bag으로부터 요소 가져오기

```
reviews.take(2)

# Produces the following output:
'''({'product/productId': 'B001E4KFG0',
  'review/userId': 'A3SGXH7AUHU8GW',
  'review/profileName': 'delmartian',
  'review/helpfulness': '1/1',
  'review/score': '5.0',
  'review/time': '1303862400',
  'review/summary': 'Good Quality Dog Food',
  'review/text': 'I have bought several of the Vitality canned dog food products and
     have found them all to be of good quality. The product looks more like a stew than
```

```
      a processed meat and it smells better. My Labrador is finicky and she appreciates
      this product better than  most.'},
  {'product/productId': 'B00813GRG4',
   'review/userId': 'A1D87F6ZCVE5NK',
   'review/profileName': 'dll pa',
   'review/helpfulness': '0/0',
   'review/score': '1.0',
   'review/time': '1346976000',
   'review/summary': 'Not as Advertised',
   'review/text': 'Product arrived labeled as Jumbo Salted Peanuts...the peanuts were
      actually small sized unsalted. Not sure if this was an error or if the vendor
      intended to represent the product as "Jumbo".'})'''
```

변형된 Bag의 각 요소는 이제 리뷰의 모든 속성을 포함하는 딕셔너리 객체가 되었다! 이렇게 되면 분석이 훨씬 쉬워진다. 또한 변형된 Bag의 항목을 카운트한 결과도 역시 크게 달라진다.

코드 9-10 변환된 Bag에서 항목 개수 구하기

```
from dask.diagnostics import ProgressBar

with ProgressBar():
    count = reviews.count().compute()
count

# Produces the following output:
'''
[########################################] | 100% Completed |  8.5s
568454
'''
```

원시 텍스트들을 리뷰 단위로 조합했기 때문에 Bag의 요소 개수가 크게 줄어든 것을 볼 수 있다. 이 숫자는 이 데이터셋의 웹페이지에서 스탠퍼드가 언급한 리뷰 개수와도 일치한다. 인코딩 문제 없이 데이터에 대한 구문 분석이 올바르게 되었음을 확인할 수 있다! 이제 데이터 작업이 조금 더 쉬워졌다. 다음으로 Bags를 사용하여 데이터를 조작할 수 있는 다른 방법을 알아보자.

9.2 요소 변형, 요소 필터링, 그리고 요소 폴딩하기

파이썬의 리스트나 기타 일반 컬렉션 객체와는 달리 Bags에서는 서브스크립션을 이용한 요소 접근을 허용하지 않는다. 즉 Bag의 특정 요소에 바로 접근하기 어렵다. 이렇게 되면 데이터 변환이란 측면에서 데이터 조작이 더 어렵게 느껴질 수 있다. 함수형 프로그래밍이나 맵리듀스 스타일의 프로그래밍에 익숙할 경우 이런 식의 사고방식이 아주 자연스러울 것이다. 그러나 SQL이나 스프레드시트, 혹은 팬더스에 대한 경험이 있다면 처음에는 이 방식이 직관적이지 않을 수 있다. 그렇다고 걱정할 필요는 없다. 약간의 연습만으로도 데이터 변환이라는 측면에서 데이터 조작을 고려할 수 있다!

다음은 동기 부여를 위해 사용할 시나리오이다.

아마존 좋은 식품 리뷰 데이터셋에서 어떤 리뷰 점수를 기준으로
이 리뷰가 긍정적인 것인지 아니면 부정적인 것인지 태그를 지정하라.

9.2.1 map 메서드로 요소 변환하기

쉬운 것부터 시작하자. 먼저 전체 데이터셋에서 모든 리뷰 점수를 얻는다. 이를 위해 `map` 함수를 다시 사용한다. 우리가 하려는 이 일을 리뷰 점수를 얻는 것으로 생각하기보다 리뷰 데이터 Bag을 리뷰 점수 Bag으로 변환하는 것으로 생각하자. 리뷰(딕셔너리) 객체를 입력으로 하여 리뷰 점수를 뽑아내는 함수가 필요하다. 다음은 이를 수행하는 함수다.

코드 9-11 딕셔너리에서 값 추출하기

```
def get_score(element):
    score_numeric = float(element['review/score'])
    return score_numeric
```

이것은 기존의 일반적인 파이썬 코드다. 딕셔너리를 이 함수에 전달할 수 있으며, 이 입력 딕셔너리가 `review/score` 키를 포함할 경우 이 함수는 이 키에 해당하는 값을 숫자로 변환하여 그 값을 반환한다. 이 함수를 사용하여 딕셔너리 Bag을 매핑하면 각 딕셔너리 객체는 관련 리뷰의 점수로 변환된다. 진짜 간단하다.

코드 9-12 리뷰 점수 추출하기

```
review_scores = reviews.map(get_score)
review_scores.take(10)

# Produces the following output:
# (5.0, 1.0, 4.0, 2.0, 5.0, 4.0, 5.0, 5.0, 5.0, 5.0)
```

review_scores Bag에는 이제 원본 데이터로부터 추출한 모든 리뷰 점수가 들어있다. 변환은 이런 식으로 유효한 파이썬 함수라면 모두 가능하다. 예를 들어 리뷰 점수를 기준으로 리뷰에 긍정적이거나 부정적이라는 태그를 지정하려면 다음과 같은 함수를 사용할 수 있다.

코드 9-13 긍정적 혹은 부정적이라고 리뷰에 대한 태그 지정하기

```
def tag_positive_negative_by_score(element):
    if float(element['review/score']) > 3:
        element['review/sentiment'] = 'positive'
    else:
        element['review/sentiment'] = 'negative'
    return element

reviews.map(tag_positive_negative_by_score).take(2)

'''
Produces the following output:

({'product/productId': 'B001E4KFG0',
  'review/userId': 'A3SGXH7AUHU8GW',
  'review/profileName': 'delmartian',
  'review/helpfulness': '1/1',
  'review/score': '5.0',
  'review/time': '1303862400',
  'review/summary': 'Good Quality Dog Food',
  'review/text': 'I have bought several of the Vitality canned dog food products and
     have found them all to be of good quality. The product looks more like a stew than
     a processed meat and it smells better. My Labrador is finicky and she appreciates
     this product better than most.',
  'review/sentiment': 'positive'},   <-- 이 리뷰는 별점이 3점 이상(5점)이므로
 {'product/productId': 'B00813GRG4',      긍정적인 리뷰다.
```

```
 'review/userId': 'A1D87F6ZCVE5NK',
 'review/profileName': 'dll pa',
 'review/helpfulness': '0/0',
 'review/score': '1.0',
 'review/time': '1346976000',
 'review/summary': 'Not as Advertised',
 'review/text': 'Product arrived labeled as Jumbo Salted Peanuts...the peanuts were
   actually small sized unsalted. Not sure if this was an error or if the vendor
   intended to represent the product as "Jumbo".',
 'review/sentiment': 'negative'})'''  <- 이 리뷰는 별점이 3점 이하(1점)이므로 부정적인 리뷰다.
```

[코드 9-13]에서, 우리는 이 점수가 별점 3점보다 크면 긍정적인 리뷰로 표시하고 그렇지 않으면 부정적인 리뷰로 표시한다. 이렇게 변형된 Bag에서 일부 요소를 가져오면 새로운 review/sentiment라는 요소가 표시된다. 각 딕셔너리에 새로운 키-값 쌍을 할당하고 있으므로 원본 데이터가 수정된 것처럼 보일 수 있다. 하지만 실제로 원래 데이터는 그대로 유지된다. 데이터 프레임이나 배열과 같이 Bag 객체 역시 **불변 객체**immutable object이다. 실제 뒤에서 일어난 일은 원래 데이터는 그대로 유지한 채 각 딕셔너리의 복사본에 새로운 키-값 쌍을 추가하여 변환한 것이다. 원래 reviews Bag을 보면 이를 확인할 수 있다.

코드 9-14 Bags의 불변성 확인하기

```
reviews.take(1)

'''
Produces the following output:

({'product/productId': 'B001E4KFG0',
  'review/userId': 'A3SGXH7AUHU8GW',
  'review/profileName': 'delmartian',
  'review/helpfulness': '1/1',
  'review/score': '5.0',
  'review/time': '1303862400',
  'review/summary': 'Good Quality Dog Food',
  'review/text': 'I have bought several of the Vitality canned dog food products and
have found them all to be of good quality. The product looks more like a stew than a
processed meat and it smells better. My Labrador is finicky and she appreciates this
product better than  most.'},)
'''
```

보다시피, `review/sentiment` 이라는 키는 어디에도 없다. 데이터 프레임으로 작업할 때와 마찬가지로 데이터가 사라지는 문제가 발생하지 않도록 불변성에 대한 인식을 갖고 있어야 한다.

9.2.2 filter 메서드로 Bags 필터링하기

Bags에서 두 번째로 중요한 데이터 조작 기법은 필터링이다. Bags은 '어떤 Bag 객체에서 45번째 요소'와 같은 식으로 특정 요소에 쉽게 접근할 방법을 제공하지는 않지만, 대신 특정 데이터를 쉽게 검색할 수 있는 방법을 제공한다. 필터 표현식이란 파이썬에서 `True` 또는 `False`를 반환하는 함수를 말한다. `filter` 메서드는 Bag에 필터 표현식을 매핑하여 필터 표현식의 평가가 `True`인 모든 요소를 유지되도록 한다. 반대로 필터 표현식을 평가할 때 `False`를 반환하는 모든 요소는 삭제된다. 예를 들어 제품 `B001E4KFG0`에 대한 모든 리뷰를 찾으려면 해당 데이터만을 반환하는 필터 표현식을 작성할 수 있다.

코드 9-15 특정 제품 검색하기

```
specific_item = reviews.filter(lambda element: element['product/productId'] ==
'B001E4KFG0')
specific_item.take(5)

'''
Produces the following output:

/anaconda3/lib/python3.6/site-packages/dask/bag/core.py:2081: UserWarning:
     Insufficient elements for `take`. 5 elements requested, only 1 elements available.
     Try passing larger `npartitions` to `take`.
  "larger `npartitions` to `take`.".format(n, len(r)))

 ({'product/productId': 'B001E4KFG0',
  'review/userId': 'A3SGXH7AUHU8GW',
  'review/profileName': 'delmartian',
  'review/helpfulness': '1/1',
  'review/score': '5.0',
  'review/time': '1303862400',
  'review/summary': 'Good Quality Dog Food',
  'review/text': 'I have bought several of the Vitality canned dog food products and
     have found them all to be of good quality. The product looks more like a stew than
```

```
    a processed meat and it smells better. My Labrador is finicky and she appreciates
    this product better than  most.'},)
'''
```

[코드 9-15]는 우리가 요청한 데이터를 반환하는 동시에 우리가 원래 요청한 개수보다 더 적은 수의 요소밖에 찾지 못했다는 경고도 함께 발생한다. 우리가 찾으려고 했던 제품에 대한 리뷰는 단 하나뿐이었다. 또한 퍼지 매칭Fuzzy matching 검색[3]을 쉽게 수행할 수 있다. 예를 들면 리뷰 텍스트에서 'dog'을 언급하는 모든 리뷰를 찾을 수 있다.

코드 9-16 'dog'가 언급된 모든 리뷰 찾기

```
keyword = reviews.filter(lambda element: 'dog' in element['review/text'])
keyword.take(5)

'''
Produces the following output:
({'product/productId': 'B001E4KFG0',
  'review/userId': 'A3SGXH7AUHU8GW',
  'review/profileName': 'delmartian',
  'review/helpfulness': '1/1',
  'review/score': '5.0',
  'review/time': '1303862400',
  'review/summary': 'Good Quality Dog Food',
  'review/text': 'I have bought several of the Vitality canned dog food products and
     have found them all to be of good quality. The product looks more like a stew than
     a processed meat and it smells better. My Labrador is finicky and she appreciates
     this product better than  most.'},
...)
'''
```

또한 매핑 작업에서처럼 필터링 표현식을 더 복잡하게 만들 수도 있다. 아마존 좋은 식품 리뷰 데이터셋을 사용하여 다른 아마존 고객들에게 '도움이 안 된' 리뷰들을 제거하는 필터 함수를 작성해보자.

아마존은 사용자에게 도움을 주기 위해 리뷰를 평가할 수 있는 기능을 제공한다. `review/helpfulness` 속성은 사용자가 리뷰에 투표한 횟수에서 리뷰가 도움이 되었다고 말한 횟수

3 옮긴이_ 텍스트 데이터는 문자열 혹은 문장이 정확히 일치하지 않더라도 유사한 정도를 측정하여 비슷한 표현들을 검색할 수 있어야 한다. 검색 엔진에 주로 사용된다.

를 나타낸다. 예를 들어 이 속성이 1/3이라면 3명의 사용자가 리뷰를 평가했고 이들 중 단 한 명에게만 리뷰가 도움이 되었다는 뜻이다(즉 다른 2명은 이 리뷰가 도움이 안 되었다는 의미다). 도움이 안 된 리뷰들은 리뷰를 올린 사람이 정당한 평가를 하지 않고 너무 낮은 점수를 주거나 너무 높은 점수를 준 리뷰일 가능성이 있다. 제품의 품질이나 가치가 공정하게 평가되지 않을 수 있으므로, 데이터셋에서 도움이 안 된 리뷰들은 제거하는 게 좋다. 도움이 안 되는 리뷰가 있을 때와 없을 때의 평균 리뷰 점수를 비교하여 도움이 되지 않았던 리뷰들이 데이터에 미치는 영향을 살펴볼 것이다. 먼저, 투표한 사용자의 75% 이상이 도움이 되었다고 판단할 때 True값을 반환하도록 필터 표현식을 만들고 이 값을 기준으로 해당 값보다 낮은 리뷰들은 도움이 안 된 것으로 간주하여 제거한다.

코드 9-17 도움이 되지 않는 리뷰를 걸러내기 위한 필터 표현식

아무도 도움이 된다고 투표하지 않은 리뷰가 있다면 이런 리뷰는 버린다. 그렇지 않고 누군가 리뷰에 투표했고 사용자의 75 % 이상이 도움이 된다고 투표한 경우에는 그대로 유지한다.

유용성 점수를 / 로 분할하여 분자와 분모의 각 숫자를 구문 분석하고 이를 부동 소수점으로 캐스팅한다.

```
def is_helpful(element):
    helpfulness = element['review/helpfulness'].strip().split('/')
    number_of_helpful_votes = float(helpfulness[0])
    number_of_total_votes = float(helpfulness[1])
    # Watch for divide by 0 errors
    if number_of_total_votes > 1:
        return number_of_helpful_votes / number_of_total_votes > 0.75
    else:
        return False
```

[코드 9-15]나 [코드 9-16]에서 lambda 표현식을 사용하여 한 줄로 정의된 간단한 필터 표현식을 만든 것과 달리 이번에는 필터 표현식을 함수로 정의한다. 어떤 리뷰가 도움이 되었다고 판단한 사용자의 비율을 평가하려면 먼저 원본 데이터로부터 유용성 점수를 파싱하고 변환하여 백분율을 계산해야 한다. 지역 변수를 사용하는 평범한 파이썬 코드를 통해 구현할 수 있다. 리뷰 중에 사용자 투표가 없을 경우 divide-by-zero 오류[4]가 발생하는 것을 방지하기 위한 장치를 추가한다. 이때 실질적으로 사용자 투표가 없는 리뷰는 도움이 안 된다고 가정한다. 사용자 투표가 1회 이상일 경우에 한해 75% 이상이 이 리뷰가 도움이 된다고 했을 때, True가 되는 불리언 표현식을 반환한다. 이제 이것을 데이터에 적용하여 어떤 일이 발생하는지 확인한다.

4 옮긴이_ 나눗셈 연산에서 나누는 수가 0일 때 발생하는 오류를 말한다.

코드 9-18 필터링된 데이터 보기

```
helpful_reviews = reviews.filter(is_helpful)
helpful_reviews.take(2)

'''
Produces the following output:

({'product/productId': 'B000UA0QIQ',
  'review/userId': 'A395BORC6FGVXV',
  'review/profileName': 'Karl',
  'review/helpfulness': '3/3',   <- 이것은 유용한 리뷰다.
  'review/score': '2.0',
  'review/time': '1307923200',
  'review/summary': 'Cough Medicine',
  'review/text': 'If you are looking for the secret ingredient in Robitussin I believe
     I have found it.  I got this in addition to the Root Beer Extract I ordered (which
     was good) and made some cherry soda.  The flavor is very medicinal.'},
 {'product/productId': 'B0009XLVG0',
  'review/userId': 'A2725IB4YY9JEB',
  'review/profileName': 'A Poeng "SparkyGoHome"',
  'review/helpfulness': '4/4',
  'review/score': '5.0',
  'review/time': '1282867200',
  'review/summary': 'My cats LOVE this "diet" food better than their regular food',
  'review/text': "One of my boys needed to lose some weight and the other didn't.
     I put this food on the floor for the chubby guy, and the protein-rich, no
     by-product food up higher where only my skinny boy can jump. The higher food
     sits going stale.  They both really go for this food.  And my chubby boy has been
     losing about an ounce a week."})
'''
```

9.2.3 Bags에서 기술 통계 계산하기

예상대로 이제 필터링된 Bag에 있는 모든 리뷰는 '도움이 된다'. 지금부터는 이 결과가 리뷰 점수에 미치는 영향을 살펴보자.

코드 9-19 평균 리뷰 점수 비교하기

```
helpful_review_scores = helpful_reviews.map(get_score)

with ProgressBar():
    all_mean = review_scores.mean().compute()
    helpful_mean = helpful_review_scores.mean().compute()
print(f"Mean Score of All Reviews: {round(all_mean, 2)}\nMean Score of Helpful Reviews:
     {round(helpful_mean,2)}")

# Produces the following output:
# Mean Score of All Reviews: 4.18
# Mean Score of Helpful Reviews: 4.37
```

[코드 9-19]에서는 먼저 필터링한 Bag에 `get_score` 함수를 매핑하여 스코어를 추출한다. 그런 다음 리뷰 점수가 들어있는 각 Bag에 `mean` 메서드를 호출한다. 평균이 계산되면 그 결과를 표시한다. 점수의 평균값을 비교하면 리뷰의 유용성과 리뷰의 감정 사이에 어떤 관계가 있는지 확인할 수 있다. 일반적으로 부정적인 리뷰가 더 도움이 될까? 아니면 도움이 안 될까? 평균을 비교해보면 이 질문에 대한 답을 얻을 수 있다. 결과를 살펴보니, 실제로 도움이 안 된 리뷰들을 필터링한 리뷰의 평균 점수가 모든 리뷰의 평균 점수보다 약간 높은 것을 볼 수 있다. 이 결과는 부정적인 리뷰를 한 사용자가 그 정당한 이유를 잘 설명하지 못하면 오히려 다른 사용자들의 호응을 받지 못하는 부정적 리뷰들의 특징으로 설명할 수 있다. 도움이 되는 리뷰와 도움이 안 되는 리뷰의 평균 길이를 확인하여 이러한 추정이 맞는지 확인할 수 있다.

코드 9-20 유용성에 따른 리뷰의 평균 길이 비교하기

```
def get_length(element):
    return len(element['review/text'])

with ProgressBar():
    review_length_helpful = helpful_reviews.map(get_length).mean().compute()
    review_length_unhelpful = reviews.filter(lambda review: not is_helpful(review)).
map(get_length).mean().compute()
print(f"Mean Length of Helpful Reviews: {round(review_length_helpful, 2)}\nMean Length
     of Unhelpful Reviews: {round(review_length_unhelpful,2)}")

# Produces the following output:
# Mean Length of Helpful Reviews: 459.36
# Mean Length of Unhelpful Reviews: 379.32
```

[코드 9-20]에서는 `map`과 `filter` 메서드를 차례로 연결하여 결과를 만들기도 한다. 유용한 리뷰는 이미 필터링했으므로 `helpful_reviews` Bag에 `get_length` 함수를 간단히 매핑하여 각 리뷰의 길이를 추출할 수 있다. 그러나 도움이 안 되는 리뷰는 아직 따로 구한 적이 없으므로 다음과 같이 작업을 수행했다.

1. `remove_unhelpful_reviews` 필터 표현식을 사용하여 리뷰 Bag을 필터링한다.
2. `not` 연산자를 사용하여 필터 표현식의 동작을 반대로 사용한다(도움이 안 된 리뷰를 유지하고 유용한 리뷰는 삭제한다).
3. `get_length` 함수와 함께 `map` 메서드를 사용하여 도움이 안 된 각 리뷰의 길이를 계산한다.
4. 마지막으로 모든 리뷰의 평균 길이를 계산한다.

도움이 안 되는 리뷰는 유용한 리뷰보다 평균적으로 길이가 더 짧은 것으로 보인다. 즉, 리뷰 내용의 길이가 길수록 커뮤니티에서 도움이 되었다고 표를 받을 확률이 높아진다.

9.2.4 foldby 메서드로 집계 함수 생성하기

Bags에서 마지막으로 중요한 데이터 조작 작업은 **폴딩**[folding]이다. 폴딩은 특별한 종류의 리듀스 연산이다. 이번 장에서 리듀스 연산이라고 직접적으로 언급하지는 않았지만 이전 코드 예제뿐 아니라 이 책 전체에서 여러 가지 리듀스 연산을 이미 소개해왔다. 이름을 통해 대충 짐작했겠지만 리듀스 연산이란 Bag에 있는 항목들을 하나의 값으로 줄이는 작업을 말한다. 예를 들어, 이전 예제에서 평균 메서드 역시 원시 리뷰 점수의 Bag을 하나의 평균값으로 줄이는 연산을 한다. 리듀스 연산은 일반적으로 sum, count 등과 같이 Bag 값에 대한 일종의 집계와 관련이 있다. 리듀스 연산이 어떤 작업을 하는지에 상관없이 항상 하나의 결괏값을 만든다. 반면 폴딩은 집계에 그룹을 추가할 수 있다. 좋은 예로는 리뷰 점수에 따라 리뷰의 개수를 세는 것을 생각해볼 수 있다. 리듀스 연산을 사용하여 Bag의 모든 항목에 개수를 구하는 대신 폴딩 연산을 사용하면 그룹별 항목의 개수를 계산할 수 있다. 즉, 폴딩을 수행하면 Bag의 전체 요소의 개수를 지정된 그룹 내에 존재하는 그룹별 요소의 개수로 만든다. 예를 들어 리뷰 점수에 따라 리뷰 개수를 구할 경우, 5가지의 리뷰 별점이 있으므로 원래 Bag을 5개 요소로 줄인다. 다음 [그림 9-7]은 폴딩의 예를 보여준다.

먼저, 우리는 `foldby` 메서드에 공급할 두 가지 함수인 `binop`과 `combine`을 정의해야 한다.

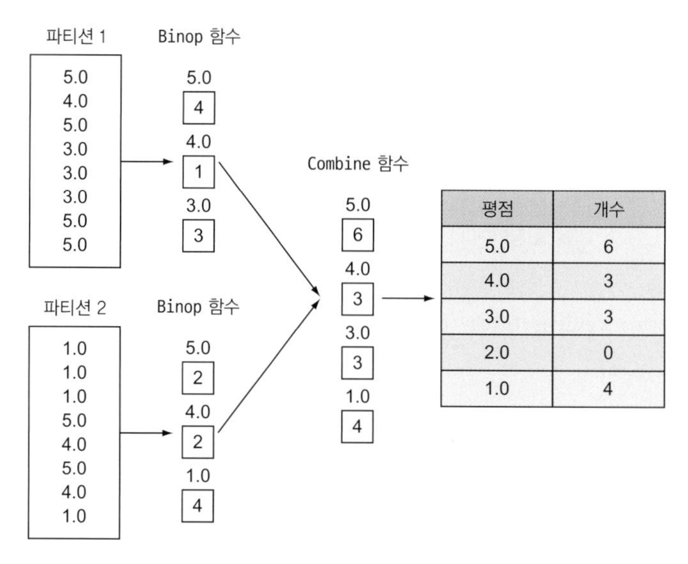

그림 9-7 폴딩 연산의 예

binop 함수는 각 그룹의 요소들을 가지고 수행할 작업이 무엇인지 정의하며, 항상 **어큐뮬레이터**accumulator 와 **요소**element라는 두 가지 인수를 갖는다. 어큐뮬레이터는 binop 함수 호출에 대한 중간 결과들을 저장하기 위해 사용한다. 이 예제에서 binop 함수는 count 함수이므로 binop 함수가 호출될 때마다 어큐뮬레이터에 1을 더한다. binop 함수는 그룹의 모든 요소에 호출되므로 결국은 각 그룹 항목의 개수가 얻어진다. 예를 들어 리뷰 점수를 합산할 때와 같이 각 요소의 값에 접근해야 하는 경우에는 binop 함수에서 element 인수를 통해 접근할 수 있다. sum 함수는 단순히 요소의 값을 어큐뮬레이터에 더한다.

combine 함수는 Bag의 파티션마다 호출한 binop 함수의 결과들로 무엇을 할지 정의한다. 예를 들어 여러 파티션에 별점 3점짜리 리뷰들이 있을 때, 전체 Bag에서 별점이 3점인 리뷰의 개수를 구하려 한다면 각 파티션의 중간 결과를 모두 더해야 한다. binop 함수와 마찬가지로 combine 함수의 첫 번째 인수는 어큐뮬레이터고 두 번째 인수는 element이다. 이 두 함수를 구성하는 것이 어려울 수 있지만 이를 '그룹별' 연산이라고 생각하면 좀 나을 수 있다. binop 함수는 그룹별로 나눈 데이터에 어떤 작업을 수행할지 정하고 combine 함수는 여러 파티션에 존재하는 그룹들을 가지고 무슨 작업을 할지 결정한다.

이제 이것이 코드로는 어떻게 구현되는지 알아보자.

코드 9-21 foldby를 사용하여 리뷰 점수별 개수 계산하기

```
def count(accumulator, element):    # 각 요소에 대해 accumulator 변수를 1씩 증가시켜 항목 수를 계산하는 함수를 정의한다.
    return accumulator + 1

def combine(total1, total2):    # 파티션에서 그룹당 개수를 리듀스하는 함수를 정의한다.
    return total1 + total2

with ProgressBar():
    count_of_reviews_by_score = reviews.foldby(get_score, count, 0, combine,
     0).compute()
count_of_reviews_by_score
```

각 accumulator 의 초깃값으로 0을 사용하며 foldby 메서드를 사용하여 모두 하나로 합친다.

foldby 메서드의 5가지 필수 인자는 왼쪽에서 오른쪽 방향으로 key 함수, binop 함수, binop 어큐뮬레이터의 초깃값, combine 함수, 그리고 combine 어큐뮬레이터의 초깃값이다. key 함수는 값을 그룹화할 대상을 정의한다. 일반적으로 key 함수는 그룹화 키로 사용할 값만을 반환한다. 이전 예제에서는 이 장의 초반에 정의한 get_score 함수를 사용하여 리뷰 점수의 값을 반환한다. [코드 9-21]의 결과는 다음과 같다.

코드 9-22 foldby 연산의 출력 결과

```
# [(5.0, 363122), (1.0, 52268), (4.0, 80655), (2.0, 29769), (3.0, 42640)]
```

코드를 실행하고 나면 튜플로 이뤄진 리스트 객체를 얻는다. 튜플의 첫 번째 요소는 key이고 두 번째 요소는 binop 함수의 결과이다. 예를 들어 별 5개짜리 평가를 받은 리뷰는 모두 363,122개다. 리뷰의 평균 점수가 높았던 점을 감안할 때 대부분의 리뷰가 별 5개 등급을 받았다는 것은 그리 놀랄 일은 아니다. 2개나 3개짜리 리뷰보다 1개짜리 리뷰가 더 많다는 것도 흥미롭다. 이 데이터셋에 있는 모든 리뷰 중 약 75% 정도가 별점 5개 혹은 1개짜리다. 리뷰를 남긴 사용자의 대부분이 구매한 제품을 정말 좋아했거나 아니면 정말 싫어했던 것으로 보인다. 데이터를 더 깊이 알기 위해, 리뷰 점수와 리뷰의 유용성에 대한 통계를 자세히 들여다보자.

9.3 Bags으로부터 배열 및 데이터 프레임 만들기

테이블 형식은 수치 해석에 적합하기 때문에 비정형 데이터셋을 사용하는 프로젝트를 시작하더라도 데이터를 정리하고 조작할 때 데이터 중 일부를 더 정형화된 형식으로 변환해야 한다. 따라서 Bag으로 된 데이터에서 시작하여 다른 종류의 데이터 구조를 만드는 방법을 이해하는 게 좋다. 이 장에서 살펴본 아마존 좋은 식품 데이터셋에는 이전에 구한 리뷰 점수나 유용한 정도를 나타내는 백분율과 같은 수치형 데이터들이 있다. 이 값이 리뷰에 어떤 정보를 주는지 더 잘 이해하려면 해당 값에 대한 기술 통계를 작성하는 게 도움이 된다. 6장에서 살펴본 것처럼 대스크는 대스크 배열 API의 `stats` 모듈에서 다양한 통계 관련 함수들을 제공한다. 이제부터 우리가 분석할 Bag 데이터를 대스크 배열로 변환하여 이러한 통계 함수 중 일부를 사용하는 방법을 살펴볼 것이다. 먼저 리뷰 점수를 분리하고 각 리뷰에 대한 유용성 비율을 계산하는 함수부터 만들어보자.

코드 9-23 각 리뷰의 리뷰 점수와 유용률을 얻기 위한 함수

```
def get_score_and_helpfulness(element):
    score_numeric = float(element['review/score'])    # 리뷰 점수를 받아서 실수형으로 변환한다.
    helpfulness = element['review/helpfulness'].strip().split('/')    # 유용률을 계산한다.
    number_of_helpful_votes = float(helpfulness[0])
    number_of_total_votes = float(helpfulness[1])
    # Watch for divide by 0 errors
    if number_of_total_votes > 0:
        helpfulness_percent = number_of_helpful_votes / number_of_total_votes
    else:
        helpfulness_percent = 0.
    return (score_numeric, helpfulness_percent)    # 두 결과를 튜플 형태로 반환한다.
```

[코드 9-23]의 코드는 앞의 예제들과 비슷하다. 기본적으로 `get_score` 함수와 도움이 안 되는 리뷰들을 제거하기 위해 사용했던 필터 함수에서 유용성 점수 계산하는 부분을 결합한 것이다. 이 함수는 이 두 값으로 이뤄진 튜플을 반환하므로 해당 함수를 사용하여 리뷰 Bag에 매핑하면 튜플 Bag이 만들어진다. Bag의 각 튜플의 길이가 같고 튜플의 값 역시 같은 의미를 가지므로 행/열로 이뤄진 테이블 형식의 데이터와 매우 흡사하다.

이렇게 적당한 구조의 Bag을 데이터 프레임으로 쉽게 변환하기 위해 대스크 Bag에는 `to_dataframe` 메서드가 있다. 이제 리뷰 점수와 유용성 값을 보유한 데이터 프레임을 만들자.

코드 9-24 Bag에서 데이터 프레임 만들기

```
scores_and_helpfulness = reviews.map(get_score_and_helpfulness).to_
    dataframe(meta={'Review Scores': float, 'Helpfulness Percent': float})
```

`to_dataframe` 메서드에는 각 열의 이름과 데이터 유형을 지정하는 인수가 하나 존재한다. 이것은 5장에서 소개한 drop-assign-rename 패턴에서 여러 번 보았던 것과 기본적으로 같은 `meta` 인수다. 이 인수는 키가 열 이름이고 값이 열의 데이터 타입을 나타내는 딕셔너리 객체를 입력으로 받는다. 이전에 데이터 프레임을 배운 모든 지식을 사용하여 데이터를 분석하고 시각화할 수 있다! 예를 들어 기술 통계량 계산도 앞에서 익힌 대로 하면 된다.

코드 9-25 기술 통계량 계산하기

```
with ProgressBar():
    scores_and_helpfulness_stats = scores_and_helpfulness.describe().compute()
scores_and_helpfulness_stats
```

[코드 9-25]는 [그림 9-8]과 같은 결과를 출력한다.

	리뷰 점수	유용성 백분율
count	568454.000000	568454.000000
mean	4.183199	0.407862
std	1.310436	0.462068
min	1.000000	0.000000
25%	4.000000	0.000000
50%	5.000000	0.360390
75%	5.000000	1.000000
max	5.000000	3.000000

그림 9-8 리뷰 점수 및 유용성 백분율의 설명 통계

리뷰 점수에 대한 설명 통계는 데이터에 대한 통찰을 더 제공하긴 하지만 이미 우리가 알고 있는 것들이다. 리뷰는 대체로 아주 긍정적이다. 다만 유용성을 나타내는 비율은 좀 더 흥미롭다. 유용성에 대한 평균 점수는 약 41%에 불과하며, 사용자가 도움이 되는 리뷰를 찾지 못했음을 보여준다. 그러나 이는 많은 수의 리뷰가 투표를 하나도 받지 못한 것에 영향을 받은 결과일

수 있다. 아마존 사용자들이 보통 식품에 대한 리뷰에 관심이 없거나, 리뷰가 본인에게 도움이 되었다 하더라도 사람마다 입맛이 다를 수도 있으므로 굳이 다시 찾아가 한 마디 남기려고 하지 않았을 수도 있다. 아니면 실제로 도움이 될 만한 리뷰를 발견하지 못했을 수도 있다. 식품이 아닌 다른 종류의 제품에 대한 리뷰들과 비교하여 리뷰 참여의 차이를 확인하는 일도 재미있다.

9.4 자연어 툴킷으로 병렬 텍스트 분석을 위해 Bags 사용하기

Bags에서 요소를 변환하고 필터링하는 방법을 소개할 때 분명히 알게 된 사실이 있다. 만약 모든 변형 함수를 지극히 평범한 파이썬 코드로 만들 수 있다면 제네릭 컬렉션을 사용하는 모든 파이썬 라이브러리 역시 사용할 수 있어야 한다. 바로 이 점이 Bags가 강력하고 다재다능한 이유다! durl에서는 널리 사용되는 텍스트 분석 라이브러리 자연어 툴킷을 사용하여 텍스트 데이터를 준비하고 분석하는 몇 가지 일반적인 작업들을 소개한다. 이 예제의 동기 부여를 위해 다음 시나리오를 생각해보자.

자연어 툴킷과 대스크 Bags를 사용하여 사용자들이 자기들이 남긴 리뷰에서 보통 어떤 내용을 주로 언급하는지 알아보기 위해 아마존 제품에 대한 긍정 혹은 부정적인 리뷰 텍스트에서 가장 많이 언급되는 문구들을 찾아보자.

9.4.1 바이그램 분석의 기초

이 데이터셋에서 리뷰어가 무엇을 자주 쓰는지 더 알아보기 위해 리뷰 텍스트에 대한 **바이그램**bigram **분석**을 수행한다. 바이그램은 텍스트에서 서로 인접한 단어 쌍을 말한다. 바이그램 분석이 개별 단어의 빈도 계산보다 더 유용한 이유는 일반적으로 문맥을 더 고려하기 때문이다. 예를 들어 긍정적인 리뷰에는 '좋다good'라는 단어가 자주 포함될 거라고 예상할 수 있지만 **어떤 점**이 좋다는 것인지 이해하는 데는 도움이 되지 않는다. 바이그램 '좋은 맛good flavor' 또는 '좋은 포장good packaging'은 리뷰어가 제품을 긍정적으로 생각하는 부분이 무엇인지 많은 것을 말해

준다. 리뷰의 주제나 감정을 더 잘 이해하기 위해 필요한 또 다른 작업은 정보 전달에 도움이 되지 않는 단어들을 제거하는 것이다. 영어에서는 많은 단어가 문장 구조상 필요하지만 실제로 정보를 전달하지는 않는다. 예를 들어, 'the', 'a', 'an'과 같은 관사들은 문맥이나 정보를 제공하지 않는다. 이런 단어들은 매우 일반적이며 문장 형성을 위해 필요한 것이므로 부정적인 리뷰와 긍정적인 리뷰 모두에서 이런 단어를 찾을 가능성이 높다. 추가적인 정보를 주지 않으니 이런 단어들은 제거한다. 이것을 **불용어**Stopword라고 한다. 텍스트 분석을 수행할 때 가장 중요한 데이터 준비 작업 중 하나는 바로 이러한 불용어를 찾아 제거하는 일이다. [그림 9-9]는 몇 가지 불용어의 예를 보여준다.

"**This food tastes so good!**"

"**A terrible experience**"

"**A great experience**"

불용어는 문장의 주제나 의미에 대한
정보를 주지 않는 단어를 의미한다.

그림 9-9 불용어의 예

바이그램 분석 과정은 보통 다음 단계들로 구성된다.

1. 텍스트 데이터를 추출한다.
2. 불용어를 제거한다.
3. 바이그램을 만든다.
4. 바이그램의 빈도를 구한다.
5. 상위 10개의 바이그램을 찾는다.

9.4.2 토큰 추출 및 불용어 필터링

본격적으로 시작하기 전에 파이썬 환경에서 자연어 툴킷이 올바르게 설정되어 있는지 확인한다. 자연어 툴킷 설치 및 구성 부록의 내용을 참조하자. 자연어 툴킷이 설치되면 관련 모듈을 현재 작업 공간으로 가져와야 한다. 그런 다음 데이터를 준비하면서 도움이 되는 몇 가지 함수를 만들자.

코드 9-26 추출 및 필터 함수

```
from nltk.corpus import stopwords
from nltk.tokenize import RegexpTokenizer
from functools import partial

tokenizer = RegexpTokenizer(r'\w+')

def extract_reviews(element):
    return element['review/text'].lower()

def filter_stopword(word, stopwords):
    return word not in stopwords

def filter_stopwords(tokens, stopwords):
    return list(filter(partial(filter_stopword, stopwords=stopwords), tokens))

stopword_set = set(stopwords.words('english'))
```

- 단어만 추출하는 정규 표현식을 사용하여 tokenizer를 만든다. 즉, 구두점이나 숫자 등은 배제된다.
- 이 함수는 Bag에서 요소를 가져온 후 리뷰 텍스트를 가져오고 모든 문자를 소문자로 변경한다. 파이썬에서는 대소 문자를 구분하므로 이 부분이 중요하다.
- 이 함수는 해당 단어가 불용어 목록에 없으면 True를 반환한다.
- 이 함수는 바로 위에 있는 필터 함수를 사용하여 단어 (토큰) 목록의 모든 단어를 확인하고 불용어일 경우 해당 단어를 버린다.
- NLTK에서 영어 불용어 목록을 가져온 후 이 목록을 셋으로 변환한다. 이러한 비교에서 셋 객체를 이용하는 것이 목록을 이용하는 것보다 빠르다.

[코드 9-26]에서는 원래 Bag에서 리뷰 텍스트를 가져와 불용어를 필터링하는 데 도움이 되는 몇 가지 함수들을 정의한다. 주목할 것은 **filter_stopwords** 함수 내부에서 **partial** 함수를 사용한다는 점이다. **partial**을 사용하면 **word** 인자의 값을 동적으로 하면서 **stopwords** 인수의 값은 고정시킬 수 있다. 모든 단어를 고정된 불용어 리스트와 비교하고자 하므로 **stopwords** 인수의 값은 정적으로 유지되어야 한다. 데이터 준비를 위한 함수를 정의했으니 이제 리뷰 Bag에 매핑하여 리뷰 텍스트를 추출하고 정리한다.

코드 9-27 리뷰 텍스트 추출, 토큰화 및 정리

```
review_text = reviews.map(extract_reviews)
review_text_tokens = review_text.map(tokenizer.tokenize)
review_text_clean = review_text_tokens.map(partial(filter_stopwords,
stopwords=stopword_set))

review_text_clean.take(1)
```

- 리뷰 객체의 Bag을 리뷰 문자열의 Bag으로 변환한다.
- 리뷰 문자열의 Bag을 토큰 목록의 Bag으로 변환한다.
- Bag에 있는 토큰 목록에서 불용어를 제거한다.

```
# Produces the following output:
'''
(['bought',
  'several',
  'vitality',
  'canncd',
  'dog',
  'food',
  'products',
  'found',
  'good',
  'quality',
  'product',
  'looks',
  'like',
  'stew',
  'processed',
  'meat',
  'smells',
  'better',
  'labrador',
  'finicky',
  'appreciates',
  'product',
  'better'],)
'''
```

[코드 9-27]의 코드는 매우 간단하다. map 함수를 사용하여 리뷰 Bag에 추출 함수, 토큰화 함수, 필터링 함수들을 적용한다. 결과를 통해 알 수 있듯이 리스트로 이뤄진 Bag을 얻었다. 리스트는 각 리뷰의 텍스트에서 발견한 불용어가 아닌 고유한 단어들을 포함한다. 이 새로운 Bag에서 요소 하나를 가져오면 첫 번째 리뷰에서 찾은 모든 단어들(불용어는 제외된)을 포함한 리스트가 얻어진다. 여기서 한번 짚고 넘어갈 점은 Bag이 중첩된 컬렉션이라는 사실이다. 이 부분은 잠시 후에 다시 살펴보자. 리뷰마다 정리된 단어 목록을 만들었으므로 이제 이 토큰 리스트 Bag을 바이그램 리스트 Bag으로 변환한다.

코드 9-28 바이그램 만들기

```
def make_bigrams(tokens):
    return set(nltk.bigrams(tokens))
```

```
review_bigrams = review_text_clean.map(make_bigrams)
review_bigrams.take(2)

# Produces the following (abbreviated) output:
'''
({('appreciates', 'product'),
  ('better', 'labrador'),
  ('bought', 'several'),
  ('canned', 'dog'),
   ...
  ('vitality', 'canned')},
 {('actually', 'small'),
  ('arrived', 'labeled'),
  ...
  ('unsalted', 'sure'),
  ('vendor', 'intended')})

'''
```

[코드 9-28]에서는 이전에 만든 Bag에 매핑할 또 다른 함수를 소개한다. 다시 말하지만, 이 프로세스는 대스크를 사용하여 완전히 병렬화된다는 점에서 매우 흥미롭다. 즉, 동일한 코드를 이용하여 수십억 또는 수조 개의 리뷰를 분석할 수 있다! 결과적으로 이제 바이그램 리스트를 얻었다. 그러나 여전히 중첩된 데이터 구조를 가진다. 이 결과에서 두 요소를 취하면 두 개의 바이그램 목록을 얻는다. Bag 전체에서 가장 자주 등장하는 바이그램이 무엇인지 찾아야 하므로 중첩 구조를 제거해야 한다. 이 과정을 Bag을 **평탄화한다**flattening고 한다. 평평하게 평탄화하면 한 수준의 중첩이 제거된다. 예를 들어, 요소가 5개인 리스트 객체 2개를 평탄화하면 요소가 10개인 하나의 리스트가 된다.

코드 9-29 바이그램의 Bag을 평탄화하기

```
all_bigrams = review_bigrams.flatten()
all_bigrams.take(10)

# Produces the following output:
'''
(('product', 'better'),
 ('finicky', 'appreciates'),
 ('meat', 'smells'),
 ('looks', 'like'),
```

```
 ('good', 'quality'),
 ('vitality', 'canned'),
 ('like', 'stew'),
 ('processed', 'meat'),
 ('labrador', 'finicky'),
 ('several', 'vitality'))
'''
```

[코드 9-29]에서 Bag을 평탄화하고 나면 리뷰 별로 중첩된 형태가 아닌 모든 바이그램을 포함하는 하나의 Bag을 갖게 된다. 어떤 바이그램이 무슨 리뷰에서 나온 것인지 더 파악할 수는 없지만, 이 분석에는 중요하지 않으므로 상관 없다. 지금 우리가 하려는 것은 바이그램을 키로 해당 Bag을 폴딩하여 각 바이그램이 데이터셋에 나타나는 횟수를 세는 것이다. 앞서 정의한 count와 combine 함수를 재사용할 수 있다.

코드 9-30 바이그램 빈도 계산 및 상위 10개의 바이그램 찾기

```
with ProgressBar():
    top10_bigrams = all_bigrams.foldby(lambda x: x, count, 0, combine, 0).topk(10,
key=lambda x: x[1]).compute()
top10_bigrams

# Produces the following output:
'''
[########################################] | 100% Completed | 11min  7.6s
 [(('br', 'br'), 103258),
 (('amazon', 'com'), 15142),
 (('highly', 'recommend'), 14017),
 (('taste', 'like'), 13251),
 (('gluten', 'free'), 11641),
 (('grocery', 'store'), 11627),
 (('k', 'cups'), 11102),
 (('much', 'better'), 10681),
 (('http', 'www'), 10575),
 (('www', 'amazon'), 10517)]
'''
```

[코드 9-30]의 foldby 함수는 이전 장에서 본 foldby 함수와 정확히 일치한다. 그러나 Bag을 내림차순으로 정렬하면서 최상위 k개의 요소를 가져오도록 여기서는 새로운 메서드 topk를 연결했다. 예제에서 이 메서드의 첫 번째 인수에 입력한 대로 상위 10개 요소를 가져온다.

두 번째 인수 key는 Bag을 무엇으로 정렬할지 결정한다. 이 폴딩 함수의 결과는 첫 번째 요소가 키이고 두 번째 요소가 빈도인 튜플 Bag이다. 가장 빈도가 높은 상위 10개의 바이그램을 찾고자 하는 게 목적이므로 각 튜플의 두 번째 요소(빈도)로 Bag을 정렬하는 게 맞다. 따라서 key 함수는 간단히 각 튜플에서 빈도 요소를 반환한다. key 함수가 이처럼 매우 단순하기 때문에 lambda 표현식을 사용하여 간략히 표현할 수 있다. 가장 자주 나온 상위권 바이그램들을 살펴보면 별로 도움이 안 되는 항목들도 있어 보인다. 예를 들면 'amazon com'이 두 번째로 자주 발생하는 바이그램이다. 이 리뷰 데이터가 아마존에서 왔기 때문에 당연하다. 'br br'이 가장 많은 빈도수를 보인 바이그램인 것으로 미루어볼 때 일부 HTML이 리뷰에 유출되었을 가능성이 있다. 이것은 아마 공백을 나타내는 HTML 태그
로부터 나왔을 것이다. 이 단어들은 분석에 전혀 도움이 되거나 정보를 주지 못하므로 해당 단어들을 불용어 목록에 추가하고 바이그램 분석을 다시 실행해야 한다.

코드 9-31 불용어 추가 및 분석 재실행하기

```
more_stopwords = {'br', 'amazon', 'com', 'http', 'www', 'href', 'gp'}
all_stopwords = stopword_set.union(more_stopwords)  ◁

filtered_bigrams = review_text_tokens.map(partial(filter_stopwords, stopwords=all_
stopwords)).map(make_bigrams).flatten()

with ProgressBar():
    top10_bigrams = filtered_bigrams.foldby(lambda x: x, count, 0, combine, 0).
     topk(10, key=lambda x: x[1]).compute()
top10_bigrams

# Produces the following output:
'''
[########################################] | 100% Completed | 11min 19.9s
 [(('highly', 'recommend'), 14024),
 (('taste', 'like'), 13343),
 (('gluten', 'free'), 11641),
 (('grocery', 'store'), 11630),
 (('k', 'cups'), 11102),
 (('much', 'better'), 10695),
 (('tastes', 'like'), 10471),
 (('great', 'product'), 9192),
 (('cup', 'coffee'), 8988),
 (('really', 'good'), 8897)]
'''
```

이전의 불용어 셋에 추가할 새로운 불용어를 결합하여 새로운 불용어 목록을 생성한다.

9.4.3 바이그램 분석

불용어를 추가하여 제거하고 나니 이제 분명한 주제들이 보인다. 예를 들어 'k 컵'과 '커피'가 여러 번 언급되고 있다. 아마도 많은 리뷰가 큐리그 커피 머신용 커피 캡슐에 관한 내용이기 때문일 것이다. 가장 일반적인 바이그램이 '강추highly recommend'인 것도 많은 리뷰가 긍정적이었던 만큼 이해가 간다. 우리는 새로운 패턴이 나타나는지 확인하고자 불용어 목록을 계속 추가하면서 이 과정을 반복할 수 있다(아마도 'like' 나 'store'와 같은 단어들은 추가적인 정보를 주지 않으므로 제거할 수 있겠다). 하지만 부정적인 리뷰에서는 과연 어떤 바이그램이 나올지도 궁금하다. 별점을 한 개나 두 개만 얻은 리뷰들만 남도록 원래 리뷰 셋을 필터링한 다음 가장 자주 나오는 바이그램이 무엇인지 확인하는 것으로 이 장을 마무리하려고 한다.

코드 9-32 부정적인 리뷰에서 가장 자주 등장한 바이그램 찾기

필터 표현식을 사용하여 리뷰 점수가 3 미만인 모든 리뷰를 찾는다.

새로운 리뷰 셋으로 시작했으므로 이것을 토큰화해야 한다.

```
negative_review_text = reviews.filter(lambda review: float(review['review/
    score']) < 3).map(extract_reviews)

negative_review_text_tokens = negative_review_text.map(tokenizer.tokenize)

negative_review_text_clean = negative_review_text_tokens.map(partial(filter_
    stopwords, stopwords=all_stopwords))

negative_review_bigrams = negative_review_text_clean.map(make_bigrams)
negative_bigrams = negative_review_bigrams.flatten()

with ProgressBar():
    top10_negative_bigrams = negative_bigrams.foldby(lambda x: x, count, 0,
     combine, 0).topk(10, key=lambda x: x[1]).compute()
top10_negative_bigrams

# Produces the following output:
'''
[########################################] | 100% Completed |  2min 25.9s
 [(('taste', 'like'), 3352),
 (('tastes', 'like'), 2858),
 (('waste', 'money'), 2262),
 (('k', 'cups'), 1892),
 (('much', 'better'), 1659),
 (('thought', 'would'), 1604),
```

```
  (('tasted', 'like'), 1515),
  (('grocery', 'store'), 1489),
  (('would', 'recommend'), 1445),
  (('taste', 'good'), 1408)]
'''
```

[코드 9-32]를 통해 얻은 바이그램 목록을 보면, 모든 리뷰를 고려했을 때 얻은 바이그램과 일부 유사하지만 제품에 대한 불만이나 실망감을 보여주는 ('~할 거라고 생각했었다thought would', '돈 낭비waste money' 등의) 몇 가지 뚜렷한 바이그램이 있다. 특이하게도 부정적인 리뷰에서 '맛이 좋다taste good'라는 표현이 자주 등장했다. 아마도 리뷰어가 '맛이 좋을 거라고 생각했었다I thought it would taste good' 혹은 '맛이 없었다It didn't taste good'라고 말했기 때문일 것이다. 데이터셋에 아직 약간의 추가적인 작업(아마도 더 많은 불용어)이 필요할 수 있겠다. 하지만 적어도 이제는 필요한 도구들을 모두 갖추었다!

다음 장에서는 대스크의 머신러닝 파이프라인을 사용하여 텍스트를 기반으로 한 리뷰가 긍정적인지 부정적인지를 예측하는 감성 분류기를 만들면서 이 데이터셋으로 다시 돌아올 예정이다. 그전에 대스크 Bag이 비정형 데이터 분석에 얼마나 강력하고 융통성이 있는지 이해했기를 바란다.

9.5 마치며

- 텍스트인 비정형 데이터는 데이터 프레임을 사용하여 분석하는 데 적합하지 않다. 대스크 Bag은 보다 유연한 도구이며 비정형 데이터를 조작하는 데 유용하다.
- Bag에는 순서가 없으며 데이터 프레임과 달리 인덱스 개념도 없다. `take` 메서드를 사용하여 Bag의 요소에 액세스할 수 있다.
- 사용자 정의 함수를 사용하여 Bag의 각 요소를 변환하는 데 `map` 메서드를 사용한다.
- `foldby` 함수를 사용하면 Bag의 요소에 함수를 매핑하기 전에 Bag의 요소를 집계할 수 있다. 이를 위해 모든 종류의 집계 유형 함수를 사용할 수 있다.
- 텍스트 데이터를 분석할 때 텍스트를 토큰화하고 불용어를 제거하는 것은 텍스트 데이터에서 의미를 추출하는 데 도움이 된다.

- 텍스트로부터 개별 단어들보다 의미가 더 큰 구문(예: "좋지 않다not good"라는 구문과 '아니다not'와 '좋다good'라는 단어들의 차이)을 추출하기 위해 바이그램을 사용한다.

CHAPTER 10

대스크 ML을 이용한 머신러닝

이 장의 핵심 내용

- 대스크 ML API를 이용하여 머신러닝 모델 만들기
- 대스크 ML API를 이용하여 사이킷런 확장하기
- 교차 검증cross-validation과 그리드 서치Grid Search를 이용한 하이퍼파라미터hyperparameter 튜닝하기 및 모델 검증하기
- 직렬화를 이용하여 학습시킨 모델 저장하고 배포하기

데이터 과학자들은 데이터 과학에서 80/20 규칙이 통한다고 말한다. 즉 데이터 과학 프로젝트에서 머신러닝을 위한 데이터를 준비하는 데 80%의 시간을 사용하고 나머지 20%는 실제로 머신러닝을 구축하고 테스트하는 데 사용한다는 뜻이다. 이 책도 예외는 아니다! 지금까지 데이터 프레임과 Bags를 사용하여 서로 다른 두 가지 '취향'의 데이터 컬렉션에 대한 데이터 수집, 정리, 탐색 프로세스를 알아봤다. 이제는 우리만의 머신러닝 모델을 만들 차례다. 그동안의 진행 과정과 현재 우리가 어디에 있는지를 보여주는 [그림 10-1]의 워크플로에 따르면 거의 마무리 단계에 도착했다!

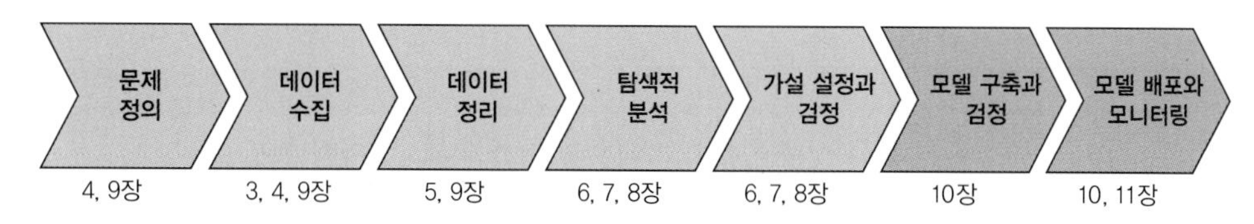

그림 10-1 그동안 데이터 준비를 철저히 다루었고 이제 모델 구축으로 넘어갈 차례다.

이 장에서는 마지막으로 대스크에서 중요한 API 중 하나인 대스크 ML를 살펴보겠다. 대스크의 데이터 프레임이 팬더스를 병렬화한 것이고 대스크의 배열이 넘파이를 병렬화한 것처럼, 대스크 ML은 사이킷런을 병렬 구현한 것이다. 다음 [그림 10-2]는 대스크 API와 이들이 제공하는 기본 기능 간의 관계를 보여준다.

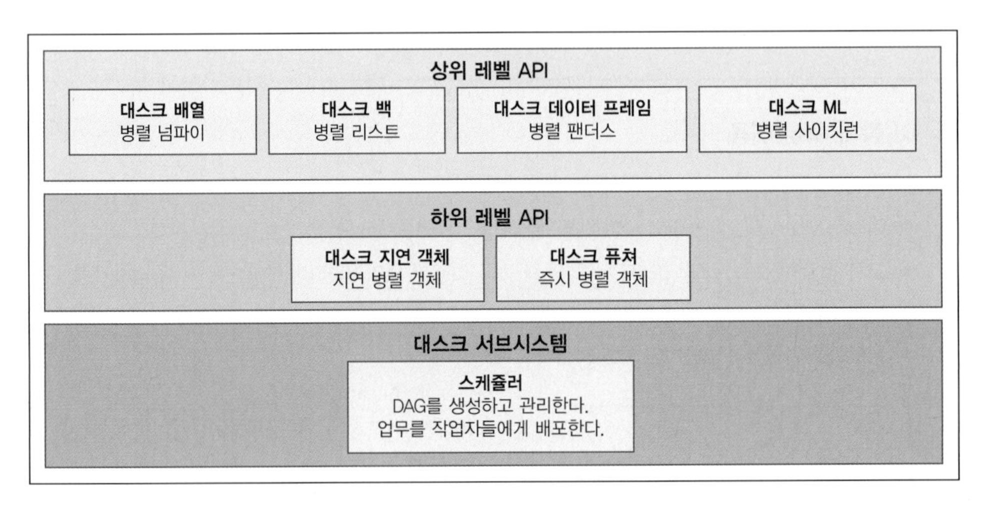

그림 10-2 대스크의 API 구성 요소

이미 사이킷런을 경험한 독자라면 이 API가 매우 익숙할 것이다. 만약 그렇지 않더라도 여기에서 배우는 내용을 토대로 스스로 학습할 수 있도록 사이킷런을 충분히 소개하겠다! 대스크 ML은 대스크에 비교적 최근에 추가되었다. 그러다 보니 대스크의 다른 API에 비해 성숙할 시간이 충분하지는 않았다. 하지만 다양한 기능을 제공하며, 보통 사이킷런이 쓰이는 곳의 문제 대부분을 해결할 수 있도록 유연하게 설계되었다. 이전 장에서 아마존 좋은 식품 리뷰 데이터로 진행하던 작업 중 남은 부분이 무엇이었는지 알아보고 다음 시나리오를 염두에 두면서 대스크 ML을 살펴보자.

아마존의 좋은 식품 리뷰 데이터셋과 대스크 ML을 이용하여,
리뷰 점수를 보지 않아도 해당 리뷰가 긍정적인지 부정적인지를 해석할 수 있는
감성 분류 모델을 학습한다.

10.1 대스크 ML로 선형 모델 만들기

모델을 만들기 전에 다음과 같은 몇 가지 사항을 고려해야 한다.

1. 9장의 코드를 사용하여 리뷰가 긍정적인지 부정적인지 태그를 지정해야 한다.
2. 그런 다음 데이터를 머신러닝 모델이 이해할 수 있는 형식으로 변환해야 한다.
3. 마지막으로, 모델의 정확성을 테스트하고 검증하는 데 사용할 데이터 일부를 따로 빼놓아야 한다.

먼저 리뷰가 긍정적인지 아니면 부정적인지를 알 수 있는 태그를 추가해야 한다. 우리는 이미 9장에서 리뷰어가 제공한 리뷰 점수를 기반으로 이 작업을 위한 코드를 만들었다. 리뷰가 별점 3점 이상을 받았을 때 긍정적이라는 태그를 지정했다. 리뷰의 별이 두 개 이하인 경우에는 부정적이라는 태그를 지정했다. 다시 요약하면 우리가 사용한 코드는 다음과 같다.

코드 10-1 리뷰 점수에 따라 리뷰 데이터에 태그 달기

```
import dask.bag as bag
import os
from dask.diagnostics import ProgressBar

os.chdir('/Users/jesse/Documents')   ◁ 처리할 원본 텍스트 파일을 연다.
raw_data = bag.read_text('foods.txt')

def get_next_part(file, start_index, span_index=0, blocksize=1024):   ◁ 파일 핸들에서 현재 바이트 위치를 기반으로 다음 리뷰를 찾기 위한 도우미 함수
    file.seek(start_index)
    buffer = file.read(blocksize + span_index).decode('cp1252')
    delimiter_position = buffer.find('\n\n')
    if delimiter_position == -1:
        return get_next_part(file, start_index, span_index + blocksize)
    else:
        file.seek(start_index)
        return start_index, delimiter_position

def get_item(filename, start_index, delimiter_position, encoding='cp1252'):   ◁ 주어진 바이트 위치에서 데이터를 읽고 구문 분석하기 위한 도우미 함수
    with open(filename, 'rb') as file_handle:
        file_handle.seek(start_index)
        text = file_handle.read(delimiter_position).decode(encoding)
        elements = text.strip().split('\n')
        key_value_pairs = [(element.split(': ')[0], element.split(': ')[1])
                            if len(element.split(': ')) > 1
                            else ('unknown', element)
                            for element in elements]
```

```
        return dict(key_value_pairs)

with open('foods.txt', 'rb') as file_handle:    ◁ 각 리뷰 객체에 대한 바이트 범위 목록을 만든다.
    size = file_handle.seek(0,2) - 1
    more_data = True
    output = []
    current_position = next_position = 0
    while more_data:
        if current_position >= size:
            more_data = False
        else:
            current_position, next_position = get_next_part(file_handle,
    current_position, 0)
            output.append((current_position, next_position))
            current_position = current_position + next_position + 2

reviews = bag.from_sequence(output).map(lambda x: get_item('foods.txt', x[0],
    x[1]))    ◁ 바이트 범위의 Bag을 리뷰 객체의 Bag으로 변환한다.

def tag_positive_negative_by_score(element):    ◁ 리뷰 점수를 사용하여 각 리뷰에 긍정적 또는 부정적 태그를 지정한다.
    if float(element['review/score']) > 3:
        element['review/sentiment'] = 'positive'
    else:
        element['review/sentiment'] = 'negative'
    return element

tagged_reviews = reviews.map(tag_positive_negative_by_score)
```

10.1.1 이진 벡터화로 데이터 준비하기

리뷰에 태그를 추가했으므로 이제 리뷰 텍스트를 머신러닝 알고리즘이 이해할 수 있는 형태로 바꿔줘야 한다. 누가 어떤 제품이 '좋다great'라고 평가한다면 그 사람이 해당 제품에 긍정적인 감성을 가졌다는 걸 사람이라면 누구나 직관적으로 이해할 수 있다. 반면에 컴퓨터는 사람이 구사하는 언어의 의미를 그대로 공유할 수 없다. 컴퓨터는 '좋다'는 말이 어떤 의미인지 또는 이 말이 제품에 감성과 어떻게 연결되는지 본질적으로 이해할 수 없다.

그러나 방금 말한 것을 다시 생각해보자. 어떤 사람이 이 제품이 '좋다'고 말한다면 아마도 해당 제품에 긍정적인 마음을 갖고 있을 것이다. 이 가정은 데이터로부터 검색할 수 있는 패턴이다.

따라서 '좋다'는 단어를 사용한 리뷰가 그렇지 않은 리뷰보다 긍정적인 내용일 가능성이 더 높지 않을까? 그렇다면, 우리는 리뷰에 '좋다'라는 단어가 존재하면 해당 리뷰가 어느 정도 긍정적일 가능성이 있다고 할 수 있다. 이것은 **이진 벡터화**binary vectorization라고 하는 텍스트 데이터를 기계가 이해할 수 있는 형식으로 변환하기 위한 가장 일반적인 방법을 뒷받침하는 논리다. 이진 벡터화를 사용하여 리뷰 데이터에 나오는 모든 단어의 고유 목록(**코퍼스**corpus 혹은 **말뭉치**)를 가져와서 1과 0으로 이뤄진 벡터를 만든다. 여기에서 1은 해당 단어가 존재한다는 걸 나타내며 0은 해당 단어가 존재하지 않는다는 의미다.

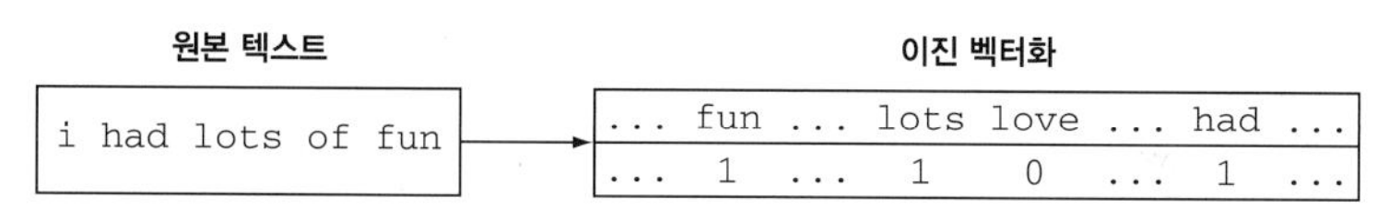

그림 10-3 이진 벡터화의 예

[그림 10-3]에서 'lots' 나 'fun'과 같이 원시 텍스트에 나오는 단어들은 이진 벡터에 1을 할당하고, 원시 텍스트에 나오지는 않지만 다른 텍스트에는 등장하는 단어들은 0을 할당한다. 텍스트를 이진 벡터로 변환하고 나면 로지스틱 회귀와 같이 기본 분류 알고리즘을 사용하여 단어의 존재와 감성 사이의 상관관계를 찾을 수 있다. 이를 통해 실제 리뷰 점수가 없더라도 이 리뷰가 긍정적인지 혹은 부정적인지 분류할 수 있는 모델을 만들 수 있다. 원시 리뷰 데이터를 어떻게 이진 벡터 배열로 변환하는지 살펴보자.

먼저, 9장에서 사용한 일부 변환 함수를 적용하여 텍스트를 토큰화하고 불용어를 제거한다(이 코드를 처음 실행할 경우 부록의 지침에 따라 NLTK 패키지를 제대로 설정했는지 확인하자).

코드 10-2 텍스트 토큰화 및 불용어 제거하기

```
from nltk.corpus import stopwords
from nltk.tokenize import RegexpTokenizer
from functools import partial

tokenizer = RegexpTokenizer(r'\w+')

def extract_reviews(element):
    element['review/tokens'] = element['review/text'].lower()
    return element
```

(각 리뷰에서 리뷰 텍스트를 분리하고 모든 문자를 소문자로 변경하는 도우미 함수)

```
def tokenize_reviews(element):
    element['review/tokens'] = tokenizer.tokenize(element['review/tokens'])
    return element

def filter_stopword(word, stopwords):
    return word not in stopwords

def filter_stopwords(element, stopwords):
    element['review/tokens'] = list(filter(partial(filter_stopword,
stopwords=stopwords), element['review/tokens']))
    return element

stopword_set = set(stopwords.words('english'))
more_stopwords = {'br', 'amazon', 'com', 'http', 'www', 'href', 'gp'}
all_stopwords = stopword_set.union(more_stopwords)

review_extracted_text = tagged_reviews.map(extract_reviews)

review_tokens = review_extracted_text.map(tokenize_reviews)
review_text_clean = review_tokens.map(partial(filter_stopwords,
     stopwords=all_stopwords))
```

NLTK tokenizer를 사용하여 긴 텍스트 문자열을 개별 단어(토큰)로 나누는 도우미 함수

불용어 목록에 토큰이 있는지 확인하는 필터 함수

각 리뷰 토큰 셋에서 모든 불용어를 삭제하는 도우미 함수

기본 불용어 집합에 새로운 불용어를 몇 개 더 추가한다.

이 도우미 함수들을 데이터에 매핑하여 각 리뷰에 대해 정리된 토큰 셋을 생성한다.

9장에서 이미 [코드 10-2]에 나온 코드들을 살펴보았다고 가정하고 계속 진행하겠다. 정리되고 토큰화된 리뷰 데이터를 사용하여 리뷰에 표시되는 고유 단어의 개수를 바로 알아보자. 이를 위해 Bag API에서 기본 제공하는 몇 가지 함수들을 다시 사용하자.

코드 10-3 아마존의 좋은 식품 리뷰 데이터셋에서 고유한 단어 세기

```
def extract_tokens(element):
    return element['review/tokens']

extracted_tokens = review_text_clean.map(extract_tokens)
unique_tokens = extracted_tokens.flatten().distinct()

with ProgressBar():
    number_of_tokens = unique_tokens.count().compute()
number_of_tokens

#Produces the following output:
# 114290
```

각 리뷰에서 리뷰 토큰을 분리한다.

중복된 모든 토큰들의 단일 목록을 갖도록 데이터를 평탄화한 다음, 고유한 목록을 만든다.

고유한 토큰 수를 센다.

이 코드의 대부분은 익숙하게 느껴질 수 있다. 중요한 부분은 추출한 토큰을 평탄화하여 모든 고유한 단어의 목록을 얻어야 한다는 점이다. extract_tokens 함수는 문자열 리스트로 이뤄진 리스트를 반환하므로 distinct 함수를 적용하기 전에 flatten 함수를 사용하여 모든 내부 리스트들을 하나로 연결해야 한다. 코드 결과에 따르면 114,290개의 고유한 단어가 568,454개의 리뷰에 등장한다. 이것은 우리가 이진 벡터화로 만들 배열의 크기가 행이 568,454개, 열이 114,290개라는 뜻으로, 약 649억 개의 1과 0으로 이뤄진 배열임을 의미한다. 넘파이의 데이터 크기를 기준으로 불리언 객체당 1 바이트라고 할 때 최대 64GB 크기의 데이터다.

당연히 대스크는 이러한 대규모 배열을 처리하는 임무를 수행할 수 있지만, 이 솔루션을 더 빠르고 쉽게 수행하도록 문제의 크기를 약간 축소할 것이다. 114,290개의 고유한 단어로 이뤄진 전체 코퍼스를 전부 사용하는 대신 리뷰 데이터셋에서 가장 자주 사용되는 상위 100개의 단어들만 사용한다. 더 큰 혹은 더 작은 코퍼스를 사용하기 원한다면 아주 손쉽게 코드를 수정하여 상위 1,000개 또는 상위 10개 단어를 사용할 수 있다. 원할 경우 전체 코퍼스를 사용하도록 코드를 수정할 수도 있다. 선택한 코퍼스의 크기에 관계없이 모든 코드는 잘 동작할 것이다.

물론 실제로는 전체 단어로 시작하는 게 가장 좋다. 상위 100개 단어만 선택할 경우, 자주 등장하는 단어는 아니지만 대상 변수에 강력한 예측 변수가 될 수 있는 일부 중요한 패턴이 제외될 수 있기 때문이다. 다시 말하지만, 여기서는 단지 예제의 빠른 실행을 위해 크기를 축소할 것을 제안한 것뿐이다. 코퍼스에서 가장 많이 사용되는 100가지 단어를 얻는 방법을 살펴보자.

코드 10-4 리뷰 데이터셋에서 가장 많이 사용되는 상위 **100**개 단어 찾기

말뭉치에서 찾은 주어진 단어의 각 인스턴스에 대해 counter에 1을 더하는 도우미 함수

```
def count(accumulator, element):
    return accumulator + 1

def combine(total_1, total_2):
    return total_1 + total_2

with ProgressBar():
    token_counts = extracted_tokens.flatten().foldby(lambda x: x, count, 0, combine,
     0).compute()
```

파티션마다 동일한 단어에 대한 결과를 결합하는 도우미 함수 (combine)

단어별로 데이터를 그룹화하고 폴딩을 사용하여 발생 횟수를 계산한다. (with ProgressBar)

```
top_tokens = sorted(token_counts, key=lambda x: x[1], reverse=True)
top_100_tokens = list(map(lambda x: x[0], top_tokens[:100]))
```

개수에 따라 결과를 내림차순으로 정렬한다.

상위 100개의 레코드에 있는 단어 목록을 일부 가져온다. 그런 다음 횟수를 제외한 단어 목록만을 생성한다.

이 코드는 이전 장에서 폴딩을 다루면서 살펴본 몇 가지 예제들과 비슷해 보일 것이다. 이전처럼 count와 combine 함수를 사용하여 코퍼스에서 각 단어의 발생 횟수를 계산한다. 폴딩 결과로 각 튜플의 첫 번째 요소는 각 단어를 의미하고 두 번째 요소는 발생 횟수를 나타내는 튜플 리스트를 제공한다. 파이썬의 기본 함수인 sorted를 사용하여 각 튜플의 두 번째 요소(빈도 수)에 따라 내림차순으로 정렬한 후 튜플 리스트를 반환한다. 마지막으로 map 함수를 사용하여 정렬된 튜플에서 가장 일반적으로 사용되는 상위 100개의 단어들을 추출한다. 최종 코퍼스를 얻었으니 이제 리뷰 토큰 전체에 이진 벡터화를 적용할 수 있게 되었다. 이를 위해 리뷰에 코퍼스의 단어가 나오는지 확인하면서 각 리뷰를 검색한다.

코드 10-5 이진 벡터화를 적용하여 학습 데이터 생성하기

긍정/부정 감성 태그를 이진 값으로 변형한다. 1은 긍정적인 리뷰를, 0은 부정적인 리뷰를 나타낸다.

np.where를 사용하여 말뭉치를 각 리뷰의 토큰 목록과 비교한다. 단어가 토큰 목록에 있으면 1을 반환하고 그렇지 않으면 0을 반환한다.

```
import numpy as np
def vectorize_tokens(element):
    vectorized_tokens = np.where(np.isin(top_100_tokens, element['review/tokens']),
     1, 0)
    element['review/token_vector'] = vectorized_tokens
    return element

def prep_model_data(element):
    return {'target': 1 if element['review/sentiment'] == 'positive' else 0,
            'features': element['review/token_vector']}

model_data = review_text_clean.map(vectorize_tokens).map(prep_model_data)

model_data.take(5)

'''
Produces the following output:
({'target': 1,
  'features': array([1, 1, 0, 0, 0, 0, 1, 0, 0, 0, 1, 0, 0, 0, 0, 0, 0, 0, 0,
    0, 0, 0, 0,
       0, 0, 0, 0, 1, 1, 0, 0, 0, 0, 0, 0, 0, 0, 0, 1, 0, 0, 1, 0, 0, 0, 0,
```

데이터에 두 함수를 모두 매핑하여 각 리뷰에 대한 목표치와 피처 벡터가 있는 딕셔너리 객체를 생성한다.

```
        0, 0, 0, 0, 0, 0, 0, 0, 0, 0, 0, 0, 0, 0, 0, 0, 0, 0, 0, 0, 0, 0, 0,
        0, 0, 0, 0, 0, 0, 0, 0, 0, 0, 0, 0, 0, 0, 0, 0, 0, 0, 0, 0, 0, 0, 1,
        0, 0, 0, 0, 0, 0, 0, 0])},
 ...
 {'target': 1,
  'features': array([0, 0, 0, 0, 1, 0, 0, 0, 0, 0, 0, 0, 0, 0, 0, 0, 0, 0, 0,
     0, 0, 0, 1,
        0, 0, 0, 0, 0, 0, 0, 0, 0, 0, 0, 0, 0, 0, 0, 0, 0, 0, 0, 0, 0, 0, 0,
        0, 0, 0, 0, 0, 0, 0, 0, 0, 0, 0, 0, 0, 0, 0, 0, 0, 0, 0, 0, 0, 0, 0,
        0, 0, 0, 0, 0, 0, 0, 0, 0, 0, 0, 0, 0, 0, 0, 0, 0, 0, 0, 0, 0, 0, 0,
        0, 0, 0, 0, 0, 0, 0, 0])})

'''
```

[코드 10-5]의 코드는 넘파이와 같은 다른 라이브러리들을 대스크와 함께 사용하는 방법에 대한 좋은 예를 보여준다. 여기서는 코퍼스의 단어 목록과 각 리뷰의 토큰 목록을 비교하기 위해 넘파이의 `where` 함수를 사용한다. 일부 출력 결과를 통해 볼 수 있듯이 각 리뷰별로 1과 0으로 구성된 길이가 100인 벡터가 얻어진다. 또한 우리가 예측할 감성 태그에도 이진 벡터화를 적용한다. 이를 우리의 예측치 혹은 **목표치**target라고 한다. 코드를 실행하면 결과적으로 딕셔너리로 이뤄진 Bag 객체를 얻게 되며, 여기서 각 딕셔너리 객체는 각 리뷰를 나타내고 각각의 이진화된 값을 포함한다.

모델을 만드는 일에 점점 더 가까워지고는 있지만 아직 해결해야 할 중요한 과제가 하나 남았다. 데이터는 여전히 Bag 객체에 있고 대스크 ML에서 데이터를 읽어오려면 이것을 배열 객체로 옮겨야 한다. 이전에는 데이터를 먼저 데이터 프레임으로 변환한 다음 데이터 프레임의 `values` 속성을 사용하여 기본 배열 객체에 직접 액세스하는 방식으로 데이터를 Bag에서 배열로 변환했다. 여기서도 물론 그렇게 할 수 있다. 하지만 데이터 프레임은 열의 개수가 많을 경우 성능이 그렇게 좋은 편은 아니다. 대신 이진 벡터화 단계에서 만든 기존 넘파이 배열을 하나의 큰 대스크 배열로 연결한다. 다시 말해 `concatenate` 함수를 사용하여 배열 리스트를 단일 배열 객체로 **리듀스**reduce(축소)한다.

다음 [그림 10-4]는 지금 설명한 내용을 시각적으로 보여준다.

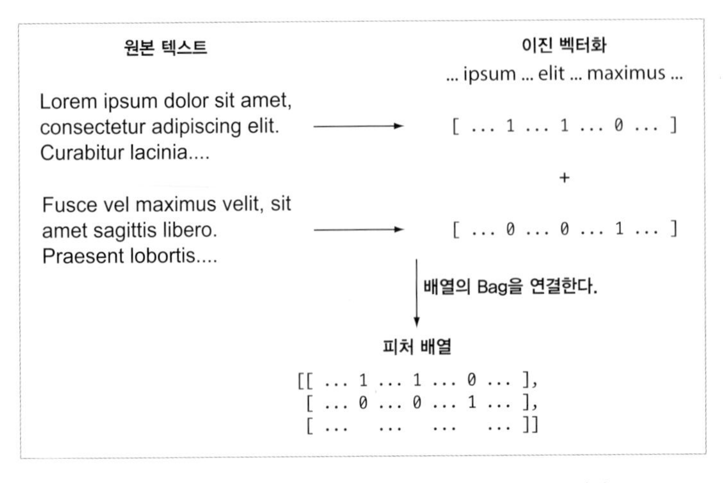

그림 10-4 원시 데이터를 백으로 벡터화한 다음 단일 배열로 연결하는 과정

한 번에 한 줄씩 아무것도 없는 상태에서 시작해 처음부터 효과적으로 대스크 배열을 구축한다. 대스크의 지연 평가는 실제로 최종 배열에서 데이터를 구체화할 때까지 메타 데이터를 주로 처리한다. 따라서 이것은 실제로 매우 빠르고 효율적이다. 실제 코드를 통해 이 작업을 수행하는 방법을 살펴보자.

코드 10-6 피처 배열 만들기

파티션은 dask_array.concatenate에 전달하기 전에 구체화해야 하는 반복 가능한 객체다.

각 딕셔너리에서 features 요소를 추출하고 각 넘파이 배열을 대스크 배열 객체로 변환한 다음 concatenate 함수를 사용하여 모든 배열을 함께 리듀스한다.

```
from dask import array as dask_array
def stacker(partition):
    return dask_array.concatenate([element for element in partition])

with ProgressBar():
    feature_arrays = model_data.pluck('features').map(lambda x: dask_array.from_
array(x, 1000).reshape(1,-1)).reduction(perpartition=stacker, aggregate=stacker)
    feature_array = feature_arrays.compute()
feature_array

#Produces the following output:
# dask.array<concatenate, shape=(568454, 100), dtype=int64, chunksize=(1, 100)>
```

[코드 10-6]은 새롭게 소개할 몇 가지 메서드를 포함한다. 첫 번째는 대스크 배열 API의 concatenate 함수다. 대스크 배열로 이뤄진 리스트를 하나의 대스크 배열로 연결하거나 결

합하는 데 사용한다. 568,454개의 벡터를 하나의 큰 배열로 결합해야 하므로 우리에게 정말 필요한 함수다. 데이터가 대략 100개의 파티션에 분산되어 있으므로 각 파티션의 배열 리스트를 하나의 배열로 축소한 다음 최종적으로 100개의 파티션에 흩어져 있는 배열들을 하나의 대형 배열로 결합해야 한다. 대스크 배열의 `reduction` 메서드로 이것을 수행할 수 있다. 여기에 전달되는 함수가 단일 요소가 아닌 전체 파티션을 받는다는 점에서 `map`과 약간 다르게 동작한다. `from_array` 함수를 각 요소에 매핑하고 나면 각 파티션은 기본적으로 대스크 배열 객체의 지연 리스트를 갖는다. 이것은 `dask_array.concatenate`에서 원하는 입력이다. 그러나 `stacker` 함수에 입력으로 들어오는 파티션 객체는 `dask_array.concatenate`에서 다룰 수 없는 생성기generator 객체다. 따라서 리스트 컴프리헨션을 이용하여 리스트로 구체화해야 한다. 데이터를 가져오기 위해서는 파티션을 리스트로 구체화하는 과정이 필요하므로 처음에는 이것을 비생산적이라고 생각할 수 있다. 그러나 파티션은 지연 대스크 배열 객체 리스트이므로 실제로 전송되는 유일한 데이터는 일부 메타 데이터와 지금까지 발생한 계산을 추적하는 DAG뿐이다. 새로운 배열의 크기가 568,454행 X 100열인 것을 보면 원하는 결과를 얻었다고 볼 수 있다. 피처 배열의 형태는 다음 [그림 10-5]에서 볼 수 있다.

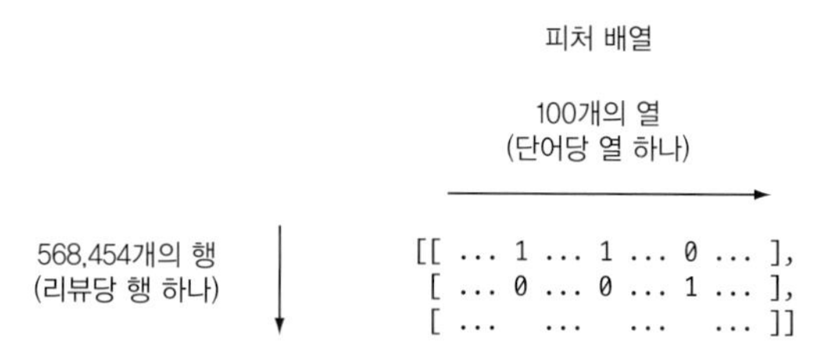

그림 10-5 피처 배열의 형태

지금까지 이 데이터를 가지고 많은 작업을 수행했으니 이제 그동안의 진행 상황을 저장할 때다. 모델을 학습하기 전에 데이터를 저장해 놓으면 데이터가 이미 모델을 작성하는 데 필요한 형태로 되어 있으므로 속도를 높일 수 있다. 배열 API에는 ZARR 형식을 사용하여 대스크 배열을 디스크에 쓰는 메서드가 들어있다. 이 형식은 파케이Parquet와 유사하게 열을 중심으로 저장하는 방식이다. 이 파일 형식에 대한 세부적인 내용까지 여기서 다루는 것은 적절하지 않다. 그저 배열 API에서 이 ZARR 파일 형식을 읽고 쓰기 쉬우므로 사용한다. 준비된 데이터를 디스크에 빠르게 저장하고 빠른 액세스를 위해 다시 읽는 것을 살펴보자.

코드 10-7 ZARR 파일에 데이터 쓰고 다시 읽기

```
with ProgressBar():
    feature_array.rechunk(5000).to_zarr('sentiment_feature_array.zarr')
    feature_array = dask_array.from_zarr('sentiment_feature_array.zarr')

with ProgressBar():
    target_arrays = model_data.pluck('target').map(lambda x: dask_array.from_array
     (x, 1000).reshape(-1,1)).reduction(perpartition=stacker, aggregate=stacker)
    target_arrays.compute().rechunk(5000).to_zarr('sentiment_target_array.zarr')
    target_array = dask_array.from_zarr('sentiment_target_array.zarr')
```

[코드 10-7]은 간단하다. [코드 10-6]에서 수행한 연결 작업을 통해 우리가 원하는 피처 배열을 이미 얻었으므로 이제 저장만 하면 된다. 목표 배열 데이터에 같은 작업을 수행하기 위해 목표 배열 데이터에 연결 코드를 재사용한다.

여기서 유일하게 주목해야 할 새로운 부분은 데이터를 리청크rechunk하는 부분이다. 연결을 수행한 후 배열의 청크 크기가 (1, 100)인 것을 확인했을 것이다. 즉, 각 청크에는 하나의 행과 100개의 열이 포함된다. ZARR 형식은 청크당 하나의 파일을 만든다. 즉, 데이터의 청크 크기를 다시 설정하지 않으면 568,454개의 개별 파일을 만드는데, 디스크에서 데이터를 가져오는 데 소모되는 오버 헤드로 인해 매우 비효율적인 작업이다. 이는 로컬 모드에서든 아니면 대규모 클러스터에서든 어디서 대스크를 실행하는지 여부와는 상관이 없다. 보통 IO 오버 헤드를 최소화하려면 각 청크가 10MB와 1GB 사이에 있어야 한다. 이 예제에서는 청크당 5,000행의 청크 크기를 선택했다. 즉 원시 데이터가 분산된 100개의 파티션과 비슷한 약 100개의 파일이 만들어진다. 또한 목표 변수를 배열로 변환하고 디스크에 쓰는 것과 동일한 프로세스를 따른다. 이제 진짜로 모델을 만들 준비가 끝났다!

10.1.2 대스크 ML을 사용하여 로지스틱 회귀 모델 작성하기

먼저 대스크 ML의 API에 탑재된 알고리즘인 로지스틱 회귀부터 사용해보자. 로지스틱 회귀는 (예/아니요 혹은 양호/나쁨 등) 이진 결과를 예측할 때 사용하는 알고리즘이다. 리뷰에 담기는 사용자의 감정 또한 긍정 혹은 부정으로 불연속적이므로 리뷰의 감성을 예측하는 모델을 구축하려는 우리의 요구에 완벽히 부합한다. 그러나 이 모델이 감성을 얼마나 잘 예측하는지 어떻게 알 수 있을까? 다시 말해서 정말로 모델이 데이터로부터 유용한 패턴을 학습했는지를 어떻

게 확인할 수 있을까? 이를 위해 알고리즘을 학습할 동안 보여주지 않을 일부 리뷰들을 제외할 것이다. 이것을 **홀드아웃 셋**holdout set 혹은 **테스트 셋**test set이라고 한다. 모델이 홀드아웃 셋의 결과를 예측하는 데 도움이 될 경우 모델이 문제를 일반화하는 유용한 패턴을 학습했다는 사실을 확신할 수 있다. 만약 모델이 홀드아웃 셋에서 제대로 예측하지 못한다면, 해당 알고리즘은 훈련 데이터에 강력한 특수 패턴을 선택했기 때문일 수 있다. 이를 훈련 셋에 대한 **과적합**overfitting 이라고 하며 우리는 이것을 피해야 한다. 사이킷런과 마찬가지로 대스크 ML에는 유효성 검사에 사용할 수 있는 홀드아웃 셋을 임의로 선택하는 몇 가지 툴이 있다. 그럼 데이터를 분할하고 로지스틱 회귀 모델을 작성하는 방법을 살펴보자.

코드 10-8 로지스틱 회귀 분석

```
from dask_ml.linear_model import LogisticRegression
from dask_ml.model_selection import train_test_split

X = feature_array
y = target_array.flatten()

X_train, X_test, y_train, y_test = train_test_split(X, y, random_state=42)

lr = LogisticRegression()

with ProgressBar():
    lr.fit(X_train, y_train)
```

train_test_split 함수는 데이터를 랜덤하게 두 부분으로 나눈다. 기본적으로 이것은 데이터를 9:1로 분할한다. 즉 학습을 위해 데이터의 90%를, 그리고 테스트를 위해 나머지 데이터의 10 %를 사용한다.

fit 메서드는 지연없이 ProgressBar 컨텍스트에 이것을 래핑하여 실행 과정을 모니터링한다.

데이터 준비를 위한 어려운 일은 이미 다 끝냈으므로 [코드 10-8]에서 모델 만드는 일 자체는 비교적 수월하다. `train_test_split` 함수는 홀드아웃 셋을 무작위로 분리한다. 그런 다음 `LogisticRegression` 객체의 `fit` 메서드에 피처(`X`)와 목표(`y`)를 전달하면 된다. `train_test_split` 함수의 `random_state` 파라미터를 42로 설정한 이유가 궁금할 것이다. 이 파라미터의 값은 중요하지 않다. 여기서 중요한 사실은 여기에 특정 값을 지정했다는 점이다. 이렇게 하면 같은 데이터셋에 `train_test_split` 함수를 호출할 때마다 해당 데이터가 동일한 방식으로 분할된다. 많은 모델을 실행하고 서로 비교할 때는 이 점이 중요하다. 데이터의 고유한 변동성 때문에 우연히 예측하기 매우 쉽거나 혹은 매우 어려운 홀드아웃 셋을 테스트할 수 있다. 이렇게 홀드아웃 셋이 계속해서 변화하면 결국 모델에 영향을 주므로 해당 모델이 개선(또는 악화)되었는지 제대로 확인할 수 없다. 따라서 모델을 만들 때마다 데이터가 동일한 방식으로 '무작위' 분할되도록 해야 한다. 몇 분 정도 지나면 모델이 학습되고 예측에 사용할 준비가 끝난다. 이제, 모델을 평가하여 이전에는 보지 못했던 리뷰 예측을 수행하여 모델이 얼마나 잘 동작하는지 점수를 매길 시간이다.

10.2 대스크 ML 모델 평가 및 튜닝

모델 만들기는 데이터를 준비할 때 수행했던 어려운 작업들에 비하면 쉬워 보이긴 하지만 아직 끝난 게 아니다. 우리의 목표는 언제나 가장 정확한 모델을 만드는 것이므로 해당 목표를 달성하려면 여러 가지 사항들을 고려해야 한다. 먼저, 수많은 알고리즘이 있다. 분류 문제에 관해서만 해도 로지스틱 회귀logistic regression, 서포트 벡터 머신support vector machines(SVM), 의사 결정 트리, 랜덤 포레스트, 베이즈 모델Bayesian models 등이 있다. 그리고 이러한 각 모델에는 알고리즘이 이상치와 영향력이 높은 데이터에 얼마나 민감한지를 결정하는 여러 가지 **하이퍼파라미터**가 있다.

이때 여러 모델과 파라미터 조합을 통해 최상의 모델을 만드는 방법은 무엇일까? 답은 조직적인 실험에서 찾을 수 있다. 임의의 모델의 정확도를 평가할 수 있는 방법만 있다면 객관적으로 최상의 모델이 무엇인지 찾을 수 있으며 이 과정을 보다 쉽게 수행하기 위해 자동화할 수 있다. 점수가 가장 높은 모델은 이 점수를 넘는 새로운 **도전자** 모델이 등장하기 전까지 **챔피언** 모델이 된다. 그런 다음 이 도전자 모델이 새로운 챔피언이 되고 이런 사이클이 반복된다.

이 챔피언-도전자 모델은 실제로 잘 동작하지만 시작점이 필요하다. 정의한 대로 첫 번째 챔피언 모델이 얼마나 훌륭한지는 별로 중요하지 않다. 잠재적인 도전자 모델과 비교를 위한 기준선 역할만 할 수 있으면 된다. 따라서 로지스틱 회귀와 같은 간단한 모델에서 시작하고 처음에는 기본값을 사용하는 게 좋다.

10.2.1 score 메서드로 대스크 ML 모델 평가하기

일단 기준을 설정한 후에는 다른 알고리즘이나 다른 하이퍼파라미터 셋을 사용하는 더 복잡한 모델들과 비교할 수 있다. 다행히도 모든 사이킷런 알고리즘과 모든 대스크 ML 알고리즘에는

score 메서드가 있다. score 메서드는 알고리즘 유형에 따라 널리 사용되는 점수 메트릭을 계산한다. 예를 들어 분류 알고리즘은 score 메서드를 호출할 때 분류 정확도 점수를 계산한다. 이 점수는 분류 예측 정확도를 나타내며 0과 1 사이의 값으로 점수가 높을수록 더 정확하다. 일부 데이터 과학자들은 F1 정확도 점수와 같은 다른 점수 방식을 선호한다. 각 점수 매기는 방법의 장단점을 여기에서 다루기에는 적당하지 않다. 하지만 문제에 가장 적합한 점수 메트릭을 항상 선택해야 하며 다양한 점수 메서드를 알아두는 게 좋다. 성능의 기준선이 될 로지스틱 회귀 분석을 학습했으니 이제 그 성능이 얼마나 되는지 살펴보자.

코드 10-9 로지스틱 회귀 모델 성능 점수

```
lr.score(X_test, y_test).compute()

#Produces the following output:
# 0.79629173556626676
```

보다시피 모델의 점수를 매기는 코드는 매우 간단하다. 학습 데이터를 위한 X와 y를 fit 메서드로 전달한 것처럼, 이번엔 X와 y의 테스트 버전을 score 메서드로 전달한다. 이 한 줄로 X_test에 포함된 피처를 이용하여 예측하고 해당 예측을 y_test에 포함된 실제의 값과 비교한다. 앞으로 기준이 될 이 모델은 테스트 셋에 있는 리뷰의 79.6%를 정확하게 분류했다.

시작치고 나쁘지 않다! 기준점을 갖게 되었으니 이제 이것보다 더 좋은 챌린저 모델을 알아볼 차례다. 분류 점수가 완벽한 모델을 만들기란 거의 불가능하다는 점만 기억하자. 여기서 우리의 목표는 100% 완벽한 모델 찾기가 아니라 착실하게 더 나은 모델을 찾고 시간이나 데이터 품질 등의 제약 조건 내에서 가능한 최상의 모델을 찾기 위해 객관적인 기준을 사용하는 것이다.

10.2.2 대스크 ML로 나이브 베이즈 분류기 만들기

로지스틱 회귀 모델이 나이브 베이즈Naïve Bayes 분류기에 비해 객관적인 성능 비교 측면에서 얼마나 다른지 알아보자. 나이브 베이즈는 텍스트 분류를 위해 자주 사용되는 알고리즘으로, 간단한 알고리즘이므로 작은 데이터셋이라도 예측력이 상당히 우수하다. 단 여기에 한 가지 문제가 있다. 대스크 ML API에는 나이브 베이즈 분류기가 없다. 하지만 대스크를 사용하여 나이브

베이즈 분류기를 훈련시킬 수 있는 방법이 있다! 그렇다고 알고리즘을 처음부터 새로 만들지는 않겠다. 대신 사이킷런에 Incremental 래퍼라고 하는 대스크 ML의 인터페이스 중 하나를 사용할 수 있다. 알고리즘을 위한 partial_fit 인터페이스를 구현한다면 Incremental 래퍼를 사용하여 대스크에서 사이킷런의 모든 알고리즘을 사용할 수 있다.

NOTE_ 사이킷런과 partial_fit

partial_fit 메서드는 배치 훈련(트레이닝)을 허용하는 일부 모델에서 사용 가능하다. 이를 통해 훈련 데이터가 새롭게 적용될 때마다 처음부터 다시 배치 훈련하는 대신, 추가 데이터의 모델을 효과적으로 '업데이트' 할 수 있다. 또한 한꺼번에 메모리에 다 담을 수 없는 큰 데이터셋을 이용하여 모델을 학습할 때 사용할 수도 있다. 예를 들어, 어떤 데이터 프레임에서 1,000개 행을 불러와서 1,000개 행의 모델을 학습하고, 계속해서 그 다음 1,000개 행을 불러와 학습하는 방법으로 모델을 학습할 수 있다. 대스크 ML은 사용자로 하여금 최소한의 구성만으로 사이킷런 모델을 학습시킬 수 있도록 이 인터페이스를 사용한다.

대규모 데이터셋에 대한 배치 학습의 관심도가 높아지면서 이 인터페이스를 지원하는 사이킷런 알고리즘이 점점 더 많아지고 있다. 나이브 베이즈 알고리즘은 배치 학습을 지원하는 알고리즘 그룹에 속하므로 대스크와 함께 사용하여 학습 과정을 쉽게 병렬화할 수 있다. 다음 코드를 통해 알아보자.

코드 10-10 Incremental 래퍼를 사용하여 나이브 베이즈 분류기 훈련시키기

```
from sklearn.naive_bayes import BernoulliNB   <- 사이킷런에서 나이브 베이즈 분류기를 불러온다.
from dask_ml.wrappers import Incremental

nb = BernoulliNB()

parallel_nb = Incremental(nb)   <- Incremental 래퍼로 추정자를 래핑한다.

with ProgressBar():
    parallel_nb.fit(X_train, y_train, classes=[0,1])   <- Incremental로 래핑한 추정자에서 fit 메서드를 호출한다. 이때 classes를 미리 정의한다.
```

[코드 10-10]의 코드 자체는 [코드 10-8]과 거의 동일하지만, 이번에는 대스크 ML이 아닌 사이킷런에서 알고리즘을 가져온다. 대스크와 함께 이 알고리즘을 사용하려면 정상적으로 추정자Estimator 객체를 만든 다음 Incremental 래퍼로 래핑하면 된다. Incremental 래퍼는 기본적으로 대스크에게 추정자 객체를 알려주기 위한 보조 함수이며 학습을 위해 이것을 작업자에

게 전달할 수 있다. 이때 [코드 10-8]과 한 가지 중요한 차이점이 있지만 모델 피팅은 정상적으로 이뤄진다. 유효한 목표 클래스(classes 인수)를 먼저 지정해줘야 한다는 점이다. 이 데이터셋의 잠재적 결과물은 각각 1(긍정적)과 0(부정적)으로 인코딩된 두 가지뿐이므로 여기에 해당 리스트를 전달한다. 코드를 실행하는 데는 몇 초 걸리지 않는다. 그리고 로지스틱 회귀보다 성능이 좋은지 확인하기 위해 모델의 점수를 매길 수 있다.

코드 10-11 Incremental 래핑 모델 점수화하기

```
parallel_nb.score(X_test, y_test)

#Produces the following output: 0.78886817014389754
```

흥미롭게도 대스크 ML 알고리즘의 `score` 메서드와 달리 Incremental의 `score` 메서드는 지연 연산이 아니므로 `compute` 호출이 필요하지 않다. 나이브 베이즈 모델과 로지스틱 회귀 모델은 비슷하게 보이지만 점수는 로지스틱 회귀보다 약 1% 정도 더 낮다. 이는 로지스틱 회귀가 여전히 챔피언 모델이라는 뜻이다. 잠재적인 도전자 모델로 다른 알고리즘을 계속 시도해볼 수도 있겠지만, 지금은 또 다른 실험 요소로 하이퍼파라미터 튜닝을 살펴보자.

10.2.3 하이퍼파라미터 자동 튜닝하기

앞서 언급했듯이 대부분의 알고리즘에는 알고리즘이 동작하는 방식을 제어하는 몇 개의 하이퍼파라미터가 존재한다. 보통 최상의 성능을 제공하도록 알고리즘 개발자가 선택한 기본값이 있지만, 훈련 데이터에 더 잘 맞도록 하이퍼파라미터를 조정하면 더 높은 정확도를 추가로 얻을 수 있다. 하이퍼파라미터를 수동으로 조정하는 일은 반복적이고 단조로운 과정이지만 사이킷런과 대스크 ML이 제공하는 API 덕분에 많은 작업을 자동화할 수 있다. 예를 들어 로지스틱 회귀 분석을 위해 몇 가지 하이퍼파라미터를 변경하여 결과에 미치는 영향을 평가할 수 있다. `GridSearchCV`라는 '메타 추정자'를 사용하여 대스크 ML에 다양한 하이퍼파라미터 조합을 시도하고 챔피언-도전자 방식으로 모델을 자동 조정할 수 있다. 다음 예제에서 알 수 있듯이 사용하기 정말 쉽다.

코드 10-12 GridSearchCV를 사용하여 하이퍼파라미터 튜닝하기

```
from dask_ml.model_selection import GridSearchCV

parameters = {'penalty': ['l1', 'l2'], 'C': [0.5, 1, 2]}

lr = LogisticRegression()
tuned_lr = GridSearchCV(lr, parameters)

with ProgressBar():
    tuned_lr.fit(X_train, y_train)
```

시도해 볼 하이퍼파라미터와 해당 값을 갖는 딕셔너리를 정의한다.

GridSearchCV 래퍼에 parameters 딕셔너리와 함께 일반 추정자 객체를 래핑한다.

GridSearchCV 객체는 Incremental 래퍼처럼 사용한다. 이전과 마찬가지로 대스크 ML의 로지스틱 회귀와 같은 알고리즘들은 GridSearchCV로 래핑할 수 있다. 우리에게 필요한 또 다른 요소는 그리드 검색에서 시도할 파라미터와 가능한 값들의 목록을 포함하는 딕셔너리 객체다. [코드 10-12]에서 볼 수 있듯이 그리드 검색에서 penalty와 C 계수, 두 가지 파라미터를 고려한다. 각 파라미터 이름에 연결된 값은 여기에 시도할 값의 목록이다.

NOTE_ 로지스틱 회귀 분석의 C 계수와 penalty 파라미터

로지스틱 회귀 모형의 두 가지 중요한 하이퍼파라미터는 penalty 유형과 C 계수다. 이 두 하이퍼파라미터는 알고리즘이 데이터에 적합한 모델이 무엇인지 판단하는 방식을 결정한다. 특히, 모델이 일부 훈련 데이터에만 존재하고 전체 데이터셋에서는 일반적으로 발견되지 않는 패턴을 선택하지 않도록 하는 기술과 관련이 있다.

라쏘 회귀lasso regression라고 하는 L1 정규화는 본질적으로 모델에서 덜 중요한 입력을 제거한다.

릿지 회귀ridge regression(**혹은 능형 회귀**)라고 하는 L2 정규화는 모델에서 덜 중요한 피처를 제거하지는 않지만, 모델의 결과에 단일 피처가 상대적으로 더 많은 영향을 미치지 않도록 하는 방식으로 모델이 균형을 유지하게 한다.

C 계수는 정규화 효과의 강도를 조절하기 위해 사용한다. C 값이 작을수록 정규화가 더 공격적으로 이뤄지고 C가 높을수록 정규화가 덜 적용된다.

이 딕셔너리를 이용하면 그리드 검색에 어떤 파라미터라도 포함할 수 있다. 사이킷런의 API 문서에는 각 알고리즘에 대한 모든 파라미터와 예제 값들이 소개되어 있으므로 조정할 파라미터를 선택하기 위한 좋은 참고 자료가 될 것이다. GridSearchCV는 '완전 검색brute force' 유형의 알고리즘이라는 점에 유의해야 한다. 즉, 전달하는 모든 파라미터 조합을 테스트하는 방식이다.

[코드 10-12]에서는 penalty 파라미터에 대한 두 가지 옵션과 C 계수에 대한 세 가지 옵션을 제공했다. 즉, 총 6개의 모델이 만들어지며 각각 다른 파라미터 조합을 나타낸다. 이때 검색 공간이 너무 커지지 않도록 주의하라. 그렇지 않으면 그리드 검색을 완료하는 데 시간이 매우 오래 걸릴 수 있다. 하지만 GridSearchCV는 대스크와 정말 잘 어울린다. 각 모델은 별도의 작업자를 기반으로 만들 수 있다. 즉, 클러스터에 배포하거나 작업자 수를 늘려 그리드 검색 시간을 단축하는 일은 결코 어렵지 않다. 그리드 검색이 완료되면 테스트 점수와 훈련 시간을 포함하여 각 모델에 대한 보고서를 볼 수 있다. 결과를 보기 위해 다음 코드를 실행한다.

코드 10-13 GridSearchCV의 결과 보기

```
import pandas as pd
pd.DataFrame(tuned_lr.cv_results_)
```

완성된 GridSearchCV 객체에는 cv_results_라는 속성이 있다. 이 속성은 테스트한 결과 메트릭을 담은 딕셔너리 객체다. 팬더스 데이터 프레임을 통해 표시할 때 훨씬 읽기가 쉬우므로 데이터 프레임에 넣고 결과를 출력한다. 그 결과는 [그림 10-6]과 같다.

	params	mean_fit_time	std_fit_time	mean_score_time	std_score_time	split0_test_score	split1_test_score	split2_test_score	mean_test_score	std_
0	{'C': 0.1, 'penalty': 'l1'}	1191.207684	26.653346	1.321249	0.663898	0.785682	0.788338	0.791587	0.788535	
1	{'C': 0.1, 'penalty': 'l2'}	540.608969	10.821922	0.631223	0.099735	0.790801	0.793709	0.796981	0.793830	
2	{'C': 0.5, 'penalty': 'l1'}	1188.468648	30.724562	0.593868	0.160326	0.790291	0.793938	0.797087	0.793772	
3	{'C': 0.5, 'penalty': 'l2'}	143.983551	3.258577	0.600326	0.104046	0.790801	0.793715	0.796987	0.793834	
4	{'C': 1, 'penalty': 'l1'}	1054.391921	82.434235	0.332632	0.093776	0.790689	0.793551	0.796559	0.793600	
5	{'C': 1, 'penalty': 'l2'}	86.940994	7.386560	0.352932	0.029528	0.790801	0.793715	0.796987	0.793834	

그림 10-6 GridSearchCV 결과

[그림 10-6]에서 보는 것처럼 GridSearchCV 프로세스 동안 일어난 일을 보여주는 여러 메트릭이 있다. 가장 관심 있는 네 개의 열은 테스트 점수에 관한 열이다. 이들은 서로 다르게 분할된 데이터에서 각 모델이 예측을 얼마나 잘 수행했는지 보여준다. 그에 따르면 C 계수가

1이고 L2가 페널티인 모델이 가장 좋은 결과를 보였다(C 계수가 다른 조합에서 동점인 경우가 있다). 이들이 로지스틱 회귀의 기본값이 되므로 이 경우 하이퍼파라미터 튜닝으로 기준선보다 성능이 좋은 모델을 찾지 못했다. 각 알고리즘의 기본값이 궁금할 경우 사이킷런의 설명서를 참고할 수 있다. 이 기본값은 대부분의 경우 잘 맞지만 하이퍼파라미터 튜닝을 통해 성능이 개선될 수 있는지 확인하는 것은 결코 나쁘지 않다. 철저한 파라미터 튜닝을 위해 우리가 시도한 각 알고리즘(예: 나이브 베이즈)에 하이퍼파라미터 튜닝을 수행하고자 한다. 이 절에서 다루는 기술과 코드를 활용하면 알고리즘과 하이퍼파라미터의 다양한 조합을 시도하는 자동화된 파이프라인을 만들 수 있다!

여기서 또 한 가지 명심할 점은 새로운 데이터와 피처의 가치를 평가하기 위해 챔피언-도전자 모델을 사용할 수 있다는 것이다. 예를 들어 코퍼스를 100개 단어에서 150개 단어로 늘린다면 모델 정확도는 얼마나 더 좋아질까? 객관적인 실험을 통해 이러한 모든 질문의 답을 찾고 우리가 만들 수 있는 최고의 모델을 얻을 수 있다. 그러나 지금까지 살펴본 방법 중 리뷰의 감성을 예측하는 데 가장 효과적인 방법은 제일 처음 시도했던 로지스틱 회귀 모델이다. 이전에 보지 못한 새로운 리뷰가 주어졌을 때 평균 약 80% 정도의 정확도로 이것이 긍정적인 경험이었는지 아니면 부정적인 경험이었는지를 정확하게 예측할 수 있어야 한다.

10.3 대스크 ML 모델 저장하기

이 장에서 간략하게 다룰 마지막 내용은 훈련된 대스크 ML 모델을 다른 곳에 게시하거나 배포할 수 있도록 그대로 저장하는 것이다. 많은 데이터 과학 프로젝트에서는 어떤 애플리케이션에서 뭔가를 예측하거나 추천하기 위해 우리가 만든 분류 모델과 같이 학습된 결과 모델을 만든다. 모델을 만들기 위해서는 엄청난 양의 컴퓨팅 파워가 필요할 수 있지만 일반적으로 사용자가 마주할 응용 프로그램에 표시될 예측 결과를 만드는 데는 훨씬 적은 계산량이 필요하다.

많은 데이터 과학 워크플로는 데이터를 모으고 모델을 생성하기 위해 크고 강력한 클러스터를 돌리고, 모델을 Amazon S3와 같은 리포지터리에 게시하고, 이후 비용 절약을 위해 클러스터를 가동을 중단하고, 웹서버와 같이 저렴하고 적은 비용의 머신을 이용하여 모델을 노출하는 과정을 포함한다. 예측 모델의 크기는 모델 훈련에 사용할 테라바이트 혹은 페타바이트 규모의 훈련 데이터와 비교할 때 최대 몇 킬로바이트에서 몇 메가바이트에 불과한 만큼, 이런 과정을 이해할 수 있다. 이진 직렬화 라이브러리는 데이터로부터 배운 것, 즉 결과적으로 만들어지는 예측 모델을 가져와서 디스크에 저장하고 나중에 필요할 때 처음부터 다시 만들 필요 없이 재사용할 수 있도록 도와준다.

파이썬에는 `pickle`이라는 기본 이진 직렬화 라이브러리가 있는데, 이를 통해 메모리에 저장된 모든 파이썬 객체를 가져와 디스크에 저장할 수 있다. 나중에 디스크에 있는 객체를 다시 읽고 메모리에 로드하여 해당 객체를 역직렬화Deserialization하면 디스크에 저장할 당시의 상태 그대로 다시 만들 수 있다. 이것은 또한 하나의 머신에서 파이썬 객체를 만들고, 직렬화하여, 네트워크를 통해 전송하고, 이것을 다른 머신에서 역직렬화해 사용할 수 있다는 의미다. 실제로 대스크는 이런 방식으로 데이터와 작업을 클러스터의 다른 작업자 노드로 전송한다.

다행히 이 프로세스는 정말 쉽다. 유일한 요구사항은 직렬화된 객체를 불러오는 머신은 해당 객체가 사용하는 모든 파이썬 라이브러리를 갖고 있어야 한다는 점이다. 예를 들어 대스크 데이터 프레임을 직렬화했을 경우 대스크가 설치되지 않은 컴퓨터에서는 불러올 수 없다. 파일을 불러오려고 하면 ImportError가 발생할 것이다. 그 점을 제외하고는 매우 간단하다. 이 예에서는 `pickle` 라이브러리 주위를 감싸는 `dill`이라는 라이브러리를 사용한다. `Dill`은 JSON이나 중첩 딕셔너리와 같이 복잡한 데이터 구조를 더 잘 지원하는 반면 파이썬의 내장 `pickle` 라이브러리에서 이런 복잡한 데이터 구조는 문제가 될 수 있다. 모델 중 하나를 디스크에 쓰는 것은 참 간단하다. 예를 들어, 다음은 나이브 베이즈 분류기를 디스크에 쓰는 방법을 보여준다.

코드 10-14 나이브 베이즈 분류기를 디스크에 쓰기

```
import dill
with open('naive_bayes_model.pkl', 'wb') as file:
    dill.dump(parallel_nb, file)
```

이게 전부다. `dump` 함수는 전달한 객체를 직렬화하여 지정한 파일 핸들에 기록한다. 여기에서는 `naïve_bayes_model.pkl`라는 새 파일에 대한 핸들을 열었으므로 해당 파일에 데이터가 기록된다. 피클 파일은 이진 파일이므로 이 파일을 읽거나 쓸 때, 이진 모드로 연다는 것을 알리기 위해 항상 파일 핸들에 `b` 플래그를 사용해야 한다. 모델 파일을 읽는 것도 역시 매우 간단하다.

코드 10-15 디스크에서 나이브 베이즈 분류기 읽기

```
with open('naive_bayes_model.pkl', 'rb') as file:
    nb = dill.load(file)
nb.predict(np.random.randint(0, 2,(100, 100)))

#Produces the following output:
# array([0, 1, 1, 1, 1, 1, 1, 1, 1, 1, 1, 1, 1, 1, 1, 1, 1, 1, 1, 1, 1, 1, 1, 1, 1,
     1, 1, 1, 1, 1, 1, 1, 1, 1, 0, 1, 1, 1, 1, 1, 1, 1, 0, 1, 1, 1, 1, 1, 1, 1, 1,
     1, 1, 1, 1, 1, 1, 1, 1, 1, 1, 1, 1, 1, 1, 1, 1, 0, 1, 1, 1, 1, 1, 1, 1, 1, 1,
     1, 1, 1, 1, 1, 1, 1, 1, 1, 1, 1, 0, 1, 1, 1, 1, 1, 1, 1, 1])
```

[코드 10-15]에서 볼 수 있듯이 파일을 읽기 위해 `load` 함수를 사용한다. 모델을 학습할 때 사용했던 데이터를 갖고 있을 필요도 없다. 모델 객체는 완전히 독립적이다. 이 모델의 예측 기능을 보여주기 위해 임의의 이진 벡터를 생성하여 더미 데이터를 모델에 입력했다. 예상대로 예측 결과를 담은 배열을 얻을 수 있었다.

데이터를 준비하기 위해 들였던 노력에 비해 대스크 ML을 사용하는 게 얼마나 쉬운지 느낄 수 있었기를 바란다. 다음 11장에서는 클러스터 모드에서 대스크를 사용하는 방법과 AWS를 사용하여 클라우드에 대스크를 배포하는 방법을 살펴보면서 우리의 긴 여정을 마무리하겠다.

10.4 마치며

- 이진 벡터화는 텍스트 청크에서 어떤 단어의 존재 여부를 일부 예측 변수(예: 정서)와 연결하기 위해 사용한다.
- 머신러닝은 피처(입력)와 예측 변수(출력)를 연결하는 패턴을 찾기 위해 통계 및 수학적 메서드를 사용한다.
- 과적합을 피하기 위해 데이터를 훈련 및 테스트 셋으로 분할해야 한다.
- 어떤 모델을 사용할지 결정할 때 일부 에러 메트릭을 선택하고, 선택한 메트릭을 기반으로 객관적으로 최상의 모델을 찾기 위해 챔피언-도전자 방식을 사용한다.
- `GridSearchCV`를 사용하여 머신러닝 모델의 선택과 튜닝 과정을 자동화할 수 있다.
- 나중에 예측 작업을 위해 모델을 재사용하기 위해 `dill` 라이브러리를 사용하여 훈련된 머신러닝 모델을 저장할 수 있다.

CHAPTER 11

대스크 확장 및 배포

이 장의 핵심 내용

- 도커Docker와 일래스틱 컨테이너 서비스Elastic Container Service(ECS)를 사용하여 아마존 AWS에 대스크 분산 클러스터 생성하기
- 주피터 노트북Jupyter Notebook 서버와 일래스틱 파일 시스템(EFS)을 사용하여 아마존 AWS에서 데이터 과학 노트북과 공유 데이터셋 저장하고 액세스하기
- 분산 클라이언트 객체를 사용하여 대스크 클러스터에 작업 제출하기
- 분산 모니터링 대시 보드를 사용하여 클러스터에서 실행 작업 모니터링하기

지금까지 우리는 대스크를 **로컬 모드**local mode에서 사용했다. 다시 말해 대스크에게 작업을 요청하면 단일 컴퓨터에서 실행했다는 의미다. 대스크를 로컬 모드로 사용하면 프로토타이핑, 개발, 임시 조사에는 매우 유리하지만 단일 컴퓨터만으로는 성능의 한계를 느낄 수 있다. 1장에서 예로 들었던 가상의 요리사가 저녁 장사를 준비하기 위해 추가 지원을 요청해야 했듯이 대스크에서도 작업을 여러 대의 컴퓨터로 분산시켜 대규모 작업을 더 빨리 처리할 수 있도록 구성할 수 있다. 이는 특히 시간제한이 적용되는 프로덕션 시스템에서 중요하다. 이런 이유로 프로덕션에서는 대스크를 **클러스터 모드**cluster mode로 확장하여 실행하는 것이 일반적이다.

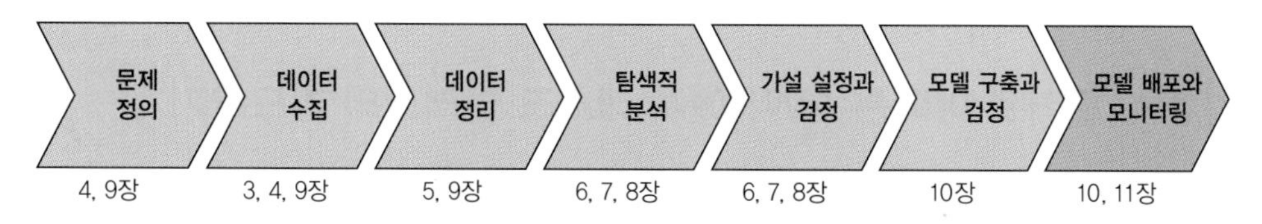

그림 11-1 11장에서는 이 워크플로의 마지막 요소인 배포와 모니터링에 대해 설명한다.

[그림 11-1]은 우리가 이 워크플로의 마지막 부분인 '모델 배포와 모니터링' 단계에 도달했음을 보여준다. 솔루션을 디자인할 때는 항상 미리 계획을 세우는 게 좋지만, 최종 버전이 원래 구상과 비슷하게 나오는 경우는 참 드물다. 이런 이유로 워크플로의 마지막 단계에 배포와 모니터링이 있다. 주어진 문제를 해결하는 데 어떤 데이터가 필요한지, 해당 데이터의 크기가 어느 정도인지, 답을 얼마나 빠르게 제공해야 하는지를 잘 알고 있다면 최종 솔루션을 호스팅하는 데 필요한 리소스를 계획할 수 있을 것이다.

이러한 사항들은 일반적으로 솔루션을 프로토타이핑하는 과정에서 해결된다. 다행히 대스크는 개인 노트북에서 개발된 프로토타입을 클러스터의 풀 스케일 응용프로그램으로 최대한 원활하게 전환할 수 있다. 실제로 이 스케줄러가 로컬 모드에서 실행되는지 아니면 클러스터 모드에서 실행 중인지 여부는 다른 모든 부분에 드러난다. 즉, 지난 10개의 장에서 다룬 코드들을 모두 이용해서 작성한 대스크 코드는 개인 컴퓨터나 크고 작은 클러스터에서 추가 수정 없이 실행할 수 있다는 뜻이다.

이처럼 대스크 클러스터를 설정하고, 유지 관리 및 모니터링하는 방법은 직접 확인할 만한 가치가 있다. 이 장에서는 프라이빗 샌드박스로 사용할 수 있는 아마존 AWS를 사용하여 클러스터를 설정하는 방법에 대해 자세히 다룰 것이다. 실습을 위해 특별히 AWS를 선택한 이유는 커뮤니티 지원, 다양한 학습 리소스, 그리고 무료 체험도 할 수 있는 계정 정책을 갖춘 매우 인기 있는 클라우드 컴퓨팅 플랫폼이기 때문이다. 대스크는 당연히 마이크로소프트 애저Microsoft Azure나 구글 클라우드 플랫폼Google Cloud Platform과 같은 다른 클라우드 컴퓨팅 플랫폼에도 적합하며 개인용 서버팜server farm에서도 돌릴 수 있다. 여기에서는 AWS와 도커에 대한 실무적인 경험도 할 수 있지만 주로 대스크에 더 중점을 둘 것이다. AWS와 도커에 대해서는 클러스터를 시작하고 실행하는 데 필수적인 사항만을 다루겠다. 또한 AWS와 도커에 문제가 발생할 경우 대처할 수 있는 몇 가지 일반적인 문제 해결 단계에 대해 살펴보겠다. 그러나 이 두 가지 모두 각각이 방대한 주제이며 여기에서 자세히 다루기에는 무리가 있다.

11.1 도커로 아마존 AWS에서 대스크 클러스터 빌드하기

시작하기 전에 몇 가지 기본적인 전문 용어를 소개하고 AWS에서 만들 아키텍처를 살펴보자.

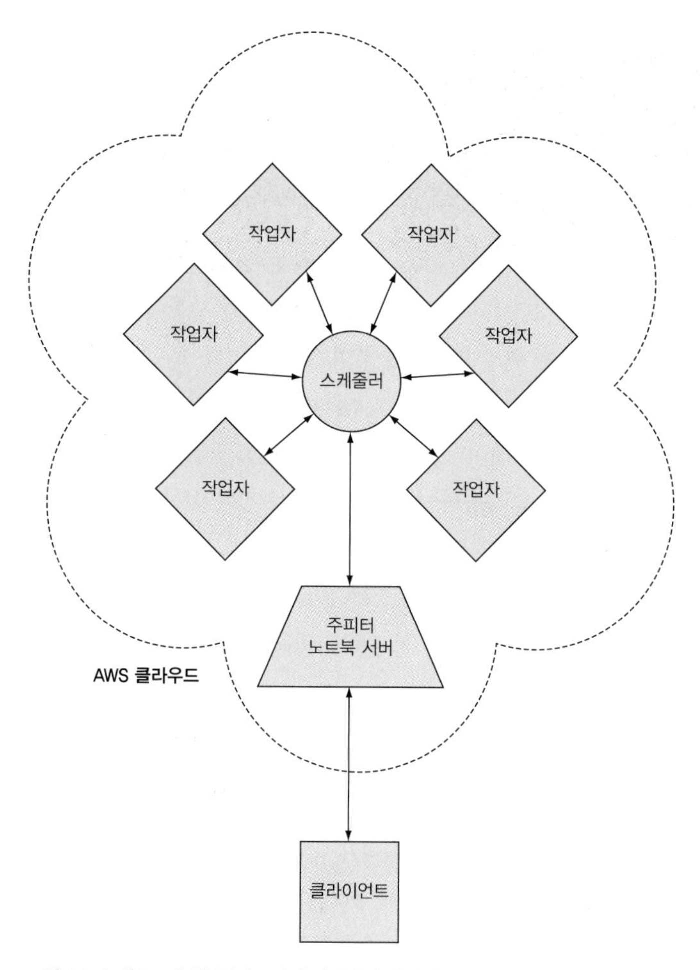

그림 11-2 대스크 분산 클러스터의 아키텍처 다이어그램

[그림 11-2]에서 볼 수 있듯이 시스템에는 클라이언트, 주피터 노트북 서버, 스케줄러, 작업자라는 네 가지 요소가 있다. 네 가지 요소는 각기 다른 역할을 한다.

- **스케줄러**: 노트북 서버를 통해 클라이언트로부터 작업(job)을 수신하고 수행할 작업을 분할하며 작업을 완료할 수 있도록 작업자들을 관리한다.
- **작업자**: 스케줄러로부터 작업을 받아서 계산한다.
- **주피터 노트북 서버**: 사용자가 코드를 실행하고 클러스터에 작업을 제출할 프런트엔드를 제공한다.
- **클라이언트**: 사용자에게 실행 결과를 표시한다.

11.1.1 시작하기

로컬 모드에서는 모든 요소를 한 컴퓨터에서 실행하며 작업자 수는 기본적으로 CPU 코어 수와 같다. 클러스터 모드에서는 각 요소를 서로 다른 별도의 컴퓨터에서 실행할 수 있도록 구성한다. 또한 실시간으로 작업자 수를 늘리거나 줄일 수 있으므로 필요에 따라 클러스터를 유연하게 확장할 수 있다.

단 이러한 요소들이 서로 다른 컴퓨터에 있다 보니 몇 가지 새롭게 고려할 사항이 있다. 데이터는 모든 작업자가 액세스할 수 있는 공유 위치에 있어야 하며 모든 작업자에는 필요한 파이썬 패키지들을 설치되어 있어야 한다. 첫 번째 고려 사항은 간단하다. 각 작업자가 액세스할 수 있는 공유 파일 시스템을 설정한 다음 거기에 데이터를 저장한다. 두 번째 고려 사항은 조금 더 까다롭다. 예를 들어, 자연어 툴킷(NLTK)을 사용하여 모든 불용어를 필터링하는 9장의 코드를 클러스터에서 실행하려면 클러스터의 모든 작업자에는 NLTK가 설치되어 있고 불용어도 있어야 한다. 이 클러스터에 작업자가 몇 개 없다면 수동으로 하더라도 별 문제가 되지 않지만 10,000명 정도의 작업자가 있는 클러스터로 확장해야 할 경우 작업자를 한 번에 하나씩 구성한다면 너무 많은 시간이 걸릴 것이다.

이때 도커가 매우 유용하게 쓰일 수 있다. 도커는 본질적으로 **이미지**라는 틀을 만들 수 있으며, 어떤 시스템을 그대로 복제하기 위한 데이터와 설정을 포함한다. **컨테이너** 안에서 이 이미지를 시작할 수 있으며 가상 머신과 거의 흡사하게 기능을 완벽하게 갖춘 독립적인 시스템이 된다. 이 이미지를 아마존 일래스틱 컨테이너 서비스(ECS)에 배포하여 버튼 클릭 하나만으로 동일한 구성과 소프트웨어를 가진 수백 또는 수천 개의 작업자를 만들 수 있다.

이 장의 뒷부분에서는 대스크 작업자를 실행하는 데 필요한 모든 소프트웨어와 파이썬 패키지를 포함한 도커 이미지를 만들 것이다. 스케줄러와 노트북 서버에 대해서도 동일한 작업을 수행한다. 다음 시나리오에는 이 절의 목표가 잘 나와있다.

일래스틱 컨테이너 서비스 인스턴스 8개로 아마존 AWS 환경을 설정하고 미리 만든 대스크 도커 이미지를 사용하여 대스크 클러스터를 배포한다.

이 예제를 따라가려면 *www.docker.com/get-started*에서 최신 도커를 내려받아 시스템에 설치해야 한다. 이를 통해 아마존 ECS에 배포할 이미지를 빌드할 수 있다. 또한 *https://aws.amazon.com/free*의 설명대로 AWS 계정을 생성해야 한다. 이 실습은 AWS 프리 티어의 한도 마무리를 위한 지침을 따라야 한다. AWS 프리 티어에서 한도를 초과하더라도 리소스가 매우 저렴하므로 최소 비용만 청구될 것이다. SSH 클라이언트도 필요하다. 맥OS나 유닉스/리눅스 기반 OS를 사용할 경우 SSH 클라이언트가 시스템에 이미 설치되어 있을 것이다. 그러나 윈도우를 사용한다면 PuTTY(*https://docs.aws.amazon.com/AWSEC2/latest/UserGuide/putty.html*)와 같은 SSH 클라이언트를 내려받아야 한다. 마지막으로 *https://aws.amazon.com/cli*에 나오는 설명대로 AWS 명령줄 인터페이스(CLI) 도구를 설치한다. 준비가 끝나면 다음 일곱 단계 프로세스에 따라 클러스터를 설정한다.

1. 보안 키를 만든다.
2. ECS 클러스터를 만든다.
3. 클러스터의 네트워크를 구성한다.
4. 일래스틱 파일 시스템(EFS)에서 공유 데이터 드라이브를 만든다.
5. 일래스틱 컨테이너 레지스트리(ECR) 리포지토리에서 도커 이미지를 위한 공간을 할당한다.
6. 스케줄러, 작업자, 노트북 서버의 이미지를 빌드하여 배포한다.
7. 클러스터에 접속한다.

11.1.2 보안 키 생성하기

시작을 위해 AWS 콘솔에 로그인하자. [그림 11-3]과 같은 화면을 먼저 만날 것이다.

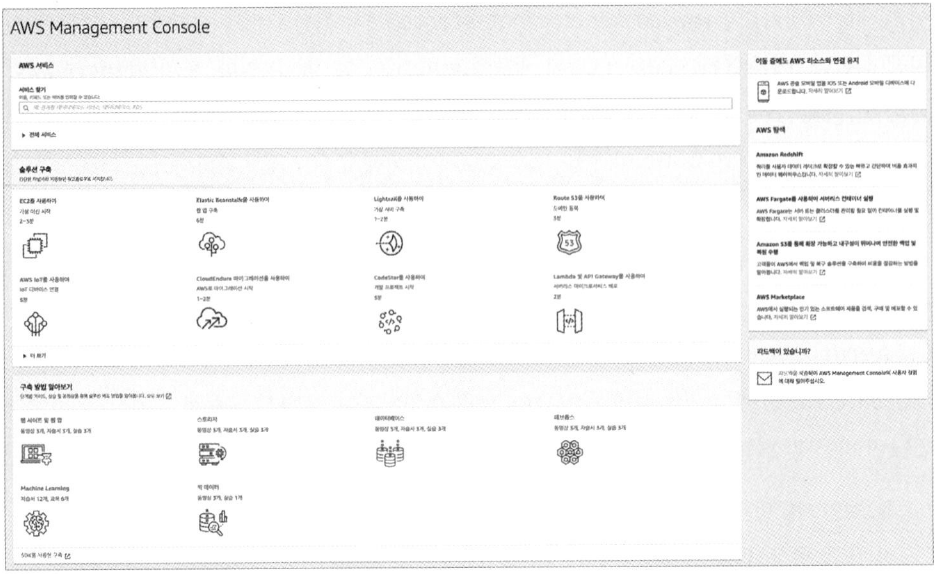

AWS Management Console

AWS 서비스

서비스 찾기

▶ 전체 서비스

솔루션 구축

EC2를 사용하여
가상 머신 시작
2~3분

Elastic Beanstalk를 사용하여
웹 앱 구축
6분

Lightsail을 사용하여
가상 서버 구축
1~2분

Route 53을 사용하여
도메인 등록
3분

AWS IoT를 사용하여
IoT 디바이스 연결
5분

CloudEndure 마이그레이션을 사용하여
AWS로 마이그레이션 시작
1~2분

CodeStar를 사용하여
개발 프로젝트 시작
5분

Lambda 및 API Gateway를 사용하여
서버리스 마이크로서비스 배포
2분

▶ 더 보기

구축 방법 알아보기

웹 사이트 및 웹 앱
동영상 3개, 자습서 3개, 실습 3개

스토리지
동영상 3개, 자습서 3개, 실습 3개

데이터베이스
동영상 3개, 자습서 3개, 실습 3개

데브옵스
동영상 3개, 자습서 3개, 실습 3개

Machine Learning
자습서 12개, 교육 6개

빅 데이터
동영상 3개, 실습 1개

SDK를 사용한 구축

이동 중에도 AWS 리소스와 연결 유지

AWS 탐색

Amazon Redshift

AWS Fargate를 사용하여 서버리스 컨테이너 실행

AWS Marketplace

피드백이 있습니까?

그림 11-3 AWS 콘솔 홈 화면

가장 먼저 할 일은 도커 이미지를 배포할 동안 나중에 AWS 인증을 위해 사용할 보안 키를 생성하는 것이다. 이를 위해 다음 [그림 11-4]와 같이 오른쪽 상단에 있는 종 모양의 아이콘 옆에 있는 계정 이름 위로 마우스를 가져가 [내 보안 자격 증명]을 클릭한다.

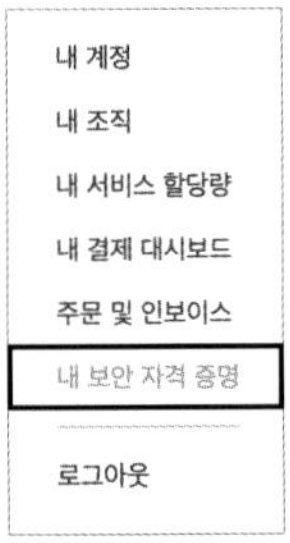

내 계정
내 조직
내 서비스 할당량
내 결제 대시보드
주문 및 인보이스
내 보안 자격 증명
로그아웃

그림 11-4 계정 제어 메뉴

그러면 다음 [그림 11-5]와 같이 보안 자격 증명 페이지를 만날 수 있다. 여기서 [액세스 키] 드롭 다운 영역을 클릭한다. 기존에 만든 키가 있다면 삭제를 선택하여 제거할 수 있다. 그리고 [새 액세스 키 만들기]를 클릭한다.

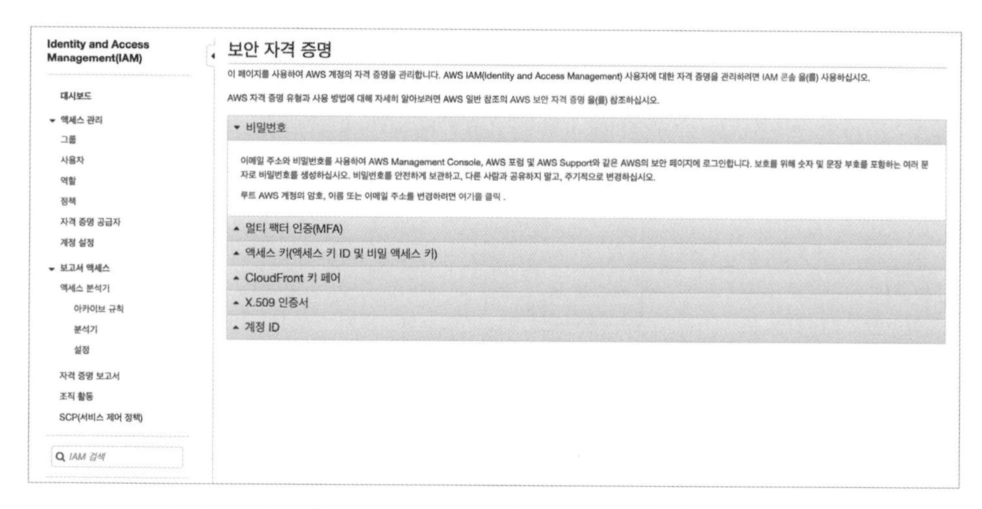

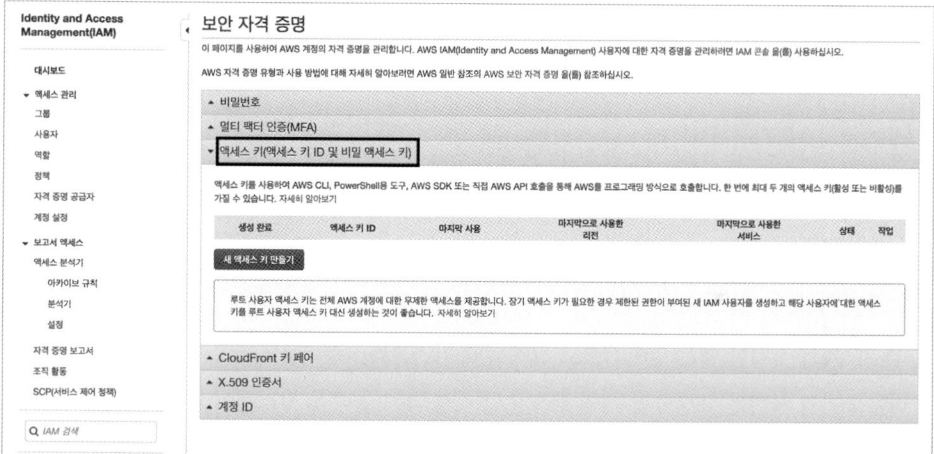

그림 11-5 보안 자격 증명 페이지 1, 2

그러면 새 액세스 키와 비밀 액세스 키가 들어있는 [그림 11-6]과 유사한 대화 상자가 표시될 것이다([그림 11-6]의 키는 보안상 지웠지만 실제로는 화면의 대화 상자에 새로 생성된 키가 표시된다). [키 파일 다운로드] 버튼을 클릭하여 이 두 값을 포함하는 CSV 파일을 다운로드하자.

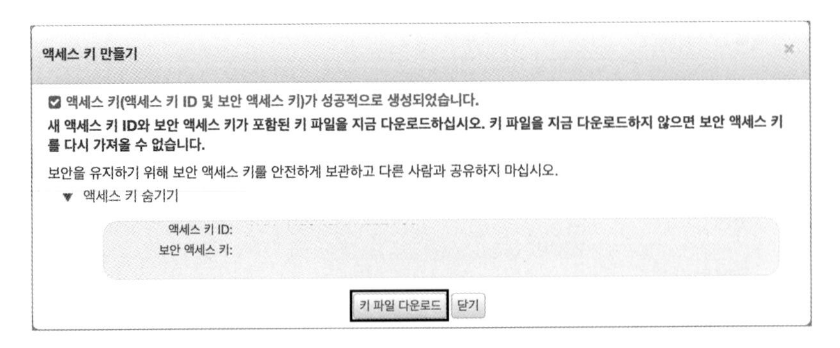

그림 11-6 새 액세스 키 생성 대화 상자

나중에 이 키를 사용할 것이므로 원한다면 스크린 샷을 찍을 수 있다. 비밀 액세스 키를 추적하고 안전하게 유지하는 것이 중요하다. 키를 잃어버리면 복구할 수 없으며(새 키를 만들어야 함) 다른 사람의 손에 들어가면 AWS 계정이 위태로워질 수 있다. 비밀번호나 신용 카드 번호처럼 취급해야 한다.

보안 키를 만들었으니 이제 다음으로 ECS 클러스터를 생성하자.

11.1.3 ECS 클러스터 생성하기

클라우드에서 작업할 때는 일반적으로 실제 컴퓨터가 아닌 '컴퓨팅 리소스'에 대해 이야기한다. 클라우드에서 서버를 요청하면 개인 용도로만 사용되는 물리적 시스템이 아니기 때문이다. 대신, 이것은 수많은 다른 클라우드 사용자들과 함께 공유하는 거대한 서버 클러스터에서 돌아가는 일종의 가상 머신이다. 이것을 **인스턴스**instances라고 부른다. 그러나 모든 면에서 별도의 물리적 시스템과 차이가 없어 보인다. 각 인스턴스는 별도의 IP 주소, 파일 시스템 공간 등을 갖는다. AWS에서는 일래스틱 컴퓨트 클라우드(EC2)를 통해 컴퓨팅 리소스를 요청한다. 이 서비스를 이용하여 원하는 것을 호스팅하는 데 사용할 가상 서버를 생성하거나 해제할 수 있다. ECS를 사용하면 EC2 인스턴스의 컨테이너에서 도커 이미지를 실행할 수 있다. 다시 말해 각 EC2 인스턴스에 따로 로그인하여 이들을 하나씩 수동으로 구성할 필요가 없다. 이 점에서 아주 유용하다. EC2 인스턴스를 사용하여 사전에 구성한 도커 이미지의 사본을 실행할 수 있다. 이 장의 뒷부분에서 이 도커 이미지를 직접 빌드해볼 것이다.

도커를 통해 많은 사용자가 클라우드를 쉽게 배포할 수 있게 되면서 아마존은 설정 마법사를 제공해 EC2 인스턴스를 요청하고 도커를 구성하는 프로세스를 간소화했다. 잠시 후 마법사를 단계별로 알아볼 것이다. 먼저 EC2 인스턴스에 연결할 SSH 키를 만들어야 한다. 이후 SSH를 사용하여 EC2 인스턴스에 로그인할 수 있으며, 나중에 이 과정이 반드시 필요하다.

먼저 AWS 콘솔 페이지에서 서비스 메뉴를 열고 컴퓨팅 섹션에서 EC2를 선택한다. 다음 [그림 11-7]은 EC2 링크 어디 있는지 찾을 수 있도록 메뉴 위치를 보여준다.

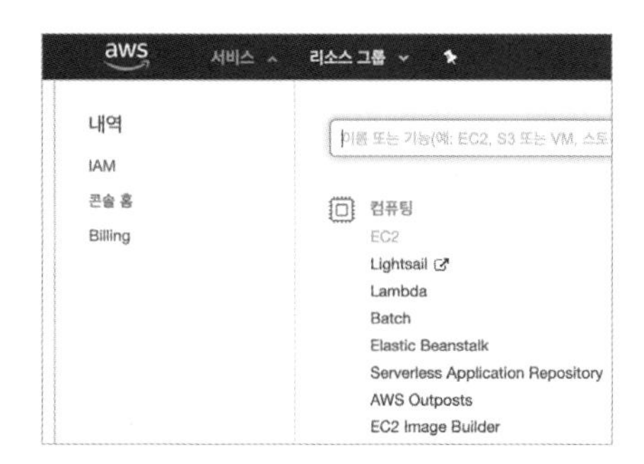

그림 11-7 EC2 대시보드로 이동한다.

EC2 대시보드가 열리면 [그림 11-8]에 보이는 [키 페어] 부분을 클릭한다.

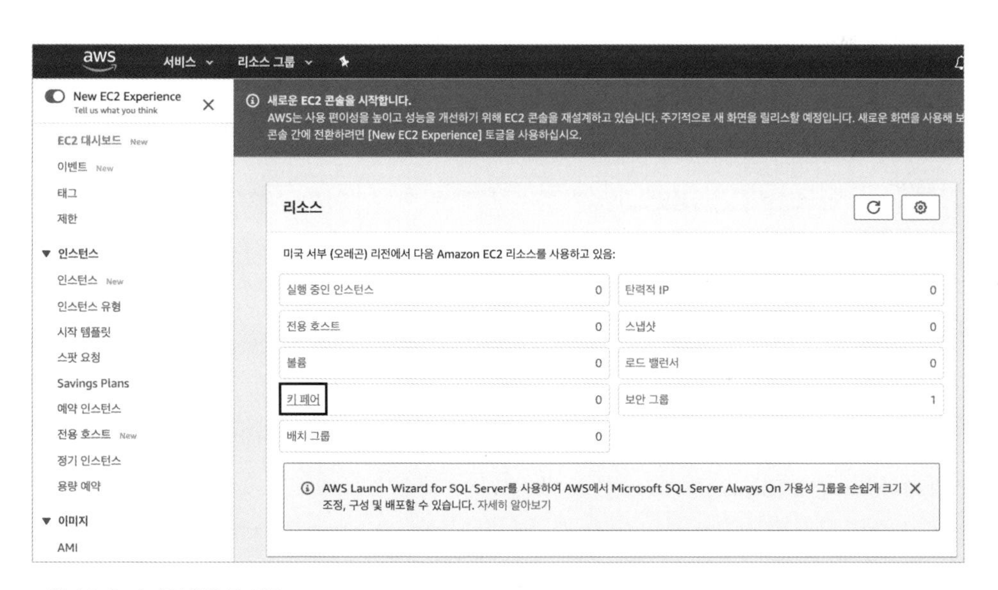

그림 11-8 키 페어 창으로 이동

다음으로 [그림 11-9]와 같이 [키 페어 생성] 버튼을 클릭한다. 키 페어 이름을 입력하라는 메시지가 표시된 창이 뜨면 `dask-cluster-key`를 입력하고 키 페어 생성을 클릭한다. 그러면 키 페어가 생성되고 해당 복사본이 다운로드 폴더에 저장된다. `dask-cluster-key.pem.txt`라는 이름의 파일일 것이다. 이름을 `dask-cluster-key.pem`으로 바꾸고 안전한 곳에 보관한다.[1] 이것은 개인 키 파일이기도 하다. EC2 인스턴스에 접속하는 데 사용할 수 있으므로 안전하게 보관해야 한다.

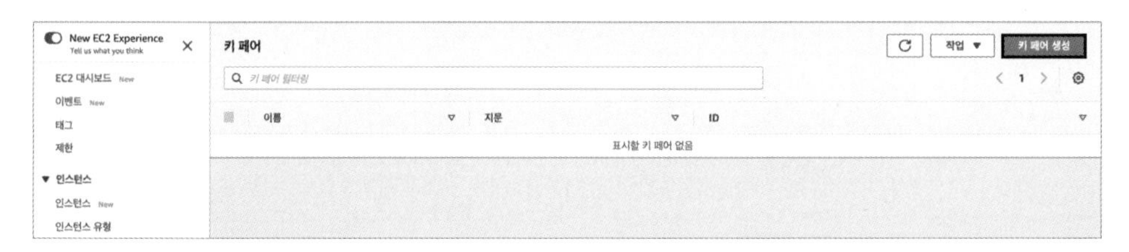

그림 11-9 [키 페어 생성] 버튼 클릭

키 페어를 만들었으므로 이제 ECS 클러스터를 만들 수 있다. AWS 콘솔 왼쪽 상단의 서비스 메뉴로 돌아가 컨테이너 메뉴에서 Elastic Container Service를 선택한다.[2] ECS 시작 화면이 표시되면 화면 왼쪽 가장자리의 아마존 ECS 메뉴에서 클러스터 메뉴 옵션을 클릭한다. 이제 [그림 11-10]과 비슷한 화면이 나올 것이다.

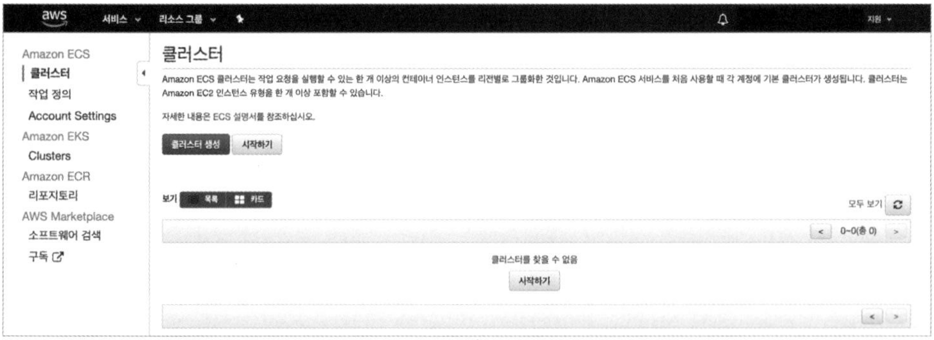

그림 11-10 아마존 ECS 클러스터 관리 화면

1 옮긴이_ 역자가 사용한 맥 컴퓨터에서는 처음부터 dask-cluster-key.pem으로 저장되었다.

2 옮긴이_ 서비스 종류가 다양해져 바로 찾기가 힘들 것이다. 이때 상단의 검색 바를 이용하면 쉽게 찾을 수 있다.

화면 왼쪽 상단의 파란색 [클러스터 생성] 버튼을 클릭하면 ECS 클러스터 생성 마법사가 시작된다. 클러스터 템플릿 선택이라는 섹션이 표시되면 [그림 11-11]과 같이 EC2 Linux + 네트워킹을 선택하고 [다음 단계]를 클릭하여 클러스터 구성 화면으로 이동한다.

그림 11-11 ECS 클러스터 생성 마법사 1단계

'클러스터 이름'이라는 텍스트 필드에 클러스터 이름(예: dask-cluster)을 입력한다. 이름에는 공백 문자나 대문자가 들어갈 수 없으며 하이픈(-) 이외의 특수 문자도 사용할 수 없다. EC2 인스턴스 유형 드롭다운 상자에서 t2.micro 인스턴스 유형을 선택한다. 이것은 AWS 프리 티어에 적합한 인스턴스 유형이다. 마지막으로, 인스턴스 개수 상자에 8을 입력하고 키 페어 드롭다운 상자에서 앞서 만든 키 페어를 선택한다. 나머지 옵션은 기본값을 그대로 사용한다. 계속 진행하기 전에 구성이 [그림 11-12]와 같은지 확인하고 넘어가자.

그림 11-12 클러스터 구성 설정

구성을 확인한 후 화면 하단의 생성 버튼을 클릭하여 클러스터를 생성한다. 모든 것이 제대로 입력됐다면 시작 상태 화면이 나올 것이다. 이 화면에는 클러스터를 요청하고 구축하는 동안의 진행률이 표시된다. 파란색 클러스터 보기 버튼이 켜지면 클러스터 구축이 완료된 것이다. 화면 왼쪽의 메뉴에서 클러스터를 클릭한다. 그러면 새로 생성된 클러스터를 볼 수 있는 클러스터 화면으로 돌아간다. [그림 11-13]과 비슷한 화면을 볼 수 있을 것이다.

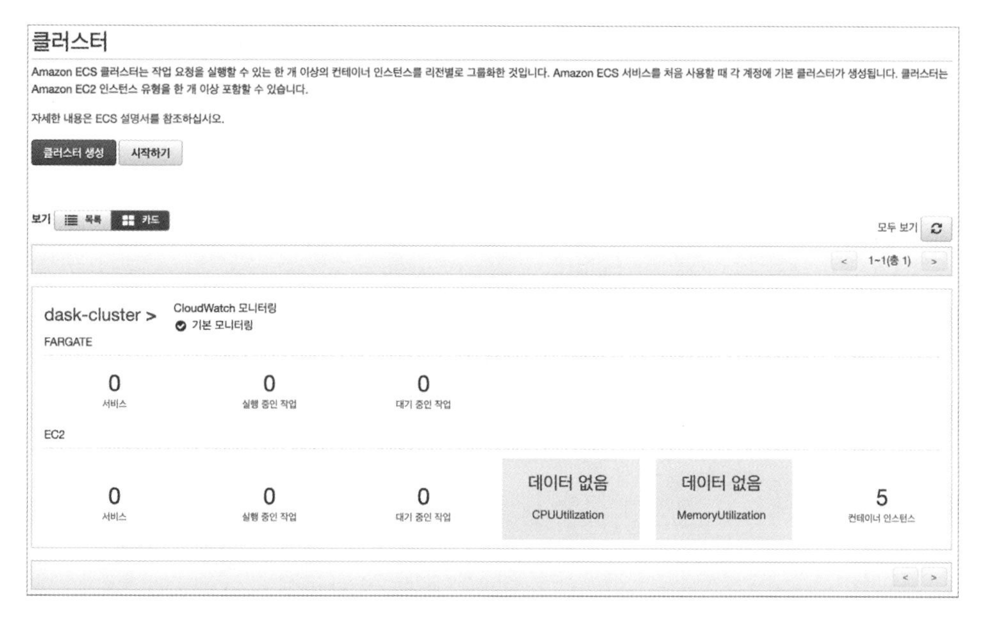

그림 11-13 새로 빌드된 클러스터를 보여주는 클러스터 상태 창

이 화면에서 가장 유의해야 할 것은 화면 맨 오른쪽의 컨테이너 인스턴스 개수다. 현재 얼마나 많은 EC2 인스턴스가 실행 중이고 클러스터에 가입되어 있는지 보여준다. 여덟 개의 EC2 인스턴스를 요청했으므로 여덟 개의 컨테이너 인스턴스를 사용할 수 있다. 아직 컨테이너 인스턴스 여덟 개가 보이지 않는다면 몇 분 기다렸다가 페이지를 새로 고침한다. 때때로 EC2 인스턴스가 완전히 부팅되어 클러스터에 연결되는 데 시간이 몇 분 정도 걸릴 수 있다.

11.1.4 클러스터 네트워킹 구성하기

클러스터가 작동 중이므로 이제 클러스터에 접속할 수 있도록 클러스터의 방화벽 규칙을 구성해야 한다. 그러려면 EC2 대시보드로 다시 돌아가야 한다. 서비스 메뉴를 클릭하고 컴퓨팅 섹션에서 EC2를 선택한다. EC2 대시보드에서 [그림 11-14]와 같이 화면 왼쪽 가장자리에 있는 '네트워크 및 보안' 제목 아래에 있는 메뉴에서 '보안 그룹'을 선택한다.

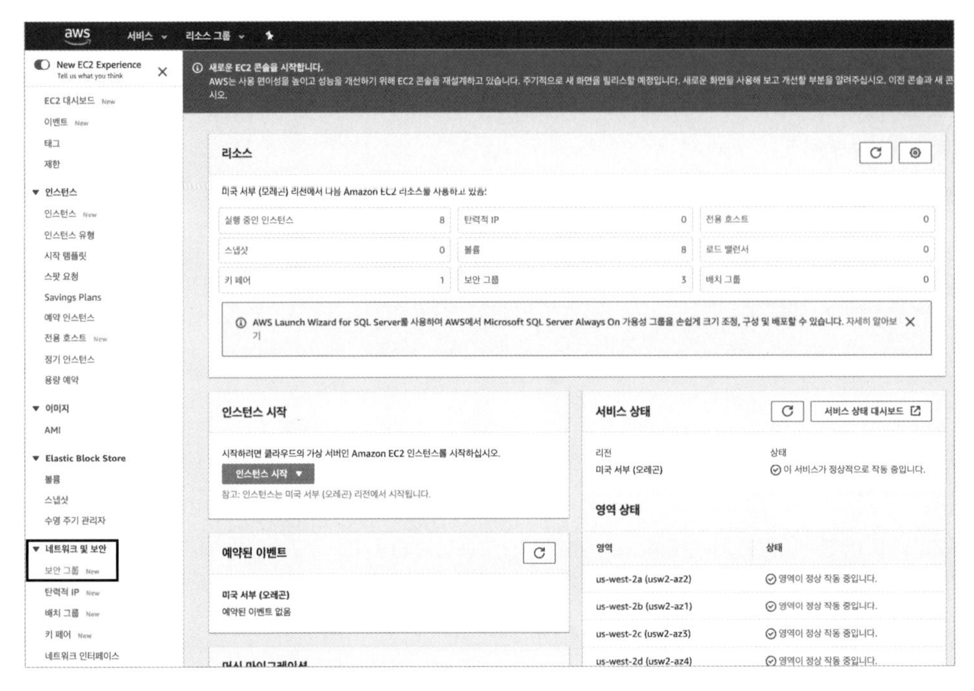

그림 11-14 보안 그룹 구성을 보여주는 EC2 대시보드 메뉴

보안 그룹 페이지에서 방금 만든 클러스터에 해당하는 보안 그룹을 찾는다. 그룹 이름은 EC2ContainerService-〈클러스터 이름〉-EcsSecurityGroup-xxxxxxxxx와 비슷한 이름일 것이다. 왼쪽의 체크 상자를 클릭하여 해당하는 보안 그룹을 선택한다. [그림 11-15]는 보안 그룹의 예를 보여준다.

보안 그룹 (3) 정보

Name	보안 그룹 ID	보안 그룹 이름	VPC ID	설명	소유자
–	sg-0117515d99a4920e3	default	vpc-01b5f441bcd0a9a8e	default VPC security group	131326328691
–	sg-0bec2730a7aee10a5	EC2ContainerService-dask-cluster-EcsSecurityGroup-...	vpc-01b5f441bcd0a9a8e	ECS Allowed Ports	131326328691
–	sg-ec8223c7	default	vpc-29440351	default VPC security group	131326328691

그림 11-15 ECS 클러스터의 보안 그룹 예

화면 하단에서 '인바운드 규칙' 탭을 선택하고 [인바운드 규칙 편집] 버튼을 클릭한다. 이에 대한 예가 [그림 11-16]에 나와 있다.

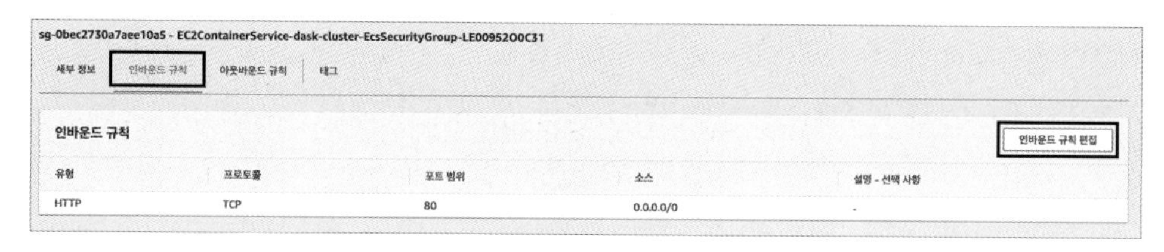

그림 11-16 인바운드 방화벽 규칙

먼저 IP 주소에서 인바운드 SSH 연결을 허용하는 규칙을 작성한다. 그러면 클러스터의 일부인 EC2 인스턴스에 로그인할 수 있다. 유형 열에서 SSH를 선택하고 소스 열에서 내 IP를 선택한다. 방화벽 규칙에 대한 설명–선택 사항을 입력할 수 있다. [그림 11–17]은 이러한 구성의 예를 보여준다(참고로, 당연히 자신의 IP 주소는 그림에 표시된 IP 주소와 다를 것이다).

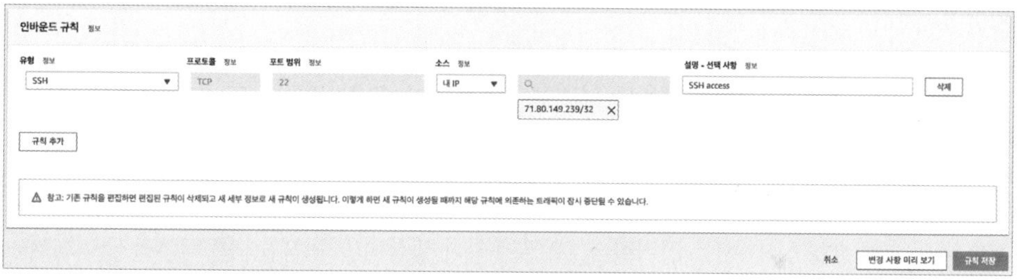

그림 11-17 SSH 방화벽 규칙 예

다음으로 구성할 규칙은 모든 EC2 인스턴스가 서로 통신할 수 있도록 하는 것이다. 예를 들어, 대스크 스케줄러는 작업자와 대화하여 지시 사항을 전달할 수 있어야 한다. [규칙 추가]를 다시 클릭하고 유형 열에서 모든 TCP를 선택한 다음 소스 열에서 사용자 지정을 선택한다. 사용자 지정을 선택한 드롭다운 상자 옆에 EC2(대문자 포함)를 입력하자. 그러면 [그림 11–18]과 같이 보안 그룹이 나열된 드롭다운 목록이 나타날 것이다.

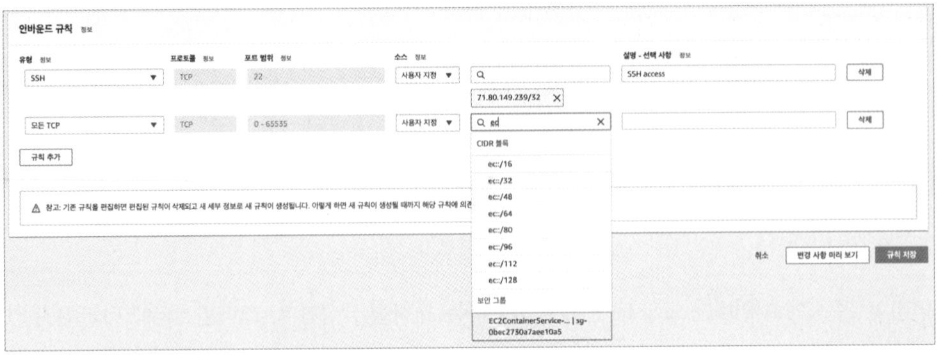

그림 11-18 보안 그룹에서 인바운드 규칙 생성하기

드롭다운 목록에서 ECS 클러스터 보안 그룹을 선택한다. 마지막으로 주피터 노트북 서버와 대스크 진단 페이지에서 사용할 포트를 열어야 한다. [그림 11-19]는 두 개의 추가 규칙을 작성하기 위한 관련 구성을 보여준다.

주피터 노트북 서버에 대한 인바운드 규칙을 작성하려면 규칙 추가를 클릭하고 유형 열에서 '사용자 지정 TCP' 규칙을 선택하고 포트 범위 열에 8888을 입력한 후 소스 열에서 '내 IP'를 선택한다. 그런 다음 대스크 진단 포트에 대해서도 동일한 규칙을 작성한다. 이때 8888 대신 포트 범위 열에 8787-8789를 입력한다. 모든 규칙이 생성되면 규칙 [저장] 버튼을 클릭한다.

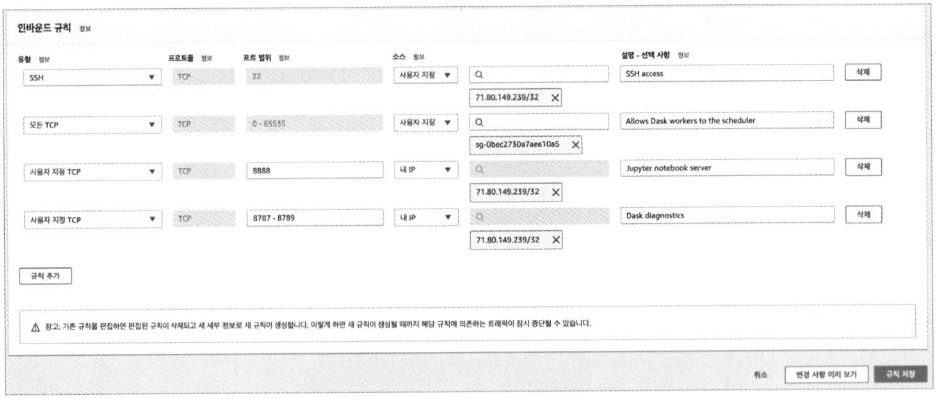

그림 11-19 주피터 및 대스크 진단을 위한 방화벽 규칙

규칙이 모두 저장되었으니 이제 예상대로 모든 것이 동작하는지 규칙을 테스트하는 게 좋다. 이를 위해서는 먼저 실행 중인 EC2 인스턴스 중 하나의 IP 주소 또는 호스트 이름을 알아야 한다. EC2 대시보드에서 인스턴스 제목 아래 왼쪽 메뉴의 인스턴스를 클릭한다. 그러면 EC2 인스턴스 관리자가 나타난다. 화면에는 현재 실행 중인 모든 EC2 인스턴스 목록이 표시된다. 이것은 [그림 11-20]과 같아야 한다.

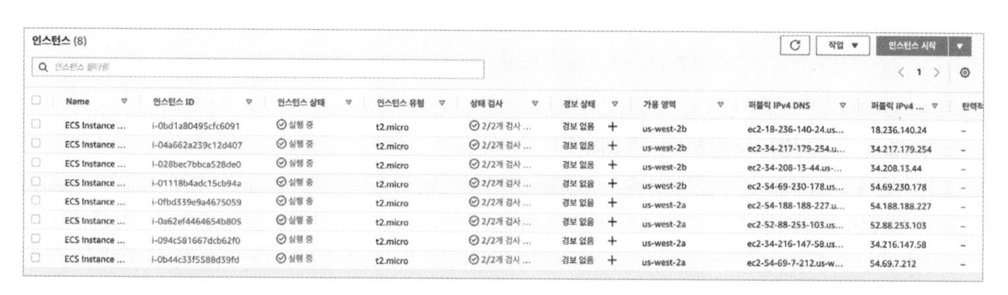

Name	인스턴스 ID	인스턴스 상태	인스턴스 유형	상태 검사	경보 상태	가용 영역	퍼블릭 IPv4 DNS	퍼블릭 IPv4 ...	탄력적
ECS Instance ...	i-0bd1a80495cfc6091	실행 중	t2.micro	2/2개 검사 ...	경보 없음 +	us-west-2b	ec2-18-236-140-24.us...	18.236.140.24	–
ECS Instance ...	i-04a662a239c12d407	실행 중	t2.micro	2/2개 검사 ...	경보 없음 +	us-west-2b	ec2-34-217-179-254.u...	34.217.179.254	–
ECS Instance ...	i-028bec7bbca528de0	실행 중	t2.micro	2/2개 검사 ...	경보 없음 +	us-west-2b	ec2-34-208-13-44.us-...	34.208.13.44	–
ECS Instance ...	i-01118b4adc15cb94a	실행 중	t2.micro	2/2개 검사 ...	경보 없음 +	us-west-2b	ec2-54-69-230-178.us...	54.69.230.178	–
ECS Instance ...	i-0fbd339e9a4675059	실행 중	t2.micro	2/2개 검사 ...	경보 없음 +	us-west-2a	ec2-54-188-188-227.u...	54.188.188.227	–
ECS Instance ...	i-0a62ef4464654b805	실행 중	t2.micro	2/2개 검사 ...	경보 없음 +	us-west-2a	ec2-52-88-253-103.us...	52.88.253.103	–
ECS Instance ...	i-094c581667dcb62f0	실행 중	t2.micro	2/2개 검사 ...	경보 없음 +	us-west-2a	ec2-34-216-147-58.us...	34.216.147.58	–
ECS Instance ...	i-0b44c33f5588d39fd	실행 중	t2.micro	2/2개 검사 ...	경보 없음 +	us-west-2a	ec2-54-69-7-212.us-w...	54.69.7.212	–

그림 11-20 실행 중인 모든 EC2 인스턴스 목록

퍼블릭 DNS (IPv4) 열에서 호스트 이름 중 하나를 복사한다. 어떤 것을 선택하든 상관없다.

맥OS/리눅스/유닉스에서 SSH를 사용하여 연결하기

EC2 인스턴스에 연결하려면 사용 중인 운영체제에 따라 다음 지침을 따라야 한다.

1. 터미널 창을 열고 `dask-cluster-key.pem` 파일을 저장한 폴더로 이동한다.
2. 처음 연결하는 경우 `chmod 400 dask-cluster-key.pem`을 입력하여 PEM 파일을 읽기 전용으로 설정하자. 그렇지 않으면 SSH 클라이언트에서 연결을 위해 이 키 파일을 사용하지 못하게 할 수도 있다.
3. 연결을 위해 `ssh -i dask-cluster-key.pem ec2-user@<hostname>`을 입력한다. EC2 인스턴스 관리자에서 복사한 호스트 이름을 〈hostname〉 부분에 입력한다.
4. key fingerprint을 추가하라는 메시지가 표시되면 `yes`를 입력한다.
5. 연결에 성공한다면 [그림 11-21]과 유사한 로그인 화면이 나올 것이다.
6. 연결에 실패할 경우 SSH 명령을 제대로 입력했는지 다시 확인한다. 연결 문제가 지속되면 방화벽 규칙을 다시 확인하여 올바른 포트가 열려 있는지 확인한다.

```
Chapter 11 — ec2-user@ip-10-0-0-123:~ — ssh -i dask-cluster-key.pem ec2-user@ec2-54-158-31-88.compute-1.amazonaws.com — 147×33
~ — jupyter_mac.command — python ◂ -bash    ...ask-cluster-key.pem ec2-user@ec2-54-158-31-88.compute-1.amazonaws.com
jesse@jesse-mbp:~/OneDrive/Data Science at Scale/Code/Chapter 11$ ssh -i dask-cluster-key.pem ec2-user@ec2-54-158-31-88.compute-1.amazonaws.com
The authenticity of host 'ec2-54-158-31-88.compute-1.amazonaws.com (54.158.31.88)' can't be established.
ECDSA key fingerprint is SHA256:V6ofP8sDERxzibbxLPtpmhCJ3+klFUqVKn20EW/5sWA.
Are you sure you want to continue connecting (yes/no)? yes
Warning: Permanently added 'ec2-54-158-31-88.compute-1.amazonaws.com,54.158.31.88' (ECDSA) to the list of known hosts.

   __|  __|  __|
   _|  (   \__ \   Amazon ECS-Optimized Amazon Linux AMI 2018.03.i
 ____|\___|____/

For documentation, visit http://aws.amazon.com/documentation/ecs
8 package(s) needed for security, out of 8 available
Run "sudo yum update" to apply all updates.
[ec2-user@ip-10-0-0-123 ~]$
```

그림 11-21 EC2 인스턴스에 성공적으로 접속한 경우

윈도우에서 SSH를 사용하여 연결하기

맥OS/리눅스/유닉스 시스템과 달리 윈도우에는 기본적으로 설치된 SSH 클라이언트가 없다. 아마존은 EC2 연결을 위해 PuTTY라는 무료 SSH 클라이언트를 권장한다. PuTTY를 다운로드하고 설치하는 방법, 그리고 이를 사용하여 EC2 인스턴스에 연결하는 방법에 대한 자세한 설명을 *https://docs.aws.amazon.com/AWSEC2/latest/UserGuide/putty.html*에서 찾을 수 있다.

EC2 인스턴스에 성공적으로 연결된다는 걸 확인했다면 지금은 연결을 끊는다. 다음 절의 마지막 부분에서 이 인스턴스에 다시 연결하여 공유 파일 시스템에 일부 데이터를 업로드할 것이다. 참고로 EC2 인스턴스의 호스트 이름이나 IP 주소를 다른 곳에 복사해두지 않아도 된다. EC2 인스턴스는 **일시적**이기 때문에 IP 주소나 파일 시스템 내용 등의 특성은 인스턴스가 살아 있는 동안만 유지된다. EC2 인스턴스가 종료되면 IP 주소 할당이 해제되며, 인스턴스가 시작될 때 인스턴스가 똑같은 IP 주소를 받지 않을 수 있다. 일반적으로 EC2 인스턴스에 연결할 때마다 EC2 인스턴스 관리자를 사용하여 현재 IP 주소를 찾아봐야 한다. 마찬가지로 장기간 보관하려는 데이터는 EC2 인스턴스에 저장하지 않는다. 대신 오래 유지하려는 데이터는 다음 절에서 만들 일래스틱 파일 시스템 공유와 같은 영구 파일 시스템에 보관한다.

11.1.5 EFS에서 공유 데이터 드라이브 생성하기

EC2 인스턴스 관리자를 떠나기 전에 EC2 인스턴스 중 하나에서 VPC ID를 가져와야 한다. VPC ID는 EC2에서 계정의 일부인 클라우드 리소스를 식별하는 데 사용된다. 이 값을 얻으려면 EC2 인스턴스 관리자에서 인스턴스 중 하나를 선택하고 아래 창의 절반 정도에 위치한 VPC ID 값을 확인한다. [그림 11-22]와 같이 이 값은 인스턴스 요약 섹션에서 찾을 수 있다.

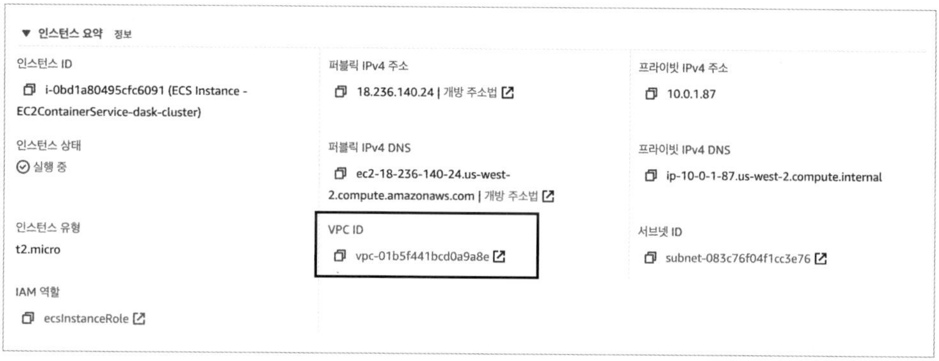

그림 11-22 EC2 인스턴스 관리자의 VPC ID

이 값을 복사한 다음 화면 왼쪽 상단의 서비스 메뉴를 클릭한다. 스토리지 섹션에서 일래스틱 파일 시스템(EFS)을 선택한다. 아마존 EFS의 시작 화면을 볼 수 있다. 주황색 [파일 시스템 생성] 버튼을 클릭하여 EFS 작성 마법사를 시작한다.

첫 번째 단계에서 VPC 드롭다운 상자로부터 EC2 인스턴스에서 복사한 것과 일치하는 VPC ID를 선택한다. 그리고 [사용자 지정] 버튼을 클릭한 후, 네트워크 액세스 관련 설정을 위해 [다음] 버튼을 선택하여 [2단계 네트워크 액세스] 화면으로 넘어간다. '탑재 대상' 생성 섹션에서 서브넷 열의 기본값들은 그대로 둔다. 그러나 보안 그룹 상자는 지운다. 그런 다음 EC2(대문자 포함)를 입력하고 ECS 클러스터의 보안 그룹 ID를 선택한다. 형태는 EC2ContainerService-〈클러스터 이름〉-EcsSecurityGroup-xxxxxxxxx와 유사하다. [그림 11-23]과 비슷한 화면을 보게 될 것이다.

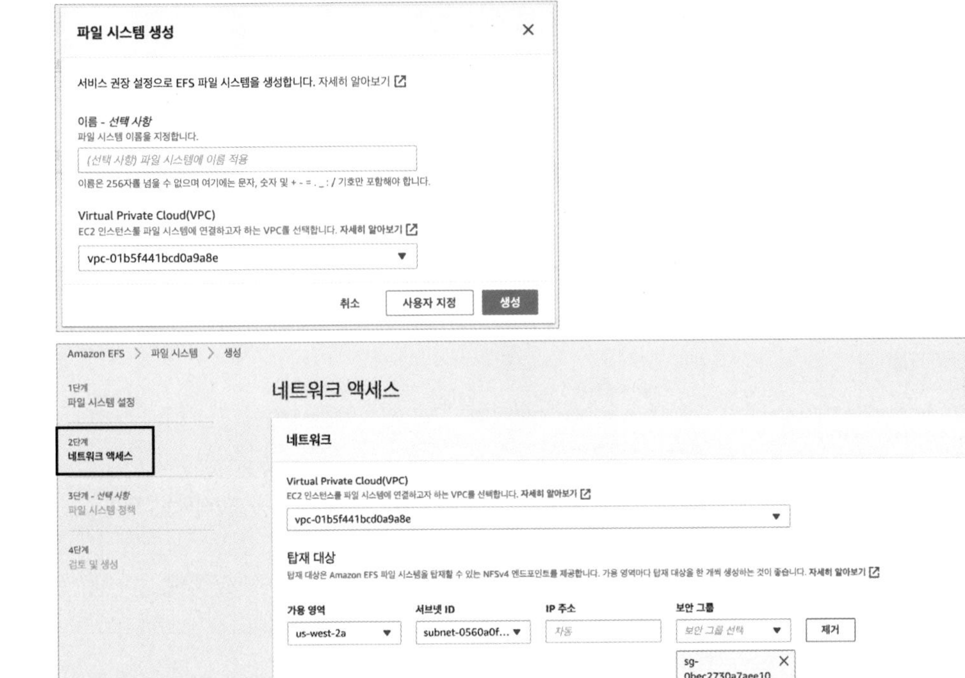

그림 11-23 EFS의 파일 시스템 액세스 구성

다음 단계 버튼을 클릭한다. 2 단계의 기본값을 승인하고 다음 단계 버튼을 다시 클릭한다. 마지막으로, 검토 및 생성 화면에서 [생성] 버튼을 클릭하여 과정을 완료한다. 몇 분 안에 파일 시스템이 성공적으로 생성된 것을 확인할 수 있다. 페이지에서 나가기 전에 방금 만든 파일 시스템의 DNS 이름을 복사한다. 이 값은 [세부 정보 보기]로 들어가, [연결] 버튼을 클릭하면 다음 [그림 11-24]에서와 같이 [NFS 클라이언트 사용] 아래에 표시된다.

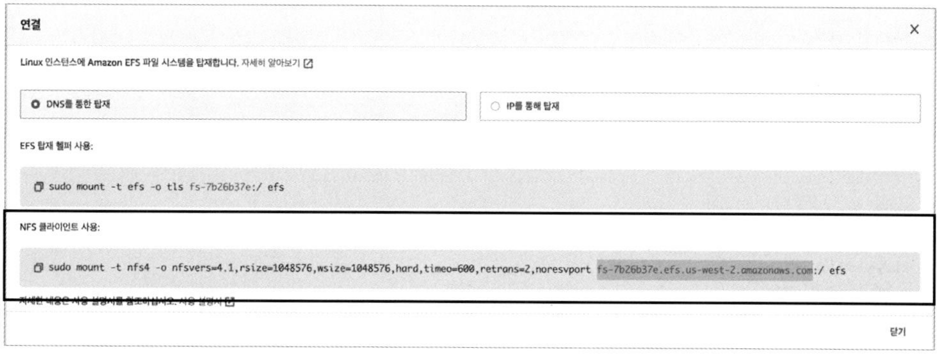

연결

Linux 인스턴스에 Amazon EFS 파일 시스템을 탑재합니다. 자세히 알아보기

DNS를 통한 탑재 / IP를 통해 탑재

EFS 탑재 헬퍼 사용:

```
sudo mount -t efs -o tls fs-7b26b37e:/ efs
```

NFS 클라이언트 사용:

```
sudo mount -t nfs4 -o nfsvers=4.1,rsize=1048576,wsize=1048576,hard,timeo=600,retrans=2,noresvport fs-7b26b37e.efs.us-west-2.amazonaws.com:/ efs
```

자세한 내용은 사용 설명서를 참조하십시오. 사용 설명서

닫기

그림 11-24 EFS의 DNS 이름

이제 파일 시스템을 만들었으니 EC2 인스턴스에 부팅 시 해당 파일 시스템을 마운트하여 스토리지로 사용할 수 있어야 한다. 이를 위해 EC2 대시보드로 다시 이동한다. 왼쪽 메뉴에서 Auto Scaling 아래에 있는 [시작 구성] 메뉴를 클릭한다. [그림 11-25]와 같은 시작 구성 관리자가 표시된다.

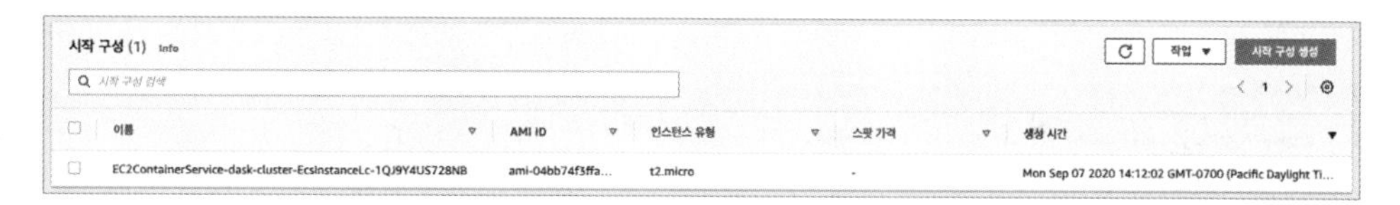

그림 11-25 시작 구성 관리자

시작 구성(하나만 있어야 함)을 선택하고 [작업] 버튼을 클릭한 다음 [시작 구성 복사]를 선택한다. 시작 구성 복사 마법사가 나올 것이다. 아래쪽에 '추가 구성 - 선택사항' 섹션에서 '고급 세부 정보' 섹션을 연다. [그림 11-26]과 비슷할 것이다.

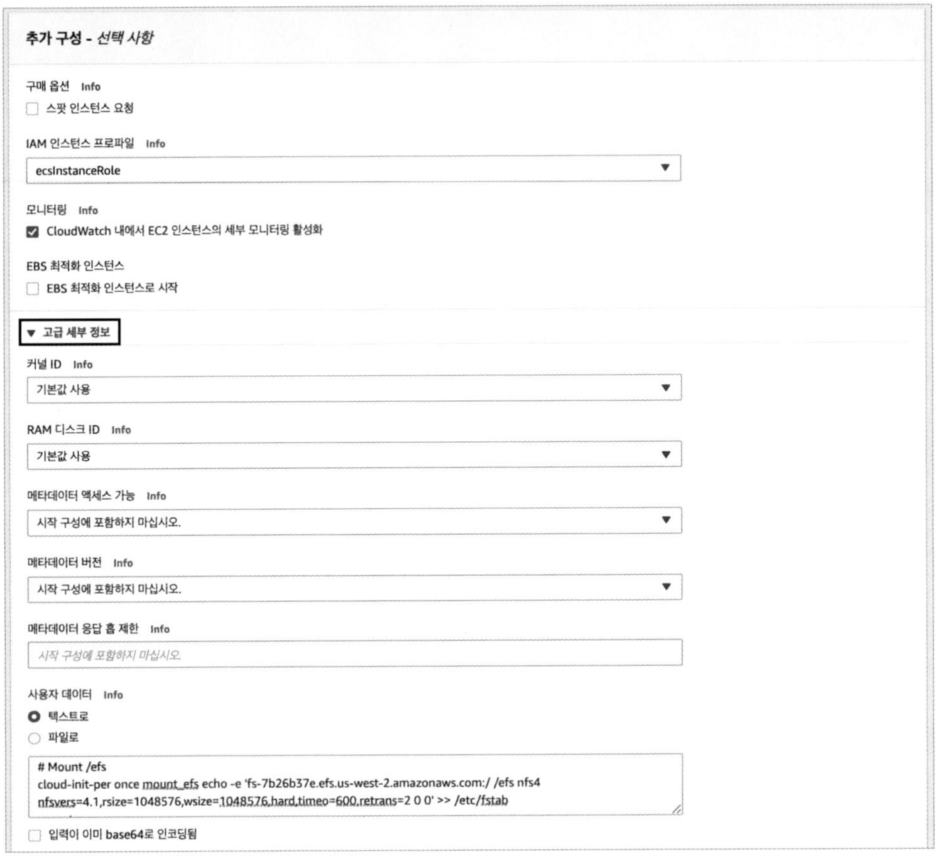

추가 구성 - *선택 사항*

구매 옵션 Info
☐ 스팟 인스턴스 요청

IAM 인스턴스 프로파일 Info
ecsInstanceRole

모니터링 Info
☑ CloudWatch 내에서 EC2 인스턴스의 세부 모니터링 활성화

EBS 최적화 인스턴스
☐ EBS 최적화 인스턴스로 시작

▼ 고급 세부 정보

커널 ID Info
기본값 사용

RAM 디스크 ID Info
기본값 사용

메타데이터 액세스 가능 Info
시작 구성에 포함하지 마십시오.

메타데이터 버전 Info
시작 구성에 포함하지 마십시오.

메타데이터 응답 홉 제한 Info
시작 구성에 포함하지 마십시오.

사용자 데이터 Info
◉ 텍스트로
○ 파일로

Mount /efs
cloud-init-per once mount_efs echo -e 'fs-7b26b37e.efs.us-west-2.amazonaws.com:/ /efs nfs4
nfsvers=4.1,rsize=1048576,wsize=1048576,hard,timeo=600,retrans=2 0 0' >> /etc/fstab

☐ 입력이 이미 base64로 인코딩됨

그림 11-26 추가 구성의 고급 세부 정보

이름 필드에 새 시작 구성을 위한 고유한 이름을 지정한다. 또한 인스턴스 프로파일 드롭다운 목록에서 ecsInstanceRole을 선택한다. 그렇지 않으면 재부팅 후 EC2 인스턴스가 ECS와 통신할 수 없다. 다음 [코드 11-1]의 내용을 '사용자 데이터' 필드의 텍스트 상자에 복사한다.

코드 11-1 시작 구성을 위한 사용자 데이터

```
Content-Type: multipart/mixed; boundary="==BOUNDARY=="
MIME-Version: 1.0

--==BOUNDARY==
Content-Type: text/cloud-boothook; charset="us-ascii"
```

```
# Install nfs-utils
cloud-init-per once yum_update yum update -y
cloud-init-per once install_nfs_utils yum install -y nfs-utils

# Create /efs folder
cloud-init-per once mkdir_efs mkdir /efs

# Mount /efs
cloud-init-per once mount_efs echo -e '<your filesystem DNS name>:/ /efs nfs4 nfsvers=4
.1,rsize=1048576,wsize=1048576,hard,timeo=600,retrans=2 0 0' >> /etc/fstab
mount -a

--==BOUNDARY==
Content-Type: text/x-shellscript; charset="us-ascii"

#!/bin/bash
echo ECS_CLUSTER=<your ecs cluster name> >> /etc/ecs/ecs.config
echo ECS_BACKEND_HOST= >> /etc/ecs/ecs.config
--==BOUNDARY==--
```

<your filesystem DNS name>이 나오는 부분에는 EFS 생성 확인 화면에서 복사한 파일 시스템 DNS 이름을 입력하고 <your ecs cluster name>이 나오는 부분에는 ECS 클러스터 이름을 입력한다(다른 이름을 사용하지 않았다면 dask-cluster일 것이다). 이 데이터는 EC2 인스턴스가 부팅 시 앞에서 만든 EFS 파일 시스템을 마운트하도록 구성한다. 이 시작 구성에 사용자 데이터를 추가했다면 맨 아래로 이동한 다음 이전에 생성한 dask-cluster-key를 선택했는지 확인한다. 맨 아래 체크 상자를 선택하고 [시작 구성 생성]을 클릭한다. [그림 11-27]은 이 대화 상자를 보여준다.

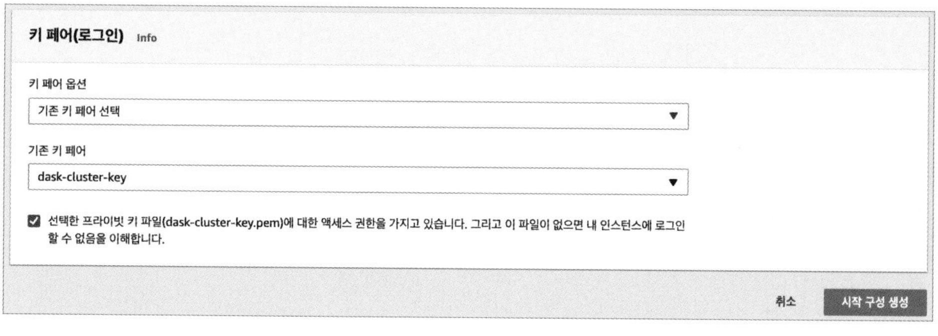

그림 11-27 키 페어 확인

시작 구성 생성이 완료되면 [닫기] 버튼을 클릭한다. 그런 다음 왼쪽 메뉴에서 AUTO SCALING 아래의 Auto Scaling 그룹을 클릭한다. 이제 이 새로운 시작 구성을 사용하도록 EC2 인스턴스를 구성해야 한다. ECS 클러스터 생성 시 자동으로 만들어진 Auto Scaling 그룹을 선택하고(지금까지 제대로 했다면 하나가 있을 것이다) 작업 드롭다운 목록에서 편집 메뉴를 클릭한다. Auto Scaling 그룹 관리자는 [그림 11-28]과 같을 것이다.

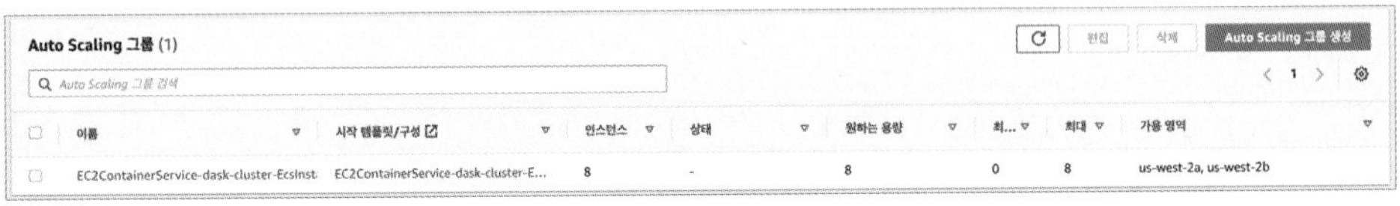

그림 11-28 Auto Scaling 그룹 관리자

세부 정보 편집 대화 상자에서 시작 구성 드롭다운을 방금 작성한 시작 구성으로 변경한다. 다음 [그림 11-29]는 이 대화 상자를 보여준다. 이 구성은 매우 중요하다. ECS 클러스터에 포함되는 EC2 인스턴스 수를 제어한다. 대스크 클러스터에서 원하는 작업자 수에 스케줄러와 노트북 서버를 호스팅할 추가 인스턴스가 필요하다. 우리가 설정한 클러스터에는 8개의 인스턴스가 있으므로 6개의 작업자와 스케줄러 하나, 그리고 노트북 서버 하나를 가질 수 있다. 만약 100개의 작업자를 원한다면 102개의 인스턴스가 필요하다. Auto Scaling 그룹 구성을 완료한 후 [업데이트] 버튼을 클릭한다.

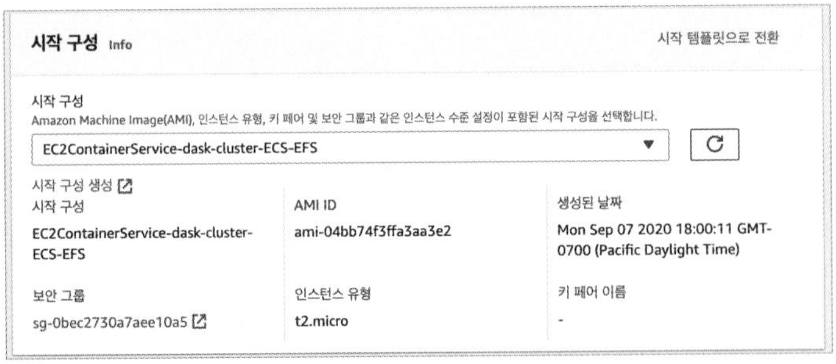

그림 11-29 Auto Scaling 그룹 구성

시작 구성은 EC2 인스턴스가 시작될 때만 실행되므로 구성의 변경 사항을 적용하려면 현재 실행 중인 EC2 인스턴스를 종료했다가 다시 시작해야 한다. 이를 위해 EC2 인스턴스 관리자로

다시 이동한다. 그런 다음 현재 running 상태인 모든 인스턴스를 선택하고 [작업] 버튼을 클릭하여 [인스턴스 상태]를 선택한 후 [인스턴스 종료] 메뉴를 선택한다. [그림 11-30]은 이 과정을 보여준다.

그림 11-30 EC2 인스턴스를 재부팅하여 새로운 시작 구성 적용하기

인스턴스를 종료할 것인지 묻는 메시지가 표시되면 [종료] 버튼을 클릭한다. 몇 초 안에 인스턴스가 녹색 실행 중(running)에서 회색 종료 중(shutting-down) 상태로 바뀌고 결국 빨간색 종료됨(terminated) 상태로 바뀌는 것을 볼 수 있다. 약 5~10분 후에 8 개의 새로운 EC2 인스턴스가 시작되고 녹색 running 상태로 변경된다. 인스턴스가 다시 시작된 후 ECS 대시보드로 다시 이동하여 ECS 클러스터에 연결된 8개의 ECS 컨테이너 인스턴스가 표시되는지 확인한다. 15분 이상 기다렸는데도 연결된 ECS 컨테이너 인스턴스가 0개라면 시작 구성이 잘못됐는지 다시 확인한다. 권한 문제로 인해 인스턴스가 클러스터에 연결되지 않는 일을 피하려면 IAM 역할을 ecsContainerInstance로 설정했는지 확인해야 한다.

EC2 인스턴스가 성공적으로 재부팅되면 이제 일부 데이터를 업로드하여 EC2 인스턴스와 EFS 간의 연결을 테스트한다. 이렇게 하려면 EC2 인스턴스 관리자로 다시 이동하여 실행 중인 EC2 인스턴스의 호스트 이름 또는 IP 주소를 복사한다. 그런 다음 11장 files에서 arrays.tar 파일을 찾아 키가 있는 폴더로 옮겨 놓는다. 터미널 창을 열고 scp -i dask-cluster-key.pem arrays.tar ec2-user@<hostname>:/home/ec2-user를 입력한다. 〈hostname〉 대신 방금 복사한 EC2 인스턴스의 호스트 이름을 입력한다. SCP 응용프로그램을 사용하여 arrays.tar 파일을 EC2 인스턴스의 홈 디렉터리에 업로드한다. [그림 11-31]과 같은 결과를 얻는다.

```
jesse@jesse-mbp:~/OneDrive/Data Science at Scale/Code/Chapter 11$ scp -i dask-cluster-key.pem arrays.tar ec2-user@ec2-54-204-192-32.compu
te-1.amazonaws.com:/home/ec2-user
arrays.tar                                                                                    100%   16MB  16.4MB/s   00:01
jesse@jesse-mbp:~/OneDrive/Data Science at Scale/Code/Chapter 11$
```

그림 11-31 SCP를 이용한 데이터 업로드

데이터 업로드가 완료되면 SSH를 사용하여 EC2 인스턴스에 연결한다. EC2 인스턴스에 로그인한 후 `tar -xvf arrays.tar`를 입력하여 TAR 파일의 압축을 해제한다. 그 결과는 [그림 11-32]와 같다.

jesse@jesse-mbp:~/OneDrive/Data Science at Scale/Code/Chapter 11$ ssh -i dask-cluster-key.pem ec2-user@ec2-54-204-192-32.compute-1.amazon
aws.com
Last login: Sun Dec 30 17:29:56 2018 from 76-229-145-107.lightspeed.btrgla.sbcglobal.net
Amazon ECS-Optimized Amazon Linux AMI 2018.03.i
For documentation, visit http://aws.amazon.com/documentation/ecs
[ec2-user@ip-10-0-0-64 ~]$ tar -xvf arrays.tar

그림 11-32 업로드한 데이터 압축 풀기

그런 다음 `rm arrays.tar`를 입력하여 TAR 파일을 삭제하고 `sudo mv * /efs`를 실행하여 압축 파일 안에 있던 데이터를 EFS 볼륨으로 이동시킨다. `cd /efs`를 입력한 다음 `ls`를 입력하여 데이터가 잘 이동했는지 확인한다. 두 개의 ZARR 파일이 들어있어야 한다. 마지막으로 다른 모든 EC2 인스턴스에서 이 데이터에 액세스할 수 있는지 확인한다. 이를 위해 EC2 인스턴스 관리자로 돌아가서 실행 중인 다른 EC2 인스턴스의 호스트 이름을 복사하고 SSH를 사용하여 연결한 다음 `cd /efs`를 입력한 후 `ls`를 입력하여 여전히 두 개의 ZARR 파일이 있는지 확인한다. 모든 EC2 인스턴스에서 접근할 필요가 있는 데이터를 저장해야 할 때, 추가 데이터를 한 인스턴스에 업로드하여 `/efs` 폴더로 옮기는 동일한 패턴을 이용한다.

11.1.6 ECR에서 도커 이미지용 공간 할당하기

지금까지 클러스터의 인프라 구축을 거의 완료했다. 대스크 클러스터를 배포하고 시작하기 전에 마지막으로 할 일은 다음 절에서 빌드할 도커 이미지를 위한 공간을 미리 할당하는 것이다. 이를 통해 전체 이미지를 업로드하고 ECS 컨테이너 내에서 시작할 수 있다.

먼저 ECS 대시보드로 돌아가서 왼쪽 메뉴에서 리포지토리를 클릭한다. 그러면 일래스틱 컨테이너 레지스트리(ECR)[3] 리포지토리 관리자 페이지가 나온다. 화면 오른쪽 상단에 있는 [리포지토리] 생성 버튼을 클릭하여 리포지토리 생성 마법사를 시작한다. 먼저 스케줄러의 저장소를 만든다. 빈 이름 필드에 `dask-scheduler`를 입력한다. [그림 11-33]과 같은 화면이 보일 것이다.

그림 11-33 ECR 리포지토리 생성 마법사

여기서 [리포지토리 생성] 버튼을 클릭한다. ECR 관리자 페이지로 돌아오면 똑같은 과정을 두 번 더 반복한다. dask-worker와 dask-notebook이라는 두 개의 저장소를 추가로 생성한다. 리포지토리 생성을 완료하면 이미지를 빌드하여 클러스터에 배포한다.

---

3 옮긴이_ Elastic Container Registry의 약자로, 개발자가 손쉽게 컨테이너 이미지를 저장, 관리 및 배포할 수 있게 해주는 완전 관리형 컨테이너 레지스트리를 말한다.

11.1.7 스케줄러, 작업자, 노트북용 이미지 빌드하고 배포하기

클러스터를 사용하려면 작업자와 노트북 이미지가 스케줄러의 IP 주소를 가리키도록 구성해야 한다. 따라서 스케줄러 이미지를 빌드하고 배포하는 것부터 시작한다. 그전에 먼저 도커가 현재 로컬 컴퓨터에 설치되어 실행 중인지 확인한다. 또한 11.1.1절에서 만든 보안 키를 사용하여 AWS CLI가 올바르게 구성되어 있는지 확인한다. `https://docs.aws.amazon.com/cli/latest/userguide/cli-chap-configure.html`에서 AWS CLI 구성에 관한 도움말을 찾을 수 있다.[4]

모든 구성이 제대로 된 걸 확인했다면 11장 폴더에서 스케줄러 폴더를 찾아 터미널 창(윈도우라면 PowerShell)에서 해당 폴더 위치를 찾아간다. ECR 관리자 페이지에서 dask-scheduler의 저장소를 선택하고 [푸시 명령 보기] 버튼을 클릭한다. [그림 11-34]와 같은 팝업이 뜰 것이다.

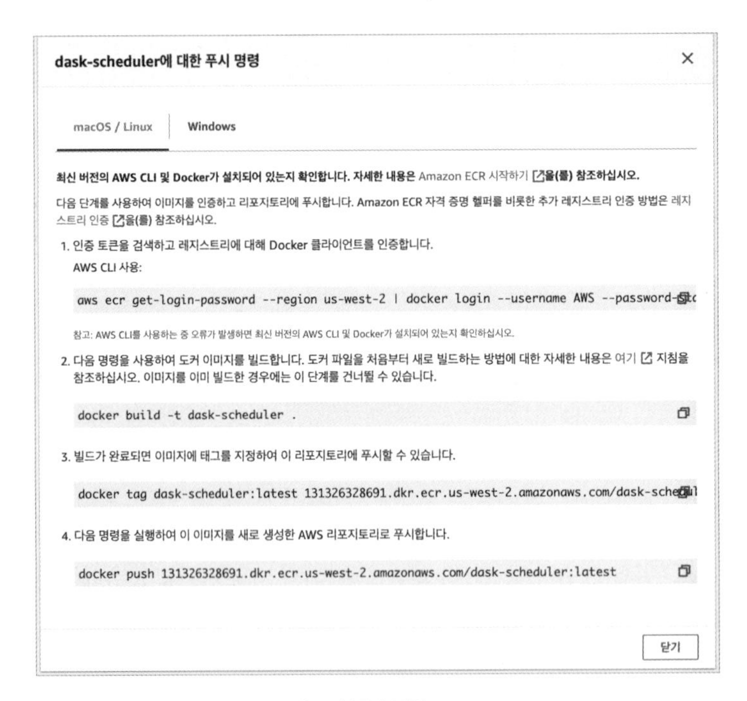

그림 11-34 dask-scheduler의 도커 푸시 명령

---

4 옮긴이_ 자신의 컴퓨터에 맞는 AWS CLI를 설치한 후 터미널에서 aws configure를 실행하여 AWS Access Key ID, AWS Secret Access Key, region name, output format와 같은 개인 보안 키 정보와 계정 정보를 정확하게 입력한다 output format에는 json을 입력한다.

터미널 또는 PowerShell 창에서 이 대화 상자에 나오는 명령들을 하나씩 복사하여 실행한다. 빌드 프로세스가 실행되는 동안 [그림 11-35]와 비슷한 화면을 보게 된다. 컴퓨터 성능과 인터넷 연결 속도에 따라 완료하는 데 몇 분이 걸릴 수 있다.

그림 11-35 데스크톱 스케줄러 이미지 빌드

빌드와 푸시를 완료한 후 dask-scheduler 리포지토리를 클릭하여 이미지가 잘 업로드되었는지 확인할 수 있다. [그림 11-36]과 비슷한 화면을 볼 수 있다.

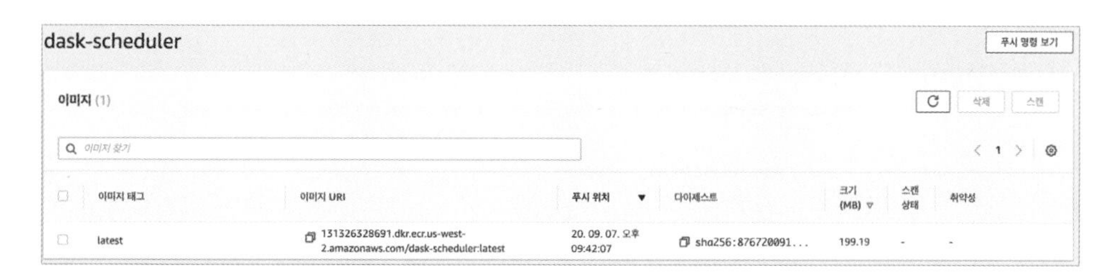

그림 11-36 ECR에 이미지가 있는지 확인

이미지가 ECR에 업로드되었으므로 이제 컨테이너에서 해당 이미지를 실행하도록 ECS에 알려줘야 한다. 이는 ECS 작업 정의를 생성하여 수행한다. ECR 관리자 페이지를 떠나기 전에 dask-scheduler 이미지의 이미지 URI 열에 있는 값을 복사한다. 잠시 후 이 값이 필요하다.

스케줄러 이미지에 대한 작업 정의를 만들려면 ECR 관리자 페이지의 왼쪽 메뉴에서 '작업 정의(Task definitions)'를 클릭한다. ECS 작업 정의 관리자 페이지가 나온다. 파란색 [새 작업 정의 생성] 버튼을 클릭하여 작업 정의 생성 마법사를 시작한다. 첫 페이지에서 [그림 11-37]과 같이 시작 유형 호환성 선택에서 EC2를 선택하고 [다음 단계]를 클릭한다.

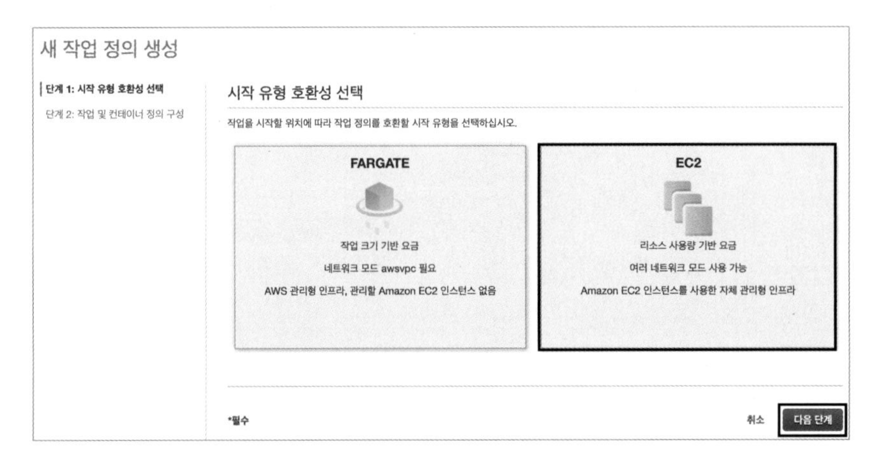

그림 11-37 스케줄러 이미지의 시작 유형 호환성 선택

다음 페이지에서 작업 정의 이름 필드에 `dask-scheduler`를 입력한다. 네트워크 모드의 드롭다운에서 호스트를 선택한다. [그림 11-38]과 같은 화면이 되어야 한다.

새 작업 정의 생성

단계 1: 시작 유형 호환성 선택
단계 2: 작업 및 컨테이너 정의 구성

작업 및 컨테이너 정의 구성

작업 정의는 작업에 포함할 컨테이너와 그 컨테이너들이 상호 작용하는 방식을 지정합니다. 컨테이너가 사용할 데이터 볼륨을 지정할 수도 있습니다. 자세히 알아보기

작업 정의 이름* dask-scheduler

호환성 요구 사항* EC2

작업 역할 역할 선택...
인증된 AWS 서비스에 API 요청을 할 때 작업이 사용할 수 있는 IAM 역할 옵션입니다. IAM 콘솔에서 Amazon Elastic Container Service 작업 역할을 생성하십시오.

네트워크 모드 <default>
<default>을(를) 선택할 경우 ECS는 Docker의 기본 네트워킹 모드를 사용하여 컨테이너를 시작합니다. Docker의 기본 네트워킹 모드는 Windows의 Linux 브리지(Bridge) 및 NAT 브리지(Bridge)입니다. <default>은(는) Windows에서 유일하게 지원되는 모드입니다.

그림 11-38 작업 정의 구성

다른 설정들은 기본값을 사용한다. 볼륨이란 섹션이 나타날 때까지 아래로 스크롤한 후 '볼륨 추가'를 클릭한다. 볼륨 추가 대화 상자가 나올 것이다. 이름 필드에 `efs-data`를 입력하고 소스 경로 필드에 `/efs`를 입력한다. [그림 11-39]와 같이 되어야 한다.

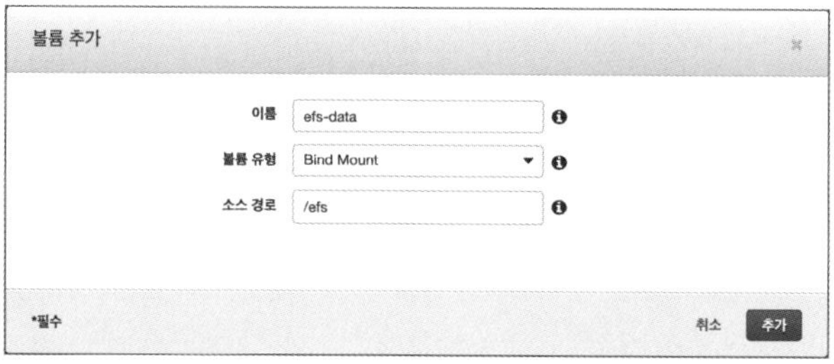

그림 11-39 볼륨 구성

[추가] 버튼을 클릭하여 작업 정의 구성 페이지로 돌아간다. 그런 다음 컨테이너 정의 섹션 아래에 있는 [컨테이너 추가] 버튼을 클릭한다. 컨테이너 이름 필드에 `dask-scheduler`를 입력한다. 그런 다음 ECR 관리자 페이지에서 복사한 이미지 URI를 이미지 텍스트 상자에 붙여 넣는다. 그 뒤에 메모리 제한(MiB)을 소프트 제한 700으로 변경한다. 마지막으로 TCP 포트 8786 및 8787에 대한 호스트 및 컨테이너 포트 매핑을 추가한다.[5] 결과적으로 [그림 11-40]과 비슷한 화면이 될 것이다.

5 옮긴이_ 작업 정의의 네트워크 모드를 [호스트] 라고 선택했기 때문에 호스트 포트 매핑이 유효하지 않다. 다른 호스트 및 컨테이너 포트 매핑을 지정하려면 [브리지] 네트워크 모드를 선택한다.

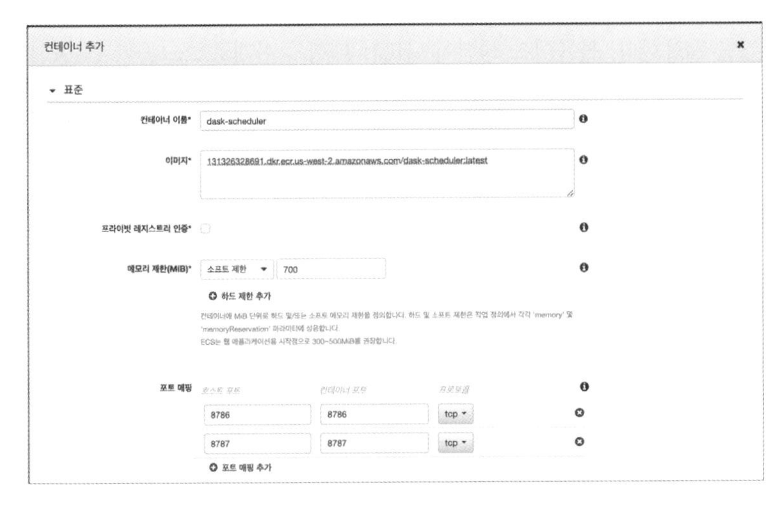

그림 11-40 dask-scheduler의 컨테이너 구성

스토리지 및 로깅 섹션으로 스크롤하여 [그림 11-41]과 같이 탑재 지점을 구성한다.

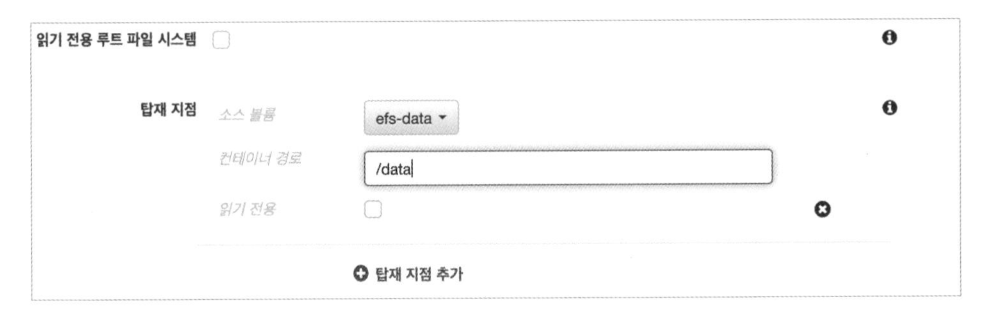

그림 11-41 탑재 지점 구성

[그림 11-42] 화면에서처럼, 로그 구성에서 Auto-configure CloudWatch Logs 체크 박스를 선택하고 다른 기본 설정은 그대로 둔다.

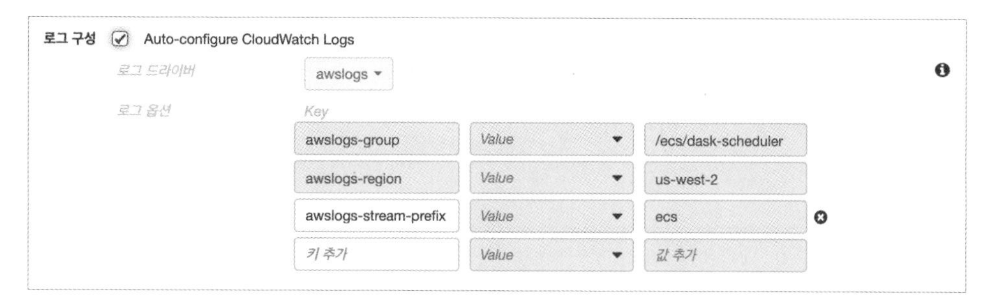

그림 11-42 로그 구성

마지막으로 [추가] 버튼을 클릭하여 작업 및 컨테이너 정의 구성에 컨테이너 추가를 완료한다. 이제 화면이 [그림 11-43]과 비슷해 보일 것이다.

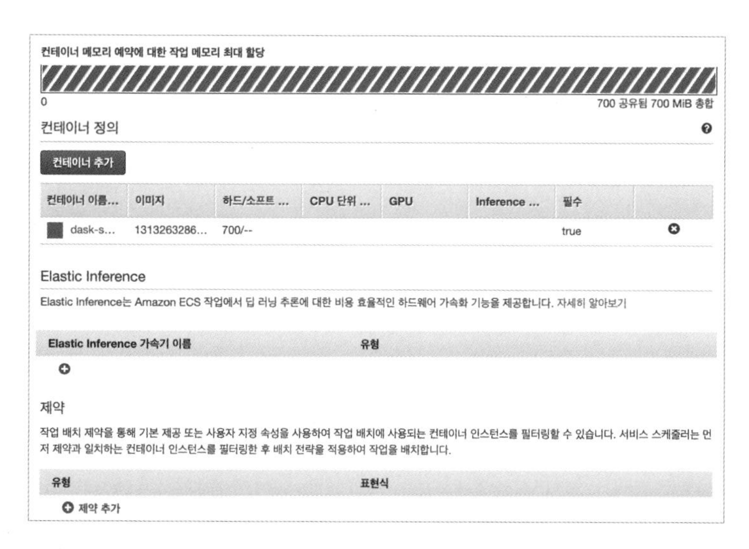

그림 11-43 전체 컨테이너 구성

[생성] 버튼을 클릭하여 작업 및 컨테이너 정의 구성을 완료하고 작업 정의가 만들어졌는지 확인한다. 이제 dask-scheduler 이미지의 복사본을 실행하는 데 사용할 수 있는 템플릿을 갖게 되었다! 이제 실행하기만 하면 된다. 이를 위해 이 작업 정의에 바인딩할 ECS **서비스**를 만들어야 한다. 먼저 ECS 작업 정의 관리자 페이지로 돌아간다. 그런 다음 dask-scheduler 작업 정의 옆의 체크 박스를 선택하고 [작업] 버튼을 클릭한 후 [서비스 생성]을 선택한다. 서비스 생성 마법사를 시작한다.

먼저 시작 유형으로 EC2를 선택한다. 다음으로 서비스 이름 필드에 `dask-scheduler`를 입력한다. 그런 다음 작업 개수 필드에 1을 입력하고 배치 템플릿 드롭다운에서 호스팅당 작업 한 개를 선택한다. 화면은 [그림 11-44]와 같다.

시작 유형 FARGATE EC2

용량 공급자 전략으로 전환

작업 정의 패밀리 dask-scheduler

버전 1 (latest)

클러스터 dask-cluster

서비스 이름 dask-scheduler

서비스 유형* REPLICA DAEMON

작업 개수 1

최소 정상 상태 백분율 100

최대 백분율 200

배포

서비스의 배포 옵션을 선택합니다.

배포 유형* 롤링 업데이트

블루/그린 배포(AWS CodeDeploy 기반)

이 옵션을 선택하면 AWS CodeDeploy가 서비스의 배포 컨트롤러로 설정됩니다. CodeDeploy 애플리케이션 및 배포 그룹은 다음을 사용하여 서비스에 대해 자동으로 생성됩니다. default settings 서비스가 생성된 후 롤링 업데이트 배포 유형을 변경하려면, 서비스를 다시 생성하고 "롤링 업데이트" 배포 유형을 선택해야 합니다.

작업 배치

클러스터 내 인스턴스에 작업이 배치되는 방식을 사용자 지정할 수 있게 해줍니다. 다양한 배치 전략을 사용하여 최적화함으로써 가용성 및 효율성을 높일 수 있습니다.

배치 템플릿 호스팅당 작업 한 개 편집

이 템플릿은 인스턴스당 작업을 한 개만 배치합니다. 자세히 알아보기

제약: distinctInstance

그림 11-44 dask-scheduler의 서비스 구성

[다음 단계] 버튼을 클릭한다. 다음 페이지에서 서비스 검색 통합 활성화 옆의 체크 박스를 선택하지 않은 것을 확인한다. 다른 설정은 기본값으로 두고 [다음 단계]를 클릭한다. 마지막으로 검토 화면에서 [서비스 생성]을 클릭한다. 시작 상태 화면으로 이동한다. [서비스 보기] 버튼을 클릭하여 클러스터 상태 화면으로 이동한다. 이제 [그림 11-45]와 비슷한 화면을 볼 수 있다.

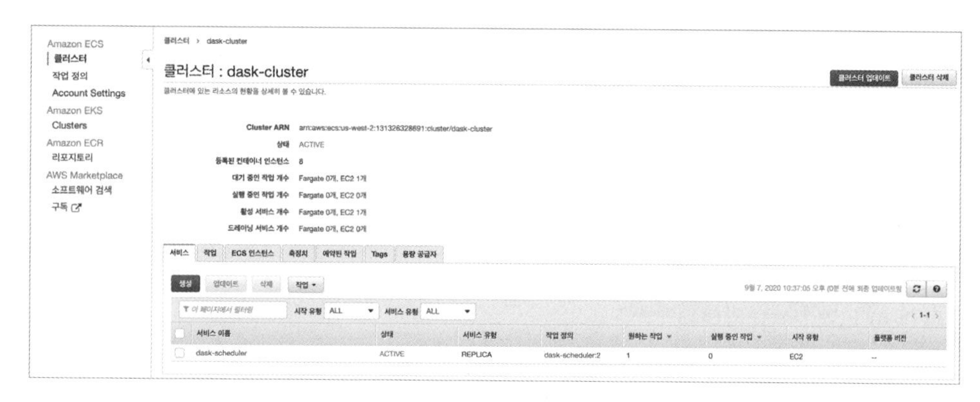

그림 11-45 dask-cluster의 상태

dask-scheduler 서비스에 대한 자세한 정보를 보려면 파란색 스케줄러 링크를 클릭한다. 서비스 상태 페이지가 나온다. 몇 분 후에 [그림 11-46]과 같이 실행 중(RUNNING)인 작업 하나가 있음을 볼 수 있다.

작업 상태: Running Stopped

작업	작업 정의	마지막 상태	원하는 상태	그룹	시작 유형
627eaeac-6369-49c4-be01-b2ffea...	dask-scheduler:2	RUNNING	RUNNING	service:dask-scheduler	EC2

그림 11-46 실행 중인 작업의 예

서비스가 보류 중(PENDING)인 상태일 경우 몇 분 더 기다렸다가 페이지를 새로 고침한다. 때로 ECS가 이미지와 함께 설정되는 데 몇 분이 걸릴 수도 있다. 작업이 실행 중 상태라면 작업 열 아래의 링크를 클릭하여 이 작업의 세부 정보를 볼 수 있다. 작업 세부 사항 페이지에서 EC2 인스턴스 ID라는 필드 옆에 링크가 표시된다. EC2 인스턴스 관리자로 연결되는 링크를 클릭한다. 이것은 dask-scheduler 컨테이너가 실행 중인 EC2 인스턴스를 가리킨다! 퍼블릭 DNS 이름과 퍼블릭 IP를 이용하면 모니터링 대시보드에 로그인할 때와 같이 AWS 외부로부터 스케줄러에 연결할 수 있다. 작업자를 클러스터에 연결한 후 진단 대시보드를 열어야 하므로 퍼블릭 DNS 이름을 복사해 놓는다. [그림 11-47]는 이 EC2 인스턴스의 예를 보여준다.

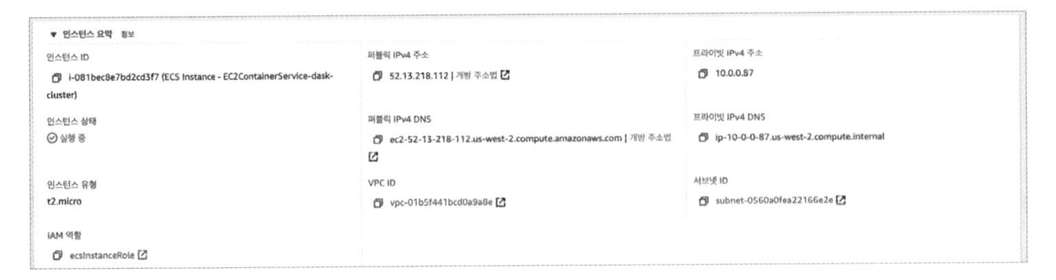

그림 11-47 EC2 인스턴스의 DNS와 IP 정보

이제 우리는 dask-worker와 dask-notebook의 이미지를 배포할 준비가 됐다! 이를 위해 작업자와 노트북 폴더의 Dockerfile을 사용하여 dask-scheduler 이미지를 배포하고 시작했던 것과 같은 방식으로 진행한다. 그러나 작업 정의와 서비스를 생성할 때는 각자 구성에서 몇 가지 주의할 예외 사항이 있다.

- **dask-worker 이미지**
  - 컨테이너 추가 화면의 포트 맵핑에서 8786과 8787 tcp 대신 8000 tcp로 설정해야 한다.
  - 서비스 생성 마법사의 1단계 화면에서 작업 개수 필드에 1 대신 6을 입력한다.
- **dask-notebook 이미지**
  - 작업 정의 생성 마법사의 2단계 화면에서 네트워크 모드 드롭다운에서 호스트 대신 기본값(〈default〉)을 선택한다.
  - 컨테이너 추가 화면의 포트 맵핑은 8786과 8787 tcp 대신 8888 tcp로 설정한다.

일단 dask-scheduler 서비스를 실행 중인 인스턴스 하나, dask-notebook 서비스를 실행 중인 인스턴스 하나, 그리고 dask-worker 서비스를 실행 중인 인스턴스 6개가 있다는 것을 확인했다면, 이 클러스터에 연결하여 원하는 작업을 시작할 수 있다.

NOTE_ 서비스 검색: 작업자가 스케줄러를 찾는 방법

클라우드 환경에서 작업하면서 발생하는 문제 중 하나는 인프라의 여러 측면에서 일시적이라는 것이다. 예를 들어 EC2 인스턴스를 새로 시작할 때 이전에 사용했던 IP 주소와 동일한 IP 주소가 나온다는 보장이 없다. 이 때문에 클러스터 구성이 취약해지지 않도록 하기 어려울 수 있다. 예를 들어 스케줄러의 IP 주소를 작업자의 구성 파일에 하드 코딩한 경우 스케줄러의 IP 주소가 항상 구성 파일에 입력한 것과 일치하는지 확인해야 한다. 스케줄러의 IP 주소가 변경되면 작업자는 구성 파일을 업데이트하지 않고서는 더 이상 새 스케줄러와 대화할 수 없다.

서비스 검색 솔루션은 공유 파일 시스템에 데이터베이스나 파일과 같이 잘 알려진 공유 위치를 만들고 해당 위치를 사용하여 서비스를 호스팅하는 IP 주소나 포트에 대한 정보를 저장함으로써 (마치 전화번호부처럼) 이 문제를 해결하려고 시도한다. 클러스터에서는 스케줄러의 IP 주소를 알리기 위해 아주 간단한 형태의 서비스 검색을 사용한다. 스케줄러 프로세스가 시작되면 호스트 이름을 공유 EFS 파일 시스템의 `.scheduler` 파일에 기록한다. 작업자나 노트북 이미지가 시작되면 이 공유 파일을 읽어들여 파일에 지정된 위치에서 스케줄러와 통신하도록 스스로 구성한다. Consul이나 아마존의 자체 ECS 서비스 검색 플랫폼(아쉽지만 AWS 프리 티어에서는 사용할 수 없음)과 같은 더 정교한 서비스 검색 솔루션이 있지만 간단하게 하기 위해 이 파일 기반 솔루션을 사용한다.

즉, dask-worker 나 dask-notebook 서비스는 공유 파일로부터 dask-scheduler의 위치를 읽어와야 하므로 항상 dask-scheduler 서비스를 가장 먼저 시작해야 한다.

11.1.8 클러스터에 연결하기

dask-notebook 이미지에는 주피터 노트북 서버가 포함되어 있으며 대스크 클러스터와 상호 작용을 위해 이 서버를 사용한다. 대스크가 클러스터 모드에서 실행 중인 경우 클러스터에서 워크로드가 어떻게 분산되는지 보여주는 추가 진단 도구도 제공한다. 이것은 일반적으로 작업자에 문제가 발생했는지 확인하거나 작업 진행 상황을 추적하는 데 유용하다. 노트북 서버에 연결하기 전에 진단 페이지를 먼저 살펴보자. 대스크 클러스터의 진단 페이지에 액세스하려면 웹 브라우저를 열고 *http://<스케줄러 호스트 이름>:8787*을 입력한다. 〈스케줄러 호스트 이름〉 부분에는 전에 복사한 dask-scheduler를 담당하는 EC2 인스턴스의 퍼블릭 DNS 값을 넣어준다. 페이지가 로드되면 맨 위 메뉴에서 작업자(Workers)를 클릭한다. [그림 11-48]과 비슷한 화면을 볼 수 있을 것이다.

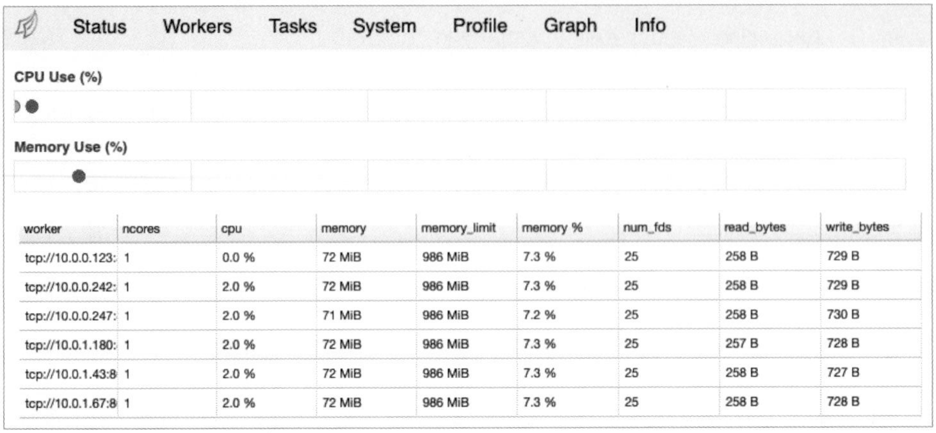

Status Workers Tasks System Profile Graph Info

CPU Use (%)

Memory Use (%)

worker	ncores	cpu	memory	memory_limit	memory %	num_fds	read_bytes	write_bytes
tcp://10.0.0.123:	1	0.0 %	72 MiB	986 MiB	7.3 %	25	258 B	729 B
tcp://10.0.0.242:	1	2.0 %	72 MiB	986 MiB	7.3 %	25	258 B	729 B
tcp://10.0.0.247:	1	2.0 %	71 MiB	986 MiB	7.2 %	25	258 B	730 B
tcp://10.0.1.180:	1	2.0 %	72 MiB	986 MiB	7.3 %	25	257 B	728 B
tcp://10.0.1.43:8	1	2.0 %	72 MiB	986 MiB	7.3 %	25	258 B	727 B
tcp://10.0.1.67:8	1	2.0 %	72 MiB	986 MiB	7.3 %	25	258 B	728 B

그림 11-48 대스크 클러스터 작업자 상태

테이블에 여섯 개의 행이 나타난다. 이들은 클러스터의 각 작업자에 해당한다. 각 작업자의 현재 CPU 사용량, 메모리 사용량, 네트워크 활동을 볼 수 있다. 이 페이지는 작업자의 전반적인 건강 상태를 관리하는 데 유용하다. 이 장의 뒷부분에서 다시 여기로 돌아올 것이므로 이 창을 계속 열어 둔다.

마지막으로 노트북 서버에 연결한다. 이를 수행하려면 dask-scheduler 컨테이너의 퍼블릭 DNS 이름을 찾았던 것처럼 dask-notebook 컨테이너의 퍼블릭 DNS 이름을 찾는다. 노트북 서버의 퍼블릭 DNS 이름을 복사한 후 웹 브라우저를 열고 주소 표시줄에 `http://<노트북 호스트 이름>:8888`을 입력한다. 여기서 〈노트북 호스트 이름〉 대신 복사한 퍼블릭 DNS 이름을 사용한다. [그림 11-49]와 같은 화면을 만나게 된다.

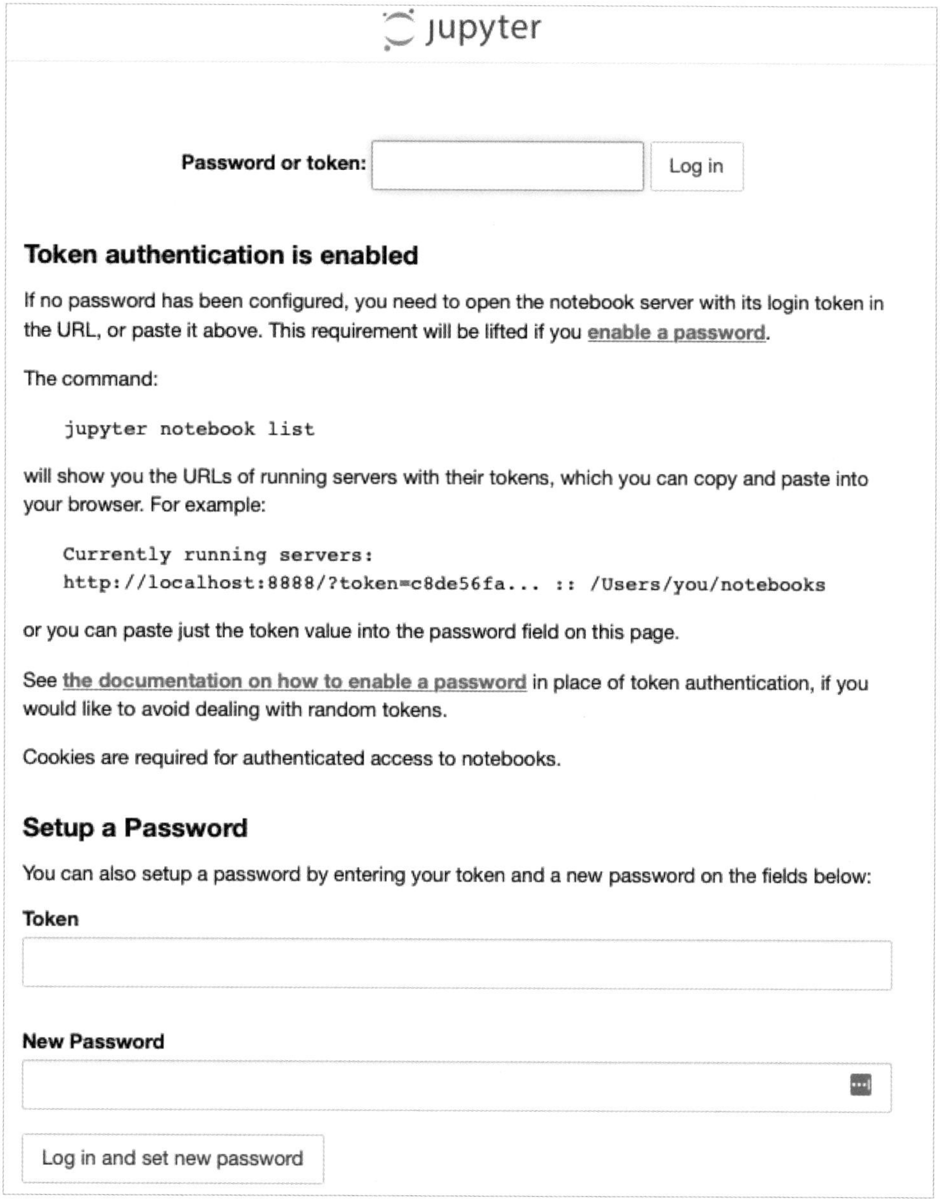

jupyter

Password or token: Log in

Token authentication is enabled

If no password has been configured, you need to open the notebook server with its login token in the URL, or paste it above. This requirement will be lifted if you enable a password.

The command:

```
jupyter notebook list
```

will show you the URLs of running servers with their tokens, which you can copy and paste into your browser. For example:

```
Currently running servers:
http://localhost:8888/?token=c8de56fa... :: /Users/you/notebooks
```

or you can paste just the token value into the password field on this page.

See the documentation on how to enable a password in place of token authentication, if you would like to avoid dealing with random tokens.

Cookies are required for authenticated access to notebooks.

Setup a Password

You can also setup a password by entering your token and a new password on the fields below:

Token

New Password

Log in and set new password

그림 11-49 주피터 로그인 화면

로그인 토큰을 찾으려면 AWS 콘솔에 로그인한 웹 브라우저 창으로 돌아가서 ECS 대시보드로 이동한다. dask-notebook 서비스에서 현재 실행 중인 작업의 작업 세부 정보로 이동한 다음 Logs 탭을 클릭한다. 그 결과는 [그림 11-50]과 같다.

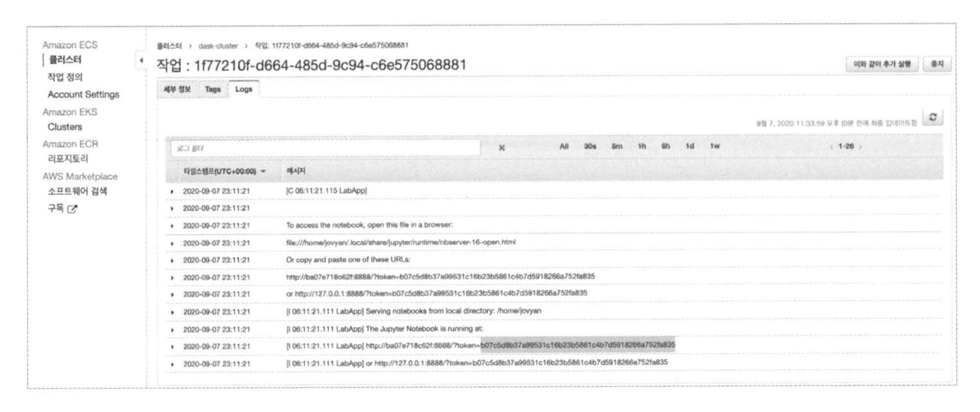

그림 11-50 작업 로깅 화면

우리는 AWS CloudWatch에 로그를 보내도록 모든 작업 정의를 구성했기 때문에 ECS 대시보드를 통해 실행 중인 컨테이너의 원시 로그에 접근할 수 있다. 특정 서비스에 대해 실제로 내부에서 어떤 일이 일어나는지 알아야 할 경우 이 로그 기록을 확인한다. 기본적으로 주피터를 시작할 때 로그에 로그인 토큰을 출력한다. 로그인 토큰이 포함된 로그 입력을 찾을 때까지 아래로 스크롤한다. 찾았다면 이 값을 복사하여 주피터 로그인 창에 붙여넣은 다음 로그인 버튼을 클릭한다. [그림 11-51]과 유사한 화면을 만날 것이다.

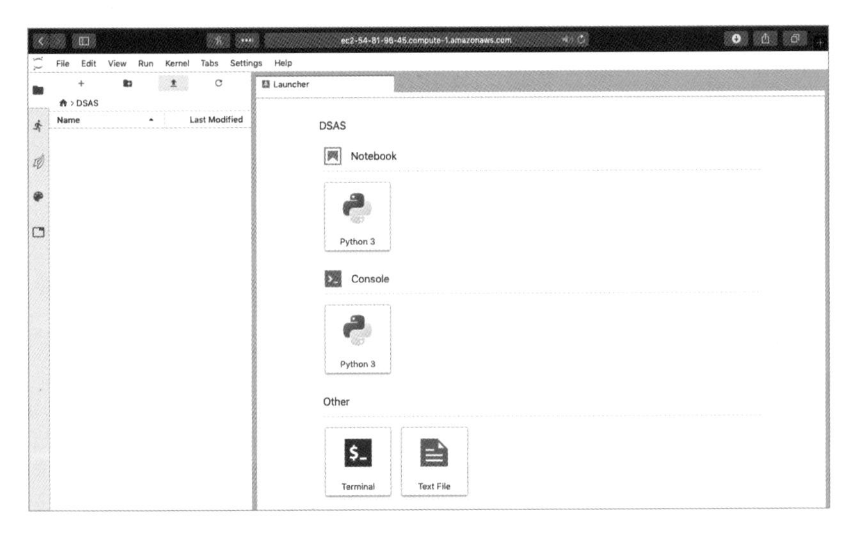

그림 11-51 주피터 Lab 창

이제 클러스터에서 코드를 실행할 준비가 되었다! 다음 절에서는 노트북 파일을 노트북 서버에 업로드하고 클러스터에서 작업 실행을 모니터링하는 방법을 살펴볼 것이다.

11.2 클러스터에서 대스크 작업 실행하고 모니터링하기

다음 시나리오를 통해 10장에서 살펴본 감성 분류기 문제로 다시 돌아간다.

아마존 좋은 식품 데이터셋으로 AWS의 대스크 클러스터를 사용해 감성 분류기 모델을 구축하고 해당 작업 실행을 모니터링한다.

11장의 노트북은 10장의 노트북을 간략하게 만든 것이다. 데이터 원본에서부터 감성 분류기 모델을 만들기까지 전체 프로세스를 실행하는 대신 이전 절에서 EFS에 업로드한 데이터를 사용한다. 여기에는 10장에서 만든 ZARR 파일이 포함된다. 따라서 11장의 노트북은 사전에 미리 처리한 데이터로부터 분류기 모델을 생성하는 간단한 예이며 클러스터에서 이 코드를 실행할 때 어떤 차이가 있는지 강조하여 살펴본다. 11장 노트북을 살펴본 후 원한다면 이전 장의 노트북을 수정하여 클러스터에서 실행해 볼 수도 있다. 이를 위해 11장 노트북을 주피터 노트북 서버에 업로드한다.

주피터 노트북 서버 홈 화면의 설정 메뉴 아래 있는 파일 탐색기 창에서 파일 업로드(위쪽 화살표) 아이콘을 클릭한다. 이 버튼의 위치는 [그림 11-52]와 같다.

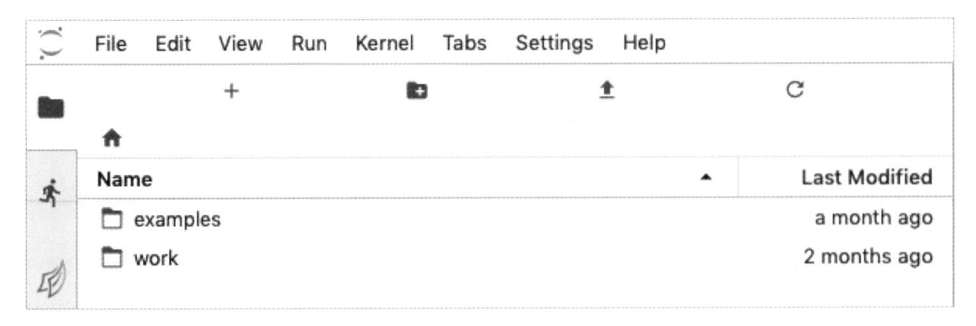

그림 11-52 주피터 노트북 서버로 노트북 파일을 업로드한다

11장 노트북 파일이 있는 위치로 이동하여 해당 파일을 선택한 후 업로드를 클릭한다. 몇 초 후에 노트북 파일이 파일 탐색기 창에서 `work` 폴더 아래 표시된다. 노트북 파일을 두 번 클릭하여 새 탭에서 연다. 앞에서 언급했듯이 이 노트북의 코드는 10장과 정확히 일치한다. 단 두 가지 차이점만으로 이 코드를 클러스터에서 실행할 수 있다. 분산 클라이언트 인터페이스를 사용한다는 점과 ZARR 파일이 저장된 파일 시스템의 경로를 사용한다는 점이다.

이 코드를 노트북 서버에서 로컬로 실행하지 않고 클러스터에서 실행하려면 분산 클라이언트 인터페이스가 핵심이다.

코드 11-2 분산 Client 초기화하기

```
from dask.distributed import Client, progress
client = Client()
client
```

이때 유일하게 할 일은 Client 초기화다. 이 코드를 수행하고 나면 (`compute`, `head` 등과 같은) 계산에 관한 대스크 메서드 함수를 로컬에서 실행하지 않고 클러스터로 전송한다. 선택적으로 스케줄러의 IP 주소와 포트를 Client 객체에 전달할 수도 있지만 이 경우에는 꼭 필요하지 않다. 이전 과에서 노트북 서버 이미지에 대해 Dockerfile을 변경하면서 스케줄러의 URI를 보유하는 환경 변수를 이미 추가했기 때문이다. `Client` 생성자에 스케줄러 URI를 명시적으로 전달하지 않으면 환경 변수 `DASK_SCHEDULER_ADDRESS`의 값을 읽는다. 이 코드를 실행하면 [그림 11-53]과 비슷한 결과가 나온다.

Client	Cluster
• Scheduler: tcp://ip-10-0-0-64.ec2.internal:8786	• Workers: 6
• Dashboard: http://ip-10-0-0-64.ec2.internal:8787/status	• Cores: 6
	• Memory: 6.20 GB

그림 11-53 클러스터에 대한 Client 통계량

예상대로 이 정보는 현재 6명의 작업자가 대스크 클러스터에 있다는 것을 보여준다! 이제 어떠한 대스크 코드라도 클러스터에서 실행할 수 있다.

클러스터 전용으로 노트북을 사용하고자 할 때 두 번째 변경 사항은 다음 두 번째 셀에 있다.

코드 11-3 데이터의 파일 경로 변경

```
from dask import array as da
feature_array = da.from_zarr('/data/sentiment_feature_array.zarr')
target_array = da.from_zarr('/data/sentiment_target_array.zarr')
```

보다시피 참조할 데이터 파일은 `/data` 폴더에 들어있다. 마지막 과의 작업 정의에서 설정한 탑재 지점으로 인해 EC2 인스턴스의 `/efs` 폴더를 컨테이너 내의 `/data` 폴더를 통해 노출하기 때문이다. 즉, EC2 인스턴스 중 하나의 `/efs` 폴더에 복사한 모든 데이터는 노트북 서버와 작업자가 `/data` 폴더를 통해 즉시 사용할 수 있다. 클러스터의 다른 데이터셋을 분석하려면 먼저 SCP를 사용하여 `arrays.tar` 파일을 EFS에 업로드하는 단계를 수행해야 한다.

마지막으로 노트북의 나머지 셀을 실행하기 전에 대스크 진단 창으로 돌아가서 상단 메뉴의 상태(Status) 링크를 클릭한다. 상태 페이지는 대스크의 작업 실행에 대한 자세한 정보를 제공한다. 해당 페이지를 띄워놓고 노트북의 나머지 셀을 실행한다. 이렇게 하면 클러스터에서 감성 분류기 모델을 작성하는 프로세스가 시작되고 진단 페이지에서는 해당 프로세스의 세부 정보를 볼 수 있다. 진단 페이지의 예는 [그림 11-54]에 나와 있다.

그림 11-54 대스크 진단 페이지의 예

상태 페이지의 네 가지 영역은 클러스터를 통한 작업 진행에 대한 다른 정보를 제공한다.

- 메모리 압력
- 작업자별 작업 대기열
- 작업 스트림
- 진행 상황

왼쪽 상단의 Bytes stored(저장된 바이트)라는 텍스트 아래에 메모리 압력 정보가 표시된다. 저장된 바이트 옆에 보이는 숫자는 클러스터 전체에서 메모리에 보유중인 데이터의 양을 알려준다. 이 숫자는 일반적으로 데이터 프로세스에 따라 위아래로 변한다. 그 아래 그래프는 각 작업자의 메모리 압력을 보여준다. 여기서 파란색 막대는 작업자에게 메모리 여유가 있음을 나타내며 노란색 막대는 작업자의 메모리가 부족하여 데이터를 디스크에 스필spill[6]해야 할 수도 있음을 의미한다. 만약 작업이 너무 느리게 실행되거나 무작위로 충돌할 경우 작업자의 메모리 부족이 발생하지는 않는지 메모리 압력을 수시로 확인한다. 작업자가 지속적으로 많은 메모리 압력을 받을 경우 데이터셋을 다시 파티셔닝하고 파티션 수를 늘리는 것이 좋다. 데이터 청크의 크기가 작을수록 메모리 부담이 덜하고 디스크에 데이터를 스필할 필요성이 줄어든다.

메모리 압력 그래프 아래에는 작업자별 작업 대기열 섹션이 있다. 스케줄러의 현재 실행 계획에 따라 각 작업자에서 할당되어 대기 중인 작업 개수를 보여준다. 파란색 막대는 대기열에 수용할만한 작업 개수가 있다는 것을 나타내고 빨간색 막대는 작업자가 할당된 작업이 별로 없다는 것을 보여준다. 이는 일반적으로 어떤 작업자가 다른 작업자가 작업 중인 일부 데이터에 종속되어 다른 작업자의 작업이 끝날 때까지 기다려야 할 경우에 주로 발생한다. 일반적으로는 작업자에게 모든 작업이 고르게 분산되어야 한다. 만약 어떤 작업자가 다른 작업자보다 대기열에 있는 작업의 수가 훨씬 많을 경우 해당 작업자로 인해 문제가 발생하여 다른 작업자보다 처리 속도가 느려질 수 있다. 대스크 외의 다른 프로세스가 해당 작업자에서 실행 중인지 아니면 다른 성능 문제가 있는지 확인하는 것이 좋다.

작업자별 작업 대기열 섹션의 오른쪽에는 작업 진행 상태 섹션이 있다. 대기 중인 작업의 개수, 완료된 작업 개수, 그리고 오류 발생 여부를 보여준다. 작업이 완료되어 갈수록 시간에 따라 진행 상태를 표시하는 진행률 표시 줄(progress bar)이 채워진다. 오류가 발생한 작업은 다른 작업자에 의해 재시도된다.

마지막으로, 작업 진행 상황 섹션 위에는 작업 스트림 섹션이 있다. 이는 각 작업자마다 작업을 완료하는데 걸리는 시간을 보여준다. 여기에서 막대의 색상은 진행률 표시 줄의 색상과 관련이 있다. 예를 들어 `pandas_read` 작업에 진행률 표시 줄이 녹색이면 `pandas_read` 작업 기간에 작업 스트림의 막대 색상 역시 녹색으로 표시된다. 시간이 오래 걸리는 작업에서 비효율적인 부분이 어디인지 파악하기 위해 이 색상을 활용할 수 있다. 특정 유형의 작업에 오랜 시간이 걸

6 옮긴이_ 아파치 하둡이나 스파크와 같은 분산 처리 시스템에서 사용하는 용어로, 메모리 버퍼가 일정 정도 찼을 때 메모리에 있는 데이터를 로컬 디스크로 옮기는 것을 의미한다.

린다면 이 부분의 코드를 좀 더 효율적으로 리팩터링하는 것을 고려해 볼 수 있다. 또한 작업자별 작업 대기열과 마찬가지로 각 작업자의 성능을 파악할 수도 있다. 예를 들어, pandas_read 작업을 완료하는 데 다른 작업자에서 0.05초 정도 걸리는 반면 어떤 작업자만 0.1초가 걸린다면 해당 특정 작업자 성능에 문제가 있어서 속도가 느려서일 수 있다.

작업 스트림을 표시하는 또 다른 방법은 유향 비순환 그래프(DAG)를 보는 것이다. 진단 대시보드에서는 실제로 작업 프로세스에 따라 현재 DAG를 실시간으로 볼 수 있다. DAG를 보려면 최상위 메뉴에서 Graph(그래프) 링크를 클릭한다. [그림 11-55]는 그래프 페이지의 예를 보여준다.

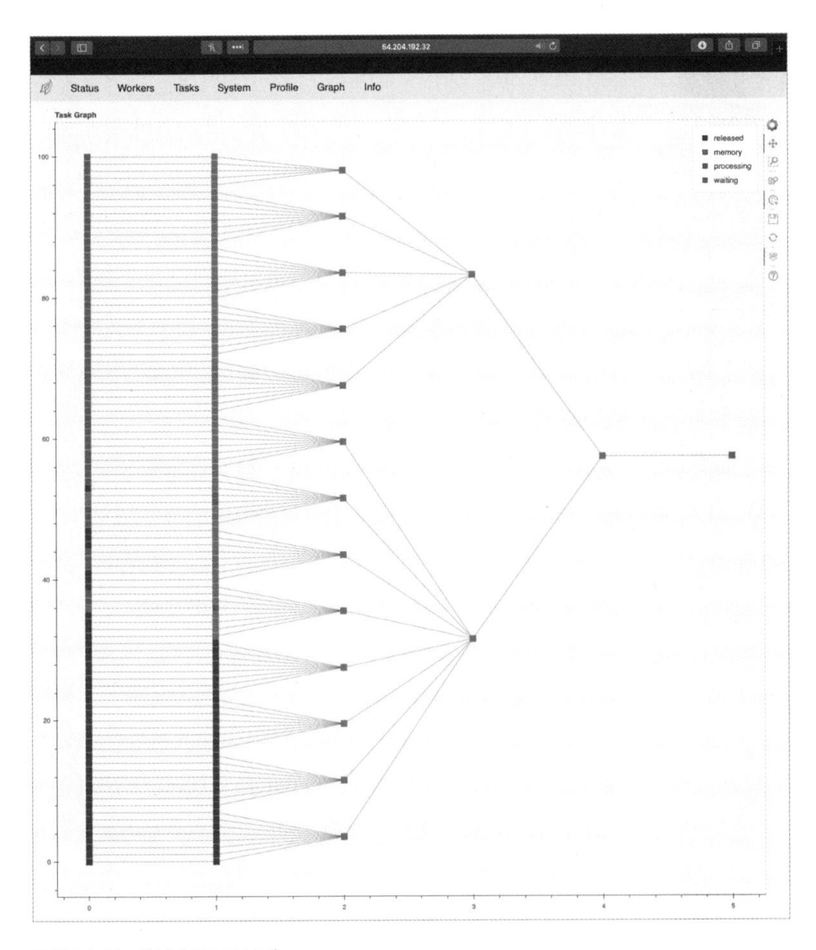

그림 11-55 실시간 DAG 보기

이 페이지에 표시되는 DAG는 항상 왼쪽에서 오른쪽으로 읽어야 한다. 녹색 블록은 현재 처리 중인 작업을 나타낸다. 회색 블록은 그래프에서 오른쪽에 위치한 블록들과 같이 업스트림 종속성을 기다리는 작업을 의미한다. 빨간색 블록은 완료된 작업을 나타내며 결과는 메모리에 저장된다. 다운스트림 작업의 모든 업스트림 종속성은 다운스트림 작업 처리가 완료될 때까지 메모리에 보관된다. 이 시점에 업스트림 작업의 데이터가 메모리에서 해제되고 블록 색깔이 파란색으로 변한다.[7]

11.3 AWS에서 대스크 클러스터 정리하기

마지막으로 AWS에서 서비스를 정리하는 방법을 다뤄보겠다. 이 장의 앞부분에서 언급했듯이 AWS는 사용량에 따라 요금을 청구한다. 예를 들어 EC2 인스턴스가 실행 중(running) 상태가 될 때마다 AWS는 EC2 인스턴스의 가동 시간에 따라 분당 요금을 청구하기 시작한다. AWS 프리 티어에는 한 달에 750시간의 EC2 사용량이 제공된다. EC2 인스턴스 8개를 사용하도록 클러스터를 구성했다면 인스턴스가 작동하는 클럭 시간당 8시간의 사용량이 청구된다. 즉, 93시간 또는 4일 동안 해당 클러스터를 무료로 사용할 수 있다. 다행히 이전 장에서 구성한 Auto Scaling 그룹을 사용하여 클러스터를 쉽게 켜고 끌 수 있다.

EC2 인스턴스를 종료하려면 AWS 콘솔에서 EC2 대시보드로 돌아가 왼쪽 메뉴의 Auto Scaling 제목 아래에서 Auto Scaling 그룹을 클릭한다. 그런 다음 ECS 클러스터에 대한 Auto Scaling 그룹을 선택하고(아직 하나만 있어야 함) [편집]을 클릭한다. 원하는 용량 필드에서 8을 0으로 변경하고 [저장]을 클릭한다. 보이는 화면은 [그림 11-56]과 비슷하다.

---

7 옮긴이_ 업스트림과 다운스트림은 네트워크에서 사용하는 전문 용어이다. 업스트림이란 클라이언트에서 서버로 데이터를 전송하는 것을 의미하며 반대로 다운스트림은 서버에서 클라이언트로 데이터를 전송하는 것을 의미한다. 분산 처리 시스템에서는 작업들 간 데이터 종속성을 의미하는 용어로 쓰인다. 업스트림 종속성이란 이전 작업이 완료될 때 그 다음 작업이 받아 사용할 수 있는 데이터를 의미한다. 이때 이전에 완료된 작업을 업스트림 작업이라고 하며, 다음 실행할 작업을 다운스트림 작업이라고 한다.

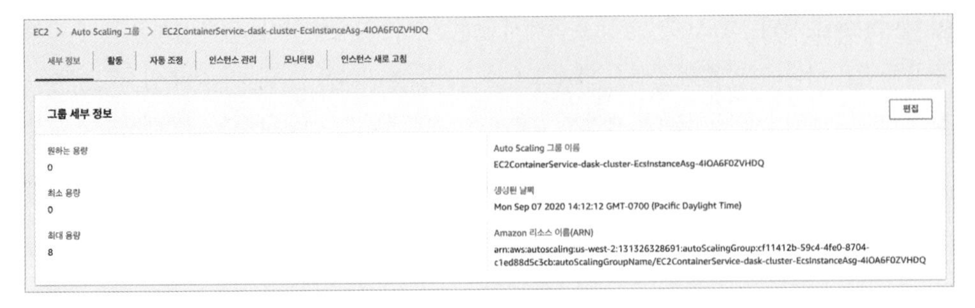

그림 11-56 Auto Scaling 그룹을 이용하여 EC2 인스턴스 종료하기

몇 분 후면 EC2 인스턴스가 종료되기 시작할 것이다. EC2 인스턴스 관리자를 확인하고 실행 중인 EC2 인스턴스가 shutting-down(종료중) 혹은 terminated(종료) 상태에 있는지 확인할 수 있다. 나중에 클러스터를 다시 시작하려면 목표 용량을 0에서 8로 변경하거나 원하는 인스턴스 수로 변경하면 된다.

고려해야 할 다른 서비스는 EFS와 ECR이다. 둘 다 스토리지 서비스이므로 사용하는 스토리지 크기에 따라 요금이 청구된다. `/efs` 폴더에 업로드한 데이터의 크기가 5GB를 넘지 않는 한 프리 티어 한도 내에서 EFS를 유지할 수 있다.

불행히도 ECR은 조금 더 제한적이다. Amazon ECR 프리 티어에는 월별 500MB의 스토리지가 포함된다. 월별 정산이란 스토리지의 한 달간 평균 사용량에 따라 요금이 이 계산된다. 이 평균량이 500MB를 초과하면 사용 요금이 청구된다. 3개의 대스크 클러스터 이미지가 차지하는 총사용량은 약 2GB이므로 이 이미지가 약 1주일 이상 ECR에 남아있으면 ECR 프리 티어 제한을 초과한다. 1GB 당 월 $0.10의 ECR 가격을 기준으로 하면 해당 이미지들을 ECR에 한 달 동안 저장하려면 $0.20가 필요하다. 이러한 요금 청구를 피하려면 실습이 끝날 때마다 ECR 리포지토리를 삭제해야 한다. ECR 리포지토리 관리자 화면에서 이 작업을 수행할 수 있다. 그러나 불행히도 나중에 클러스터 작업을 다시 시작하려면 이미지를 다시 배포하고 ECS 서비스를 다시 만들어야 한다.

EC2 인스턴스를 종료하고 ECR 리포지토리를 제거하고 나면 사용량에 따른 모든 요금 청구가 중지된다.

11.4 마치며

- 아마존 AWS, 도커, ECS를 사용하여 클라우드에 대스크 클러스터를 구축할 수 있고 워크로드의 필요에 따라 클러스터의 크기를 쉽게 확장할 수 있다.
- 분산 작업 스케줄러 클라이언트를 사용하여 모든 작업을 대스크 클러스터에 제출한다. 분산 작업 스케줄러는 전체 클러스터에 작업을 분배하고 조직화하여 최종 사용자에게 결과를 제공한다.
- 분산 작업 스케줄러에는 포트 8787를 사용하는 진단 페이지가 있다. 이를 통해 작업 실행을 모니터링하고 클러스터의 문제를 파악할 수 있다.
- EC2 Auto Scaling 그룹을 사용하여 클러스터를 빠르게 부팅하거나 종료할 수 있다. 따라서 리소스 비용을 제어하고 작업 완료 시 쉽게 정리할 수 있다.

APPENDIX A

소프트웨어 설치

이 장의 핵심 내용

- 도커Docker와 일래스틱 컨테이너 서비스Elastic Container Service(ECS)를 사용하여 아마존 AWS에 대스크 분산 클러스터 생성하기
- 주피터 노트북Jupyter Notebook 서버와 일래스틱 파일 시스템(EFS)을 사용하여 아마존 AWS에서 데이터 과학 노트북과 공유 데이터셋 저장하고 액세스하기
- 분산 클라이언트 객체를 사용하여 대스크 클러스터에 작업 제출하기
- 분산 모니터링 대시 보드를 사용하여 클러스터에서 실행 작업 모니터링하기

이 책의 코드가 담긴 노트북을 실행하여 예제를 따라가려면 시스템에 다음 소프트웨어가 설치되어 있어야 한다.

- 파이썬 버전 2.7.14 이상 또는 파이썬 버전 3.6.5 이상(파이썬 버전 3.6.5 이상 권장)
- 다음 파이썬 패키지들:
  - IPython
  - Jupyter
  - Dask (version 1.0.0 or higher)
  - Dask ML
  - NLTK
  - Holoviews
  - Geoviews
  - Graphviz
  - Pandas

- NumPy
- Matplotlib
- Seaborn
- Bokeh
- PyArrow
- SQLAlchemy
- Dill

필요한 모든 파이썬 패키지를 설치하고 관리하는 가장 쉬운 방법은 `https://www.anaconda.com/distribution/`에서 무료 파이썬 배포판인 아나콘다Anaconda를 내려받는 것이다. 아나콘다 배포판은 윈도우, 맥OS, 그리고 대부분의 주요 리눅스에서 사용할 수 있다. 아나콘다 설치 프로그램에는 graphviz 나 pyarrow를 제외한 다른 모든 필수 패키지들이 이미 포함되어 있다. graphviz 나 pyarrow를 설치하려면 A.1의 설명을 따른다. 그렇지 않고 모든 패키지를 처음부터 설치하려면 A.2의 설명을 따른다.

A.1 아나콘다로 추가 패키지 설치하기

아나콘다 배포판을 이미 설치한 경우 graphviz와 pyarrow를 설치해야 한다. 예제들을 실습하기 위해 특별히 가상 환경을 설정했다면 설치 명령을 실행하기 전에 이 가상 환경을 활성화(activate) 해야 한다. 명령 프롬프트나 터미널 창을 열고 다음 명령을 입력한다.

코드 A-1 graphviz와 pyarrow 설치하기

```
conda install -c conda-forge pyarrow
conda install -c conda-forge dill
conda install graphviz
conda install python-graphviz
```

이게 끝이다! 이제 예제 노트북을 실행할 수 있는 모든 설정이 끝났다.

A.2 아나콘다 없이 패키지 설치하기

아나콘다와 같은 배포판을 사용하지 않고 패키지를 설치하려면 pip을 사용하면 된다. 그러나 pip에서 패키지를 빌드할 때 가끔 컴파일러/런타임 종속성 문제가 발생할 수 있으므로 아나콘다를 사용하는 게 좋다(예를 들어 넘파이를 빌드하려면 FORTRAN 컴파일러가 필요했다). 적절한 패키지를 구하려면 명령 프롬프트나 터미널 창에서 다음 명령을 실행한다.

코드 A-2 pip을 사용하여 소스로부터 패키지 설치하기

```
pip install ipython jupyter dask graphviz python-graphviz pandas numpy
matplotlib seaborn bokeh pyarrow sqlalchemy holoviews geoviews dask-ml
nltk dill
```

설치가 완료되면 주피터 노트북 서버를 시작하여 모든 예제 노트북을 실행할 수 있다.

A.3 주피터 노트북 서버 시작하기

터미널이나 명령 프롬프트를 열고 `jupyter notebook`이라고 입력한 다음 엔터 키를 눌러 주피터 노트북 서버를 시작하자. 그러면 책과 함께 제공되는 코드 노트북을 실행할 수 있다. 몇 초 후에 기본 웹 브라우저가 열리고 자동으로 주피터 홈페이지로 이동할 것이다. 터미널 창을 닫으면 노트북 서버가 종료되므로 작업하는 동안에는 터미널 창을 열어둬야 한다.

A.4 NLTK 구성하기

9장과 10장의 예제를 위해서는 NLTK에 대한 추가 데이터를 내려받아야 한다. 이를 위해 터미널 창에서 다음 명령을 실행한다.

코드 A-3 NLTK 데이터 내려받기

```
python -m nltk.downloader all
```

문제가 발생하면 높은 권한으로 명령을 실행한다(유닉스/리눅스/맥 OS 시스템에서는 sudo를 사용하거나 윈도우에서는 관리자 권한으로 명령 프롬프트를 실행한다). 이 명령을 실행하면 NLTK를 사용할 수 있다.

INDEX

INDEX

INDEX